本書得到內蒙古民族文化產業研究院資助

【內蒙古歷史文獻叢書】之二十五

內蒙古高校人文社科中國北疆史重點研究基地　內蒙古圖書館　編
忒莫勒　于永　審定

五原廳志略
臨河縣志
臨河風土志
綏遠烏拉山物產調查概要
安北設治局調查記
烏喇特前旗概況
烏蘭察布盟烏拉特中公旗調查報告

YUANFANG
遠方出版社

圖書在版編目(CIP)數據

内蒙古歷史文獻叢書. 二十五 / 内蒙古高校人文社科中國北疆史重點研究基地, 内蒙古圖書館編. -- 呼和浩特 : 遠方出版社, 2019.3
ISBN 978-7-5555-1238-7

Ⅰ.①内… Ⅱ.①内… ②内… Ⅲ.①内蒙古-地方史-史料-匯編 Ⅳ.①K292.6

中國版本圖書館 CIP 數據核字(2019)第 032982 號

【内蒙古历史文献丛书】之二十五
五原廳志略
臨河縣志
臨河風土志
綏遠烏拉山物産調查概要
安北設治局調查記
烏喇特前旗概況
烏蘭察布盟烏拉特中公旗調查報告

編　　者	内蒙古高校人文社科中國北疆史重點研究基地 内蒙古圖書館
責任編輯	劉成法（特邀）　韓登庸（特邀）　雲高娃
責任校對	雲高娃　王　冉
封面設計	喬蘇芝
出版發行	遠方出版社
社　　址	呼和浩特市烏蘭察布東路 666 號　郵編 010010
電　　話	(0471) 2236473 總編室　2236460 發行部
經　　銷	新華書店
印　　刷	内蒙古地礦印刷廠
開　　本	165mm×235mm　1/16
字　　數	511 千
印　　張	35.5
版　　次	2019 年 3 月第 1 版
印　　次	2019 年 12 月第 1 次印刷
印　　數	1—1000 册
標準書號	ISBN 978-7-5555-1238-7
定　　價	120.00 元

【前言】

人類文化是在歷史長河中創造、傳承和發展的，除了民間存留的一些傳統觀念和風習外，在歷史嬗變中存留下來的各種文獻（記録有知識的一切載體，包括石刻、紙本、音像、口碑等）和遺跡遺物（遺址和各種實物等），是其賴以保存並傳承、發展的唯一途徑。可以毫不誇張地説，如果没有文獻和遺跡遺物，我們就喪失了記憶，就没有歷史，就没有文化，就無法積累知識，更無法把握現在，面對未來。

文獻和遺跡遺物各具獨到的價值，二者相輔相成，缺一不可。但總體而言，由於文獻蘊含的信息和存世的數量遠遠多於遺跡遺物，故其作用較後者爲大；況且對遺跡遺物的調查和研究，其成果最終也以文獻的形式傳承於世。試想一下，倘若没有汗牛充棟的古代文獻存留，人類之積累知識、傳承文明，便無從談起。不僅我們中國五千年的悠久歷史和燦爛文明無從尋覓，就連那些幸存的歷史遺跡遺物也會成爲永遠無法破解的謎。如果没有各類現實文獻的存留，不僅現實生活難以正常運行，而且會形成文化斷代，使歷史傳承成爲空話。後世子孫無法瞭解過去的時代、以往的社會，又怎能從前人的經驗中汲取營養和教訓，促使社會進步呢？由此可見，文獻是文化傳承與發展的重要基礎，是構築文化豐碑不可缺少的基石。很難想象，缺乏自身文獻的民族會是有文化的民族，缺乏自身文獻的地方會是有文化的地方。

內蒙古地區歷史悠久，但因從前經濟、文化落後，戰亂頻仍，保存下來的古舊文獻相對較少，且多散見於國內各地甚至國外。區內各圖書館、檔案館保存的古舊民族文獻和地方文獻，也因種種原因，不便讀者查閱和利用。有些文獻存世極少，甚至是孤本，一旦有失，後果堪虞。這種先天不足的狀況，決定了我區搜集整理民族文獻和地方文獻的艱難，也充分體現了其迫切性。

民族文獻和地方文獻的大量缺藏，給我區各項建設尤其是學術、文化建設帶來巨大的負面影響，也造成了相當大的經濟損失和人才浪費。例如，我區最具特色的蒙古學研究雖然已有較長的歷史和相對較强的科研隊伍，但由於文獻缺乏，存在着不少研究盲點和薄弱領域；已有的許多成果亦因此而受到相當限制，經不起時間的考驗，面世不久就需要改寫或修正。與國外相比，整體上存在着明顯的差距。再如，我區的地方志編纂工作，儘管耗費巨資，付出了艱苦勞動，但由於文獻缺乏，許多重要史實缺失或訛誤，不少事業的發展脈絡不清或中斷，使志書質量頗受影響。

過去、現在與未來密不可分，傳承與發展必然相輔相成。由於民族文獻和地方文獻的缺乏，我們至今對自己家鄉的歷史文化還不大瞭解，已知的内容亦粗淺片面，不僅政治、社會歷史不能盡如人意，地方美術、音樂、戲劇、新聞、出版、醫藥、商業、宗教、民俗等專門史更是空白點甚多；就是對着力較多的北方游牧民族的歷史文化也是知而不多，研而不深。許多經過多年努力才具有頗深功力的學者，亦因文獻缺乏而無法盡展才華，難以獲得本該取得的學術成就，不僅自己抱恨終身，也制約了自治區的整體學術水平。

綜上所述，民族文獻和地方文獻的缺乏是導致我區文化落後的重要因素之一，各級黨政部門、文獻收藏單位（圖書館、檔案館、博物館等）、出版部門及全社會對此應有清醒的認識。回顧以往，民族文獻和地方文獻流離失散，因忽視而永遠消亡的教訓比比皆是，不勝枚舉，給子孫後代和人類文化帶來無法彌補的損失。我們當亡羊補牢，以免重蹈覆轍。

出版是保存文獻和方便社會利用的有效手段。爲了促進我區的文化發展，我們在自治區黨委宣傳部、自治區新聞出版局、遠方出版社、自治區各大圖書館及有關單位的大力支持和協助下，着手編輯並出版此《内蒙古歷史文獻叢書》。歷史文獻既是以往時代的反映，就必然帶有該時代的烙印，在今天看來難免偏頗。整理出版文獻，我們本着尊重歷史、尊重原著的精神，最大限度地保留了文獻的原始風貌，以供學界研究所用。

鑒於人力財力與學養水平的限制，我們的工作剛剛起步，迫切希望得到有識之士和社會力量的支持與幫助，共同完成此項振興文化的大業，開創我區文獻工作的新局面。

内蒙古自治區圖書館學會

二〇〇七年一月

目錄

五原廳志略

【題解】

五原廳志略上下卷　姚學鏡修，約成書於光緒三十三年（一九〇七）夏。

關於版本　該志從未刊刻，向以抄本流傳。現有版本如下：

內蒙古圖書館藏抄本，係一九六一年五月據大連圖書館藏舊抄本過錄。大連圖書館藏本今已下落不明。

一九六八年臺灣成文出版社影印之殘抄本（名五原廳志，僅有上卷），收入中國方志叢書（塞北地方第十一號）。

一九八二年九月江蘇廣陵古籍刻印社影印之抄本。該本有輿圖，但舛誤衍脫處甚多，所載地名用字亦頗與內蒙古圖書館藏抄本有異；職官多光緒三十四年同知晁鴻年，當係後人補入。封面題五原廳志稿（書口作五原廳志），或係影印時所加。二〇〇二年九月，全國圖書館文獻縮微復製中心又據五原廳志稿本影印，見中國邊疆史志集成內蒙古史志第三三冊。

二〇一〇年內蒙古文化出版社出版點校本，據江蘇廣陵古籍刻印社本補入輿圖（重繪），與民國臨河縣志一同收入巴彥淖爾市舊志兩種。

關於編纂者　歸綏道志採用書目稱：「五原志略二冊，署同知姚學鏡輯。」內蒙古圖書館藏抄本署「清光緒三十四年浙江歸安姚學鏡編」。臺灣成文出版社影印本、江蘇廣陵古籍刻印社影印本均未署編纂人。

姚學鏡字仁山，浙江歸安（今湖州市）人。光緒二十三年至二十五年（一八九七至一八九九）以候補知府任歸化關監督，二十八年（一九〇二）八月受督辦蒙旗墾務大臣兼綏遠城將軍貽穀之命，總辦西盟墾務及西路墾務公司事，並兼署五原廳撫民理事同知。次年四月改充包頭墾務局總辦。①　光緒三十四年（一九〇八）四月因貽穀墾務參案被革職拿問。傳見綏遠通志稿卷八十八。②

據綏遠通志稿記載：「本省修通志時，浙人俞家驥自北平以五原廳志略見遺。姚輯志略，未見抄本，疑即此書也。蓋家驥主佐學鏡在套辦墾有年，書牘皆出其手。……道志謂學鏡輯者，就主其事言之，實則纂述者家驥也。……鈔本殆為吏胥所書，間有改正處，其字亦家驥筆跡也。」③

查姚學鏡為貽穀手下能吏，負有重任，事務紛繁，恐無親自纂輯志書的可能，當為主修；況幕僚屬草，主子署名，乃舊時官場通例，時各廳志稿亦均署各廳同知或通判纂輯。故綏遠通志稿所言當是。中國地方誌聯合目錄採綏遠通志稿說，但將俞家驥誤為「全家驥」。

俞家驥（一八七七至一九六八年）字涵青，浙江紹興人。早年入京師國子監。「才具明敏，練達吏事。光緒季年至綏遊幕十餘年，為當道所倚重。」④光緒二十九年（一九〇三）四月以分省試用府經歷的身份到綏遠辦墾，任西盟墾務總局主稿委員。光緒三十四年（一九〇八）正月奏保為分省補用知縣。⑤入民國後，曾任歸綏軍事籌備處處長、綏遠城將軍署秘書、綏遠墾務總局顧問、歸綏觀察使公署秘書、歸

① 參見綏遠通志稿第十冊第三八七頁，內蒙古人民出版社，二〇〇七年；清末綏遠察哈爾墾務檔案彙編第七〇、二一一頁，內蒙古人民出版社，一九九九年。

② 綏遠通志稿第十一冊第二一二至二一三頁。

③ 綏遠通志稿第六冊第六三七頁。

④ 綏遠通志稿第十一冊第三一二頁。

⑤ 清末綏遠察哈爾墾務檔案彙編第二二四、二三六頁，內蒙古人民出版社，一九九九年。

綏十二縣會審廳主席員，後歷任山西省陽曲、榆次、臨晉、大同諸縣知事、雁門道道尹。主修過臨晉縣志（一九二三年刊本），奉命編纂過山西省政務全書。後居北京，歷任國民政府行政院駐北平政務整理委員會秘書長兼國立北平圖書館館長。中華人民共和國成立後，任北京浙江會館財產管理委員會第一、二、三屆主任委員，一九五六年受聘為中央文史研究館館員。遺作有紹興潭底俞氏家譜存世。①

關於成書時間　中國地方志聯合目錄據內蒙古圖書館藏抄本著錄為光緒三十四年（一九〇八）成書。然歸綏道志既成於光緒三十三年（一九〇七）秋，又採用過該志，則該志似為應修纂歸綏道志而編纂，斷不能成於光緒三十四年明矣。

內容　該志上卷為五原疆域圖、歷代郡縣源流沿革表；輿地志：疆界、形勢、山川、古跡；建置志：沿革、津梁、村莊、河渠、學校、祠祀附召廟、喇嘛人數、墳墓；紀事志：歷代紀事；祥異志：歷代祥異；德音志：巡幸、恩澤；封建志：前代爵邑；職官志：前代文武職、近代文職；兵防志：巡警、巡防隊、邊防。下卷為食貨志：戶口、物產；風俗志：習尚、禮儀、歲時、方言；名宦志：前代政績；人物志：前代孝義、前代流寓、雜傳；藝文志：詔、疏、雜文、銘、詩。總共約三萬七千餘字。

價值及缺點　五原廳轄地遼闊，統有後套全部（今五原、臨河、杭錦後旗與烏拉特前旗），故該志亦可目為後套志。

因應付功令，草率從事，該志一味剌取成籍，疏於調查採訪，以致詳略失體，缺漏嚴重。輿地、建置、兵防、食貨、風俗各門雖於地方現狀有所記載，但大多語焉不詳。其他各門則多抄錄正史等舊籍，鮮有地方現狀。例如，山川僅載黃河、陰山，不詳地方諸峰，甚至認為「俗稱烏拉山、狼山、北山者，俱土人臆度之名，實則皆陰山也」。村莊僅列名稱，既無坐落方位，又無距離。河渠雖間載開挖時間、開挖者及歸官時

① 參見俞昌泰：紹興師爺俞家驥，載紹興縣報二〇一二年九月十五日。

間等，但無長度、灌溉面積和支渠數。兵防志無巡警營與巡防隊沿革及槍械裝備。物產大多僅載物名，不詳其分佈、產地或產銷狀況。間有註語，亦不過是辨證名物，無裨實用。五原天主教勢力頗盛，光緒二十六年（一九〇〇）的教案影響地方甚巨。然該志諱莫如深，除輿圖中標有若干教堂外，未有一字提及。特別令人費解的是，修纂者辦墾有年，熟知內情，又有檔冊可據，而該志竟無關於墾務的記載，甚至闕載耕地面積與賦稅概況。

該志畢竟是後套地區首部志書，其開創之功不容抹煞，記載亦不乏可貴者。如輿圖以傳統計里畫方法繪製，尤詳於河渠，既是現存最早的五原廳疆域圖，又是目前所見最早的後套渠圖，史料價值甚高。建置志的河渠、津梁、村莊與食貨志的戶口、物產雖較簡略，但亦能反映出後套農業興盛，人口漸繁的概貌。建置志學校項雖過於簡略，可窺見地方教育的萌芽；祠祀項所載祠寺召廟多達四十二座。兵防門有巡警與各巡防隊的人數。風俗門較為詳細，記載了蒙漢民族的習尚、禮俗，以及方言、歲時等。藝文志廣收歷代詩文、詔疏、碑銘等，雖涉蕪濫，亦有可資參考者，如重修河套四大股廟碑記即是。

總之，該志雖編纂粗疏，內容簡略，但畢竟載有相當數量的地方史事，不失為地方要籍。

本次整理出版，以內蒙古圖書館藏抄本為底本，以江蘇廣陵古籍刻印社影印本作參校，並參考了二〇一〇年內蒙古文化出版社之巴彥淖爾市舊志兩種（採用其重繪之輿圖）。文字改正或補充，取通用之刪補符號：（）號內小字示刪，〔〕號內大字示補；必要時加註說明。明顯的錯字，則逕予改正。

（忒莫勒　撰）

目錄

卷上

紀事志

祥異志

德音志

封建志

職官志

兵志

卷上

圖①

五原疆域圖②

① 原作「繪圖」，據江蘇廣陵古籍刻印社五原廳志稿影印本删改。

② 原作「疆域圖」，據五原廳志稿補。

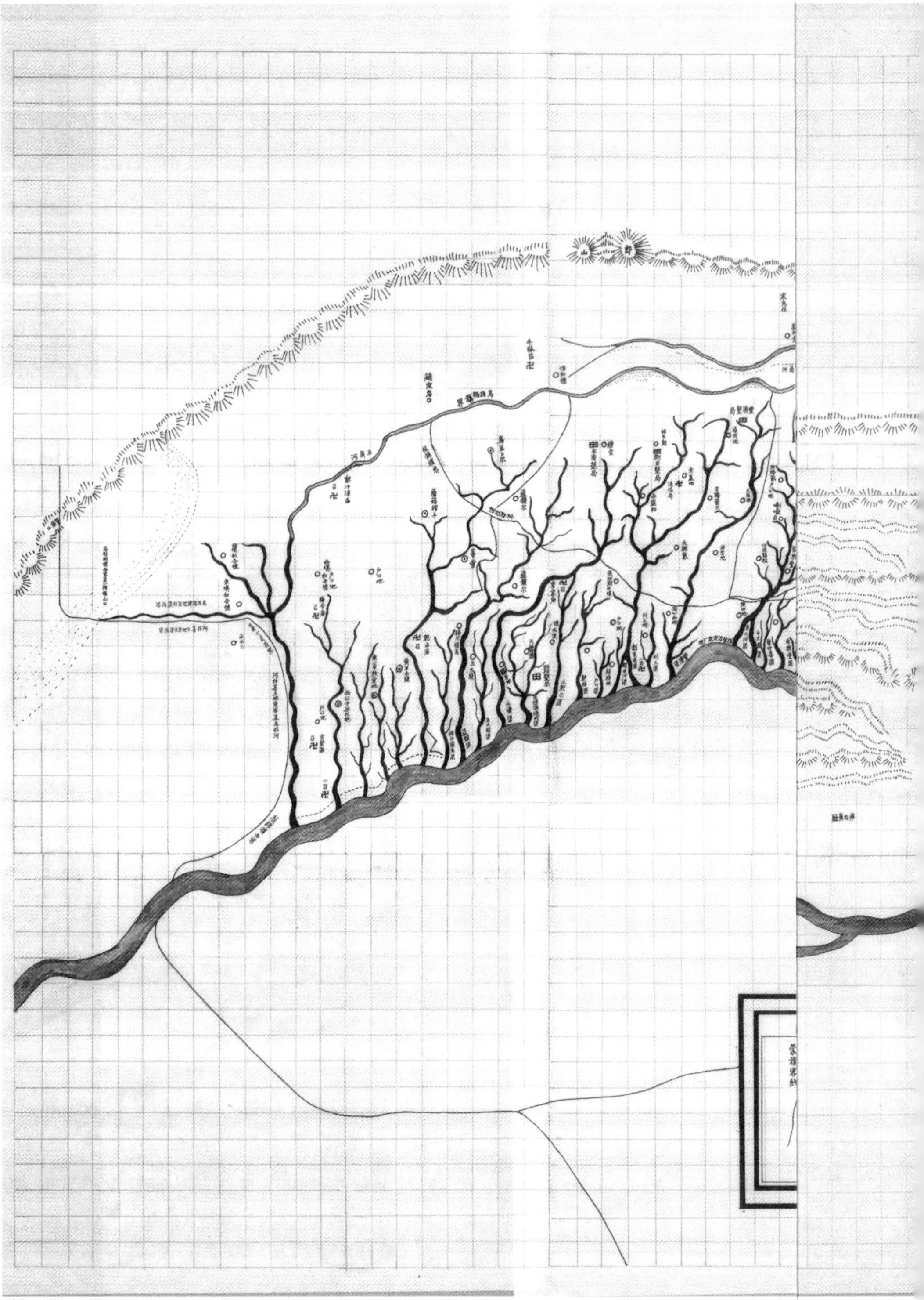

表①

歷代郡縣源流沿革表②

本朝	五原廳本烏拉特前、中、後三旗，鄂爾多斯左、右翼後二旗〔牧〕③地。光緒二十九年（一九〇三）置，屬歸綏道。
唐虞	渠搜地。
三代	禹貢冀州之域。春秋玁狁地。
秦	九原郡地。
兩漢	五原郡、新興郡。武帝元朔二年（公元前一二七）名五原郡。獻帝建安二十年（二一五）合為新興郡。
魏晉	省
北魏、北周	肆州、懷朔鎮、五原郡。北魏（元）明〔元〕帝滅夏，置肆州。西魏為懷朔鎮。周名五原郡。
隋	豐州、五原郡。開皇三年（五八三）置豐州。煬帝初，州廢，置五原郡。

① 原作「沿革表」，據五原廳志稿刪改。
② 原作「歷代郡縣流源」，據五原廳志稿改補。
③ 據五原廳志稿補。

續表一

唐	豐州、九原郡。貞觀四年（六三〇）稱豐州，二十一年（六四七）廢入靈州，二十二年（六四八）又改豐州。天寶元年（七四二）改九原郡。乾元元年（七五八）復號豐州。景龍二年（七〇八）張仁願築中受降城。
五代	銀州地。
宋	豐州、寧豐郡，屬河東路。
遼、金	豐州天德軍，屬〔西〕京（西）路。①
元	豐州。
明	河套 阿魯（特）〔台〕②、瓦剌馬哈木、孛來、毛里孩、阿羅出、滿〔都〕魯（都）③、俺答據此。

輿地志

疆界

五原廳治，在山西太原府北一千六百一十里，東至薩拉齊廳界三百四十里，東南至東勝廳界五百五

① 據金史改。遼代稱西京道。
② 據五原廳志稿改，以後不再出註。
③ 據明史韃靼傳改，以後不再出註。

十里，南至鄂爾多斯右翼前旗界二百四十里，西南至鄂爾多斯右翼中旗界五百二十里，西至阿拉善王旗界二百七十里，西北至土謝圖汗默爾根王旗界九百里，北至土謝圖汗默爾根王旗界三百里，東北至武川廳界三百一十里。距京師一千九百里。口外無驛傳，所開里數均以車行之數計。

形勢

五原廳為晉北屏藩，地居高原，沃野千里。賀蘭山、陰山層巒疊嶂，環繞於東西北三面。黄河自西而東，瀰洋澎湃，襟帶於其間。商賈往來，陸路通土謝圖汗、車臣汗、札薩克三部落。航路達本省之蒲州、磧口、河曲、包頭等府廳縣，河南之泗州，甘肅之寧、靈二府州。水陸交通，商賈雲集，實為西北雄鎮，邊陲衝要。

山川

陰山　一名大青山。起自河套之北，烏拉特旗之西境。北走為喀卜特兒山，又東北轉為哈兒占布、兒古圖、狼居胥、那林朔龍、翁金朔龍等諸山。又逶迤而東奔，綿亙於烏拉特旗之北部，及茂明安、喀爾喀右翼二旗之南部。又東北至四子部落旗之東南，而為色爾貝山。山勢益高峻，更瀰漫東向，歷察哈爾及牧廠，而為都蘭山、得爾山。繞出多倫諾〔爾〕廳之北，山勢稍稍斷絕。至克西克騰旗之西，而為海喇喀山，與興安嶺相連續。又東南為蝦蟆嶺，為大衍嶺，為卯金山。諸山盤曲於翁牛特、喀喇沁二旗之間，而卯金山為最高大。又南奔為明安山，老河諸水發源之所也。更東北轉為大淩河之水源，而蜿蜒於奈曼、喀爾喀、敖汗諸旗界焉。此山脈甚延大，起自河套之北，斜達盛京邊牆，北横障沙漠，延袤數千里。俗稱烏拉山、狼山、北山者，俱土人臆度之名，實則皆陰山也。

黄河　其上源謂之哈屯河。水道提綱：自鄂靈海至歸德堡，蒙古謂之喀屯河。青海之西南有巴顏喀喇山，在北緯三十五度、東經九十六度。山之東麓，諸泉流出，匯阿爾坦河，是為黃河之源。東北六百里注於星宿海。蒙古謂之鄂屯塔喇。星宿海者，泉流百泓，望之如列星，故有此名。自此成一川，流注於查靈海。又過查靈海，向東北流，抵甘肅省，始有黃河之稱，蓋以河水渾濁故也。

自此合大通河、洮河二大水，沿長城抵寧夏府。又北流而出長城，入內蒙古。過鄂爾多斯右翼中旗之西、白塔之東，經流凡四百八十餘里，歧為二派。其東北流，經過後旗西北境者，曰南河；其北流，至阿爾布坦山之南麓，溢而為大澤者，曰北河，即古之申屠澤也。土人名之曰騰格里泊，周圍近百里。

河流自此分為數道，曲折東流，經過右翼後旗之北部與烏拉特旗分界之處，約百八十里許。稍稍向東南，又折而南，其流復合。又東南，納布爾哈蘇台河、喀喇河、西都爾呼河，經烏拉特旗南部與鄂爾多斯右翼中旗北部之南海子，又經左翼後旗，納北博托河、蘇爾哲河，合於南哈拉奔那河。至圖爾根河注入之處，河勢東南轉。過（右）〔左〕翼前旗之東部，及歸化城土默特之西界，遂向南流。再貫長城，入山西省偏頭關、陝西省榆林府府谷縣界。此處河幅寬七百餘丈，通舟楫，流勢緩慢，不若內地黃河之奔流激湍也。黃河初出長城，（耳）〔再〕①入邊，其間河流成一彎曲形，故稱其內為河套云。鄂爾多斯七旗咸駐牧於河套之內，以東西北三面河流為天然之疆界。

古蹟

東土城子　在長濟〔渠〕旁。周圍三里餘，雄宏其勢，據於阿表，基址尚存，無碑碣可考。審其地之形勢，似抗西羌之要衝。今俗皆呼為東土城子。

西土城子　在鄂爾多斯（旗）右翼後旗義和大渠之西。古城半面，不見磚石，無碑碣可考。相傳為宋

① 據五原廳志稿改。

（時）〔將〕①楊〔繼〕業屯兵處。光緒初年，城猶四面，高猶二丈，周闊八里，東西二門，蒙民猶處其中。惟時黃河尚在城南五六里許。近年黃河北越，南半城悉成河岸。俗呼為西土城子。

小海子　一名水鉢洞。在鄂爾多斯右翼後旗大盛成村東南沙梁內。南北長約三里，闊約里許。其水漲落不時，無定邊界也。歲出魚數千斤或數萬斤不等。向歸蒙人封禁。光緒三十二年（一九〇六）劃入墾界。

古塔　五座，在鄂爾多斯右翼後旗天吉太村東南塔爾灣。高約三丈餘，相傳為章家廟舊址，無碑碣可考。

舊城　在鄂爾多斯左翼後旗五分子，尚有形跡，無碑碣可考。

磚塔六座　在鄂爾多斯左翼後旗呹桃氣。高均丈餘，相傳為班禪召舊址，無碑碣可考。

古城　在烏拉特中旗麻池村北城梁。周圍八里，無碑碣可考。

建置志

沿革

五原廳，唐、虞渠搜地。見中國歷代疆域沿革考。

禹貢冀州之域。見國朝一統志。

春秋玁狁地。見萬國形勢指掌圖。

秦置九原郡。

---

① 據五原廳志稿改。

漢武帝元朔二年（公元前一二七），更名五原，見續地形志。建城於光祿塞。見水經注。建安二十年（二一五），合為新興郡。見中國歷代疆域沿革考。

魏晉省。

北魏（元）明〔元〕帝滅夏，置肆州。①見中國歷代疆域沿革考。

西魏為懷朔鎮。

北周仍稱五原郡。

隋開皇三年（五八三），置豐州。見元和志。煬帝初，州廢，置五原郡。見通典。

唐貞觀四年（六三〇），復稱豐州。二十一年（六四七）廢入靈州。二十二年（六四八）又改豐州。天寶元年（七四二），改九原郡。乾元元年（七五八），復號豐州。見舊唐書。景龍二年（七〇八），張仁愿築中受降城，以禦突厥。見元和志。

五代，銀州地。

宋，為豐州寧豐郡，屬河東路。

遼、金，皆豐州天德軍，屬（京）西〔京〕路。②見金史。

元，復豐州。見元史。

明季，阿魯〔台〕（特）、瓦剌馬哈木、孛來、毛里孩、阿羅出、滿〔都〕魯（都）、俺答相繼入寇，淪為異域。

國初，蒙古內附，以其地賜烏拉特前中後三旗、鄂爾多斯左右翼後二旗，屬綏遠城將軍。私墾漢民遇

① 據魏書世祖紀，滅夏，置肆州乃北魏太武帝拓跋燾（太宗明元帝子）所爲，分别在始光四年（四二七）、太平真君七年（四四六）。

② 據金史地理志改。

有詞訟，赴沿邊各廳縣伸理，聽從民便，無所謂管隸。

光緒二十九年（一九〇三），山西巡撫岑①奏設廳治，因漢名，析薩拉齊所治之烏拉特前、中、後三旗，即東、中、西三公旗。鄂爾多斯右翼後旗、即杭棉旗。鄂爾多斯左翼後旗（即達拉特旗）迤西各村落（即達拉特旗）隸焉。

津梁

晏安河橋　在鄂爾多斯左翼後旗之黃老樓晏安河上，地商郭敏修建。

召廟橋　在鄂爾多斯左翼後旗之黃老樓。

五加河橋　在鄂爾多斯左翼後旗之六份子。

板小頭橋　在鄂爾多斯左翼後旗之北牛犋〔村〕②。

城渠橋　在鄂爾多斯左翼後旗之北牛犋村。

板旦橋　在鄂爾多斯左翼後旗之（北牛犋）〔板旦〕村③。

五道口橋　在鄂爾多斯左翼後旗之五道口子。

長濟橋　在鄂爾多斯右翼後旗之長濟渠上。光緒三十一年（一九〇五）墾局建。

革佘橋　在鄂爾多斯右翼後旗之塔布河上。光緒三十一年（一九〇五）墾局建。

廣濟橋　在鄂爾多斯左翼後旗之四櫃村。

---

① 此處有誤，據錢實甫編清代職官年表載，是年山西巡撫先後為俞廉三、張曾敭，前巡撫岑春煊已於上年調任。

② 據五原廳志稿補。

③ 據五原廳志稿改。

通濟橋　在鄂爾多斯左翼後旗之小廠汗淖。

公濟橋　在鄂爾多斯左翼後旗之大有公。

普濟橋　在鄂爾多斯右翼後旗之革佘。

沙河橋　在鄂爾多斯右翼後旗之和合源村沙河上，光緒三十二年（一九〇六）墾局建。

義和渠橋　在鄂爾多斯右翼後旗之義和渠村義和渠上，光緒十五年（一八八九）地商王同春建，三十三年（一九〇七）墾局增修。

同心德橋　在鄂爾多斯左翼後旗之同（興）〔心〕德村義和渠上，光緒十五年（一八八九）地商王同春建，三十三年（一九〇七）墾局增修。

和合源東橋　在鄂爾多斯右翼後旗之和合源村東渠上，光緒十七年（一八九一）地商王同春建，三十年（一九〇四）墾局增修。

和合源中橋　在鄂爾多斯右翼後旗之和合源村中渠上，光緒十七年（一八九一）地商王同春建，三十一年（一九〇五）墾局增修。

和合源西橋　在鄂爾多斯右翼後旗之和合源村西渠上，光緒十八年（一八九二）地商王同春建，三十一年（一九〇五）墾局增修。

和合源北橋　在鄂爾多斯右翼後旗之和合源村北渠上，光緒十八年（一八九二）地商王同春建，三十一年（一九〇五）墾局增修。

廠漢〔格〕爾橋①　在鄂爾多斯左翼後旗之廠汗格爾河上，地商張大貴建。

合和興東大渠橋　在鄂爾多斯左翼後旗之合和興村北東大渠上，光緒二十八年（一九〇二）地商王同春

① 五原廳志稿作「廠漢格爾河橋」。

建，三十三年（一九〇七）墾局增修。

合和興橋　在鄂爾多斯左翼後旗之合和興村，地商王同春建。

興盛成橋　在鄂爾多斯右翼後旗之興盛成村，地商王同春建。

同心德喜全子頭道渠橋　在鄂爾多斯左翼後旗之同心德頭道渠上，地商喜全子建。

喜全子二道渠橋　在鄂爾多斯左翼後旗之喜全子二道渠上，地商喜全子建。

德厚成橋　在鄂爾多斯右翼後旗之德厚成村老郭河上，地戶郭維綱建。

隆興長橋　在鄂爾多斯左翼後旗之隆興長村哈拉噶爾河上，地商王同春建。

黑界大橋　在鄂爾多斯左翼後旗之隆興長村西南。

新把總橋　在鄂爾多斯左翼後旗之隆興長村東北新把總西大渠上，光緒三十三年（一九〇七）墾局建。

城渠橋　在鄂爾多斯左翼後旗之隆興長村北，地商王同春建。

四大股廟橋　在鄂爾多斯左翼後旗之隆興長村東牛犋東大渠上，地商王同春建。

鴨子兔公中橋　在鄂爾多斯左翼後旗之鴨子兔西大渠上，地商王同春建。

南橋　在鄂爾多斯左翼後旗之鴨子兔村大渠上游，地商王同春建。

中橋　在鄂爾多斯左翼後旗之鴨子兔村大渠中游，地商王同春建。

永和瑞西大橋　在鄂爾多斯左翼後旗之鴨子兔村大渠中游，地商王同春建。

頭道橋　在鄂爾多斯左翼後旗之鴨子兔村東大渠上，地商王同春建。

三櫃橋　在鄂爾多斯左翼後旗之鴨子兔村東大渠中游，地商王同春建。

公中東大橋　在鄂爾多斯左翼後旗之鴨子兔村東大渠下游，地商王同春建。

弓油房大橋　在鄂爾多斯左翼後旗之補紅村西大渠中游，地商王同春建。

興盛成東大橋　在鄂爾多斯左翼後旗之前補紅西大渠上①，地商王同春建。
後補紅村中大橋　在鄂爾多斯左翼後旗之後補紅村西大渠中游，地商王同春建。
天生壕大橋　在鄂爾多斯左翼後旗之補紅村天生壕上，地商王同春建。
長盛西房後橋　在鄂爾多斯左翼後旗之鴨子兔村南天生壕上，地商王同春建。
阿善橋　在鄂爾多斯右翼後旗之阿善村。
西〔家〕圪垛橋　在鄂爾多斯右翼後旗之西家圪垛村。
何家圪垛橋　在鄂爾多斯右翼後旗之何家圪垛村。
哈拉烏素橋　在鄂爾多斯左翼後旗之哈拉烏素村。
兆豐橋　在鄂爾多斯右翼後旗之天吉泰村東豐濟渠上，光緒三十一年（一九〇五）墾局建。
瑞豐橋　在鄂爾多斯左翼後旗之五分子村。
慶豐橋　在鄂爾多斯左翼後旗之蒙格兔村。
昭君墳渡　在烏拉特前旗拴住馬圪獨，距城三百二十里，對岸藍櫃窯子②。
柳林子渡　在烏拉特中旗地，距城三百八十里，對岸三叉口。
白二渡　在烏拉特後旗地，距城四百里，對岸紅洞灣。
畫匠營渡　在烏拉特後旗地，距城四百二十里，對岸紅洞灣。

① 上，五原廳志稿作「口」。
② 五原廳志稿作「南櫃窑子」。

來福子渡　在烏拉特後旗〔地〕①，距城四百里，對岸廠汗灘②。

村莊

東鄉　共八十九村

把總地、鄔四圪〔启〕（后）③、燕安和圪〔启〕（后）、恒隆昌、阜恒興、板旦、五道口子、黑泥池、忽力素淖兒、土默淖兒、張高兔、二小子圪凸、大廠汗淖兒、小廠汗淖兒、威圪兔、上達拉兔、加不索兒、達賴淖兒、天興義④、什拉忽洛素、烏蘭淖、侯家圪凸、什卜爾太、箭杆補隆、紅門兔、隆太、（金沼）〔合沿〕獨貴⑤、二分子、東地頭、西公官牛犋、大佘太、烏雞爾忽洞、五分子、六分子、烏蘭忽洞、薛巨金圪卜、腦包灘、謝俊圪凸、楊謙圪凸、台樑七分子、二十年地溝、台樑、尤家圪〔启〕（后）、色氣口子、大成公、黑沙兔、賈全灣、老爺廟圪卜、馬七女圪〔启〕（后）、康村十分子、營盘灣、康村頭分子、壩泉子、五千營子、上八百營子、下八百營子、土蛤蟆精、小奴氣、大奴氣、信成遠、彩祥居、油房六分子、沙壩子、白彥溝、東官井、公義明口子、紫腦包、爾得泥溝、榆樹溝、缸房地、石拐、石門子、察汗溝、德勝溝⑥、公忽洞、毛鬼神窯子、王老大窯、四道沙河、當鋪窯子、楊三窯子、三道沙河、馬廠樑、石拉淖兒、二道沙河、洪慶德、宿具兔⑦、石藍〔計〕（汁）、張毛

① 據五原廳志稿補。
② 五原廳志稿作「長漢灘」。
③ 據五原廳志稿改，下同。
④ 五原廳志稿作「天心義」。
⑤ 據五原廳志稿改。
⑥ 五原廳志稿作「得勝溝」。
⑦ 五原廳志稿作「宿貝兔」。

壕、三分子。

西鄉 共二十七村

鴨子兔、把汗合少、加各氣戶口地、喇嘛召、古獨格爾、王在林、海生、吠桃氣、索蓋、永盛和、張雙駒、德成渠、天德源、魏羊地、藍鎖爾、鑾會、五大股、捎爾旭亥、黄羊木頭、蘑菇渣子、戶口地、東公中、西公中、戶口地、西場戶口地、西場和合德、東場和合德。

南鄉 共二十七村

東牛犋、南牛犋、黑界地、保德素、戶口地、和合源、興盛成、大盛成、同心成、郭有元、腦包壕、萬泰公、金長春、史老虎、田大人地、復太長、東土城子、西土城子、姚家河頭、錦繡堂、哈拉特勞亥、杭錦貝子、戶口地、布袋口子、白家地、合莫合少、索淩扣灣、紅銅補隆。

北鄉 共一十二村

北牛犋、小北牛犋、補紅、十八圪兔、把總地、新把總地、北牛犋、烏蘭腦包、萬和長、萬和堂、梅令廟、保什號淖。

東北鄉 共一十一村

白彥淖爾、壕賴加哈、以肯補隆、哈拉兔、東倒拉忽洞、忽洛保淖、上烏蘭淖、什納幹、西倒拉忽洞、小佘太、十分子。

西北鄉 共七村

韓烏拉、協成地、祥泰魁、纏金、烏蘭保爾、趙皮房、恒和德。

西南鄉 共一十四村

戶口地、曹四喜爾、烏蘭扛扗、長興堂、陳四地、阿善、鄔家地、十大股、同心西、劉三地、戶口地、吳祥地、李三地、什拉特拉。

東南鄉　共七十二村

天和長、西懷木、東懷木、革蛇、合少公中、上扒子補隆、下扒子補隆、君兔、魚網圪凸、四川淖爾、廟圪旦、黑土崖子、水泉爾、烏梁素、幼女子地、五毛界、西山嘴爾腦包、姜白店、楊五套子、東木兔、老馮圪旦、藍胡圪旦、史家圪旦、安洪圪旦、達不素太、段四圪旦、加格氣廟店、哈達門口子、合彥爾色氣、西公合〔少〕公中①、西哈拉補達、東哈拉補達、土蛤蟆淖爾、達拉亥、廠汗以力更、柳樹灣、全把兔、興縣窯、靳二窯、藍櫃窯子、召灣、萬興公、高油房、保爾泰、韓盛基窯、麻池、堿房灘、韓慶窯、焦家營、甲浪灣、畫匠窯、南火房、哈拉泡子、西旺成、德盛成、南葫蘆頭、談蓋卯旦、捎爾扣灣、昭君墳、特拉亥、合彥爾兔、二旦補隆②、黃卯旦、張虎灘、柳林子、永興西、紅脫灣、王應基灘、王家地、二鎖圪梁、西水鵓太、東水鵓太。

以上八路共二百五十九村。

河渠　就黃河開口者。

杭錦旗貝子戶口地大渠

達拉特旗合少公中渠

扒子補隆教堂地大渠

塔布河渠　地商張照開挖，未成。光緒三十年（一九〇四），報經墾局給價歸官。

長濟渠　原名長勝渠。光緒五年（一八七九），地商侯雙珠開挖，未成。三十年（一九〇四），侯應魁報經墾局給價歸官。

① 據五原廳志稿補。
② 五原廳志稿作「武旦補隆」。

老郭渠　同治十二年（一八七二），地商德茂永、萬太公、李達元、四川老郭開挖，未成。〔光緒〕三十年（一九〇四），報經墾局給價歸官。

義和渠　光緒十八年（一八九二），地商王同春開挖，未成。三十一年（一九〇五），報經墾局給價歸官。

錦繡堂渠　光緒二十六年（一九〇〇），地商陳錦科開挖，未成。三十年（一九〇四），報經墾局給價歸官。

爛大渠　光緒十五年（一八八九），地商王同春開挖，未成。三十一年（一九〇五），報經墾局給價歸官。

呂安河頭渠　光緒二十年（一八九四），地商周壽山開挖，未成。三十年（一九〇四），報經墾局給價歸官。

沙河渠　光緒二十年（一八九四），地商王同春開挖，未成。三十一年（一九〇五），報經墾局給價歸官。

阿善渠　光緒七年（一八八一），地商蕭瑞開挖，未成。三十年（一九〇四），報經墾局給價歸官。

鄔家地渠　光緒九年（一八八三），地商蕭瑞開挖，未成。三十年（一九〇四），報經墾局給價歸官。

常興堂渠　共二道。光緒十年（一八八四），地商常四開挖，未成。三十年（一九〇四），報經墾局給價歸官。

曹四喜渠　光緒四年（一八七八），曹四喜爾開挖，未成。三十年（一九〇四），報經墾局給價歸官。

十大股渠　光緒十二年（一八八六），地商張鎮達開挖，未成。三十年（一九〇四），報經墾局給價歸官。

皂火河渠

豐濟渠　光緒二十三年（一八九七），地商王同春開挖，未成。三十年（一九〇四），報經墾局給價歸官。

劉三渠　光緒二十四年（一八九八），地商劉永祥、閻才子①開挖，未成。三十年（一九〇四），報經墾局給

① 五原廳志稿作「閻刁子」。

價歸官。
剛目河渠　同治三年（一八六四），地商協成開挖，未成。光緒三十一年（一九〇五），報墾歸官。
鄔祥地渠　光緒二十四年（一八九八），地商鄔祥開挖，未成。三十一年（一九〇五），報經墾局給價歸官。
戶口渠
鄔祥渠　地商鄔祥開挖，未成。光緒三十年（一九〇四），報經墾局給價歸官。
土默爾渠　光緒三十年（一九〇四），地商李振海開挖，未成。三十一年（一九〇五），報經墾局給價歸官。
天德源德成渠　光緒二十五年（一八九九），地商魏鳳山、李海馬開挖，未成。三十年（一九〇四），報經墾局給價歸官。
永濟渠　原名纏金渠。地商甄姓開挖，未成。光緒三十年（一九〇四），報經墾局給價歸官。
五大股渠　地商甄姓開挖，未成。光緒三十年（一九〇四），報經墾局給價歸官。
藍鎖渠　同治三年（一八六四），地商王文祥開挖，未成。光緒三十年（一九〇四），報經墾局給價歸官。
稍爾宿亥渠　光緒十年（一八八四），地商王文祥開挖，未成。三十年（一九〇四），報經墾局給價歸官。
黃特鵮亥渠
黃羊木頭渠
東公中大渠
西公中大渠
楊家河子渠
烏拉河渠

學校

官立半日學堂 三處：一在烏拉特後旗麻池村，一在鄂爾多斯左翼後旗之隆興長村，一在鄂爾多斯左翼後旗之纏金村。額定學生各十五人。

私立初等小學堂 一處：在鄂爾多斯左翼後旗之晏安河村，學生八人。

祠祀 附召廟、喇嘛人數

龍王廟 在烏拉特中旗召灣〔村〕①，嘉慶年間建。

龍王廟 在烏拉特中旗麻池村，同治年間建。

龍王廟 在烏拉特後旗二道沙河村，光緒年間建。

大仙廟 在烏拉特中旗麻池村北名城樑後，有古蹟破城一座，詳載古蹟門。

龍王廟 在烏拉特後旗明安油房六分子。

關帝廟 在烏拉特前旗大佘太村。

關帝廟 在鄂爾多斯左翼後旗黄腦樓，光緒二十九年（一九〇三）地戶郭敏修建。

河神廟 在鄂爾多斯左翼後旗黄腦樓。

四大股廟 在鄂爾多斯右翼後旗興盛成村北，內祀關帝、火神、河伯、藥王、馬王、牛王、龍王、竈神、大仙。光緒二十一年（一八九五）地商王傑建。

河神廟 在鄂爾多斯右翼後旗阿善村。

① 據五原廳志稿補。

公中廟　在鄂爾多斯右翼後旗阿善村，內祀河伯、龍王。
大仙廟　在鄂爾多斯左翼後旗天吉泰。
大仙廟　在鄂爾多斯左翼後旗吠桃氣。
公中廟　在鄂爾多斯左翼後旗纏金。
蟒蓋兔召　在烏拉特中旗召灣村。
楊家台召廟　在烏拉特中旗楊家台村。
梅力更召廟　在烏拉特〔前旗〕①陰山前。
大壩召廟　在烏拉特前旗陰山前。
公廟召　在烏拉特前旗營盤後，係前旗家廟。
哈貴兔召　在烏拉特後旗明安營盤灣，係後旗家廟。
福音寺召　在烏拉特前旗大佘太北山前。
法喜寺　在烏拉特中旗崑獨崙河，俗名崑獨崙召，係中旗家廟，喇嘛百餘人。
勾心召　在鄂爾多斯左翼後旗北牛犋北，光緒十一年（一八八五）由四櫃遷移來此，喇嘛八十八名。
卜爾汗廟　在鄂爾多斯左翼後旗黃腦樓北，道光十三年（一八三三）由烏拉地遷移來此，喇嘛七十六名。
什尼廟　一名小召子，漢人呼為新廟。在鄂爾多斯右翼後旗阜恒興之北，係杭錦旗貝子家廟，由天和長遷移來此，喇嘛八十餘人。
拉普占巴廟　一名哈林夾壩召。係蒙古哈林所建，在鄂爾多斯右翼後旗布袋口子，喇嘛百餘人。
多剛廟　一名小廟。在鄂爾多斯右翼後旗姚家河頭，喇嘛三十餘人。

① 據五原廳志稿補。

巴彥托羅蓋召　一名沙壺廟，又名三皇廟。在鄂爾多斯右翼後旗合和興村。相傳係乾隆初年建，喇嘛百二十人。

土力蓋召　在鄂爾多斯左翼後旗把總地，喇嘛七十四人。

梅林廟召　在鄂爾多斯左翼後旗梅林廟村，喇嘛三十六人。

章嘉廟　在鄂爾多斯右翼後旗強家油房北，喇嘛百四五十人。

乾占廟　在鄂爾多斯右翼後旗黃羊木頭，喇嘛二百二三十人。

割害兔廟　在鄂爾多斯右翼後旗劉三地，喇嘛十餘人。

廠汗淖廟　在鄂爾多斯右翼後旗廠汗淖地，喇嘛三十餘人。

寶登廟　在鄂爾多斯右翼後旗捎爾宿亥地，喇嘛五六十人。

梅林廟　在鄂爾多斯右翼後旗五加河南畔，喇嘛三百餘人。

拉生廟　在鄂爾多斯左翼後旗協成窩爾兔地，喇嘛六百餘人。

千里廟　在烏拉特前旗恒和德北，喇嘛五百六十餘人。

寶圪塔廟　在鄂爾多斯左翼後旗協成地西地，光緒十五年（一八八九）建，喇嘛百二十餘人。

法佑寺　原名班禪召。前在鄂爾多斯右翼後旗馬迷圖地，嘉慶六年（一八〇一）被水沖毀，十三年（一八〇八）在達拉特旗鴨馬來地重建，喇嘛三百餘人。

纏金召　在鄂爾多斯左翼後旗纏金新東渠梢西邊，喇嘛八人。

小召子　在鄂爾多斯左翼後旗廠汗淖爾村，道光三十年（一八五〇）蒙古作拉慶建，喇嘛三十餘人。

墳墓

漢

明妃昭君墓　在烏拉特前旗捎爾扣灣，無碑記可考。歸化城西南二十里，托克托城黑河邊，亦有昭君塚，不知孰是。

紀事志

歷代紀事

周

赧王十五年（公元前三〇〇），趙攻中山地，至九原。文獻通考注：九原，今九原、安北（縣）〔是〕。① 綱目集覽：九原即五原郡。

十六年（公元前二九九），趙武靈王傳國子何，自號主父，詐為使者，從雲中、九原入秦。

秦

始皇帝二十六年（公元前二二一），分天下為三十六郡，九原即在其內。

三十二年（公元前二一五），帝巡北邊，遣將軍蒙恬伐匈奴。

三十三年（公元前二一四），蒙恬伐匈奴，收河南地，因河為塞，築四十四縣城臨河，徙謫戍以充之，謂新秦。張晏曰：河南，朔方郡之河南，正義曰新秦，今夏、勝等州也。按：即九原郡〔地〕②。

三十五年（公元前二一二），除道，自九原抵雲陽。使長子扶蘇北監蒙恬上郡軍。

漢

---

① 據五原廳志稿改。文獻通考注採自唐杜佑通典，通典第一七三卷原文作：「九原，今九原、安北地是。」

② 據五原廳志稿補。

武帝元朔二年（公元前一二七），遣將軍衛青、李息出高闕，收河南地，置朔方、五原郡。募民徙朔方十萬口。漢書地理志：秦九原郡，武帝元朔二年（公元前一二七）更名五原。通志：勝州榆林縣西有漢五原郡城。

元鼎五年（公元前一一二）秋九月，匈奴入五原，殺太守。

六年（公元前一一一）冬九月，遣浮沮將軍公孫賀出九原。

元封三年（公元前一〇八），趙破奴擊樓蘭有功，封為浞野侯。延綏鎮志載：破奴，五原人也。

太初三年（公元前一〇二）夏四月，遣光祿勳徐自為築五原塞〔外〕①列城，至盧朐。遊擊將軍韓說將兵屯之。秋，句黎湖單于壞光祿諸亭障。

天漢元年（公元前一〇〇）秋，發讁戍屯五原。

四年（公元前九七）春正月，李廣利將六萬騎、步兵（十）〔七〕萬人出朔方。路博德將萬餘人〔與李廣利會〕，韓說將步〔兵〕（騎）三萬人出五原。與單于戰，不利，引還。②

征〔和〕（利）。③元年（公元前九二）九月，狐鹿姑單于入五原，殺（戮）〔略〕④吏民。

三年（公元前九〇）正月，狐鹿姑單于入五原，殺都尉。三月，遣李廣利將（十）〔七〕⑤萬人，出五原，擊之，敗降。

宣帝本始二年（公元前七二），遣雲中太守田順為虎牙將軍，出五原，救烏孫。

① 據漢書武帝紀補。
② 均據漢書武帝紀改。
③ 據漢書匈奴傳改。
④ 據漢書匈奴傳及五原廳志稿改。
⑤ 據漢書武帝紀改。

甘露二年（公元前五二）十二月，呼韓邪單于款五原塞，請朝。

三年（公元前五一）春正月，呼韓邪單于來朝，二月罷歸。遣將萬六千騎送單于。單于居幕南，保光祿塞。

明一統志：光祿塞即五原城。

元帝初元二年（公元前四七）六月，呼韓邪單于上書告饑，詔雲中、五原郡轉穀二萬斛以給之。

竟寧元年（公元前三三）春正月，呼韓邪單于來朝，願婿漢氏以自親，帝以王嬙賜之。

光武帝建武五年（二九）十二月，盧芳稱帝於九原。

六年（三〇）十二月，馮異擊盧芳、匈奴兵，破之。

十三年（三七）春（三）〔二〕①月，盧芳自五原亡出塞。

二十年（四四），省五原郡，徙〔其〕②吏人置河東。

二十四年（四八）〔春〕（五月），（奥）〔薁〕鞬（王）日逐王比③為八部大人共立為呼韓邪單于，款五原塞。

二十六年（五〇）冬，南單于置諸部王，助為扞戍，使當于骨都侯屯五原。

明帝永平五年（六二）冬，北單于寇五原，南單于擊卻之。

八年（六五）春三月，初置度遼將軍，以吳常為之，屯五原曼柏。

九年（六六）三月，詔郡國〔死〕④罪囚減罪，與妻子詣五原、朔方占著。

章帝建初八年（八三）夏六月，三木樓訾大人稽留斯等款五原塞降。

---

① 據後漢書光武帝紀改。
② 據後漢書光武帝紀補。
③ 均據後漢書南匈奴列傳改。
④ 據後漢書顯宗孝明帝紀補。

章和元年（八七）冬十月，北匈奴五十八部詣五原、朔方、北地降。

〔永元〕六年（九四）春正月，使匈奴中郎將杜崇等殺南單于安國於五原，立左賢〔王〕師子為單于。①

安帝永初三年（一〇九）秋九月，雁門烏桓率衆王無何（允），與鮮卑大人及南匈奴寇五原，戰於九原高（梁）〔渠〕谷，漢兵大敗。②

延光二年（一二三）冬十（二）〔一〕③月，鮮卑敗南匈奴於曼柏。

順帝永和五年（一四〇）九月，徙朔方，治五原。

晉

安帝義熙三年（四〇七）後秦皇初十四年④六月，持節、安北將軍、五原公劉勃勃稱天（皇）〔王〕⑤、大單于，建元龍升，國號大夏。

北魏

九年（四一三）鳳翔元年夏，以叱干阿利領將作大匠，〔起〕⑥統萬城。改姓曰赫連氏。

太祖登國六年（三九一），帝（讐）〔襲〕⑦五原，屠之。收其積穀，還紐垤川。於固陽塞北，樹碑記功。

九年（三九四）三月，使東平公元儀屯田於河北五原。

---

① 均據後漢書南匈奴列傳補。
② 據後漢書烏桓鮮卑列傳刪改。
③ 據後漢書孝安帝紀改。
④ 後秦皇初僅五年，是年應爲弘始九年。
⑤ 據晉書赫連勃勃傳改。
⑥ 據晉書赫連勃勃傳補。
⑦ 據晉書赫連勃勃傳改。

十年（三九五）秋七月，燕寇五原，帝遣許謙徵兵於姚興。東平公元儀徙（居）〔據〕①朔方。
太宗泰常八年（四二三）二月，築長城，起自赤城，西至五原，延袤二千餘里，置戍衛。
世祖神䴥二年（四二九）十月，徙蠕蠕降人，置五原。

（大延）

高祖延興二年（四七二）十月，蠕蠕犯塞，及〔於〕②五原。
孝明帝正光五年（五二四），〔臨淮王彧〕（或）③帥師討賊。夏五月，戰於五原，敗績。
文帝大統十四年（五四八）五月，太師宇文泰奉太子巡撫西境，歷北長城，東趨五原。④

隋

文帝開皇十九年（五九九）冬十月，突厥染干尚宗女安義公主。悉雍虞閭抄略，請徙五原，從之。
恭帝義寧二年（六一八）三月，五原通守張長遜以五原等郡降唐，即以為五原太守。

唐

太宗貞觀元年（六二七）二月，分天下為十道，綏、寧、豐、勝州屬關内道。按：豐州即五原郡地⑤。
四年（六三〇）夏四月，以右武衛大將軍史大奈為豐州都督。
中宗景龍二年（七〇八）三月，朔方總管張仁願築三受降城。

---

① 據魏書太祖紀改。
② 據魏書高祖紀補。
③ 據魏書肅宗紀補改。
④ 此處有誤。周書文帝紀作「將東趨五原，至蒲州，聞魏帝不豫，遂還」。是未至五原也。
⑤ 地，五原廳志稿作「也」。

德宗貞元十二年（七九六）九月，以河東行軍司馬李景略為豐州〔刺史、天德軍豐州西受降城〕都防禦使。①

武宗會昌三年（八四三）（正）〔二〕月，以麟州刺史石雄為豐州〔刺史，充豐州西城中城〕都防禦使。②

宣宗大中元年（八四七）五月，河東節度使王宰將代北諸軍，以沙陀朱邪赤心為前鋒，自靈州濟河，破吐蕃論恐熱於鹽州。文獻通考：鹽州，秦漢屬北地郡，後魏置大興郡，西魏改為五原郡，兼置西安州。後改為鹽州，隋置鹽州郡。唐為鹽州，或為五原郡，治五原、白〔池〕（地）③二縣。

後梁

太祖乾化元年（九一一）十一月，高萬興取鹽州。

宋

太宗太平興國七年（九八二）閏十一月，豐州兵與契丹戰，破之，獲其天德軍節度使蕭太。

八年（九八三）三月，豐州兵破契丹，降三千餘帳。

慶曆元年（一〇四一）八月，趙元昊陷豐州，知州王餘慶、兵馬監押孫吉死之。

嘉祐六年（一〇六一）十二月，一作七年。以府州羅泊川掌地復建豐州，並置永安、保寧二砦。

元豐五年（一〇八二）五月，豐州卒張世矩〔等〕④作亂伏誅。

欽宗靖康元年（一一二六）二月，夏人渡河取雲內州天德軍。按：本中受降城。

---

① 據舊唐書德宗本紀補。
② 據舊唐書武宗本紀改補。
③ 據五原廳志稿改。
④ 據宋史神宗本紀補。

二年（一一二七）正月，主客員外郎謝亮持詔書賜夏約和。聶昌以便宜割麟、府、豐三州隸夏人。知晉寧軍徐徽言率兵復三州。

金

太宗天會六年（一一二八）宋建〔炎〕（寅）二年十一月，知府州折可求以麟、府、豐（州）三州來降。

明

太祖洪武七年（一三七四），偏將軍李文忠敗元兵於豐州。

英宗天順六年（一四六二）春正月，毛里孩等入河套。

憲宗成化四年（一四六八）春二月，滿〔都〕魯（都）入河套。

七年（一四六九），從兵部尚書白圭議，以武靖侯趙輔為將軍、王越為督師，搜套。明史本紀作七年，世法錄作八年。

十三年（一四七七）十二月，火篩入河套。

二十年（一四八四）九月，寇復入〔居〕①河套。

孝宗宏治八年（一四九五），北部入河套。

十三年（一五〇〇），小王子部入居河套。十二月火篩入河套。

十七年（一五〇四），火篩入套，總兵張安遣把總藍海等，追及於黃河岸，勝之。

武宗正德元年（一五〇六），楊一清總制邊務，請守東勝，復河套，不報。

六年（一五一一）（六）〔三〕②月，小王子入河套，犯沿邊諸堡。

① 據明史憲宗本紀補。
② 據明史武宗本紀改。

世宗嘉靖二十五年（一五四六），三邊總督曾銑議復河套。

二十六年（一五四七）五月，三邊總督曾銑襲套部，勝之。十一月，三邊總督曾銑上復套方略十八事，下兵部議。時阻於讒，乃不能行。套患日深。

穆宗隆慶五年（一五七一）六月甲辰，授河套部長吉能為都督同知。八月癸亥，許河套部互市。

神宗萬曆十九年（一五九一），互市罷。

二十四年（一五九六）二月，延綏總兵麻貴襲河套部，敗之。

三十年（一六〇二）〔閏二月〕①，復河套諸部貢市。

三十五年（一六〇七）閏六月，復河套諸部貢市。

四十六年（一六一八）十二月，河套部長猛克什力來降。

熹宗天啟元年（一六二一），插罕入套。

湣帝崇禎末葉，元嫡裔察哈爾林丹汗恃其士馬強盛，橫行磧南，蹂躪烏拉特、鄂爾多斯諸部。

本朝

天聰八年（一六三四），林丹汗覆滅，（還）諸部〔還〕舊牧地，先後內附，錫以封爵。以河套地賜烏拉特前、中、後三旗，鄂爾多斯左、右翼後二旗。

光緒三年（一八七七），土匪曹鴻照揭竿倡亂，蔓延全套。巡撫曾國荃檄大同鎮總兵張樹屏、樹字前營營官林成興督師滅之。

三十年（一九〇四），劉天佑倡亂，佔據隆興長迤西各地，綏遠城將軍貽穀、巡撫張曾敭檄護大同鎮總兵孔

① 據明史神宗本紀補。

慶塘、歸綏道樸壽、口外（鎮）〔續〕①備軍統領陳政詩督師討滅之。

祥異志

歷代祥異

後漢

靈帝光和六年（一八三）秋，五原山〔岸〕②崩。見延綏鎮志。

唐

高〔宗〕（祖）調露二年（六八〇）夏，豐州河清。見延綏鎮志。

本朝

光緒三十年（一九〇四）秋，河水泛溢，近岸民舍、田地多被毁傷。

三十二年（一九〇六），蝗蝻自西北入境，食禾殆盡，次年猶有遺孽。

德音志

巡幸

秦

① 據五原廳志稿改。

② 據後漢書孝靈帝紀及五原廳志稿補。

始皇三十二年（公元前二一五），帝巡北邊，從上郡入。遣將軍蒙恬伐匈奴，收河南地。

漢

武帝元封元年（公元前一一〇）冬十月，帝〔行〕自雲陽，北歷上郡、西河、五原，出長城，〔北〕登單于台。①

二年（公元前一〇九），帝〔行〕②自泰山，歷北邊九原，歸於甘泉。

北魏

太宗永興五年（四一三）六月，帝幸五原，校獵於骨羅山，獲獸十萬。

泰常五年（四二〇）秋七月，西至五原。

世祖始光三年（四二六）六月，幸五原，田於陰山。

神䴥四年（四三一）五月，帝幸五原，征蠕蠕。

隋

煬帝大業四年（六〇八）三月，幸五原，出塞巡長城。

恩澤

本朝

光緒三十年（一九〇四），發庫帑三千兩，賑五原被水民下貧者。

附前朝恩澤

漢

① 均據漢書武帝紀補。

② 據漢書武帝紀補。

和帝永元十二年（一〇〇）夏（四月）閏月，賑貸五原民下貧者穀。
十四年（一〇二）夏四月，賑貸五原流民下貧者穀，各有差。

宋

天禧元年（一〇一七）十二月，詔〔陝西〕①沿邊鬻穀者勿算。

封建志

前代爵邑

北周

五原郡公辛彥之，隋書本傳：隴西狄道人。後入關，遂家京〔兆〕。北周閔帝受禪，彥之專掌儀制。明、武（帝）〔時〕，奉使迎突厥皇后還，賜爵龍門縣公，邑千戶。尋進爵五原郡公，加邑千戶。②

隋

五原郡公元旻，歷代紀事年表：文帝封五原郡公。

按：旻以開皇二十年（六〇〇）諫廢太子勇誅。隋書地理志：五原郡，開皇五年（五八五）置豐州。

職官志

前代文武職

---

① 據宋史真宗本紀補。
② 均據隋書辛彥之傳改。

朔方節度使

唐開元九年（七二一），置朔方節度使，領單于都護府，夏、鹽、銀、麟、豐、今鄂爾多斯左翼後旗。勝今鄂爾多斯左翼後旗等六州，以後隨時更置他方。

唐

張說　洛陽人。開元九年（七二一），朔方節度使。

王忠嗣　天寶六載（七四七），朔方節度使。

李林甫　天寶十載（七五一），朔方節度使。

郭子儀　華縣人。天寶十四年（七五五），充朔方節度使。

論誠節　西土人。天寶中，節度副大使。

僕固懷恩　乾元二年（七五九），朔方節度使。

渾〔瑊〕（日進）①　永泰元年（七六五），朔方節度使。

崔寧　大曆十四年（七七九），朔方節度使。

常謙光　德宗初，定遠、天德、鹽、夏等軍節度使。

李懷光　建中四年（七八三），朔方節度使。

戴休顔　夏縣人。德宗時，朔方節度使。

杜希全　京兆醴泉人。貞元三年（七八七），朔方靈（延）〔鹽〕豐夏綏銀節度都統。②

高固　貞元十年（七九四），朔方節度使。

---

① 舊唐書渾瑊傳作「瑊本名曰進」，據改。

② 新唐書杜希全傳稱其先任朔方節度使，繼任靈鹽豐夏綏銀節度使，尋兼夏綏銀節度都統。

胡證　元和九年（八一四），振武麟勝節度使。九年（八一四），朔方節度使。
杜叔良　元和十四年（八一九），朔方節度使。
王佖　元和中，朔鹽節度使。
李泳　（太）〔大〕和元年（八二七），振武麟勝節度使。
李彦佐　會昌三年（八四三），朔方靈鹽節度使。
僕固瑒　朔方行營節度。
渾釋之　朔方節度留後。
張齊邱　朔方節度。

朔方行軍大總管

唐

李勣　曹州離狐人。貞觀十五年（六四一）。
論弓仁　京兆人。高宗時。
薛懷義　天授初。
契苾明　鐵勒人。天授初。
張仁願　下邽人。景龍二年（七〇八）。
解琬　魏州元城人。景龍初。
唐休璟　京兆始平人。景龍初。
郭元振　魏州貴鄉人。先天中。
王晙　滄州景城人。開元六年（七一八）。
韋抗　萬年人。開元八年（七二〇）。

信安王禕　開元十七年（七二九）。
李迴秀　涇陽人。
牛仙客　鶉觚人。開元二十四年（七三六）。
臧時明　東莞人。開元中。
王孝傑　京兆新豐人。

朔方元帥

唐
楊執一　華陰人。開元中，朔方元帥。
渾瑊　鐵勒九姓渾部人。貞元中，朔方行營副元帥。

豐州都督

唐
史大奈　突厥人。貞觀中。
崔知辯　永淳元年（六八二）。

豐州刺史

唐
李景略　幽州人。
劉蘭成　太宗時。
郭綱　華陰人。德宗時。
任迪簡　萬年人。德宗時。
高霞寓　范陽人。元和中。

陶彥謙　新平人。
石雄　會昌三年（八四三）。
唐濬　永淳中，豐州司馬。
知豐州　屬河東路隋五原太守，本豐州刺史。
宋
王餘慶　慶曆元年（一〇四一）。
王承美　豐州人。開寶年，移豐州刺史。
九原太守
唐
郭子儀　天寶時。
五原太守
漢
督瓊
馮立　杜陵人。
延壽　五鳳時。
後漢
隨昱　建〔武〕（五）十三年（三七）。
耿夔　永元時。
陳龜　上黨人，永建中。
王智　靈帝時。

崔寶

隋

張長遜

王韶

唐

顏真卿　以御史出使五原，後為五原太守。

度遼將軍　漢宣帝本始二年（公元前七二），拜范明友為度遼將軍。明帝永平〔八〕①年（六五）置，以衛南單于，屯五原、曼柏。

後漢

吳棠　永平八年（六五）。

鄧鴻　新野人。永元元年（八九）。

龐奮　永元八年（九六）。

梁慬　弋居人，永初四年（一一〇）。

鄧遵　永初五年（一一一）。

耿夔　延光元年（一二二）。

龐參　緱氏人。永建元年（一二六）。

耿煜　陽嘉四年（一三五）。

馬續　永和元年（一三六）。

---

① 據五原廳志稿補。

耿曇　茂陵人。順帝時。
裴曄　聞喜人。順帝時。
橋元　睢陽人。桓帝時。
種暠　洛陽人。桓帝時。
李膺　永壽二年（一五六）。
皇甫棱　安定人。
皇甫規　安定人。延〔熹〕（喜）五年（一六二）。
張奂　敦煌人。延〔熹〕（喜）五年（一六二）。
鮮于輔　建安四年（一九九）。
獨狐進伯
朱徽

近代文職

本朝
姚學鏡　浙江湖州府歸安縣監生。光緒二十九年（一九〇三），署任五原撫民同知廳同知。
〔晁鴻年　陝西西安府三原縣進士。光緒三十四年（一九〇八）由和林格爾撫民理事通判調署。〕①

① 據五原廳志稿補。

兵志

巡警

五原巡警營，廳官兼管帶，哨官兼教習一員，哨長一員，馬兵五十名，步兵二十名。

巡防隊

公忽洞，大同巡防馬隊第四隊，兵十名。
後口子，大同巡防馬隊第四隊，兵十三名。
大佘太，口外巡防馬隊第五隊，兵一哨。
黄腦樓，口外巡防馬隊第五隊，兵十名。
西懷木，口外巡防馬隊第五隊，兵十名。
大有公，口外巡防馬隊第五隊，兵十名。
扒子補隆，口外巡防馬隊第五隊，兵十名。
甲浪水道，口外巡防馬隊第四隊，兵十名。
隆興長，口外巡防馬隊第四隊，兵二十名。
和合源，口外巡防馬隊第四隊，兵十名。
阿善，口外巡防馬隊第四隊，兵十名。
喇嘛召，口外巡防馬隊第四隊，兵十名。
協成地，口外巡防馬隊第四隊，兵十名。

祥泰魁，口外巡防馬隊第四隊，兵十名。

纏金，口外巡防馬隊第四隊，兵十名。

烏蘭卜爾，口外巡防馬隊第四隊，兵十名。

強油房，口外巡防馬隊第四隊，兵十名。

東西場，口外巡防馬隊第四隊，兵十名。

邊防

河套東接山西偏頭關，西至寧夏鎮，相距二千里（而）〔之〕遙。南則限以邊（疆）〔牆〕，北濱黃河。遠者八九百里、六七百里，近者亦二三百里。惟黃甫川之南，焦家坪及娘娘灘、羊圈渡口為最近。其地東北有大山，而河流其中。濱河之地，往往有城郭，皆漢縣也。河水自富平故城而來，東北逕渾懷障都尉之所治，而障之西南有忻都城，又軍腦兒城、省（寬）〔嵬〕城、峰城、兒駱駝山，麥垛山、舊花馬池、石崖山。

河水出其西，山上之石，自然有文，畫若戰馬之狀，①故亦謂之畫石山。河水又過朔方臨戎縣西，北逕三封故城。臨戎者，王莽之所謂推武，而呱把湖在其南也。河水又東逕沃野故城（南），遂北屈而為河南。又北迤西，溢於窳渾縣故城東。又自縣西（北）出雞鹿塞，其水積而為屠申澤，澤東西一百二十里。河水又屈而東（流），為北河，逕高闕南。昔趙武靈王自代並陰山下，至高闕為塞。山下有長城，連山刺天，兩岸雲舉，故名闕也。又東逕臨河縣故城北。漢武帝封代恭王子劉賢於此，為侯國。又至河目縣故城西，又東逕陽山南。自高闕以東，夾山帶河，而至陽山，②皆北假也。秦使蒙恬將十萬人北渡河，取高闕，據陽

① 「畫若戰馬之狀」，水經注原文作「盡若虎馬之狀」。
② 此句五原廳志稿作「西至陽山」，水經注作「陽山以往」。

山、北假中是也。河水又東逕廣牧縣故城北，有東部都尉治。又南逕馬陰山西，漢時稱陽山在河北，陰山在河南者是也。

陽山之間，有東勝州城唐龍鎮。而陰山一名鍾山，東西千餘里，單于之苑囿也。河水又東逕朔方縣故城東北，〔金〕連鹽澤、青鹽澤並在縣南。有蓮花城，紅鹽池在其東，長鹽池在其西，漢置典官治。又東轉，逕渠搜縣故城北，又逕西安陽故城〔南〕，屈〔東〕，過九原縣南，又東過沙南縣北，而南流入君子濟，遂與圁水、榆溪諸水合為黃河焉。而其中小水之支流者，黃羊城東之〔中〕〔牛〕心山，山東北有月兒海子水，石瑤山。城東海子山，有水出其下；白城子、紅城子、交城子之東，有北海子水，佛堂寺溝水、鴛鴦湖水、卯孩水、紫河水，皆混濤歷峽而分注於河。蓋禹貢之〔折〕〔析〕支①、渠搜也。

秦為新秦中。漢為朔方郡，領縣十。晉因之，後為夏赫連所據。周為蕃戎落，立朔州以統之。隋置勝州榆林郡。唐以降突厥置六州，曰魯，曰麗，曰含，曰塞，曰依，曰契，以唐人為刺史。武后時，並為匡、長二州。中宗神龍二年（七〇六），置蘭池都督府，分六州為縣。開皇十年（五九〇），復改為州，又增置宥州。天寶中，改寧朔郡。景龍二年（七〇八），張仁願於河北築三受降城。先是，朔方軍與突厥以北河為界，界有拂雲祠，突厥將入寇，必先詣祠祭禱求福，因牧馬料兵，候冰合渡河。時默啜盡衆西擊婆葛，仁願乘虛奪取漠南之地，築三城，相去各四百里，皆據津濟，北拓三百餘里。於牛頭〔胡〕〔朝〕那山〔置〕烽堠百八十所。② 自是突厥不敢度山南牧。後安祿山反，天子幸蜀，肅宗至靈武，以朔方兵授李、郭諸將，東討史思明、安慶緒。雖兩京恢復，而鎮兵遂單弱不振矣。憲宗時，復置宥州於長澤縣。唐末，拓〔拔〕〔跋〕思恭鎮是州，討黃巢有功，賜姓李，遂有銀、夏、綏、宥、靜五州之地。五代及宋，為李夏所並。元滅之，廢

① 據尚書虞夏書禹貢改。
② 據新唐書張仁願傳改。

宥州，設西夏中興尚書省。

明初，為王保保所據，追逐之，築東勝等城，並立屯戍。英宗天順六年（一四六二）春，毛里孩等入河套。是時孛來稍衰，其大部毛里孩、阿羅出少師、猛可與孛來相仇殺，而立脫思為可汗。脫思，故小王子從兄也。於是毛里孩、阿羅出、孛羅忽三部始入河套。然以爭水草不相下，時遣人貢馬，無大寇。成化初，始盜邊。都御史項忠及彰武伯楊信禦之，遁去。

大學士李賢奏：「河套與延綏接境，原非敵人巢穴，今毛里孩居處其中，出沒不常。苟欲安邊，必須大舉而後可。乞令兵部會官博議。」於是，兵部尚書王復集議，以大同總兵楊信舊（治）〔鎮〕延綏，稔知地利，宜召還京，面授成算。其陝西、寧夏、延綏、甘、涼、大同、宣府鎮巡（請）〔諸〕官，亦宜敕令整飭兵備，（侯）〔候〕期調發。毛里孩乞通貢，制曰：「無約而請和者，謀也。」不許。毛里孩遂渡河，東侵大同。乃出撫寧伯朱永為大將軍，率京兵往，都督劉聚、鮑政副之。會毛里孩再上書求貢，許之。詔永駐軍代州。先是，毛里孩以攻殺孛來，弒其可汗馬可古兒吉思，更立可汗，毛里孩復弒之，並逐少師阿羅出，自稱黃（岑）〔苓〕王，與乩加思蘭寇大同，撫寧侯朱永帥師禦卻之。其明年（一四六三），乩加思蘭殺阿羅出，併其衆，而結元裔滿〔都〕魯（都）入河套。

乩加思蘭者，亦蒙古別部，居哈密北山，至是始盛。侵略哈密，雄視諸蕃，竟東渡河與滿〔都〕魯（都）合，邊人大擾。乃敕都御史王越總關中軍務，議搜河套，復東勝。越等奏言，河套水草甘肥，易於駐紮，腹裏之地，道路曠遠，難於守禦。欲得威望素著大臣統制諸軍。乃以武定侯趙輔充總兵官，征河套。無何，稱疾還。乩加思蘭復糾兀良哈，寇延慶，命撫寧侯朱永為將軍，都御史王越督師，往延綏禦之，以捷聞。朱永等以套寇未退，議上戰守二策。兵部尚書白圭等以馬方瘦損，供（應）〔餉〕不敷，勢難進剿，請命諸將慎為守禦，以圖萬全。乃召朱永還，以邊事委王越及總兵許寧，並命吏部右侍郎葉盛行視。時議增兵設險，或請大舉搜套，驅出河外，沿河築城堡抵東勝，徙民（制）〔耕〕守其中。盛往，上言：「搜河套，復東勝，未可輕議。惟增兵守險，可為遠圖。」帝從之。

成化八年（一四七二）春，兵部尚書白圭復上言：套寇不驅，邊患無已，宜擇遣大將，付以閫外得專征伐。於是以武靖侯趙輔為將軍，王越為督師，仍再出擊河套。五月，寇大入延慶，輔無功還。乃詔寧晉伯劉聚代之。其明年（一四七三）秋，滿〔都〕魯（都）與孛羅忽並寇韋州。總督王越偵知其輜重於紅鹽池，乃與總兵許寧、遊擊周玉等率輕騎，晝夜馳三百餘里，襲擊之。擒斬三百餘級，獲雜畜器械甚衆，盡燒其廬帳而還。

毛里孩自據河套以來，數為邊害。諸將皆擁兵卻縮，乘賊之退，徼擊一二老弱，以冒首功。即朝廷三遣大將朱永、趙輔、劉聚出，大抵堅壁示持重，歲費糧（伙）〔仗〕以萬計。敵益驕，至是大創。賊內失其孥，相與悲泣，渡河北去，邊境少安。

孝宗宏治八年（一四九五），北部復擁衆入河套住牧。未幾，火篩據之。當是時，朝廷清明，內外大臣協心體國，為經久計，以故總制邊務楊一清議復河套，守東勝。孝宗崩，一清復上經略三疏。一議守，守其所必入；一議戰，戰其所必敗；一議攻，攻其所必救。而劉瑾用事，無可為者。一清尋得罪去。

嘉靖元年（一五二二），套騎兩萬，自（兒）井〔兒〕堡（撤）〔拆〕牆入固原、平涼、涇川①，殺指揮楊洪、千戶劉瑞。是冬，寇固原、環、慶間，殺傷以萬計。

十七年（一五三八），巡按山西御史何贊疏言：「河套為吉囊所據，外連西方海賊，內搆大同逆卒，宜急剿除。其策有二：一曰計以破之；二曰勢以走之。而其要在於久任撫臣，以責成效；興復屯法，以裕邊儲。」議格不行。二十四年（一五四五）秋，套寇擁衆二萬餘，入寇榆林塞。乃逮繫總督張珩、延綏巡撫張子立，詔獄。其明年（一五四六），套騎三萬〔餘〕入犯延安府，至三原、涇陽，殺掠人畜無算。

① 涇川，五原廳志稿作「涇州」。

總督三邊侍郎曾銑請復河套，條為八議：一曰定廟謨，二曰立綱紀，三曰審機宜，四曰選將材，五曰任賢能，六曰足芻餉，七曰明賞罰，八曰修長技。文多不載。方下兵部議行，總督曾銑又奏：延綏密與套寇為鄰，自定邊營至黃甫川，連年入寇，率由是道，所當急為修繕，分地定工，次第修舉。起自定邊營，東至龍州堡，計長四百四十餘里為中段。自雙山堡而東，至（皇）〔黃〕甫川，計長五百九十餘里為下段。期以三年竣事，乞發帑銀，如宣、大、山西故事。

銑又言：「套賊不除，中國之禍未可量也。今日之計，宜用練兵六萬人，益以山東槍手二千，多備矢石。每當夏秋之交，攜五十日之餉，水陸並進，乘其無備，直搗巢穴，材官騶發，礮火雷擊，則彼不能支。歲歲為之，每出益勵，彼勢必折，將遁而出套之恐後矣。俟其遠出，然後因祖宗之故疆，並河為塞，修築墩隍，建置衛所，處分戍卒，講求屯政，以省全陝之轉輸，壯中國之形勢，此中興之大烈也。願陛下斷自聖心，亟定大計。夫臣方議築邊，又議復套者，以築邊不過數十年計耳，復套則驅斥兇殘，臨河作障，乃國家萬年久遠之計。惟陛下裁之。」帝曰：「寇據河套，為中國患久矣。連歲關隘横被荼毒，朕宵旰念之，而邊臣無分主憂者。今銑能倡復套之謀，甚見壯猷。發銀三十萬兩與銑，聽其修邊〔牆〕，餉兵造器，便宜調度支用，（為）〔備明年〕防禦計。」其明年（一五四七）夏，總督曾銑出塞襲套部，勝之。初，春時銑督兵出塞掩擊，亡其士卒十二三，匿其敗狀。至是，復襲之，寇覺，銑躬率鋭卒，督戰益力，殺獲過當。敵移帳北去。間以輕騎追殺數百里，亡所見，引兵而還。銑既以捷聞，更列上諸臣功罪。帝弗問，命增俸，賜白金、紵幣有差。

其冬，總督曾銑〔會〕同陝西巡撫謝蘭、延綏巡撫楊守謙、寧夏巡撫王邦瑞及三鎮總兵，議復套方略，乃條列十八事曰：恢復河套，修築邊牆，選擇將材，選練士卒，買補馬羸，進兵機宜，轉運糧餉，申明賞罰，兼備舟車，多置火器，（報）〔招〕降用間，審度時勢，防守河套，營田儲（蓄）〔餉〕，及明職守，（息）〔熄〕訛言，寬文法，處（孽）〔孳〕畜。①又上營陣八圖：曰立營總圖及遇敵駐戰、選鋒車戰、騎兵迎戰、步兵搏戰、行營進攻、變營長驅、獲功收兵各圖。帝覽而嘉之，下兵部尚書王以旗，會廷臣集議。遲回者久之，乃上言：曾銑先後章疏，事體重大，請悉聽聖斷。帝諭輔臣曰：帥出果有名，兵食豈有餘，成功其可必耶？如此大事，一銑何足言？祇恐百姓受無罪之殺戮耳。卿職任輔弼，果真知真見，當定擬行之。

大學士夏言等不敢決，復請聖斷。帝命以前諭發兵部，集多官，再會疏以聞。初，嚴嵩入相，同事者多罷去。後帝微聞其横，厭之，於是詔起夏言。言至，為少師，位在嵩上。言凡所擬旨，專制而已，不復顧問嵩。嵩惟唯唯，不敢言，（時時）〔雖〕②斥逐其黨，不敢救，由是爭恨。嵩子尚寶司少卿世蕃，通賂遺，為奸利。言持其事請案。嵩懼甚，攜世蕃詣言所求哀。言稱疾不出，嵩直入，與世蕃拜床下泣謝。言遂置不發。嵩父子愈怨恨之，於是揣知帝意，乃上疏曰：銑以好大喜功之心，而（物）〔為〕窮兵黷武之舉。在廷諸臣皆知其不可，第有所畏，不敢明言。幸賴聖心遠覽，活全陝百萬生靈之命，誠宗社無疆之福。臣備員輔職，不能先事匡正，有負委任，請從顯黜。帝曰：卿既知未可，何不力正？言於銑疏初至時，乃密疏稱人臣未有如銑之忠者。朕已燭其私，但知肆其所為，不顧國安危、民生死，惟狥曾銑殘欲耳。卿宜盡忠供職，不允辭。時帝已大疑，言懼不免，因上疏曰：臣愚，識本短淺，慮欠周詳。茲承聖諭，成功難必，百姓無罪，仰惟馭遠宏（謀）〔謨〕，好生大德，非臣愚昧能窺萬一。然此事臣數與嵩議，絕無異言。今先臣具奏，名雖自劾，意實專欲諉臣自解。所幸軍旅未興，聖諭先布，否則臣將不知死所矣。下吏、禮二部，會都察院參看以聞。於是，嵩復疏辯曰：銑疏初至，臣心知其非而不正言，罪無可辭。臣與夏言同典機務，事無鉅細，理須商（確）〔榷〕；而言驕横自恣，凡事專決，常務既不與聞，即興兵復套，事體極大，自始至今，

①據明經世文編第三册第二五一一、二五一三、二五一四頁改，中華書局影印本，一九六二年六月。

②據（清）谷應泰明史紀事本末第二册第八一三頁改，中華書局點校本，一九七七年二月。

亦並無一言議及。其諸疏揭所奏，不過列署臣名。昨奉聖旨，謂密奏稱臣未有如銑之忠。臣讀之愕然，實不知也。至於每擬誇許，皆出言手，言欲以此顯上意於外，而示親厚於銑，故廷臣皆為上意欲行，無不恐懼，即臣不知，亦恐皇上別有諭於言也。昨蒙降兵部會疏於（闕）〔閣〕，言獨留看三日，復出一密奏於袖中，令臣一閱，隨即謄進，並不出片言商可否。臣誠自知具員，不宜復靦顏在列。乞罷，帝固留之。是時，帝意且不測，而嵩攻言甚力。言懼，乃復上書自明，且求去，遂罷言。

逮銑至京，以兵部尚書王以旗總督軍務，凡與議復套者，悉奪俸，並罰言官廷杖有差。會俺答蹈冰逾河入套，將謀犯延寧，聲勢張甚。巡撫延綏楊守謙以聞，嵩微言俺答合衆入套，皆曾銑開邊所致，以激上怒。甘肅總兵咸寧侯仇鸞，初被銑劾奏逮京，嵩更授意，亦上疏訐銑。下吏部議，得棄市罪。

銑有機略，初為御史，巡按遼東。會遼東廣寧、撫順兵變，銑密運方略，悉捕斬首惡，遼以無事。時論稱其才。比視西師，乃倡復套議。夏言好邊功，遂力主之。嵩素與言有隙，因鼓成其罪。銑（意）〔竟〕論死，家無餘貲，妻子狼狽遠徙。後九月，俺答復寇宣府。帝怒曰：開邊之禍，何未已也。遂斬言。天下並寃之。

小王子者，脫脫不花可汗之子，太師孛來立之。有三子，長阿爾倫，次阿著，次滿官嗔。阿爾倫為太師亦不剌所殺。阿著稱小王子，未幾死。衆立阿爾倫之子卜赤為亦克罕。後亦不剌入西（海）〔陲〕①，其部遂歸吉囊，合為四營。滿官嗔部營八，分屬火篩、俺答。吉囊者，小王子之從父。火篩、俺答者，皆阿著子也。

夫當洪武之初，套中皆為棄地，忽來忽去，乘其虛亦易逐；而東勝不守，藩籬自撤。自（沒）〔後〕防河之戍既罷，巡河之議又寢，居然甌脫焉。是河套非彼奪之，實我棄之也。夫保之於未失之先易，爭之於既失之後難。興師糜（賊）〔財〕，利鈍難必。即衛、霍復起而與之鬥，不知策之何出也。②

---

① 據五原廳志稿改。西海即青海湖。

② 均據五原廳志稿改補。

卷下

食志

戶口

東鄉八十九村

戶　一千五百七十八；口　七千零一十二。

西鄉二十七村

戶　五百七十六；口　二千三百五十七。

南鄉二十七村

戶　五百四十八；口　二千一百七十。

北鄉一十二村

戶　一百七十六；口　九百九十一。

東南鄉七十二村

戶　二千四百四十七；口　一萬二千五百三十。

西南鄉一十四村

戶　二百九十九；口　一千二百六十三。

東北鄉一十一村

戶　一百六十七；口　六百七十。

西北鄉七村

戶　一百七十九；口　七百五十六。

以上八鄉二百五十九村，共五千九百七十戶，二萬七千七百四十九口。

物產

穀類

黍　俗謂之糜，紅、黃、青、白、灰數色。黏者名黃米，不黏者名糜米。居民常食，非此不飽。詩：「維秬維秠。」爾雅：「秬，黑黍。秠，一稃二米」是也。

稷　俗名粟穀，又曰小米。詩：「維（糜）〔穈〕維（芭）〔芑〕」。① 爾雅：「虋赤苗。（芭）〔芑〕，白苗。」亦謂之穄。穄，稷也。

稻　白紅二種。黏者謂之糯米。本草：「北粳涼，南粳溫。」北粳花開以夜，故性稍涼。種法不插秧，亦與南異。五原向未種植。光緒三十一年（一九〇五），廳丞姚學鏡於豐濟渠試種，收穫頗豐，米質亦佳。惟灌溉時，較黍、稷用水為多耳。

麥　大麥、小麥、蕎麥、莜麥四種。詩：「貽我來牟。」來，小麥；牟，大麥也。

胡麻　爾雅翼：麻實可以養人，其利最廣。

---

① 據詩經大雅生民改，見詩經全譯第三七九頁，貴州人民出版社，一九九六年。

麻子

薥秫　俗名稻黍，一名高(粱)〔粱〕，一名茭子。

玉茭子　一名稻黍，又名珍珠米。

豆　豇、小、菉、黃、黑、豌、扁數種。

蔬類

白菜

黃芽菜　光緒三十二年（一九〇六），地戶于姓攜山東菜子於長濟渠一帶試種，味與東省種者相等。

芥菜　又有黃芥子，壓油可食。

地瘤　又名地耳，春夏雨後，生腴地上。

蘑菇　本草：「一名肉蕈。」有黑白二種，白者佳，黑者次之。河套隨地皆有，惟均係黑色，不及營蘑遠甚。

按：「蘑」無此字，似應作「摩」。

豆莢　黑、白、赤、刀豆、扁豆、豇豆數種。

葱　蒜　茄　薤

蘿蔔　有紅、黃、白三種。

菠菜

玉頭　一名片蓮。

薯蕷　即山藥，有長圓二種。五原(試)〔祇〕①種圓者。

甜苣　苦苣　蓮花白　一名茴子白。

① 據五原廳志稿改。

瓜類

王瓜　西瓜　甜瓜　番瓜　倭瓜　西葫蘆

果類

杏　百合　葡萄　酸棗

食類

白鹽　產鄂爾多斯右翼後旗之忙各奈地方，行銷本境及關内太、汾兩屬。

酥　俗名奶皮，以牛乳為之。　牛乳　黄油　即牛乳之精華。

藥類

甘草　分大草、二草、河草、粉草四等。出自鄂爾多斯左、右翼後旗，烏拉特前、中、後三旗。

黄蓍　出鄂爾多斯左、右翼後旗，烏拉特前、中、後三旗。

苦豆根　出鄂爾多斯右翼後旗。

肉蓯蓉　出鄂爾多斯右翼後旗。

黨參　出烏拉特前旗之陰山。

鎖陽　出鄂爾多斯右翼後旗。

鹿茸　出烏拉特前旗之陰山。

金類

銀礦　烏拉特前旗之梅力更召溝、恒和德迤北之陰山溝内，各有銀礦一處，尚未開闢。

鐵礦　在烏拉特後旗之石拐子溝，尚未開闢。

石類

堿　出鄂爾多斯右翼後旗，俗呼為堿淖兒。

石炭　已開者，烏拉特後旗之正溝、磨石渠、白草溝、井子溝，及中旗之營盤灣。未開者，後旗之五當召。

煤　出烏拉特前旗之惱包灘，業已開闢。

草類

芨芨　可作筐筥。

木類

松　柏　榆　柳　桃　杏　棗　菓

檉　俗名紅柳，可作籬笆、筐筥，用場極廣。生水濱中。

花類

葵　有大小二種，色黃白不一。　菊　有紅、黃、白三種。　雞冠　鳳仙

牽牛　石榴　有數種。

禽類

雞　鴿　雉　俗呼野雞。　雀　數種。　燕　鵲　鳩

〔鴉〕①　天鵝　鷹　沙雞

雁　庾信詩：「塞迴翻榆葉，關寒落雁毛。」邊外惟雁最夥。

獸類

馬　地居塞外，牧畜蕃滋，多絕塵之品。

駱駝　套人以為常畜，以芻茭省而所負重也。境內居民畜駝數百頭，奔走於張家口、庫倫、烏里雅蘇台、外蒙古四盟之間，時獲什一之利焉。

① 據五原廳志稿補。

黃羊　無角，善驚，見人輒逸去，走極速。冬月肉肥可食。少陵①詩所謂：「黃羊飫不羶」〔也〕②。

牛　羊　豕　騾　驢　狐　狼

犬　套犬高大，倍於常犬，善守夜。　鹿

鼠類

兔鼠　碩耳似兔，足前短後長，食禾稼。詩所謂「碩鼠，碩鼠，無食我黍」是也。

黃鼠　穴土作小窖，如床榻。別營一窟，以貯（梁）〔粱〕③粟。天晴出坐穴口，遍地皆是。見人則拱前腋，如揖狀。韓、孟聯句④：「禮鼠拱而立。」殆即指此。

鱗類

鯉　套地黃河縈繞，鯉魚極佳。詩：「豈其食魚，必河之鯉。」即此。

鯽　白魚　鱉

蟲類

蜂　蝶　蛇　蛾　蛸　促織

羽毛類

---

① 少陵，即唐代大詩人杜甫（七一二年至七七〇年），字子美，自號少陵野老，世稱杜工部、杜拾遺等。

② 據五原廳志稿補。此句出杜甫送從弟亞赴河西判官詩。

③ 據五原廳志稿改。

④ 韓、孟聯句，韓、孟即中唐詩人韓愈、孟郊；聯句為古代作詩的方式之一，即由兩人或多人共作一詩，聯結成篇。初無定式，有一人一句一韻，兩句一韻乃至兩句以上者，依次而下，聯成一篇；後來習慣於用一人出上句，繼者須對成一聯，再出上句，輪流相續，最後結篇。聯句詩多為友人間宴飲時酬酢遊戲之作，難有佳篇。

羊毛　有套毛、抓毛、嘴子毛、秋毛四種。　羊絨　駝毛　豬鬃　羊羔毛

革類

牛皮　羊皮　狐皮　狼皮　馬皮　野騾子皮　驢皮　青羊皮

風俗志

習尚　分漢、蒙

河套寄居漢民，以本省時歸綏道屬晉，故云本省。①之保德、河曲二州縣人為多，次則陝西府谷縣人，再次乃直隸、河南人。大率皆遊手好閒之徒，在籍無以謀生，流寓到此。

稍有貲本者，向蒙旗包租地段，自號商人，安設牛犋，名曰公中。濬渠修堰，引河水以灌溉。在春季曰熱水，夏季曰伏水，秋曰秋水，冬曰冬水。伏水所澆者，可以種麥，餘則僅能種秋田。澆足以後，定價招佃。每歲於春苗出土時，派人丈量，視苗稼之優劣，定折扣之等差。秋獲後，佃戶納租於地商，每頃二三十兩不等，是謂放租。又有佃戶出貲耕種，地商三分其歲所入之糧者，謂之伴種。水田一畝之入，可抵關內山田十畝。地商久居其處，租②地經營。佃戶則春出秋歸，擇地而租，謂之跑青牛犋。收穫糧食，即由黃河運赴包頭、河曲、磧口一帶行銷，不肯稍事儲蓄。

獲利太易，遇人頗親。有客過其處者，無論知與不知，必善接之，供以飲食，待遇極隆，不取價值。是以不逞之徒，最易麕聚。地商霸地爭渠，率衆械鬥，時有所聞。殺機一起，毀家不惜。廳官因地屬蒙藩，

---

① 五原廳志稿無此註。此註當係民國初年晉綏分治以後續入。

② 租，五原廳志稿作「相」。

置而不問；百姓因遠處邊陬，相率妄為。造成弱肉強食之風①，由來久矣。開墾設官以後，此輩無所託足，遂有光緒末年劉天佑之倡亂。詳見歷代紀事。但經此懲創後，涵濡聖化，漸知禮義。耕牧兼營，商賈雲集。惟草萊甫闢，泉刀未甚流通，民間交易多以貨物抵換，尚存布粟相易之古風。

飲食、衣服漸染蒙古習俗，以糜、穀、麥麪、牛乳、羊肉、粗布為大宗。喜飲磚茶。水煙以羊腿為煙袋，成丁以上之人，大率手攜一支。冬季著羊皮襖、褲以禦寒。

居屋以土築者為上，磚甃素不經見。貧者多野處，以柳木為椽，覆以茅茨，形如茅庵，卑陋湫隘，無異穴居。子女有十三四歲即嫁娶者，女家索重聘，如鬻女然。智識未開，教育頗不易施。河西鄂爾多斯左翼後旗迤西，及距包頭稍近之烏拉特前、中、後三旗，各村寄居漢民，因距薩稍近，風俗習尚視河套較為進化焉。

蒙古之民族大概分農民、遊牧民二種，其風俗亦因之而異。五原蒙古純然遊牧民，性質樸而惰，鮮奮發有為之氣。蓋由專事遊牧而然。上自王公，下至賤民，皆甚信喇嘛教。一家男子三人，必有一人為僧。然信佛而不知佛理，有害之鳥獸亦不敢殺。其最謬者，父母骨肉之遺骸，暴露原野，任鳥獸食，以為善事，反若有喜色。其語言因染漢民習俗，聲音少變，語尚未改。

家居荒陋，如野蕃棲息，皆以帳幕，無構造宮室者。帳幕之制，圓形。先就平地劃出徑一丈二三尺之圓地，周圍立七八柱或十二三柱。其間以棱木縱橫組織如格子，箝著於柱，成一圓形之圍牆。又於柱頂橫架梁木，互相環接，成一大輪形之圓屋。乃以厚布或氈毯覆其上，以馬尾繩縱橫束縛之。南面設門，門垂氈為簾，以防風雪。幕之中央有煙突，以鉤開閉。結構極粗率，然亦足以禦寒暑風雨，且甚便於轉徙解

① 風，五原廳志稿作「世界」。

散。故帳幕為逐水草、流寓四方者最適用之物。帳幕之傍，設大園囿，繞檉俗稱紅柳〔詳食志〕①以作藩籬，是為群畜夜棲之所。凡構成帳幕，皆歸女之職。居處常遷移，故其動作神速，瞬息間構造已畢。

用具僅有鍋、瓦壺、碗、勺、皮囊、木碗、鐵架、火（柱）〔箸〕②等物。所謂逐水草者，夏間各按疆界擇牧草繁茂處為定居，以牧養家畜。居處一定，雖復有最富水草之地，亦任他人取之，決不復爭。遇旱災時變，有害牧養，則轉徙他所。故人無定居，殆有天地皆吾廬之意。至冬日則移居山谷，以避寒威。

飲食之物，獸肉、麵粉、炒糜、酥酪、磚茶、燒酒是也。蒙古以魚、鳥肉為污物，食者極少，見他人食此，至欲嘔吐。飲食無定時間，饑則食之。不論貧富，皆喜飲磚茶。偶因事故，兩三日不飲，則極口自歎其不幸。故是物甚貴，若貨幣然。於市場買物，以磚茶通用，毫無異於貨幣。貧民亦然。

磚茶之用法，先以小刀削之，後研碎，沃以鍋中之沸湯，以鹽和之。若欲其極美，則更加黃油。來客用是饗之，是為③非常之優待。其飲量之多，有可驚者。一日間飲至十大碗或十五大碗者，是猶通常女子之飲量。若少壯男子，則更倍之。各人皆有自用之茶碗，藏於懷。此物乃蒙古人一裝飾品，富家用木碗，内鑲以銀。近則洋貨流入蒙部，間有用鐵質之洋磁或洋（銻）〔鐵〕。至喇嘛僧徒，乃有以骷髏為飲器者。

其所嗜亞於磚茶者，為羊肉。凡稱物之美，必曰等於羊肉。羊之身，除皮骨外，無所不食。尤以胸部及臚尾為美味，甚貴重之。食肉不用箸，手持肉一大片，半入口中，餘以刀切斷而食。用刀之巧，與漢民之用箸無異。蒙人食獸肉，飲羊酪，其量之多，實可駭。一餐羊肉數斤者，常量也；多者，一晝夜食羊一頭。又能絕食數日，不見饑色；一旦就食，則一人兼數人之食。至其一人一日之食料，必羊腿一隻，是為

①據五原廳志稿補。
②據五原廳志稿改。
③為，五原廳志稿作「謂」。

常例。是以軀體強健多血，貌常帶赤色。

衣服與漢人大同小異，著窄袖之長褂，以布帶結束腰間，煙袋、燧石等皆佩繫其上。貧用棉布，富用絹帛，冬時概著羊裘。帽形平扁，緣邊反折而上。首結辮髮，此在國朝入關之先，殆數百年已如此者。又有全剃髮者。婦女髮不剃去，辮髮二①條，左右下垂，飾以珊瑚或珍珠。有夫之婦，則辮髮一條，垂於背後，首上帶珊瑚或銀板，以示區別。耳環、指環、手釧，則不論婦人、女子皆用之。其衣服之式，各因其地。大概婦人比男子稍華美，長褂之上著皮背心，其用帶與男子同。

牧畜之術最巧，男子常在馬上執竿牧放，以驅逐群畜。其有距離稍遠或險峻不能到之處，則於杖端曲處置小石，時拋放之，以制群畜之縱逸，故一人能牧畜數百。婦女專在帳幕製酥酪、黃油之屬，或事炊爨。若有疾風暴雨，則跨馬馳至牧廠，以助其良人，健捷與男子無異。男女幼齡時亦婉美，性質亦靈（琍）〔利〕。及長，則姿容頓變，甚者極醜陋，不復如昔。平時皆好乘馬，雖近鄰百步之間，亦常騎馬，決不步行。跨駿馬以馳騁於廣漠之野，為蒙古人最得意之事。除寢食外，殆俱不離馬上，故馭馬法甚巧。野生悍馬，一經其御，輒變為馴順良馬。

好敬神佛，信占卜，祭日月、星辰、山川、鳥獸，則較漢民為尤甚。凡人間之吉凶禍福，天地變異，皆謂出自神佛之意，尊之敬之。或祈生前之福，或求死後之福，不一而足。有病則召師巫以祈愈，不用鍼藥醫治。平時亦有種種妄信之習，②言語之禁。舉其例，如謂蹲踞而食，則途中必罹災難；出門臨行之際，不可妄談，談則風雨雪霰立至；家畜病愈後三日間，各品物不相授受。如是之類，不可枚舉。然性俱淳樸，遇人甚親。客有訪其幕居者，無論知與不知，必善接之，供以煙茶，待遇極厚，使人有愉快之意。又喜閒

① 二，五原廳志稿作「兩」。
② 五原廳志稿無「平時亦」三字。

談，乃蒙古之同風也。

禮儀 附蒙古

冠禮　因境内無士紳，行之者鮮。

婚禮　媒妁言允後，男家問名、下聘，定期納幣，豐儉不同。娶婦入門，相引拜堂入室，合巹結髮。次日黎明，夫婦行廟見禮。父母、尊長以次遞拜，設酒筵，會親友。三日，婿偕婦歸寧女家，名曰回門。

喪禮　親友吊者散孝帶，至戚給孝衣。三日及七日，親友具儀致奠。殯不過五七日。棺以柏以松，貧者以柳。

祭禮　富家奉木主於室，元旦、冬至、除日、忌日，行三拜禮；四時薦新。① 清明、中元②、十月朔，俱墓祭。

蒙古民族賓主接見之禮甚簡。其來也，互述口議，先問家畜之安否，後及家人之安否。及臨去，告辭離席而出帳幕，主人送於數步外，示尊敬之意。此惟官吏、高僧常受此特禮。途中遇人，各出所攜之鼻煙相供，以是為禮。見貴人，始則（跑）〔跪〕於其前，自述其口儀，甚表尊敬之意。及其既久，不堪其繁，而蒙古之真相露矣。言語粗鄙，呼笑自若，如無人在其前者。

嫁娶之法，有媒妁以奔走彼我之間，婚事始成。然有一事最要者，則婦婿兩家意見投合之外，又須本人生日干支相合也。既結（納）〔約〕，婿家納采，新婦之父母贈婿以品物，如家畜、衣服等。富家所贈甚

---

① 四時，指春夏秋冬四季。薦新，是一種以初熟的五穀或時令果物祭獻天地神明和祖先的祭儀。禮記檀弓上：「有薦新，如朔奠。」孔穎達疏：「薦新，謂未葬中間得新味而薦亡者。」

② 中元，即農曆七月十五日，又稱「中元節」或「盂蘭盆節」，俗稱鬼節。

多，贈女以器具、帳幕等。凡婚姻，親族間父系為尊，（女）〔母〕系為輕。離婚可任意，既離後，亦可任意再婚也。夫婦在家平權，關於家外之事，則任夫處理，不敢置啄。男子於正妻外可置妾，家政皆正妻管理；妾與正妻共居一家，服從命令，無敢背也。生子有嫡庶之别。嫡子有家督相續之權，若以此權與庶子，必得政府之特許而後可。

喪禮最殘忍，人死無棺槨之備，以火化之；或以氈毯裹其屍，棄之原野，任禽獸食啄而不顧。蓋謂以屍體食禽獸為種善根，其敝俗至此。①

歲時

正月元旦，雞鳴起，盥漱，衣鮮潔衣。爆竹啟門。庭院中設香桌，向北禮神，祀祖先。禮拜尊長，老少以次遞拜。戚友鄰曲彼此往來，更相稱慶，謂之拜年。是日人家禁灑掃，占天氣陰晴，以驗歲之豐歉。

初二日以後，經商之家，於騾馬上馱紙元寶，雇樂人沿街歡迎，名曰迎財神。住家戶於駝馬上馱紙牌位，鑼鼓喧鬧，歌舞於市，謂之迎喜神。親戚里黨，互相招飲，名曰喫年酒。朋酒斯饗，春風滿座。敦睦婣，修禮讓，觀於鄉而知王道之易也。

初五日，俗謂之破五。掃除室中塵垢，名曰送窮。人日占天氣陰晴，卜人口平安。蓋即相傳一雞、二狗、三豬、四羊、五牛、六馬、七人、八穀之説，故七日占人，八日占穀。

上元前後三日，各家聚石炭於門首，累作幢塔狀，燃之，通明竟夜，名曰旺火。蓋即火樹銀花遺意。除夕至元旦，庭院亦各爇炭，取其明也。

元旦至月終，尋常食品以羊肉餃子為大宗。於除夕前半月，約計匝月之食，預行包就，儲於水缸，放在庭院，使其冰凍，俗謂之凍扁食。

---

① 均據五原廳志稿改。

二月二日，俗言龍抬頭。鄉民以灰圍舍，提壺滴水，自門首引入庭中，謂之引錢龍。

三月清明前一日為寒食，備酒肴、紙錢，祭掃墳墓。無論新舊，率眷哭於其側。祭畢，焚化紙錢，食於墦間。

四月八日為浴佛節。家家送香燭於娘娘廟。

五月五日端陽節。具角黍①，飲雄黃酒，用塗小兒額，及兩手、足心；又繫五色線於手腕，謂可卻病延年。門懸艾葉，身帶蒼术、卵蒜，以辟蟲毒。

五月十三日，雨，謂磨刀雨。是日相傳為關帝聖誕。

七月十五日中元節，上塚，與清明同。婦女以麪作人形，親戚相酬。相傳謂隋麻祜食小兒，以是代之。

塞外，寒食、中元、十月朔皆上塚，率眷哭於其側。塚在遠處及原籍者，亦野哭。其禮甚重。考潛邱劄記②謂：「墓祭見周禮塚人，『凡祭墓為尸』是也。」又韓詩外傳：曾子曰：「椎牛而祭墓，不如雞豚逮親存也。」趙氏孟子注③：「播間，郭外塚間也。」此古祭墓之確證。惟漢儒蔡邕等有古不祭墓之説。乃知記禮者，特漢儒一偏之言耳。又上塚用紙錢，始於殷長史。至唐王玙，乃用於祠祭。明洪武十一年（一三七八）六月，諭禮部：「祭用紙錢，出於近代，殊為不經，命去之。」今祀神用黃紙錢，墓祭用白紙錢，相沿已久，從俗可也。

八月初三日，祀竈神。

十五日（仲）〔中〕秋節。夕陳瓜菓月餅於庭，拜月。以西瓜雕鏤作燈，燃以紅燭。拜畢，具酒賞月。

---

① 角黍，即粽子。
② 即清閻若璩潛邱劄記。
③ 即後漢趙岐註孟子。

九月九日重陽節。登高，釀菊花酒，以黍糜作糕食之。蓋亦題糕遺意也。是月授衣，砧杵之聲，鄰巷相答；女紅縫裳刺繡，燈火衣作。惟不知紡織，以地無棉、桑故也。

十月朔日，家家翦楮帛作寒衣，詣祖塋焚送。

十一月長至節①。祀祖，交賀如元旦。是月也，農事既畢，酒熟羊肥，多舉婚嫁。唐風詩曰：「蟋蟀在堂，役車其休。」豳風詩曰：「穹室熏鼠，塞向墐戶。」蓋塞外苦寒，自十月滌場②以後，綢繆牖戶，此為最急耳。

十二月八日，黍棗為粥，名臘八粥。

二十三日，祀竈神，獻餳糖、酒脯，謂新舊神代易，名曰送竈。

二十三日至除夕，嫁娶不擇吉，謂之亂歲。

除日，換桃符，貼宜春字，陳酒肴，祀祖先及室中常祀之神。少者拜尊長，謂之辭歲。徹宵不眠，爆〔竹〕③聲達旦，謂之守歲。

方言

高地，謂之堖。

下地，謂之窪。

寬者，謂之坪。

---

① 即冬至日，又稱冬至節。

② 十月滌場，語出詩豳風七月，孔穎達疏：「十月之中，埽其場上粟麥盡皆畢矣。」

③ 據五原廳志稿補。

狹者，謂之堰。
凸者，謂之圪凸。
凹者，謂之圪洞。
水聚處，亦曰圪洞。
土堡及土圍，謂之圐圙。
聚石成堆，謂之塏包。
小河、小池，曰淖兒。
巷，謂之合朗。
棒，謂之不浪。
物歪斜，謂之圪流。
虹，謂之絳。元微之①詩：「山頭虹似巾。」
雹，謂之冷雨，又曰冷蛋子。
初冰，謂之流淩。
暖，謂之暖和。
寒，謂之涼騷。
薄寒中人，謂之撇着。
昨日，謂之夜來。
明日，謂之早晨。

① 元微之即元稹，唐中葉著名詩人。

午，謂之晌午。
晚，謂之後晌。
午睡，謂之歇晌。
夜眠，謂之歇。
伴行，謂之相跟。相入聲。老學庵筆記：「世多言〔白〕樂天（周）〔用〕『相』字，〔多〕從俗語作思必切。如『為問長安月，如何不相離』是也。然北人大抵以『相』字作入聲，至今猶然。不獨樂天，〔老〕杜（詩）〔云〕『恰（是）〔似〕春風相欺得，夜來吹折數枝花』，亦從（俗）〔入〕聲〔讀〕，乃不失律。」①
看人，謂之瞧，亦曰眊。
思念，謂之結記。
閒談，謂之道刺。刺，讀辣。
美，謂之克齊。
醜，謂之憨蠢。
無，謂之沒拉。
大抵，謂之帶里。
去，謂之開。讀客。
歲尾嫁娶，謂之亂歲。
田禾，謂之莊稼。
佃戶與地主分收者，謂之伴種。

① 據宋陸遊老學庵筆記卷十改補，中華書局，一九七九年。

屋，謂之家。

鬻女工所需物者，謂之貨郎子。

名宦志

前代政績

漢

耿秉　字伯初，〔耿〕國子，好將帥〔之〕略。以父任為郎，數上〔言〕兵事。肅宗建初元年（七六），拜度遼將軍。視事七年，匈奴懷其（威）〔恩〕信。章和二年（八八），副竇憲擊北匈奴，大破之。封美陽侯。永元三年（九一）夏卒，謚曰桓〔侯〕。見後漢書耿弇傳。度遼將軍屯五原曼柏。①

耿夔　字定公，〔耿〕秉之弟。建光（初）〔中〕，拜度遼將軍。時鮮卑攻殺雲中太守成嚴，圍烏桓校尉徐常於馬城。夔與幽州刺史龐參救之，追酋出塞而還。見後漢書耿弇傳。②

張奐　字（威）〔然〕明，（酒）〔淵〕泉人。舉賢良，擢（州）拜議郎。延熹元年（一五八），鮮卑寇邊。奐率南單于襲之，斬首數百級。遷度遼將軍。數載間，幽、并（情）〔清〕淨。九年（一六六），為護匈奴中郎將，鮮卑出塞去。後遷拜大司農。見後漢書本傳。③

李膺　字元禮。名重一世，兼識韜鈐。桓帝永壽二年（一五六）秋，鮮卑寇雲中，帝聞膺名，徵拜度遼

---

① 均據後漢書耿弇傳改補。

② 據後漢書耿弇傳改。

③ 均據後漢書張奐傳改。

將軍。先是，羌戎及疏勒、龜茲數出攻鈔雲中及張掖、酒泉。膺到，諸羌望風（俱）〔懼〕①服，先所掠男女，皆送還塞下。聲振遠域。見後漢書本傳。

馮立　字聖卿，父奉世，野王弟。通春秋。竟寧中，以王舅出為五原屬國都尉。數年，遷五原太守，徙西河、上郡。立居職公廉，治行略與野王相似，而多智有恩貸，好為條教。與兄野王相代為太守，吏民歌之。見漢書馮奉世傳。

徐自為　太初三年（公元前一〇二），以光祿出五原塞數百里，築城〔障〕列（陣）〔亭〕至盧朐（山）。見漢書匈奴傳。②

崔實③　字子〔真〕（正），涿郡人。為五原太守。〔五原〕土宜麻枲，而俗不知織績，民冬月無衣，積細草而臥其中，見吏則衣草而出。實至官，斥賣儲（備）〔峙〕，為作紡績、織紝、練縕之具以教之，民得以免寒苦。是時胡（酋）〔虜〕連入雲中、朔方，殺略吏民，一歲至九奔命。實整厲士馬，嚴烽堠，寇不敢犯，常為邊最。以病徵，拜議郎。見後漢書，附崔〔駰〕（駒）傳。④

陳龜　字叔珍，上黨泫氏人。永建中，舉孝廉，〔五〕⑤遷五原太守，拜京兆尹。時三輔強豪之族，多侵枉小民。龜到，厲威嚴，悉平理其怨屈者，郡內大悅。見後漢書本傳。

---

① 據後漢書李膺傳改。
② 據漢書匈奴傳改補。
③ 後漢書作「寔」，通「實」。
④ 均據後漢書崔駰傳改補。
⑤ 據後漢書陳龜傳改補。

北〔國〕〔周〕①

賀拔勝　神武尖山人也。少有志操，善左右馳射，北邊莫不（依）〔推〕其膽略。朔州刺史費穆奇勝才，委以兵事。時廣陽王深在五原，為破六汗賊所圍。召勝為軍主。勝乃率募士二百人，開東城門出戰，斬首百餘級。賊遂退軍數十里。廣陽以賊稍卻，因（援）〔拔〕軍向朔州，勝常為殿。以功拜統軍。見周書本傳。②

隋

魚俱羅　馮翊下邽人，膂力絕人。楊素率兵擊突厥，路逢俱羅，奏與偕行。及遇賊，俱羅與數騎奔擊，瞋目大呼，出左入右，往返若飛。以功進位柱國，拜豐州總（督）〔管〕③。見隋書本傳。

唐

張長遜　京兆櫟〔陽〕（楊）人。精馳射。以平陳功，擢上開府，累遷五原郡通守。遭亂，附突厥，號為割利特勒。義兵起，以郡降，即拜五原太守、安化郡公，徙封范陽。時梁師都、薛舉請突厥兵南渡河，長遜矯作詔與莫賀咄設，以伐其謀，突厥兵不出。武德元年（六一八），詔右武侯驃騎將軍高世靜聘始畢可汗，至豐州而始畢死，詔留金幣不遣。突厥怒，引兵南至河。長遜遣世靜出塞勞之，且若專致賻賜者。始引還。授總管，改楊國公。及（封）〔討〕薛舉，不待命輒引兵會，賜錦袍金甲。或譖長遜居豐久，恐與突厥為唇齒，乃請入朝，授右武侯將軍，（從）〔徙〕息國公。見唐書本傳。④

① 據五原廳志稿改。
② 均據周書賀拔勝傳改。
③ 據隋書魚俱羅傳改。
④ 均據新唐書張長遜傳改。

張仁願　華州下邽人。有文武材。武后時，屢遷殿中侍御史。萬歲通天中，為中丞、檢校幽州都督。默啜寇趙、定，還出塞，仁願以兵邀之，賊引去。遷并州都督長史。〔神龍〕三年（七〇七），朔方軍總管沙（叱）〔吒〕忠義為突厥所敗，詔仁願攝御史大夫，擊破之。始，朔方軍與突厥以河為界，北崖有拂雲祠，突厥每犯邊，必先謁祠禱解，然後料兵渡河而南。時默啜悉兵西擊，仁願乘虛取漠南地，於河北築三受降城，絕〔虜〕南寇路。以拂雲為中城，南（通）〔直〕朔方；西城南（通）〔直〕靈武，東城南（通）〔直〕榆林；三壘相距各四百餘里。其北皆大磧也，斥地三百里而（還）〔遠〕。又於牛頭朝那山北置烽堠千（三）〔八〕百所。自是突厥不敢逾山牧馬，朔方（亦）〔益〕無寇，歲（省）〔損〕費億（萬）〔計〕，減鎮兵數萬。景龍二年（七〇八），拜左衛大將軍、同中書門下三品，封韓國公。見唐書本傳。①

顏真卿　字清臣，琅琊人。秘書監師古五世從孫。開元中，舉進士，遷監察御史，使河、隴。時五原有冤獄久不決，天且旱，真卿辨獄而雨，〔郡〕人呼為「御史雨」。遷殿中〔侍〕御史。宰相楊國忠惡之，出為平原太守。更封魯郡公。後為李希烈所害，謚文忠。見唐書本傳。②

郭子儀　華州〔鄭〕人。長七尺二寸。以武舉異等補左衛長史，累遷單于副都護、振遠軍使。天寶八載（七四九），木剌山始築橫塞軍，即以子儀為使。又兼九原太守。封汾陽郡公。賜鐵券，圖形凌煙閣。賜號「尚父」，進位太尉、中書令。見唐書本傳。

李景略　幽州良鄉人。大曆末，客河中，闔門讀書。李懷光為朔方節度，景略署巡官。五原將張光殺其妻，以貲市獄，前後不能決，景略覈實，論殺之。累轉侍御史、豐州刺史。回鶻使至，皆拜景略於庭，威名聞塞外。及為河東行軍司馬留後，李說忌之。回鶻梅錄入貢，過太原，說與之宴，梅錄爭座次，說不

① 均據新唐書張仁願傳改補。
② 均據新唐書顏真卿傳補。

能遏，景略叱之，梅錄識其聲，趨前拜之曰：非豐州李端公耶？遂就下坐。說益不平，乃厚賂竇文〔場〕（場）使去（元）〔之〕。會有傳回鶻將入寇者，帝以豐州當寇衝，擇可守者，文〔場〕（場）因薦景略。豐州窮邊氣（塞）〔寒〕，土瘠民貧。景略以勤儉帥衆，與士卒同甘苦，鑿（感）〔咸〕應、永清二渠，溉田數百頃。二年之後，儲備充實，雄於北邊。卒，贈工部尚書。見唐書本傳。①

任迪簡　京兆萬年人。擢進士第。天德李景略表佐其軍，會宴客，而行酒者誤進醯，景略用法最嚴，常以飲食殺人也。迪簡不忍〔其死〕，飲為釂，徐以他辭請易之。歸咯血，不以聞，軍中悅其長者。景略卒，舉軍請為〔帥〕，監軍使拘迪簡，不聽，衆大呼，破戶出之。德宗遺使者察變，具得其所以然，乃授豐州刺史。卒，贈刑部尚書，謚曰襄。見唐書本傳。②

石雄　徐州人，系寒，不知其先所來。少為牙校，敢毅善戰，氣蓋軍中。黨項擾河西，石雄隸振武劉沔軍，破羌有勞。會昌初，回鶻入寇，連年掠雲、朔，牙五原塞下。詔雄為天德防禦副使，兼朔州刺史，佐劉沔屯雲州。沔召雄謀曰：「回鶻離散，當除久矣。國家以公主故，不亟（故）〔攻〕。我徑趨其牙，迎公主歸，有如不捷，吾則死之。」雄曰：「諾。」即選沙陀朱邪赤心三部及契〔苾〕（密）、拓拔三千騎，夜發馬邑，（且）〔旦〕登振武城望之，見罽車十餘乘，從者朱碧衣，諜者曰：「公主帳也。」雄〔潛〕使諜喻之曰：「天子取公主，兵合，第無動。」雄穴城夜出，縱牛馬鼓噪，直搗烏〔介〕（从）帳。可汗大駭，單騎走，遂迎公主還。進豐州防禦使。見唐書本傳。③

① 均據舊唐書、新唐書之李景略傳改。
② 均據新唐書任迪簡傳補。
③ 均據新唐書石雄傳改。

人物志

前代孝義

晉

劉殷　字長盛，新〔興〕（縣）人。七歲喪父，哀毁過禮。曾祖母王氏盛冬思堇，殷時年九歲，哭禱澤中，忽有堇生，得斛餘歸。又嘗夜夢人謂〔之〕曰：「西籬下有粟。」寤〔而〕掘之，〔得粟十五鍾〕，銘〔曰〕：「七年粟百石，以賜孝子劉殷。」郡人張宣子以女妻之，誡其女曰：「劉殷至孝冥感，才識超世，此人終當為世名公，汝謹事之。」張氏性亦婉順，事王母盡孝。王母卒，殷夫婦毁瘠，幾至滅性。〔時柩在殯而〕鄰失火，殷叩殯號哭，火越殯而爇。〔後〕有二白雀巢其庭樹，〔自是名譽彌顯〕。齊王冏輔政，辟為大司馬軍諮祭酒。轉拜新興太守，明刑旌善，甚有政能。永嘉末，沒於劉聰。殷有七子，五子各授一經，一子授太史公，一子授漢書，一門之內，七業俱興，北〔門〕〔州〕之學，殷門為盛。以壽終。見晉書本傳。①

按：晉書載殷新〔興〕（縣）人。廣輿記曰勝州人。考晉時五原、雲中屬并州新興郡，而勝州則隋開皇二十年（六〇〇）始置，晉無此名。意勝州本屬小地名，五原所治，隸并州新興郡。曰新興者，從統屬言之。曰勝州者，從本生地專言之耳。又延安志劉殷列靖邊縣。舊鎮志亦載劉殷，榆林列忠孝祠。又一統志載劉殷忻州人。一人而各志互載，各縣皆祀，總由古之地名，今莫定其所在也。存以俟考。

唐

---

① 均據晉書劉殷傳改補。

烽子① 豐州有烽子者，永泰初，（募）〔暮〕出，為黨項掠去，與西蕃易馬。蕃將令穴肩骨，貫以皮索，配馬數百蹄與之牧。經半載，馬蕃息，蕃將賞以羊革數百，因轉近牙帳。贊普子愛其了事，（送）〔遂〕令執纛左右，有剩肉餘酪與之。又居半年，因與酪肉，悲泣不食，贊普問之，云：有老母，頻夜夢見。贊普憐之，夜召帳中語云：蕃法嚴，無放還例。我與爾馬有力者兩匹，間道縱爾歸，（無）〔毋〕言我也。烽子得馬（極）〔急〕騁，俱乏死，遂晝潛夜走。數日後，為刺傷足，倒磧中。忽有風吹物窸窣過其前，因攬之裹足。有頃，不復痛，試起步，走如故。經信宿，及豐州界，歸家。母尚存，喜曰：「自失爾，我惟念金剛經，寢食不廢，以祈見爾。今果如願。因取〔經〕拜（經）之，縫斷〔處〕亡數幅，不知其由。烽子因道磧中傷足事，母令解足視之，所裹瘡物乃數幅經也，其瘡亦愈。②

前代流寓

漢

蔡邕 字伯喈，陳留人。建寧間，拜議郎，數直言時事。會與司徒劉郃有隙，奏邕下獄，議死。中常侍呂（強）〔彊〕疏救，詔與家屬髡鉗徙朔方，居五原安陽縣。會赦得還，將就路，五原太守王智餞之。酒酣，智起舞屬邕，〔邕〕不為報。智銜之，密奏邕怨訕朝廷。邕懼不免，亡命江海。後董卓聞邕，辟召為侍御史。見〔後〕漢書。③

唐

① 邊堡上守望烽火臺的士卒。
② 均據朔平府志第七二二頁改，東方出版社，一九九四年。
③ 均據後漢書蔡邕傳改補。

歐陽詹　晉江人。貞元中進士，與韓愈聯第。為國子監四門助教。元和間，遊五原塞，題詩銀城。見神木志①。

雜傳

漢

呂布　字奉先，九原人。丁原屯河内，以布為主簿，甚見親待。董卓誘布殺原，並其兵，以為騎都尉，移遷至中郎將。卓行止常以布自衛。嘗小失卓意，卓拔手戟擲之。布拳捷得免，由是陰怨卓。王允時密謀誅卓，因告布，使為内應。許之，乃刺殺卓。李傕等攻長安，布戰敗，奔袁術。復去從張〔楊〕（揚）於河内。（揚）〔楊〕諸將欲圖之，布懼，投袁紹。布將士多暴橫，紹患之。布歸張〔楊〕（揚）。道經陳留，太守張邈與陳宫等迎布為兗州牧，據濮陽，郡縣多應之。曹操引軍擊布，盡收諸城，布東奔劉備。時備與袁術相拒，術欲引布擊備，乃與布書，送米二十萬斛。布大悦，即勒兵襲下邳，備敗走。布恚術運糧不至，乃迎備屯小沛。術懼，為子求婚於布，布遣女。沛相陳珪恐徐〔楊〕（揚）合從，為難未已。往説布，布乃絶婚。術怒，遣大將張勳等與韓〔暹〕（邏）、楊奉連勢攻布。布用珪策，與（邏）〔暹〕、奉書，許破術兵，悉以軍資與之。遂共擊勳等於下邳，大破之。建安三年（一九八），布復從術，攻劉備於沛。曹操自將擊布，布欲降，宫等阻之。曹軍壅沂、泗以灌城，三月，布乃降。見曹曰：「明公所患不過於布，（令）〔今〕服矣。令布將騎，明公將步，天下不足定也。」曹令緩布縛。備曰：「不可。明公不見布事丁原、董卓乎？」遂縊殺之。見後漢書本傳。②

---

① 即道光神木縣志，見卷六附流寓。

② 均據後漢書呂布傳改。

宋

姚古 〔姚〕兕子，五原人。以邊功，官累熙河經略。靖康元年（一一二六），金人逼京城，古與種師中俱勤王。種師道與古子平仲先已率兵入衛，兩家子弟各不相下。平仲恐功獨歸種氏，乃夜劫（幹）〔斡〕離不營，反為敗。（枯）〔粘〕罕陷隆德府，以古為河東制置，種師中副之。古總兵援太原，師中援中山、河間諸郡。古進兵復隆德府、威勝軍，扼南北關。師中與金人戰，互有勝負。太原圍不解。師中進師平定，乘勝復壽陽、榆次。朝廷數使人趣師中戰，約古及張灝兩軍齊進，而二人失期不至，師中敗而死。金人迎古於盤陀，古兵潰，退保隆德。中丞陳過庭奏古罪不可恕，詔安置廣州。見宋史姚兕傳。①

藝文志

詔

擊匈奴詔

漢文帝

漢與（單于）〔匈奴〕約為昆弟，毋（使）〔侵〕害邊境，所以輸遺（單于）〔匈奴〕甚厚。今右賢王離其國，將衆居河南（降）地，非常故。往來（近）〔入〕塞，捕殺吏卒，驅〔侵上郡〕保塞蠻夷，令不得居其故。陵轢邊吏，入盜，甚（敖）〔驁〕無道，非約也。其發邊吏〔車〕騎八萬（五千）詣高奴，遣丞相灌嬰將擊右賢王。②

備朔方詔 大曆九年（七七四）

唐 冊府〔元龜〕

自古聖帝明王之臨御也，莫不法乾坤之覆載，體山川之受納，立德於太上，還淳於至道，清淨無事，保

① 均據宋史姚兕傳改刪。

② 均據漢書匈奴傳改補。

合太和，濟於群（主）〔生〕，洽於四海；豈垂意兵革，勞心戰爭也。蓋有德化之所不綏，招懷之所未諭，不式王命，毒流生人，故有除暴禁淫之師，安人止戈之武，則神農、黄帝、堯、舜、禹、湯之所不免也。朕君臨萬邦，十有二載，薄德内愧，中夜再興。至如易簡寬仁，恭默元淡，素懷所慕，終食豈忘。

然自承統以來，屬當多難。伊川有盜國之孽，朔野有叛君之將，江湖海島，伏戎（如）〔數〕輩，其在右武，安能解嚴？所以請於宗廟，親授經略，誅詰奸宄，摧殄暴強，三年之間，方内底定。此皆皇天佑我（列）〔烈〕祖，群后戴予一人，是用集大勳於國家，保萬姓於區夏，豈朕寡薄能及此邪！（安）〔每〕思偃兵，姑務柔遠，將息馬以論道，期舞干而修德。而西戎負約，間歲犯邊。朕嘗棄細過，庶宏大體，疆臣兵吏，亟請長驅，屢有誡敕，不令掩襲；兼約遊騎，不許擒生；即或誤執，亦使還遣。固以亭育之義，豈隔（柔夷）〔華戎〕；撫綏之恩，寧殊遠邇。故布文告以訓之，敘舅甥以睦之。彼亦嘗遣聘臣，來修舊好。玉帛之禮，（以）〔才〕致於上國；烽燧之候，已及於近郊。長其無厭，昧於事大。去冬逾我關隴，入我郇邠，驅人之〔馬〕牛（馬），掠人之士女。朕許其通好，本在〔安〕人（安），乘此不虞，翻貽我詐。每一興念，悼於厥心。豈朕不叶於親鄰，〔豈朕〕有負於恩信？猶期懲艾，未忍討除。

今大閲甲兵，以增捍禦，且宏不戰之道，用舉備邊之常。所以然者，念其載勤款疏，求繼嘉姻，事或由衷，義從割愛，因之寧遠，豈復（願）〔顧〕私。當罷四方之師，永全二國之好。倘更侵冒，必示威刑。宜令子儀以上郡、北地、四塞、五原、義渠、稽胡、鮮卑雜種馬步五萬衆，嚴會（徇）〔栒〕邑，克壯舊軍。抱玉以晉之高都，韓之上黨，河、湟義從，汧、隴少年，凡三萬衆，横絕高（璧）〔壁〕，斜界連營。馬璘以西域前庭，車師後部，兼廣武之（戎）〔戍〕，下蔡之徭，凡三萬衆，據於朝那，遏當路之塞。忠（臣）〔誠〕以盧龍、柳城，洎（在）〔右〕北平，漢東諸鎮，江、黄、申、息之師，凡三萬衆，屯於回中，張大軍之援。忠誠以武落別校，右地奇鋒，凡（二）〔三〕萬衆，出岐陽而北會。希讓以三輔（大）〔太〕常之徒，六（都）〔郡〕良家之子，自渭上而西合汴〔宋〕（東）、淄青、河陽、幽〔薊〕（冀），總四萬衆，分（別）〔列〕前後。魏〔博〕、成德、昭義、永〔平〕

（年）總六（師）〔萬〕衆，大舒左右。朕内整禁旅，親誓諸將，資以千金之費，錫以六牧之馬，〔其〕戎裝戰器，軍用邊儲，各有司存，素皆精辦。咨爾將相文武宣力之臣，夫師克在和，善戰不陣，各宜保據（經）〔疆〕界，屯據要衝，斥堠惟明，首尾相應。若能悔過，何必勞人；如或不然，自當伐罪。然後眷求統一，以（致）〔制〕諸部①，進取之宜，俟於後命。各敬爾守，無黷武經，賞罰之科，國有明典。宣示中外，知朕意焉。②

疏

奏處染干疏　　隋　長孫晟

染干部落歸者既衆，雖在長城〔之〕内，猶被雍閭抄略，往來〔辛苦〕，不得寧居。請徙五原，以河為固，於夏、勝兩州〔之〕間，東西至河，南北四百里，掘為横塹，（今）〔令〕處其内，任情放牧，免於抄掠，人必自安。（上並從之）③

乞守豐州疏　　唐　唐璿

豐州控河遏寇，號為襟帶。自秦漢以來，常郡縣之。土田良美，宜耕牧。隋季喪亂，不能堅守，乃遷就寧、慶，戎羯得以乘利而交侵，始以靈、夏為邊。唐初，募人實之，西北一隅，得以完固。今而（廢）〔棄〕④之，則河傍地復為賊有，而靈、夏不足自安，非國家利也。（高宗從其言）

論復置豐州劄子　　宋　司馬光

臣等伏見國家復（置）〔修〕豐州故城，仍差人知州。此誠河西險要之地，修之甚便。然其地勢孤絶，

---

① 諸部，舊唐書吐蕃傳下作「諸軍」。

② 均據舊唐書吐蕃傳下、册府元龜卷九九二、全唐文卷四八命郭子儀等備邊敕改補。

③ 均據隋書長孫晟傳補改。

④ 據王致雲等纂神木縣志卷七藝文改，道光二十一年（一八四一）木刻本。

外迫寇境。（囊）〔向〕者王氏知州之時，所部蕃（族）〔落〕甚衆，有永安、來遠、保寧三寨，皆以蕃族守之。慶曆初，拓跋元昊攻陷州城，州民及三寨蕃族盡為所虜，掃地無遺。今州城之中，但有邱墟瓦礫，環城數十里，皆草莽林麓而已。若建以為州，則須復設外寨，備置官吏，廣屯兵馬，多積芻糧，皆應調發內地之民以奉之，勞費甚大。此所謂徇虛名而受實弊也。頃年朝廷欲修豐州城，河東經略司嫌其單外，迺於其南數十里築永寧堡，其地窪下，居兩山間，疏惡難守。今既修豐州，則永寧堡深在腹內，無所復用。臣等以為不若遷永寧堡於豐州故城，其兵馬芻糧不須增益。但擇使臣有材略者使守之，不必假以知州之名，仍召募蕃漢之民，使墾闢近城之田，俟民物繁庶，皆如其舊，然後升以為州，亦未晚也。① 取進止。

言邊事疏（節錄）

明 倪岳

近歲毛里孩、阿羅出、孛羅忽、乩加思蘭大為邊患。蓋緣河套之中，水草甘肥，易於屯（劄）〔紮〕；腹裏之地，道路曠遠，難於守禦。擁衆長驅，遠者逾千里，近者不下數十百里。沿邊諸將，或嬰城自守，或擁兵自衛。輕佻者挫衄，懦卻者退避。既不能折其前鋒，又不能邀其歸路。寇遂源源而來，洋洋而去，以致上廑廟慮，遣將徂征。然四年三舉，一無寸功，殺傷我士卒，悉泯弗聞；掇拾彼器械，虛張聲勢。

考其功籍所載，賞格所加者，非私家之子弟，即權門之廝養；而骨委戰塵，血膏野草者，非什伍之卒，即轉餉之民。天怒人怨，禍機日深，非細故也。況夫京營之兵，素為冗怯，臨陣退縮，反隳邊兵之功；望敵奔潰，久為敵人所侮。此宜留鎮京師，以壯根本，顧乃輕於出禦，以褻天威。且延綏邊也，去京師遠；宣府、大同亦邊也，去京師近。彼有門庭之喻，此無陛楯之嚴，可乎？頃〔以〕兵部建議，遂於宣府出兵五千，大同出兵一萬，併力以援延綏，而不計其相去既遠，往返不迨，人心厭於轉移，馬力罷於奔軼。萬一此或有警，彼未可離，首尾受敵，遠近坐困，謂為得計乎！臣又聞軍旅之用，糧食為先。今延綏之地，兵馬

① 均據續資治通鑒長編卷一九五改。

屯聚，芻粟之費，日賴資給。乃以山西、河南之民，任飛芻輓粟之役，道路愁怨，井落空虛，幸而至也，束芻百錢，斗米倍直，不幸遇賊，身已虜矣，他尚何計！

輸將不足，則有輕齎；輕齎不足，又有預徵。嗚呼！水旱不可先知，豐歉未能逆卜，如之何其可預徵也。至甚不得已，則令民輸芻粟以補官。然媚權貴、私親故者，或出空牒而授之，而倉庾無升合之入。又令民輸芻粟而給鹽，然恃豪右、專請託者，率占虛名而鬻之，而商賈費倍蓰之利。官(級)〔給〕日濫，鹽法日沮，而邊儲不充如故也。又朝廷出帑藏以給邊者，歲為銀數十萬。山西、河南之民，輸輕齎於邊者，歲亦不下數十萬。銀日積而多，則銀益賤；粟日散而少，則粟益貴。或以茶鹽，或以銀布，名為准折糧價，實則侵剋軍儲。故朝廷有廩廩之虞，士卒無飽食之日。由是觀之，賊勢張而無弭之之道，兵力敝而無養之之實；徒委西顧之憂於陛下，誰果分憂盡心效力乎！採之建白，察之論議，則又往往紛紜者，率謂復受降之故險，守東勝之舊城，則東西之聲援可通，彼此之犄角易制。是非不善也，第二城之廢棄既久，地形之險易未知。況欲復城河北，以為之守，必須屯兵塞外，以為之助。出孤遠之軍，涉荒漠之地，輜重為累，饋餉為(難)〔艱〕，彼或佯為遁逃，潛肆邀伏，或鈔掠於前，躡襲於後，曠日持久，露行野宿，人心驚駭，軍食乏絕，進不得城，退不得歸，一敗塗地，聲威大損。又謂統十萬之衆，裹半月之糧，奮揚威武，使河套一空，是亦非不善也。然帝王之兵，以全取勝；孫吳之法，以逸待勞。今欲鼓勇前行，窮搜遠擊，乘危履險，徼倖萬一。運糧遠隨，則重不及事；提兵深入，則孤不可援。況其間地方千里，綿亙無際，既無城郭之居，亦無委積之守。彼或往來遷徙，罷我馳驅；或掩襲衝突，撓我困憊。寇賊安望於成擒，中國復至於大創，失坐勝之機，蹈覆沒之轍，必矣！

甚者至謂：昔以東勝不可守，既已棄東勝，今之延綏不易守，不若棄延綏，則兵民可以息肩，關陝得以安枕。夫一民尺地，皆受之於天、(與)〔於〕祖宗，不可忽也。向失東勝，故今日之害萃於延綏，而關陝騷動。今棄延綏，則他日之害鍾於關陝，而京師震驚。賊逾近而莫支，禍逾大而難救，此實寡謀，故爾大謬〔也〕。（故）〔嗚呼！〕①一唱百和，牢不可移，甲是乙非，卒莫能合，成功既鮮，高談奚取焉！

以臣論之，不若即古人已用而有成，及今日可行而未盡者，舉而措之，其為力也少，其致功也多。曰重將權，以一統制而責成功。曰增城堡，廣斥堠，以保衆而疑賊。曰募民壯，去客兵，以弭患而省費。曰明賞罰，嚴問諜，以立兵紀而覘賊情。曰實屯田，復漕運，以足兵食而（舒）〔紓〕民（生）〔力〕。②

移堡防邊疏

明 楊琚

河套〔寇〕屢為邊患。近有百戶朱長，年七十餘，自幼熟遊河套，親與臣言：「套內地廣田腴，亦有鹽池海子，葭州等民多（出）墩外種食。」正統間，有寧夏副總兵黃鑒奏，欲偏頭關、東勝關黃河西岸地名一顆樹起，至榆溝、速迷都六鎮、沙河海子、山火石腦爾、鹻石海子、回回墓、紅鹽池、百眼井、甜水井、黃（沙）〔河〕溝，至寧夏黑山嘴、馬營等處，共立十三城堡，七十三墩臺。東西七百餘里，實與偏頭關、寧夏相接，惟隔一黃河耳。當時議者以為地土平漫難據，已之。而實可因便修舉者也。③

復河套疏（節錄）

明 曾銑

夫夷狄之叛服無常，而中國之制馭有道，要在圖難於易，庶幾杜漸防微。仰惟皇上聰明聖智，法古憲天。禮樂文章，一新昭代之制。文事武備，殆曠世所莫及者。是宜舞干羽於兩階，內治修而遠人服。

顧茲北虜，乃敢梗化，往犯山西、宣、大，二三年來入寇榆林，內地殘傷，遠邇驚懼。夫醜虜雖衆，不過漢一大縣，而猖獗迺爾。豈國家之兵力不能支而制禦之者，或未得其要歟？臣竊計之，蓋我失其險，賊得所據，巢穴既固，驅除遂難。顧（其）〔忌〕因循，日甚一日。故制馭上策，莫如復套。不是之圖，而徒

① 據五原廳志稿改。
② 均據明經世文編卷七七倪岳論西北備邊事宜疏改。
③ 均據谷應泰明史紀事本末補改。

（自）周章於防禦之末，譬猶揚湯止沸而不知抽薪，外患未能已也。

臣謹按：河套古朔方地，三代以來，悉隸中國。詩曰：「天子命我，城彼朔方。赫赫南仲，玁狁於襄。」漢武帝遣衛青出塞，取河南地為朔方郡，築城繕寨，因河為固，後世稱之曰雄才大略。唐初朔方軍以河為境，嗣是張仁願取漠南地，於河北築三受降城，〔自是〕突厥不敢逾山牧馬，朔方（亦）〔益〕無寇，歲（捐）〔損〕費億計。至宋，李繼遷叛走（斥）〔斤〕澤，進陷靈、肅，河套復為虜有，（率）〔卒〕不能制。我太祖高皇帝順天應人，〔驅逐胡元，遠遁漠北。〕成祖文皇帝時，薄海內外，皆入版圖，豈界河套已乎！後以東勝孤遠，撤之內守，復改榆林為鎮城。方初徙時，套內無虜，土地沃膏，草木繁茂，禽獸生息。當事之臣，不以此時據河守，而區區於榆林之築。此時虜勢未大，猶（可）〔有〕委也，失此不為。宏治八年（一四九五），虜編筏渡河，剽掠官軍牧馬。十二年（一四九九），擁衆入寇。自後常牧套內，侵擾中原。孝廟有欲復之志而未〔及〕逮，至武廟（常）〔嘗〕欲（復）〔征〕之而未能，（故）〔因〕使虜酋吉囊得以據為巢穴。禍根既種，竊發無時。出套則寇宣、大三關，京師震恐；入套則寇延、寧、甘、固，生民荼毒，〔全陝困敝已極。〕此撥亂之功，天將有意於我皇上乎！

夫河套自三代以迄於今，中國所守，以界夷夏。又我聖祖之所留也，一統故疆，三邊沃壤，其理宜復。頃（年）〔自〕不守，遂使深山大川，勢顧在彼，而寧夏外險，反南備河。虜得出沒自由，東西侵（略）〔掠〕，徒勞守禦，無補緩急。蓋套虜不除，則中國之害日熾。浸淫虛耗，將來之禍，有臣子所不忍言者，其勢所宜復也。我皇上德邁三皇，功光列聖，選將練兵，宵旰日切，歲發帑銀，以濟邊圉。凡所以攘卻外患，以保安兆民者，天心實鑒祐之。而當時封疆之臣，曾無有為國家深長之思，以收復祖宗舊業，為生民立命者。蓋軍旅之興，國家之重務，圖近利則壞遠謀。小有挫失，媒蘖其短者，繼踵而至，鼎鑊刀鋸，面背森然，其不改心易慮者幾希。況復所見不同，甲可乙否，若待來年，便已遷延不振。日復一日，長寇貽禍。

臣雖愚昧，豈不知兵凶戰危，未易舉動。但近年以來，得之見聞，常懷憤激。今復親履其地，目擊此虜跳梁，地方危殆，切齒痛心，實有寢不安席，食不下咽者。

昔葛伯仇餉，成湯往征。淮蔡一隅之寇耳，裴度尚以為不與此賊共戴天。陛下德過成湯，而在位之臣，文武足備，又匪但裴度之比，可使裔夷猖肆，蒼生阽危，一至此哉？夫豶豕之牙，為力尚易，猛虎負嵎，則有莫之敢攖者，其勢則然也。故敢冒昧，輒具短見，上塵御覽，伏乞（飭）〔敕〕下該部，將臣此奏與修築榆林邊（疆）〔牆〕之奏，會集廷臣詳議可否。如蒙採納，特飭該部修邊復套，次第施行。蓋選將材，除戎器，備芻糧，練兵馬，非朝夕可辦，所貴及時修舉，則臨期無誤，武功底成。

或曰：榆林邊（疆）〔牆〕方議修築，今（乃）〔仍〕輒有復套之議，會極歸要，顧當何如？臣曰：築邊之議，為（四）〔數〕十年之謀也。虜在套中，生長日盛，病根尚在，為患無期。不防則為無險，防之則兵力坐困。有餘在賊，不足在我。譬之作堤壅水，一朝潰決，則氾濫不支矣。若夫復套，振武揚威，殲彼醜虜，驅其餘黨，（置）〔擯〕諸大漠，臨河作障，天險為池，皇靈既昭，賊膽應裂，狼顧脅息，（誰）〔雖數百年不〕敢輕肆侵軼！譬之大禹治水，以海為壑，而水歸其所，不至橫流。此社稷之計，聖子神孫之所永圖也。然河套既復，猶兼修邊之工。若（距）〔據〕榆林以為邊，則河套永棄，虜患何時而息乎？今神聖在上，英俊在旁，時所當乘，機不可昧，見可而動，相時以成，此臣犬馬之忠也。

謹將復套數事開列，伏惟皇上裁擇。一曰立綱紀。綱者大綱也，規模之謂也。紀者條理也，節目之謂也。規模欲其大，節目欲其詳。綱紀既立，則戎事可興也。復套之舉，國之重務。人之謀曰，須得兵三十餘萬，馬步水陸，齊驅並進，裹糧（二）〔三〕百萬石，兼折銀三百萬兩，一舉破賊，驅之出境，即沿河修築城垣界守。此一說也。臣以為此謀雖善，其勢實難。今三邊之兵，可用者不滿六萬，若調他鎮，顧此失彼，三十萬衆，徒爾煩勞，其難一也。倉庫空乏，上下交困，銀穀累五百萬，一朝畢集，勢不易能，其難二也。一戰勝賊，賊未膽落，輒興板築，師徒易撓，其難三也。臣則以為：憫生民之陷溺，而與之除暴；疾醜虜之猾夏，而因之正名。爰整雄師，張皇義旅，奚煩兵力之多？惟在兵精食足，以時而春蒐於套，秋狩於邊。如是三年，虜勢必折，俟其遠遁，然後拒河為城，分番哨守，則人力不困，財用不竭，而河套可復。既而移撫鎮以制之，立行都司並衛所州郡以屬之，又設〔守〕巡（狩）兵備道以理之。凡江淮之北各省，有犯該邊衛及煙瘴充軍者，皆定發於衛所；〔凡〕該（犯）口外為民者，皆定發於州郡。將套中之地，預為踏撥，多立魚鱗籍冊，以防日後弊端。每軍民一戶，給田二頃，俾之歲耕一頃，閑一頃。是為閑田，以養（餘）〔地〕力。其沿邊軍（兵）〔民〕，亦出〔示〕召募，有願守邊者，皆給以田，引黃河之水為大小之渠，渠以灌田，可備旱潦，高黍下稻，任土所宜。數年之後，套地可盡墾。而又倣井田之意，廣溝洫之制，吾民易於稼穡，（勇）〔虜騎難〕於馳驅。既臨河設險，夏秋絕難侵犯，我得耕稼矣。比及河凍，農事已竣，乃於講武之時，為禦虜之計。民不告勞，農不（告）〔苦〕費。行之既久，則河、湟之地，不異中州。此規模、節目之大略也。乞敕該部預為料理，三年之後，舉而措之。有未盡者，容臣次第敷奏。雖然屢年邊事廢弛，將士怯懦，甲兵未練，整頓實難，須及時飭治。來年春月，先將鄰邊賊巢剿除，以倡我軍之氣。俟其膽略漸雄，於焉昭（盛）〔聖〕明無外之度，闡皇上救民之仁，多給榜文、標（士）〔示〕牌（額）〔橛〕，遍置套中，以開來降之路，以歸被虜之民。然後興問罪之師，舉三年之役，則順天以動，預在師中吉矣。

三曰審機宜。天下之事有機，時與勢為之也。孟軻氏曰：「雖有智慧，不如乘勢；雖有鎡基，不如待時。」知機論也。得其機而乘之，勝算在我，何往不濟！虜之據有河套也，逐水草以住牧，獵禽獸以馳騁，秋高馬肥，弓矢勁利，糾合黨類，動〔十〕數（十）萬，長驅深入。彼聚而攻，我分而守，此虜寇之時勢，我不得而與之也。及其入套，深冬沍（塞）〔寒〕，水草枯凍，又皆各就住牧，其勢自分。且馬無宿藁，漸至羸瘠，比及春深，賊因以弱。我則訓練強兵，攢槽秣馬，營伍整肅，火器精利，此我之時勢，虜不得〔而〕與之也。

今之禦邊者，虜弱不乘，因仍怠怯，虜強莫禦，苟且支吾，坐失軍機，所以有敗而無勝。臣願練兵六萬，再調山東槍手二千，多備矢石，每於春夏之間，水陸並進，直抵虜巢，乘其無備。我聚而攻，彼分而守，材官騶發，矢道同的，砲火激烈，電掣雷轟，賊縱有援，旬日斯集，目前震盪，勢必難支。此窺敵觀變，潛深參伍之術，臣亦計之審矣。仍乞命下宣、大、山西總督撫鎮等官，調度各鎮兵馬，嚴加隄備，耀武揚威，以防河東住牧之寇。倘套虜敗亡，必將逾河而逃。厲兵秣馬，又可以收斬獲之功。所謂犄角之勢，以全取勝之道也。然後班師而歸，守我分地。

秋高之時，賊如復讎而來，我軍據險以守。況得勝之兵，勇氣自倍，不待臨牆，可使撻伐。如是三年，虜勢必衰，將遠遁之不暇，而又敢據我河套也耶？至是，則祖宗故地已復，因河為險，修築墩隍，一如榆林修守之議。且講求屯政，建置衛所，處分戍卒，填實邊民。牆塹既固，耕獲可饒，全陝之轉輸漸省，而內帑之給發①亦寬。三秦重地，可保萬萬年〔安〕固矣。不然，賊之強也，來不能禦；賊之弱也，去不能懲。機事大失，公私俱困，臣不知其所終也。

八曰備長技。漢書〔曰〕：「匈奴之長技三，中國之長技五，兩軍相為表裏，斯為萬全之術。」今虜賊之長技，不異於昔時；而在我之長技，復有如漢時之五者乎？臣不得而知也。欲求相為表裏，殆更難矣。抑求其次，莫先於火器，蓋天之所以保國家而衛生民者也。但有之而不能用，用之而不〔能〕盡其利，與無技等耳，安望其有摧擊之功乎？臣昔提督山西、三關，嘗造盞口砲、毒火飛砲，具式奏請，伏蒙皇上發銀數千兩以資成〔造〕，比年禦虜賴焉。今秋於寧塞、定邊，亦嘗藉此兩挫虜寇。故來降人口云：虜中甚畏此器，言每年嚮子不似今年嚮子利害，打死人馬數多。此其明驗也。今欲復套，須備熟鐵盞口砲六

① 內帑之給發，明經世文編卷二百三十七作「寧夏之河防」。

十個①，長管鐵銃一萬五千把，〔手把鐵銃一萬五千把〕、手把小鐵鎗三萬根②，長鎗三千根③，生鐵（作）〔炸〕砲十萬個，焰硝十五萬斤，硫黄三萬斤，（炮）〔包〕鐵鉛子大小二十五萬斤，弓矢盾架，相為表裏，庶可〔鞭撻此胡〕，恢復故壤。然此特一年之具爾，三四年間，如飛砲、硝黄、鉛子之類，又須陸續補其缺壞。今京造火器，種種具備，防邊可矣。但或宜於此而不宜於彼，或可以守而不可以攻，大者質重而難於致遠，生者日久而多所毀裂。留以別用，各有所長。若曰神機不可外造，盔甲神鎗等器（恐）〔原〕為私藏者例也。而盞口砲、長短鐵銃，律條既無該載，而實為籌邊破虜之公器，特敕該部不以為例，速發帑銀二三萬兩，給各該撫鎮官，於山西、陝西等處買辦置造，以為復套之資。蓋成造而後教演，服習而後運用。語云：「工欲善其事，必先利其器。」此之謂也。不然，虜技精強，我軍莫恃，萬全之功，未可必也。④

雜文

重修河套四大股廟碑記

清 王建勳

粵考河套地形，建置沿革，唐、虞以上莫徵。夏禹裔孫淳維者，因寒浞亂夏，避居雍、冀之北，逐水草而生，即今蒙古也。商、周時，九州外蠻夷荒服之地，各君其國，各子其民，內外安謐，人情淳樸，無兵甲之爭、干戈之慘。秦時戎狄漸次強盛，始皇築長城以拒胡。是時，河套屬蒙古無疑。漢興，匈奴更強，冒頓單于與漢和親，河套乃關中糧原，屬漢可考。光武中興，玉門關外皆入版圖，河套密邇邊圉，豈拒外方。

① 明經世文編卷二三七作「六千位」。
② 明經世文編卷二三七作「二萬根」。
③ 明經世文編卷二三七作「二千根」。
④ 均據明經世文編卷二三七改補。

晉五胡雲擾之際，北邊一帶，朝燕暮秦，無籍稽考。隋文混一疆宇，九夷臣伏，河套仍屬中國。唐太宗時，頡利來朝，胡越一家，命張仁愿河北築受降城三，河套亦陝西道糧原。唐中葉，朔方置節度使，沙陀居左臂。唐末為李繼捧所據。宋興，又為趙保吉所奪，號西夏矣。元以蒙古入主函夏，燕然山後尚置郡縣，河套距邊匪遥，置郡縣無疑。

明太祖定鼎金陵，天下大定。文皇出塞三次，邊外雖為元裔遊牧，乜先、（木）〔本〕雅失里、阿魯台時叛時和，花馬城設有總兵，河套實隸陝西。俺答議和，河套世為百姓耕種，世宗命總兵移鎮榆林，邊外盡入蒙古矣。百姓春種秋回，謂之雁行。

大清龍興，中外一家。康熙三十六年（一六九七），初定蒙界，界內民人耕種，界外蒙古遊牧。是時海宇清平，刁斗不〔警〕〔驚〕，孳生繁庶。界內民人漸感人稠地狹，則越界開墾耕種，私放私種，常啟爭端。道光八年（一八二八），奉特旨開放纏金，招商耕種，達賴、杭蓋案：即達拉特、杭錦二旗。① 亦將河套節次開墾。是地距河咫尺，開渠澆田，咸仰黄河之水。數十年來，商人不啻千百，屢開屢淤，工巨利微，幾成荒土。

光緒初年，有直隸順德府邢台縣籍王公諱傑者，偕子同春公字濬川者，來遊是地，見大河縈繞於前，福山鍾靈於後，草木蔚然，地皆膏腴，寥寥水田，漸成陸地，喟然歎曰：前之商人，不諳地勢水性，所以開之易，淤之亦易。彼時地皆有主，無聽其言者。惟山西交城商人張公振達獨具卓識，邀請同春公至公中，套人稱地莊曰公中。酌議重新開渠之事。公即應允，度其高下，即為興工。不數日，工人鱗集，遵夏禹王導河之法，倣神李冰開渠之規，渠口廣狹合度，枝渠深淺得宜，高不病旱，卑不病澇，耕者數百戶，咸獲其利。二十年來，不知歉歲，家給人足，老安少懷。雖藉二儀之造化，實資一人之經濟。

① 五原廳志稿無此句，恐係後人補入。

從前四大股創建諸神廟一所。是時草創，茅茨土階，規模迫隘。十餘年來，風雨剝落，漸就傾圮，春祈秋報，咸為嗟歎。於是諸商人及地戶僉請於王公曰：自公開渠築壩以來，地戶都已富矣庶矣，非神冥冥然佑，其何能斯！神藉人力，人藉神靈。犧牲既誠，粢盛既潔，惟廟傾圮，無以安神靈，無以慰民心。盍修乎？奈工程浩大，非獨力之事。盍募乎？又鮮將伯之助。王公慨然曰：是余責也。乃卜日鳩工，將舊者拆之，廓其形勢，修建正殿三楹，內塑伏魔大帝，左火德真君，右興水河神。東偏殿三楹，〔內〕塑藥王神、馬王神、牛王神、龍王神。西偏殿三楹，內塑竈神、奶奶、大仙。東西禪房各三間，山門一〔門〕〔間〕，左右翼以鐘、鼓二樓，樂樓一座。神僉金妝。興工於乙未（一八九五年），落成於戊戌（一八九八年），三年而工始竣。廣其舊制，宏其規模。雖非珠璧交映，實金碧相輝矣。雖屬人力，實賴神佑。

蒙地召多廟少，數百里罕有。開光之日，蒙漢人民，牽羊①獻牲，絡繹於途。仰睹神人以和，雨暘時若，佑此一方。物阜民安，堯天舜日，其河套乎？是工也，共需錢五千緡有奇，並無由外募化分文，咸王公鼎力樂施，可見王公善人是富②矣。余遊於是地，觀其渠道之規模，即羨其人之經濟。事竣後，命余記其顛末，壽諸石。余不獲辭，爰筆而為之記。③

回劉锜等檄 宋紹興三十一年（一一六一），金主亮犯四川，吳璘檄西夏合兵討之。

西夏主李仁孝

西夏國檄告大宋元帥劉侯、侍衛招討吳侯：十二月二日，④承將命傳檄書一道，竊以恩宣大國，濫及

① 羊，五原廳志稿作「牛」。
② 論語堯曰篇有「周有大賚，善人是富。」
③ 均據五原廳志稿改補。
④ 綏遠通志稿第六冊第四二〇頁作「十二月十二日」。

小邦，遠邇交歡，中外咸慶。孤聞驕戎不道，殘賊輒興，妄稱好以和親，敢叛盟而失信。逆禹跡山川之廣，覆堯天日月之光，將士銜冤，神人共憤。妄自尊大者三十餘載，怙其篡奪者七八其人，皆犬豕之所不為，於春秋之所共貶。（姿）〔恣〕行暴虐，惟務貪殘。當中興恢復之期，乃上帝悔過之日。九重巡幸，昔聞太王之居邠；大駕親征，今見漢文之駐渭。其誰與敵？將為不戰而屈人；莫我敢當，可謂因時而後動。其或（姿）〔恣〕睢猖獗，抗衡王師，願洗滌於妖氛，庶蕩除於巢穴。勿令穢孽，重更跳梁。雖螻蟻之何殊，亦寇讎之可殺。廟堂禦侮，有首（係）〔繫〕於長纓；帷幄談兵，復薄伐於武服。如孤者，雖處要荒，久蒙德澤。在李唐則曾賜姓，至我宋又復稱臣。頃因巨滑之憑陵，遂阻輸誠而納款。玉關路隔，久無撫慰之來；葱嶺山長，不得貢琛而去。懷歸彌篤，積有歲年。幸逢撥亂反正之秋，乃是斬將搴旗之際。顧惟雄賊來寇吾疆，如長驅急騎以爭先，終殺死扶傷而不暇，使彼望風而遁，敗衄而歸。豈知敢犯於皇威，遽辱率兵而大舉。期君如管仲，則國人無封豕①之憂；待予若衛公，使邊境有長城之倚。神明贊助，草木知名，功勳不滅於太公，威望可同於尚父。② 力圖翦滅，無使蔓滋。觀彼風聲鶴（淚）〔唳〕之音，當見棄甲曳兵而走。孤敢不榮觀天討，練習武兵，瞻中原（黄）〔皇〕帝之尊，望東南天子之氣。八荒朝賀，願同周八百國之侯王；四海肅清，再建漢四百年之社稷。佇聞戡定，當貢表箋。檄至如前，言不盡意。③

銘

① 封豕，比喻貪暴者，喻暴虐殘害。

② 太公、尚父，均指中國歷史上最享盛名的政治家、軍事家和謀略家姜太公，即呂尚（約公元前一一二八年至約公元前一〇一五年），姜姓，字子牙，被尊稱為太公望。尚父，意為可尊敬的父輩。

③ 均據五原廳志稿改。

大夏龍雀〔刀〕①銘

鳳翔元年（四一三），勃勃造百鍊鋼刀，為龍雀大環，銘其背。

夏主　赫連勃勃

劍之利器，吳楚湛盧。② 大夏龍雀，名冠神都。可以懷遠，可以柔逋。如風靡草，威服九區。

三受降城碑銘並序

〔唐　呂温〕

夏后氏遏洪水，驅龍蛇，能禦大菑③以活黔首。周文王城朔方，逐玁狁，能捍大患以安中區。若非高岸峻防，重門擊（析）〔柝〕，雖有盛德，曷觀成功？然則持璿（機）〔璣〕而馳張萬象，昊穹之妙用；扼勝勢以擒縱八極，王者之宏圖。道雖無外，權則有備，變化消息，存乎其人。三受降城者，皇唐之勝勢也。

昔秦不量力，北築長城，右扼臨洮，左馳碣石，生人盡去，不足乘障。兩漢之後，頹為荒邱，退居河滸，歷代莫進。矯亡秦之弊則可矣，盡中國之利則未然。唐興因循，未暇經啟。有拂雲祠者，在河之北，地形雄坦，控扼樞會。虜伏其下，以窺域中，禱神觀兵，然後入寇。甲不及擐，突如其來，鯨一躍而吞舟，虎數步而擇肉。（寒）〔塞〕草落而邊甿④懼，河冰堅而羽檄走。爰自受命，至於中興，國無寧歲。

景龍二年（七〇八），默啜強暴，瀆鄰構怨，掃境西伐，漠南空虛。朔方大總管韓國公張仁願躡機而謀，請築三城，奪據其地，跨大河以北嚮，制胡馬之南牧。中宗詔許，橫議不撓。於是留及瓜之戍，斬姦命

---

① 據綏遠通志稿第六冊第三八二頁補，內蒙古人民出版社，二〇〇七年。

② 湛盧，古代寶劍名，春秋時鑄劍名家歐冶子打造。越絕書卷十一外傳記寶劍第十三載：「歐冶子乃因天之精神，悉其伎巧，造為大刑三、小刑二：一曰湛盧，二曰純鈞，三曰勝邪，四曰魚腸，五曰巨闕。」湛盧即為五劍之首。酈道元水經注稱吳楚湛盧是「古之利器，名冠神都。」

③ 「菑」同「災」。

④ 甿（méng），同「氓」。

之卒，六旬雷動，三城岳立。以拂雲祠為中城，東西相去各四百里，過朝那而北闢，斥堠迭望，幾二千所，損費〔億〕計（億），減兵萬人。分形以據，同力而守。東極於海，西窮於天，納陰山於寸眸，（搴）〔拳〕大漠於一掌。驚塵飛而（降）〔烽〕火耀，孤雁起而刁斗鳴。涉河而南，門用晏閑。韓公猶以為未也，方將（達）〔建〕大旆，提金鼓，馳神筭①，鞠虎旅。看旄頭明滅，與太白進退。小則貢琛賮、受厥角，定保塞一隅之安；大則倒狼居，竭（翰）〔瀚〕海，空苦塞萬里之野。大略方運，元勳不集，天其未使我唐無北顧之憂乎？

厥後賢愚迭任，工拙異勢，剛者黷武，柔者敗律，城隳險固，寇得淩軼，或驅馬飲河而去，或控弦（俾）〔劘〕②壘而旋。吾知韓公不瞑目於地下矣！

今天子誕敷文德，茂育群生，戢兵和親，（七）〔北〕狄右衽。然軍志有「受降（知）〔如〕敵」，大易有「安不忘危」，崇墉言言，其可弛柝？亦宜鎮以元老，授之廟勝，（劘）〔俾〕述舊職而恢遺功。外勤撫綏，內謹經略，使其來不敢仰視，去不敢反顧，永讋猛氣，無生禍心，聳威馴恩，（金）〔禽〕息荒外。安固萬代，術何加焉！敢勒銘城隅，庶儆復隍而光烈不昧。

銘曰：

韓侯受命，志在朔易。北方之強，制以全策。亘漠橫塞，揭茲雄（璧）〔壁〕。如三鬬龍，躍出大澤。並分襟帶，各閉風雷。俯視陰山，仰看昭回。一夫登陴，萬里洞開。日晏秋盡，纖塵不來。時維韓侯，方運神妙。觀釁則動，乃誅乃吊。廓（平）〔乎〕窮荒，盡日所照。天乎未贊，不策清廟。我聖耀德，罷扃北門。

---

① 筭，同「算」。

② 劘（mó），義爲切削。

優而柔之，用息元元。曷若完守，推亡固存。于襄于夷，永裕後昆。①

詩

御製河套西望

清　聖祖仁皇帝

康熙三十六年（一六九七），聖祖仁皇帝平噶爾丹，出居庸關，由大同幸榆林，御製二首。

往代存虛議，今為我外藩。河環沙磧暖，境闊草灕繁。

錯落延綏接，迷離朔漠吞。時巡曾不到，特示撫柔恩。

御製出塞

清　聖祖仁皇帝

沿邊山行，岡嶺崎嶇，黃河彌望。因自榆林鎮取道塞外，沙淺途平，水草咸便。且十二日之程，減半得達安邊堡。書以記之。

森森萬騎歷駝城，榆林鎮一名駝城。沙塞風清磧路平。

冰（畔）〔泮〕②長河堪飲馬，月來大野照移營。

郵籤紀地旬餘驛，羽轡行邊六日程。

天下一家無內外，烽銷堠罷不論兵。

車駕次榆林幸啟民所居賦詩

按榆林在今河套中。

隋煬帝

塵塞鴻旗駐，龍庭翠輦回。氈帳望風舉，穹廬向日開。

---

① 均據全唐文卷六三〇改。

② 據王志民等校注康熙詩詞集注第三六八頁改，內蒙古人民出版社，一九九五年。

呼韓頓顙至，屠耆接踵來。索辮擎膻肉，韋韝獻酒杯。
何如漢天子，空上單于臺。

邊詞　　唐 張敬忠 以御史累遷吏部郎中。開元七年（七一九），拜平（魯）〔盧〕節度使。

五原春色舊來遲，二月垂楊未掛絲。
（只）〔即〕①今河畔冰開日，正是長安花落時。

北使長城　　唐 王無競 蘇州司馬

秦世築長城，長城無極已。（募）〔暴〕兵四十萬，興工九千里。
死人〔如〕亂（如）麻，白骨相撐委。殫弊未云悟，窮毒豈知止。
（邊）〔胡〕塵未北滅，楚兵遽東起。六國（逐）〔復〕囂囂，兩龍鬥鬣鬣。
卯金竟握讖，返璧俄淪祀。仁義寢邦國，狙暴行終始。
一旦咸陽宮，翻為漢朝市。②

送劉判官赴豐州　按唐豐州地即元豐州，在榆林北河套中。

唐 盧綸 河中蒲人，數舉進士不第。為大曆十子之一，檢校戶部郎中。

銜杯吹急管，滿眼起風沙。大漠山沉雪，長城草發花。
策行須〔恥〕戰（伐），（寇）〔虜〕在莫言家。余亦祈勳者，如何別左車。③

送錢從叔辭豐州幕歸嵩陽舊居　　唐 盧綸

① 據全唐詩卷七五改。
② 均據全唐詩卷六七改。
③ 均據全唐詩卷二七六改。

白鬚宗孫侍坐時，願持壽酒前致詞。(致)〔鄙〕詞何所擬，請自邊城始。邊城貴者李將軍，戰鼓遥疑天上聞。屯田布錦周千里，牧馬攢花溢萬群。白雲本是喬松伴，來繞青營復飛散。三聲晝角咽不通，萬里蓬根一時斷。豐州聞說似涼州，沙塞(清)〔晴〕明部落稠。行客已去依獨戍，主人猶自在高樓。夢親旌旆何由見，每(值)〔阻〕清風一回面。洞裏先生那怪遲，人天無路自無期。砂泉丹井非同味，桂樹榆林不並枝。吾翁致身殊得計，地仙亦是三千歲。莫著戎衣(朝)〔期〕上清，東方曼倩逢人輕。①

夜上受降城聞笛　按漢有受降城，唐張仁願築三受降城。

唐　李益　君虞，姑臧人。長於詩，官至禮部尚書。

回樂峰前沙似雪，受降城外月如霜。不知何處吹蘆管，一夜征人盡望鄉。

過九原飲馬泉　按九原即唐豐州。

唐　李益

綠楊(如)〔著〕水草如煙，舊是胡兒飲馬泉。幾處吹笳明月夜，何(時)〔人〕倚劍白雲天。從來凍合關山路，今日分流漢使前。莫遣行人照容鬢，恐驚憔悴入新年。②

送渾大夫赴豐州

唐　劉禹錫　字夢得，中山人。以博學宏詞科，累官集賢學士、太子賓客。

① 均據全唐詩卷二八三改。
② 均據全唐詩卷二八三改。

鳳銜新詔降恩華，又見旌旗出漢家。
故吏來辭辛屬國，精兵願逐李輕車。
氈裘君長迎風（驛）〔馭〕，錦帶（英）〔酋〕豪踏（雲）〔雪〕衙。
其奈明年〔好〕春日（好），無人喚看牡丹花。①

出塞行 唐 陳陶 布衣

誓掃匈奴不顧身，三千貂錦喪胡塵。
可憐無定河邊骨，猶是春閨夢裏人。

隨邊使過五原 唐 儲嗣宗 大中進士，爵里失傳。有詩一卷。

偶逐星車犯塞塵，故鄉常恐到無因。
五原西去陽關廢，日沒平沙不見人。

五原行 宋 文同

雲蕭蕭兮草搖搖，風吹黃沙昏（寂寞）〔泬寥〕。
胡兒滿窟臥寒日，卓旗繫馬人一匹。
夜來烽火連篝起，銀鶻呼兵捷如鬼。
齊集弓刀上隴行，（火）〔犬〕噪狐嗥繞空壘。
羌人鈔暴為常事，見敵不爭收若雨。
自高聲勢敘邊功，歲歲年年皆一同。

① 均據全唐詩卷三五九改。

將軍玩寇五原上，朝廷不知但推賞。①

秋日出塞（二首） 明 唐龍

五鼓嚴軍令，平明出塞行。青霄横殺氣，白日振軍聲。

野闊千營肅，秋高萬馬鳴。單于皆遁北，不用築長城。

鼓角川原振，旌旗日月明。屯兵紅石硤②，斬將黑山城。

血染芹河赤，氛收榆塞清。陰山應有淚，飛檄到神京。

登紅山墩望套次南溪韻 明 曾銑 三邊總督

嗟哉河朔地，幾載别中原。司馬辭樞筦，萊公去北門。

請纓身未老，倚劍志猶存。指顧王（廷）〔庭〕③去，須成遠近村。

五原署中漫興 清 孟述緒

新霽晴嵐爽，砧聲起暮鄰。花香風送客，院静鳥依人。

寂夜分清月，深簷（虚）〔蓄〕④舊塵。迢迢更漏至，唳雁過重闉。

---

① 均據全宋詩改。
② 硤，古通「峽」。
③ 據綏遠通志稿第六册第五八六頁改。
④ 據綏遠通志稿第六册第六一四頁改。

臨河縣志

【題解】

臨河縣志　彭繼先、白葆莊修，王文墀總纂。民國二十年（一九三一）鉛印刊行。

關於版本　民國二十年（一九三一）鉛印本，全三冊。一九六八年臺灣成文出版社有影印本，見中國方志叢書（塞北地方第十二號）。臺灣學生書局有新修方志叢刊影印本。此外，該志還自一九三三年七月五日起，連載於綏遠日報（未載完）。

二〇一〇年，內蒙古文化出版社出版詹耀中、張志國的點校本，見巴彥淖爾市舊志兩種。

關於修纂者　彭繼先、白葆莊係前後任臨河縣縣長。

王文墀字沛生，山東濟寧人。清光緒丙午（一九〇六）優貢，朝考一等知縣，分發四川補用，歷充造幣廠、轉運局等差。入民國後，歷任山東署平原縣知事、綏遠都統署軍務文牘員、五原縣知事、臨河設治局局長、臨河教育局長等職。曾被綏遠都統潘矩楹評價為「學識宏通，猷守兼備，實為牧令中出色人員。」①除該志外，還參加過綏遠通志稿的編纂。綏遠通志稿卷八十八有傳。

一九二七年十月，臨河設治局局長呂咸奉令著手修志，地方士紳公推王文墀為總纂，但因故未能實行。一九二九年十二月十日臨河縣長彭繼先賡續前案，正式開局修纂。王文墀仍任總纂，另有校訂、測繪、參考、協理、採訪多人。一九三〇年四月白葆莊繼任縣長，志事照常進行。同年冬稿成，歷時一年。

---

① 烏力吉陶格套整理校註民國〈政府公報〉蒙古資料輯錄第二冊第二三二頁，內蒙古人民出版社，二〇一六年十二月。

次年三月校訂完畢，鉛印刊行。呂咸、黃彦邦諸前任設治局長雖早已離任他去，因曾力促修志，得以側名監修。

內容　該志以文體分類編次。除序、凡例、目錄、題名外，卷上有：圖：全縣地輿圖、縣城圖、永濟剛濟渠合圖、蘭鎖三大股渠合圖、黃土拉亥河渠圖、楊家河子渠圖，表：戶口表、物產表、漢蒙同文表，紀略：地輿沿革紀略、城邑建置沿革紀略、山川要隘紀略、山川要塞考、川流要隘考；卷中有：墾務沿革紀略、地方保衛紀略、賦稅紀略、水利沿革利病紀略、教育紀略、商業建置紀略、交通紀略、兵防紀略、風土習俗紀略、荒政紀略、農業林業紀略、全境蒙旗界址戶口生計保衛禮俗召廟紀略，事略：官吏、紳耆；卷下為雜記，分渠道、移墾、社會、建築、風俗、礦產、古蹟、慈善、贈別、紀異十門，另有一附記。總共約十萬餘字。

價值　該志以「上副國家發展西北之遠略，下為都人士建設振興之張本」為宗旨，（王序）「略於往代之考據，詳於近代之事實」。（凡例）除地輿沿革紀略、城邑建置沿革紀略、古蹟門利用過大清一統志，墾務沿革紀略利用過蒙墾奏議，漢蒙同文表和礦產門的古朔方郡鹽鹼礦產記採自綏乘外，所記多據檔案文牘與調查採訪。王文墀雖非土著，但治套日久，熟悉地方情形，故志雖一年成書，內容尚稱充實，保存有不少第一手資料。例如，因水利乃河套民生之本，故「於本境各大渠詳確勘測，精密圖繪，並附具說明」。（凡例）戶口表分區詳載了一九二七至一九二九年的戶額、丁口、學童、壯丁、國民黨員、回教耶穌教天主教丁口等，物產表則一反舊志注重名目的作法，記載了五穀、皮毛、牲畜、蔬果、藥材、水產的種類、年產、本地時價、運銷及用途。地輿沿革、城邑建置沿革兩紀略雖頗有訛誤，但詳於臨河設治時疆界的劃定及建城情形。墾務沿革紀略既概述了後套墾務沿革，又分述了與臨河有關的達拉特、杭錦、烏拉特諸旗墾務，其中收復教堂所佔黃土拉亥渠與一九二九年丈放狼山灣、圖密淖等地情形頗為重要。地方保衛紀略在記述地方保衛武裝沿革的同時，一針見血地指出：因「遊兵無賴兼收並蓄，魚肉鄉民、苛案勒擾之事往往不免，保衛善政轉而厲民」，以致「地方人視之如贅瘤，而斂手側足，不樂供億」的實況。水利沿革利病紀略著重論述各渠的沿革利病。全境蒙旗界址戶口生計保衛禮俗召廟紀略雖過於簡略，但所涉頗廣，有杭錦旗、達拉特旗的戶口、土地制度、各旗遊擊隊員額、禮俗召廟等，是研究蒙旗的重要記載。它如商業、風土習俗、兵防、交通、賦稅諸紀略亦多有重要記述。雜記中關於湘魯移民、哥老會、建設臨陝長途電話諸記載亦較有價值。

缺陷 該志有嚴重缺陷，綏遠通志稿曾批評它：「全書體例未見嚴整，敘述多有浮詞。」「下卷為雜記，所列專案多與紀略相混。」①評價雖非全面，卻也切中要害。統觀全書，其大弊有三：

一、體例不當。該志以文體分類，造成有關記述因文體不同而散見迭出。卷下雜記之門類多與紀略重複，恐與撰者炫示文采有關。除地方官紳的四篇文章外，整個卷下盡為王氏自己的詩文。其中訪古城遺址、登狼居胥山、登高闕塞、遊洪洋洞、榆塞懷古、李陵碑、送彭縣長進吾先生有感等詩文，或發思古之幽情，或係往來應酬之虛套，無關地方治要，甚至有荒誕離奇之佘太龍現記，自違「凡詞涉浮濫、荒誕不經之說，概予刪除」（凡例）的義例。此外，卷中地輿沿革、城邑建置、兵防諸紀略的古代部分亦多有重複，商業建置、風土習俗兩紀略分目瑣碎，間有重疊。

二、記載頗有缺漏。儘管纂者自稱「於近二十年來過去事蹟及現在狀況有見必錄，有聞必紀」（凡例），但官修志書根本無法做到這一點。何況臨河豪強柄政，縣長亦心存忌憚。在地方富豪支持下方得以完成的該志，對地方賭博、賣淫、吸食鴉片成風等諱莫如深，更何談暴露縣政弊端和豪強劣跡。臨河天

① 綏遠通志稿第六冊第六四六頁，內蒙古人民出版社，二〇〇七年。

主教勢力深厚，於地方影響甚巨。一九二五年冬還發生過縣地方武裝剿捕達拉特叛兵，營救聖家營天主堂于神父的事件。然因對天主教的敵視，該志竟不予記載。另外，由於纂者的失誤，該志記地輿無四至八到，無區鎮鄉村，無職官表以紀地方官制，物產中農林部分僅為地方官紳關於農業改進和造林的議論，不載地方農林實況，還漏掉當地煤礦的經營出產。

三、記載歧誤，考證不精。雜記建築門已載臨陜電線於民國十九年（一九三〇）十月十一日告竣，交通紀略卻仍稱「現在積極籌備」。有關古代的記述，更是多有錯訛。例如，地輿沿革紀略稱清初遷自呼倫貝爾地區的烏蘭察布盟諸旗在元代已分據大青山之北，誤乾隆六年設立的歸綏道為綏遠道。城邑建置沿革紀略竟稱明代河套先陷於蒙古酋長阿爾勒綽爾與和實，後陷於元末名將王保保，與地輿沿革、兵防兩紀略的記載相抵牾。雜記的古蹟考證，或抄錄史文，或妄自推測。鹽鹼礦產均抄自綏乘，地屬伊克昭盟，與臨河無關。

本次整理出版，以內蒙古圖書館藏原版鉛印本為底本，參考了二〇一〇年內蒙古文化出版社巴彥淖爾市舊志兩種。文字改正或補充，取通用之刪補符號：（）號內小字示刪，〔〕號內大字示補；必要時加註說明。明顯的錯字，如「己」「已」「巳」，「稍」「梢」，「戌」「戍」混淆之類，則逕予改正。對目録中與正文標題不合之處，亦做了適當的改動和統一。將目録前置，以方便讀者查閱。

（忒莫勒　撰）

目錄

卷上

表

紀略

卷中

紀略

事略

卷下

雜記

卷上

序一

中國之富源在西北，西北之富源在河套，河套之上遊在臨河。其勢山河礪帶，其地渠道縱橫，其田土沃泉甘，宜墾宜牧宜農林。孕於山，金可冶；釣於水，鮮可茹。北通庫蒙，西控甘、新，商路交匯，梯航雲集，誠實業之奧區，兵防之要塞，亦即政治家所謂肇造新邑、式廓爾宇者矣。所患者，漢唐變遷，遼夏沈陷，滄桑迭經，華夷遞嬗。甚至終明一代，地不內屬，委官書於駝棘，夷私史於蟲沙。值此遺文落落，墜緒茫茫，欲舉二千年來文物典章，抱殘守闕，補苴掇拾，已非易易矣。況乎地限蒙荒，碑碣莫考，俗染僿野，採訪無人。且茲事體大，借非有宏識通才、熟於當地情狀者，恐率爾操觚，非等於鈔胥，即類於簿記，又何以言之親切有味，以述往古而示來茲。此縣志之修，誠不可一日緩已。

沛生先生，東魯經生，西川循吏，芳漱百籍，體擅三長，生平足跡半國中，閱人最夥，歷事最多，析理最精。晚年治套日久，其於河套之實業、兵防、政治，過去之成跡，將來之大計，罔不洞若觀火，持之有故，言之成理，又值解組借廬，翛然物表，名山著書，適當其時，邑人士群以總編纂一席屈先生。

先生（爐）〔鑪〕錘在手，矩矱從心，凡無關體要者，可略則略之；凡有關體要者，可詳則詳之。先生之心，可謂精矣。時而探險縋幽，掃苔剔蘚；時而兀坐仰思，提要鉤元。先生之力，可謂勞矣。前不及見古人，後可以待來者。以一心運之，以一手成之，青林黑塞，鼓吹文化，誠不愧朝陽鳴鳳矣。是編歷十有四月而告竣，其中幾經挫折，幾經盤錯。幸賢明紳耆排衆議，破群疑，始終堅持而不懈。黄前局長所謂天下無一蹴而就之事，誠有味乎言之也。保莊庚午（一九三〇）四月來臨，適值是編編纂功甫及半，凡可以輔助進行者，不惜出全力以維持之。今幸告厥成功，吾知發展西北之碩畫，當以是編為張本也。是為序。

中華民國二十年（一九三一）二月上浣 臨河縣縣長靈邱白保莊敘

序二

民國初元(一九一二),咸於北平外部得讀潘總裁河套水利計畫書,簡端盛述五原王知事沛生政績特詳。咸日嚮往之,未嘗一日忘之也。

十六年(一九二七)春,咸在綏,適拜總辦綏西水利之命,於歸化旅邸得交沛生先生,快慰饑渴。就詢河套水利、實業及地方利弊,罔不口道指數,洞中竅要。蓋先生治套最久,其富有經驗者然也。六月,咸復奉兼攝臨河設治局局長之命。咸初學製錦,佐紉需才,強起沛生先生為指南助,聯翩蒞臨。先生擅長文學,老於吏事,出其緒餘,遂令因地制宜,百廢(具)〔俱〕舉,古訓所謂為政在人者歟。

冬十月,奉廳令催修縣志,咸維臨河南襟秦晉,北控蒙疆,東翼包、綏,西通甘涼,大河弦貫,陰山弧張,泉甘土沃,隱曜含光,誠西北之奧秘,亦并冀之金湯。所患者,漢唐郡縣省併無方,遼金州邑廢置失常,終明一代淪陷遐方,尋勝址於駝棘,驚世變於滄桑。徵獻則故老零落,考文則碑碣銷亡,採風者臨流卻退,問俗者中道彷徨。將欲考古耶?二千年華夷代嬗,棼如莫紀;將欲證今耶?數十載風雲澒洞,語焉不詳。況開局修志,茲事體大,地方民窮財盡,經費不充,一難;民陋俗僿,採訪無人,二難;檔案劫灰,參考失據,三難。當是時,即有文效龍雕,才稱獺祭,強起操觚,而能述而不能作,亦鈔胥而已。能作而不能擇,亦簿記而已。是非心通百籍,體備三長,惟規時而審勢,始綱舉而目張,總編纂一席,非沛生先生,其誰與歸?在全體,事經公推;在先生,理無反顧。案定上聞,邑人士延頸企(頸)〔踵〕,以為不朽盛業,指日可成矣。何期咸適以病去官,繼任者為沛生先生。先生宵旰勤政,日不暇給,修志事遂至中止。咸於十七八年(一九二八至一九二九)服務北平,以郵筒屢促臨紳,嗣以地方多故,稽延不報。皖鳳黃局長碩甫、晉北彭縣長進吾，先後來攝邑篆。迭奉催修縣志之令，爰乃根據前案，召集邑紳，議定於十八年（一九二九）十二月十日開局修纂。

先生走函，索請咸任內收回黃土拉亥河教堂地原檔。按是案成於有清末葉，為我北方外交最痛心之事。咸於十六年（一九二七）兼攝水利、地方兩篆，迭次上請收回。幸綏政府始終堅持，俾咸得以貫徹宗旨，迄告成功。是役也，渠長白餘里，地逾千餘頃，完全收歸國有，光我故物，張我主權。上托政府之威靈，下恃固結之民氣，週旋壇坫，幸無隕越，亦何功之有。筆諸志乘，聊以誌雪泥之印則可；若鋪烈揚休，則非咸所望於先生者也。天下事莫大於創始，莫難於窮荒。先生處窮漠絕塞、人文零落之區，既無左圖右史供其蒐採，又無鴻儒耆宿相與參稽。三更螢案，半榻蠹編，孜孜惟日，矻矻窮年，先生可謂獨任其重者矣。是編大旨：略於述古，詳於證今；疏於考據，翔於事實；紀現在之狀況，策將來之進行。作鄉土志觀可也，即作河渠、貨殖、農林諸傳記讀，亦無不可也。嗟乎！士君子得志則展其所學，不得志則筆之於書。青林黑塞，惠我好音；黃沙白茅，遙托逸響。後有作者，引而長之，恢而張之，亦先河後海之例也。是為序。

民國二十年（一九三一）四月上浣　臨河設治局局長涿鹿呂咸序

序三

地方志書，何為而作也？古之人，察天地，窮古今，進退廟堂，遨遊里巷，眺覽山水，考摹金石。境之所觸，寄之於情；情之所托，宣之於言。故於物有志，於人有志，於事有志，凡以志其不忘而已。彼夫博引繁稱，一鈔胥足以充之；鏤金刻名，一博士足以為之；藻繢山川，吟嘯風月，一華士足以任之。簡端縱有千言，胸中實無一得。以此言志，可以陶情，而不足以經世；可以行近，而不足以致遠。歷觀古天文志、五行志、食貨志、職方志，豈第以空文自見哉？此中有史法焉。凡以有本有文之體，隱寓可法可戒之意而已。其在省曰通志，在郡曰郡志，在縣曰縣志。大而疆域之險易，田野之經界，河山之阨塞，城邑之建置，河渠水利之沿革，原隰土會之肥磽，戶口比較之登耗，教育之興廢，財賦之盈虛，以至墾政、礦政、牧政、農政、林業、商業、工業，下而社會之習尚，鄉里之風教，舉莫不有志。志也者，原始以要終，察來以彰往，凡有關係於地方治要者，筆則筆之；凡無關係於經國之大體、治世之遠謨者，削則削之。夫然後始可與言修志。

彥邦十八年（一九二九）蒞臨之時，正政府催修縣志之日。考西漢臨河縣隸朔方郡，郡領十縣。至光武時，已省併臨河諸縣為西河郡，臨河之名在東漢初已省併不復見。且其地歷六朝隋唐以迄於金元，忽夷忽夏，旋廢旋興。甚至終明一代，地不內屬，勢成中斷，臨河舊址，遍考典籍，莫能確定，此地理上無可徵信者一也。伊古經邊大政，莫詳於漢，而漢書所載，惟「徙民十萬戶以實之」一語，其他設防固圉、經田養民、立教化俗諸大計，均闕而不詳，此政治上無可徵信者二也。不第此也，地染蒙俗，文教未敷，書沿亥豕之訛，文襲魯魚之謬，採訪乏人，三難。浩劫迭經，民窮財竭，膏薪莫繼，四難。然此猶未極其難也，非熟悉當地之經過歷史，不能始終條貫；非洞燭當地之目前情狀，不能本末兼賅。此編纂人選上難而又難者也。用特召集全體紳董，往復討論，公推前五原縣知事、臨河設治局長王沛生先生充任總編纂。先生以魯西名宿，為塞北循吏，博學通識，物望攸歸；兼以治套日久，全局情形瞭如指掌。紳董全體修贄請教，先生遜謝不遑，蹙然弗敢任。是時，紳董等前席請曰：「地則棘荊初闢，時則典冊中湮。古無可考，莫如述今；往不可彰，莫如察來。可詳者詳之，可略者略之，可删者删之，可增者增之。只求有開之必先，何慮無徵之不信。不先不後，先生會逢其適，惟願出其緒餘，成此盛業，有光下邑多矣。」先生鑒於群情之迫切，勉從其請。嗣彥邦於十九年（一九三〇）秋解組去官，繼任者為彭君進吾，亦勤政愛民，關心文化之良吏也。彥邦去之日，諄諄敦請，俾引其已啟之緒，卒成此不朽之業。未幾，果於是年十二月開局編纂，郵書見告。彥邦欣欣色喜，深幸後來者居上，相與有成也。夫天下事一蹴而就者百不獲一，尋常建一策、謀一事，其中不知經若何波折，歷幾許盤錯而後成。輕且易者尚如此，而況振文化於荒徼，尋墜緒於劫灰，為舉世所不經見之事，重且難者又如彼乎？然而沛生先生且不畏其難也，且力任其重也；官與紳又始終貫徹，通力合作，而有志竟成也。於以見天下事無不可為，西北文化將於是書為權輿矣。是為序。

中華民國二十年（一九三一）三月上浣　臨河設治局局長鳳陽黄彥邦撰

序四

客有問於余曰：「臨河有可志乎？」，曰：「古無可志，今有可志也」。「古何以無可志？」曰：「文不足徵，獻不足徵，此其無可志也」。「今何以有可志？」曰：「宏規日肇，庶政日新，此其有可志也」。閑嘗登高遠望，見夫陰山弧張，大河弦貫，渠道縱橫，濠塹天限，即軍事家之所謂要塞也。又見夫嶽峙淵渟，包孕富有，泉甘土肥，百彙胎胚，此政治家之所謂奧區也。又見夫涼、夏、新、蒙，經緯商路，千流沾溉，綺交脈注，大利所在，農林墾牧，此實業家之所謂天府也。噫嘻！中國之大勢在西北。中外人士遊歷調查，企圖開闢而發展之者，其在斯乎？其在斯乎？

然而，其地經漢唐建置，當年締造經營，燦然大備，何意今古代謝，華夷遞嬗，簡斷篇殘，風微人往。古人之所謂樹榆為塞，立障限夷，設堠置屯之遺，與夫立郡置邑，敷政立教之要，或搶攘於烽煙，或銷沈於草萊，即有學優括地、才裕畫山之輩，亦無由叩寂騁虛，鑿空逞臆也。

雖然，往者不可追，來者猶可紀，周原猶是，禹甸依然，撫此山川阨塞之形勝、疆里分合之經界、河流墾植之成跡，其中之流者、峙者、經者、畫者、登耗者、損益者，即此數十年來之事實，已足資後來者千百年之借鏡。倘漫不注意，略無記載，恐過此以往，天道日遷，人事日變，並此已成之局，又隨風雲星霜以俱往，後世之軍事家、政治家、實業家，更欲徵信而無由，西北益無開展之望，此其關係非淺鮮也。

同仁等有見於此，又奉政府催修縣志之令，幸值我沛生先生駐旆是邦，歷有年所。先生三長備體，百籍漱華，早歲入貢木天，壯年贊襄秘席，治套最久，對於當地之利病得失，風土習尚，以至地方將來之因革大計，罔不灼然於心，了然於口。當是時也，誠可謂難得之機會，不再之遭逢矣。

同仁等再三敦促，群以總編纂一席屈先生。先生辭不獲已，於十八年（一九二九）十二月十日呈准立案，開局編修。亦知（渧）〔蹄〕涔之水，不足潤龍文；棗栗之儀，不足曦鳳羽。第以我先生此邦與穀，不忍重違群望，不得不慨任其難，力任其重如此。用是週諮唇焦，旁搜腕脫。登狼山而左右顧，月落受降之城；引大河以南北流，雲迷高闕之塞。風霜雁磧，燈火螢窗，墨枯雪甌，毫禿霜穎。計時歷三十六旬，始斐然成編。煌煌鉅制，炳炳鴻篇，先生以一心撰之，以一手成之，志益苦力益劬矣。甘棠樹畔，重結文字之緣；大榆塞邊，再印雪泥之跡。後有作者，弗可諼矣。謹序。

中華民國二十年（一九三一）四月穀旦

臨河一區區長李增榮

二區區長陳占財

三區區長傅正業

四區區長楊春林

仝撰

序五

作志難，作志於窮荒絶塞、人文寥落、民智否僿之區，則尤難；作志於風微人往、時易勢殊、華夷代嬗、典物銷沈之（目）〔日〕，則難而又難。雖然，天下事惟其萬難措手，其相需也，愈見其迫不能待，急不容緩。此其中有三要焉。

閑嘗度陰磧，踰狼山，登高望遠；訪榆塞於窮崖，蒼煙浩莽；尋長城之片石，翠靄飄零。求古人之何以設堠立燧、置屯分戍者，渺焉不可復睹。至後世所謂渠道縱横，可以限戎馬，山口糾紛，可以用間伏；而既無精密之測勘，按圖可索；又無明詳之紀載，一覽而知。據天然之形勝，莫知適從，此兵學家所以頹然氣沮，原望示我以要塞者也。此志書之關係於兵學者一。

按漢書朔方郡治縣十，臨河隸之。至東漢光武初季，已併臨河五縣，改隸西河郡。在西漢之初，其經田、立學、通商、惠工、締造、經營、安邊、殖民之大略，必至詳且備，惜書缺有間，後世無傳。近代別開生面，所謂墾植、水利、教育、農林諸大政次第舉行，或略有端緒，或已兆萌芽，究竟其損益因革之故，得失向背之機，第據官府成案，其缺者儼同殘篇，其完者直如簿記，惜無通達治體者為之彙其全而挈其要，此政治家所以嗒然神喪，亟望示我以方鍼者也。此志書之關係於政治者二。

按漢置朔方郡，當時移民實邊，必為之飭材訓農、經商勸工，擘畫實業，所以裕民生而阜民用者，無所不至。西漢去古未遠，當能任以九職，各執其事，各精其業，其奬勵實業者，亦必秩然有序，燦然大備。惜時勢變遷，經二千年代興代替，地方日淪於腥羶，民生日委於草萊。近年墾務肇興，河套重闢，千里平原，萬頃沃壤，全國人士挾重貲，踰險阻，間關奔走，相顧而言曰：西北實業奧區，其在斯乎？究竟目前經畫之成績，將來預定之成算，其愚者習焉不察，行之不著，其智者知之而不能言，言之而不能盡，此實業家自崖而返，半途而廢，亟望導我以正軌者也。此志書關係於實業者三。

具此三要，地方之亟需志書也既如此，而雁磧草黃，文人返駕；龍沙林黑，學士迴車。修志之人選，相需殷而相遇疏也又如彼。此所以屢奉令催修志，官紳日夜籌謀，詢謀僉同，總編纂一席，群口交推我沛生先生，決非異人任也。先生東魯名宿，入貢優選，廷試高等，銓次蓉垣，歷官川、魯、冀、燕、朔方，歷職幣制，鹽荚運輸，身親民社，迴翔樞垣於萬幾，百政舉得其治要，又歷覽名山大川，東涉泰嶽，西登華峰，憑陵虎牢、肴函、鳳嶺、褒斜、劍閣之奇，遊（攬）〔覽〕三峽、荊門、金焦，及東溟諸島之秀。於水則踰大河，渡長江，遊渤海；歷地則得見三都兩京城闕闠隘之雄壯，市廛商場之富麗；於人則日與名公鉅卿、文士大夫遊，聆其言論風采，因已極天下之大觀，平生之壯遊已。況乎生平治套最久，其據孤城以抗強虜，出談笑而應梟帥，日在驚風駭浪之中，不摧保境安民之志；其對於當地墾政、農政、林政及水利、牧畜、礦產、教育與夫保衛、兵防、戶口、物產諸大計，罔不挈其綱領，通其要竅。又況博通百籍，才擅三長，本其素所蓄積，筆之於書，著之於篇，其必有有條共貫、斐然可觀者，斷斷然矣。至於地當邊遠，既無通儒碩彥供其採訪，又無五典三墳相與參稽，更無斷碣殘碑、華表蠹簡備其探索而考證。此真所謂含尺素而旁皇，操寸觚而卻退者矣。先生獨慨然力任其難，非第為副衆望應群請，正有見於西北開闢正在此時，若任其漫散無紀，恐過此以往，將此時已成之局及將來改進之計畫，後有作者，雖欲徵信而無由也。

是編，先生以一心撰之，以一手成之，三更燈火，五夜星霜，手披腕脫，口吟舌茶，神敝氣索，不敢告勞。其大旨略於論古，詳於述今，刪其冗繁，翔於事實。傳云：「履而後知其難。」又曰：「知之匪艱，行之維艱。」而先生且不畏其難也，且力任其難也，上足補書官所未及，下足啟文化於來茲，豈曰小補之哉！是為之序。

中華民國二十（一九三一）年三月下浣 前臨河設治局局長 晉代王績世拜撰

序六

間嘗走通都、過大邑，（攬）〔覽〕其田疇經界，而其地方之廢治可知也；察其戶口多寡，而其民生之登耗可知也；遊其鄉校，而知其學風之秀野焉；入其市廛，而知其市政之良窳焉；觀其山川阨塞，而其兵防之得失可知也；探其河渠經畫，而其水利之廣狹可知也。然不有以紀之，誰從而稽之；不有以徵之，誰從而信之！況當地處遐荒，人文墜廢，倘登紀未有成書，雖有目極八荒、神遊六合、上下千百年之心，究無以觀其異而（辦）〔辨〕其同，此地方志乘之纂修，誠不可一日緩矣。

士君子操觚登壇，幸而遇繁盛都會，（亦）〔抑〕或居水陸通衢，左圖右史，恣我參考，鴻彥魁儒，供我諮詢，華表豐碑，任我摩挲，紫崖丹穴，備我縋索。如八珍羅筵，如萬寶列市。但使抽妍而騁秘，即可扼要而提元，是亦作者之幸會，文人之極遭矣。若乃地限絕塞，境囿遠荒，訪古城於遼夏，尋遺址於漢唐；穴城社於狐兔，踐碑碣於牛羊。狼山冷月，龍蹟斜（湯）〔陽〕，灰沈鐘簴，翠埋攙槍。任華夷之代謝，失中外之大防。徵文則簡篇零佚，考獻則故老銷亡。悲遺文之落落，悵墜緒之茫茫。於是時也，課虛則寂，鑿空則荒；臨鉛丹而趑趄，裁尺素而旁皇。此志書總編纂一席，文墀所遜謝不遑者也。

於時官紳前席請曰：處聲教閿寂之地，值人文墮落之時，搜金石於劫灰，燕然之銘功何處？夷金湯於荊棘，受降之城址何存？事經久而失傳，言無徵而不信。臨河修志，誠有倍難於他邑者。雖然，事莫難於創始，功莫大於開荒。我臨河為西北奧區，包、綏屏障，天然形勝，於政治上、軍事上、實業上，久為中外人士所注目。況當興復伊始，建設方張，幸大難之初平，維百度之更新。又值我先生久治茲土，漫天樾蔭，匝地棠甘，其戀戀於此邦而不忍去也，已十六年於茲矣。上而興廢沿革之歷史，下而風土人情之狀況，莫不目睹能紀，耳熟能詳。況值借廛以息影，正可閉戶以著書，時不可失，機不再來。先生即不為一身榮名計，獨不為地方文化計乎？至於古無可稽，莫如述今；往無可鑒，莫如彰來。先生心通百籍，體擅三長，高下從心，鉛鏈在手，但令有當於體要，何必拘守夫町畦。先生其勿固辭，以重違群望也。

文墀辭不獲已，於十八年（一九二九）十二月十日開始編纂。文墀三邊下吏，一介書癡，學殖就荒，立言有愧。況值此交通梗塞，則質辯何從；圖冊凋殘，則搜討不備；釁序草創，則採訪無人。備膺夫特別之困難，不得不為特別之取裁。於是苦志覃精，澄思渺慮，略於考據，詳於事實，删其枝葉，存其根要。規時事以立言，絕非臆造；去繁絛以扶幹，不尚鑿空。其大旨以略述過去陳跡，詳記現在狀況，預策將來進行，上以副國家發展西北之遠略，下為都人士建設振興之張本。治絲先引其端，治水先濬其源，是編特濬源引端之意也。後有作者，引而愈長，濬而愈宏可也。是為序。

中華民國廿年（一九三一）四月吉日　前署理五原縣知事、臨河設治局局長東魯古任王文墀撰並敘

序七

庚午冬月，臨河縣志編纂告竣。沛生先生囑序於信，並囑為之校訂而釐序之。信才識淺陋，學殖就荒。近年謀食四方，硯田日蕪，於茲又十年矣。丙寅歲，負耒來套，從事農業，時則有冀、豫、齊、魯諸同志，如田君鞠人、皮君鶴年、楊君禮軒、張君海瀾、房君魯泉、許君俊英，接踵雲集，企圖實業。農隙促膝斗室，相與上下，其議論僉謂臨河踞西北上游，不惟為實業奧區，即政治家、軍事家迴歷山川，縱覽原隰，莫不以為設防立屯、興養立教之根據。所患漫散無紀，無鴻篇鉅製備載過去之事實、現在之狀況及將來進行之規畫，既無以辨其異同，即無以得其體要。嘗以是說貢諸沛生先生，亦頗韙其議，惟慮茲〔事〕體〔事〕大，非私家所能擔負也。先生為東魯名宿，經濟文章，焜耀鄉邦。生平足跡幾遍海內，其閱人之多，歷世之久，於人情世變如燭照。計數治套最久，歷變亦最深，在驚濤駭浪之中，不改保土安民之素。於後套歷代軍事、政治、實業，利病得失，因革損益，罔不成竹在胸，鉤元提要，持之有故，言之成理。惜時與願違，不得竟其所施。戊辰秋，臨篆解組，清風兩袖，明月一廬，課子閉門，絕口不復譚時事。同仁等追隨先生，咸以先生為指南導，蓋其誘掖後進，熱誠相感者深也。

己巳（一九二九）春，縣府迭奉纂修縣志之命，官紳合詞推重先生。先生辭至再，謂：臨河為西漢朔方舊治，至東漢已省併無存，一切掌故均已散佚。事則無典籍可考，物則無碑碣可據，人則無鴻儒耆宿可供諮訪。如斷港絕潢，無從引濬；如枯木萎苗，無可生发。徵實則虛，鑿空則荒。余所以遜謝不遑者，以此之故。

信與同仁等前席請曰：道在因時，文以隸事。可略則略，可詳則詳；可筆則筆，可削則削。古無可考，證以今可已；往無可彰，鑒諸來可已。嗣又重以官若紳之環請，先生始勉任總編纂一席。案上定日開辦，孜孜終日，矻矻窮年，半榻蠹編，三更螢火。既澄思而渺慮，復騁秘而抽妍。以一心運之，以一手成之。

先生力任其重，而不辭其重也；先生備歷其難，而不畏其難也。是亦先生對於地方文化與發達地方之大計，以全力貫注之苦心也。士君子有經世之志，有經世之具，而不遇其時機，不得已發為文章，傳諸當世，質諸後來。此則關心西北大局者，所延頸企踵，爭先快睹者也。謹序。

中華民國二十年（一九三一）三月上浣　東魯桓臺耿秉信敘

臨河縣志凡例

（一）西漢臨河舊治，經數千年來淪陷變遷，文物典章掃地無餘。是編略於往代之考據，詳於近代之事實，亦據事實錄之意。補闕搜殘，以俟來哲。

（一）是編參合史例及各縣志例，首圖表，次紀略、事略，終以雜記殿末；撮要刪繁，分類編次。

（一）本縣文化萌芽，教育未普，黨務尚無正式登記，亦無正式黨部。黨務一門暫時從略，以待補登。

（一）臨河古治，自東漢已省併西河，其舊治疆域湮沒無徵。編中地輿、城邑兩門，僅就一統志古朔方郡歷代沿革敘列，以存大綱。至古臨河舊址，容俟博古君子詳考補列。

（一）本境水利，為河套民生唯一根本，即為凡百庶政興廢進退之樞紐。是編於本境各大渠詳確勘測，精密圖繪，並附具說明，以為將來改進方鍼。

（一）本境墾植、農業、林業，均為民生之命脈，是編不憚旁諮博採，擇要詳載，用備將來發展改良之張本。

（一）地方大計，不外軍事、政治、實業，有清以前，文獻無徵。是編於近二十年來過去事蹟及現在狀況，有見必錄，有聞必紀，以資注意西北者之考鏡。

（一）列國采風，正變同列，凡以寓褒貶、示法戒也。本境漢蒙雜處，禮教風俗雜駁不純。是編據事直書，罔知忌諱，俾當事者訓型有據、勸懲有方焉。

（一）本境疆域重闢，兵燹迭經，典籍飄殘，官書中散，私史無傳。凡關於金石、藝文、古物、名蹟，及忠義、孝友、節烈、鄉賢、名宦、文苑、獨行各類，蒐采百方，迄無一得，惟付諸闕文，以待博雅。

（一）方今五族共和，蒙旗屏藩北部，儼然一家。欲企同風，先在同文。是編本張氏綏乘同文表照錄登列。

從此聲息相通，隔閡永化，興養敷教，是為階引。

（一）時人筆記、論說、詩歌，凡有關於地方治要者，概入雜記，以備考鑒。

（一）志書原本史例，凡詞涉浮濫，荒誕不經之說，概與删除。

（一）本境地囿蒙荒，典冊無存，采訪寡助，補苴掇拾，疏漏叢多。所望海內鴻博糾正彌補，匡其不逮。

纂修臨河縣志題名

監修

呂咸 河北涿鹿

黃彥邦 安徽鳳陽

彭繼先 山西大同

白保莊 山西靈邱

總編纂

王文墀 山東濟寧

協修

王績世 山西代縣

校訂

高建章 綏遠薩拉齊

耿秉信 山東桓臺

郭晟源 山東濟寧

測繪

張念慈 河北宛平

參考

魏三槐 陝西府谷

李守身 山西靈邱

朱鴻勳 山東濟寧

皮萬齡 河北鹽城

協理

李增榮 河北棗強

楊春林 山西河曲

李元楨 河北棗強

劉忠貞 山西保德

汪治泉 綏遠臨河

陳占財 綏遠臨河

賈毅 綏遠武川

傅正業 綏遠薩拉齊

崔增權 綏遠托克托

楊鶴林 山西河曲

賈占權 綏遠武川

劉長義 綏遠薩拉齊

劉昣 山西代縣

於相龍 河北寧津

楊鐸林 山西河曲

田全貴 吉林昌圖

王侶 山西代縣

采訪

胡希明 山西靈邱

班子義 綏遠臨河

楊忠 山西河曲
張國翰 綏遠固陽
張毅辰 綏遠臨河
楊葆和 山東廣饒

毛維周 山東即墨
房魯泉 山東安邱
許大可 山東德縣

王作忠 山東濟寧
律聯璽 山東濟寧
王作謀 山東濟寧

圖表序

周制，司會掌國之官府、郊野、縣都之百物財用，凡在書契版圖者之貳，以遂①群吏之〔冶〕〔治〕②；司書掌邦中之版、土地之圖，以週知入出百物；大司徒掌〔建〕邦之土地之圖，與其人民之數，以佐王〔國〕安擾邦國。③自古圖表之學列有專門，後世廢而不講，政治家、軍事家遂眯目山川，無以制勝幃幄；勞心簿籍，莫克對照鉤稽。近來科學日新，無事不列圖表，鉤玄提要，朗若列眉，瞭如指掌。是亦省文省事之權輿也，爰分圖表於左。

① 遂，林尹注譯周禮今注今譯第六六頁作「逆」，書目文獻出版社，一九八五年。
② 據林尹注譯周禮今注今譯第六六頁改。
③ 據林尹注譯周禮今注今譯第九七頁改。

戶口表序

古者立國，必有版籍，以稽戶口、土地之數。故周別立司民，為掌民版之專官，小司徒總其校比之法，而鄉遂之吏，與閭師、縣師，分掌稽考而登之。孟冬，司寇獻其書，王拜而受之，典至隆重；良以戶口之豐耗，與政治之進退相消息，而興役定賦諸大端咸寄於其中。臨河新造縣治，戶口之消長進退，在在與地方有切近之關係，不可不鉤稽比校，以為考鏡也。爰列戶口表於左。

臨河全縣戶口表

年度：十六年户口表 地址	户額	丁口	學童	壯丁	國民黨員	回教丁口	耶穌教丁口	天主教丁口
城關	三七二	男一四三二 女六五二	男三〇 女一六	七五二	六	男一四 女四	男五 女六	男三 女四
一區	二九三五	男八五四二 女四八二三	男九五二 女四九五	二九五〇	無	男二 女二	無	無
二區	一四四三	男三八五三 女二四五六	男七八五 女四七五	二一四四	無	無	男一八 女一	無
三區	二九三六	男九一四五 女四九八一	男一三四〇 女八一六	三四一六	無	男六 女無	男一 女一	男五一五五 女二九八一

續表一

年度	地址	户額	丁口		學童		壯丁	國民黨員	回教丁口		耶穌教丁口		天主教丁口	
			男	女	男	女			男	女	男	女	男	女
十六年户口表	四區	三六四四	九〇三一	六八二三	一三四五	七九三	二一五一	無	無		無		四八一	二二四
	總計	一二三三〇	三三〇一二	一九七三四	四四五二	二五九五	一〇七一三	六	二三	八	二四	八	五六三九	三三〇五
十七年户口表	城關	三九九	一四九三	六七九	三一	一七	八一〇	六	一五	六	五	七	五	三
	一區	三〇九〇	八九一三	五四二一	九九九	三二七	三四六一	無	二	三	無		無	
	二區	一六五四	四〇四三	二六五四	七九六	五二七	二二五九	無	無		二〇	一一	無	
	三區	三一一八	九一八二	五六三八	一四二一	一〇九八	三六五四	無	無		二	一	五二四七	二九九七
	四區	三八九一	九〇〇七	六七五一	一五三八	八二五	二四九七	無	無		無		四九七	二五四
	總計	一二一六二	三二六三八	二一一四三	四七八五	二七九四	一二六八七	六	一七	九	七二	一九	五七四七	三二五六

續表二

年度	十八年户口表							
地址	户額	丁口	學童	壯丁	國民黨員	回教丁口	耶穌教丁口	天主教丁口
城關	四二七	男一五四三 女七〇六	男三二 女二〇	八六一	六	男一九 女六	男七 女九	男四 女六
一區	三三一四	男九三六三 女五九六二	男一〇八四 女七七八	三七〇〇	無	男三 女四	無	無
二區	一六六七	男四二三四 女二九一四	男八九三 女五七六	二四八三	無	無	男二一 女一三	無
三區	三二一八	男九七九〇 女五七五二	男一五八〇 女一一〇六	三八三五	無	無	男四 女一	男五六六四 女三〇五四
四區	三九五四	男九三二三 女七〇〇六	男一七一三 女八四九	二六四七	無	無	無	男五二八 女二八三
總計	一二五八〇	男三四二五三 女二二三四〇	男五三〇二 女三二一九	一三五二六	六	男二三 女一〇	男三二 女二三	男六一九六 女三三四三

物產表序

周官物五土之宜，以植群彙；禹貢分九州之壤，以育百材。自古天不愛道，地不愛寶。有心人入其邦郊，遊歷市町，觀物產之豐耗，可以覘政治之良窳，此其中關於天時者半，關於人事者半。蓋長養之功，功在造物；利導之權，權在政府也。臨河嶽峙淵渟，孕育宏富，其已發其藏者，穀米之利、牧畜之利、礦冶之利、羽毛齒革之利。若因而導之，推而廣之，月異日新，吾知其方興未艾也。爰列物產表於左。

臨河全縣物產表

類別	名稱		歲產數	本地時價	運銷用途	備考
五穀	甲	小麥	二萬石	每石價洋十五元	運包頭銷十之五，蒙古運銷十之二，本地銷十之三。	
	乙	莞豆	一萬石	每石價洋十元		
	丙	糜穀	五萬石	每石價洋八元	運包十之三，蒙古銷十之三，本地銷十之四。	
	丁	穀子	三千石	每石價洋七元	本地銷。	
	戊	胡麻	五千石	每石價洋十三元	運寧夏十之五，本地銷十之五。	
	己	扁豆	五千石	每石價洋十元	本地銷。	
	庚	蕎麥	一百石	每石價洋八元		
	辛	玉蜀	一百石	每石價洋八元		
	壬	莜麥	三百石	每石價洋十二元		
	癸	大麥	五百石	每石價洋十二元		

續表一

類別	名稱	歲產數	本地時價	運銷用途	備考
毛皮	甲 牛皮	二千張	每張價洋五元	均運銷包頭。	
	乙 羊皮	三萬張	每張價洋二元五毛		
	丙 羊羔皮	三萬張	每張價洋三元五毛		
	丁 騾馬皮	三百張	每張價洋三元五毛		
	戊 狐皮	七百張	每張價洋十二元		
	己 狼皮	一百張	每張價洋二十元		
	庚 羊毛	三十萬斤	每斤價洋三毛		
	辛 駝毛	五萬斤	每斤價洋六毛		
	壬 羊腸	一萬條	每條價洋四毛		
畜牲	甲 牛	二千頭	每頭價洋三十元	均本地銷售。	
	乙 羊	一萬頭	每頭價洋六元		
	丙 馬	一千匹	每匹價洋三十元		
	丁 騾	三百匹	每匹價洋五十元		
	戊 駝	三百隻	每隻價洋三十元		
	己 豬	三千個	每個價洋十元		

類別	名稱		歲產數	本地時價	運銷用途	備考
菜蔬	甲	白菜	二十萬斤	每百斤價洋三元	本地銷售。	
	乙	蘿蔔	五十萬斤	每百斤價洋一元		
	丙	山藥	六十萬斤	每百斤價洋一元		
	丁	韭菜	二十萬斤	每百斤價洋十元		
	戊	芹菜	一萬斤	每百斤價洋十元		
	己	秦艽	一萬斤	每百斤價洋十元		
	庚	西瓜	五萬個	每百個價洋十元		
	辛	瓜子	五百石	每石價洋十五元	運包十之三，運寧十之三，本地十之四。	
藥材	甲	甘草	五萬斤	每斤價洋五分	均運銷包頭。	
	乙	肉蓯蓉	二十萬斤	每斤價洋三分		
水產	甲	魚	五萬斤	每斤價洋三角	本地銷售。	
	乙	蒲	二萬斤			
	丙	葦	一萬斤	每百斤價洋五角		

漢蒙同文表序

居今日而欲開闢西北，劃一政教，必自調和漢蒙始；將欲調和漢蒙，必自溝通文字語言始。不通蒙文，聲教不能週，暨不通蒙語，意見不能融和。近代獻縣張氏編定綏乘一書，本綏遠旗志方言，精校詳參，另立同文表，是真重譯之宏編，亦同風之先路也。爰列其同文表如左：

同文表

類別 \ 音別	漢	蒙	漢	蒙
天文	天	騰格哩	上天	得該都騰格哩
	清天	格根騰格哩	蒼天	庫克騰格哩
	天亮了	格哥巴爾	晚了	烏的希保力巴
	日	納楞	光	格呼勒
	影晷	巴嚕克搜的勒	日食	納楞克爾（時）〔特〕巴
	月	薩楞	明月	格根薩楞
	月暗	薩楞補嚕凱依	上弦	得該都哈噶斯
	下弦	倒勒都哈噶斯	月圓	薩楞都古今
	月食	薩楞克爾（持）〔特〕巴	星	鄂都
	北辰、天德	阿勒坦噶達素	〔啟〕明星	巧勒孟

續表一

類別 \ 音別	漢	蒙	漢	蒙
天文	七星	倒倫鄂都	(昂)〔昴〕星	瑪奇特
	畢星	安吉順胡希古	雲	烏立
	霞	圖納勒巴	陰	補爾庫巴
	浮雲	諾古庫烏立	霧	補登
	雷	阿雲格	響雷	阿雲格都格爾巴
	電	察克勒幹	雨	包朗
	下雨	包朗襖拉巴	虹	索倫噶
	雹	們都爾	露	希古的爾
	霜	克嚕古	雪	(恪)〔恰〕素
	氣	阿烏爾	風	薩力肯
	和風	迺力圖薩力肯	溫風	哈隆薩力肯
	陽	阿爾噶	陰	畢里格

續表二

類別／音別	天時			
	漢	蒙	漢	蒙
	十天干	阿爾板額希	甲	庫克
	乙	庫克圪沁	丙	烏藍
	丁	烏(格)〔藍〕格沁	戊	什拉
	己	什拉克沁	庚	察汗
	辛	察汗圪沁	壬	哈拉
	癸	哈拉克沁	十二地支	阿爾板和彥爾額哩奇騰
	子	胡拉〔格〕納(格)	丑	烏庫爾
	寅	巴拉斯	卯	(挑)〔桃〕賴
	辰	祿	巳	茂蓋
	午	茂哩	未	和尼
	申	密奇	酉	特克雅
	戌	諾亥	亥	噶亥
	時	恰克	季	烏拉哩拉
	春	哈布爾	夏	郡

續表三

類別＼音別	漢	蒙	漢	蒙
天時	秋	納穆爾	冬	額布勒
	古	額爾騰	今	鄂多
	年	吉勒	每年	吉勒補哩
	去年	恩格爾生吉勒	前年	烏爾濟能吉勒
	明年	亥圖吉勒	來年	依哩庫吉勒
	本年	孟吉〔勒〕	富歲	巴彥吉勒
	豐年	額力伯吉勒	澇	烏彥爾
	旱	剛	閏月	依柳色楞
	月大	薩楞依克	月小	薩楞巴格
	單月	額羅遜薩拉	雙月	特古斯薩拉
	日子	額都爾	吉日	賽音額都爾
	凶日	茂古額都爾	除夕	胡沁烏的
	節日	額勒吉圖額都爾	昔日	烏爾都額都爾
	昨日	額楚克額都爾	今日	額諾哥額都爾

續表四

類別	音別：漢	蒙	漢	蒙
天時	明日	瑪爾嘎額都爾	每日	額都爾補哩
	初一日、朔	希能尼更	十五日、望	阿爾板塔布
	三十日、晦	畢圖公	早	額柯爾
	午	烏得	晚	烏得希
	刻	(本)〔木〕奇	熱	哈隆
	冷	奎騰	凍了	庫拉得巴
數目	一	尼格	二	和彥爾
	三	古爾板	四	都爾板
	五	塔布	六	珠爾噶
	七	多羅	八	迺木
	九	伊蘇	十	阿爾板
	二十	和林	三十	古沁
	四十	都沁	五十	塔畢
	六十	(古)〔吉〕楞	七十	達楞

續表五

類別	音別 漢	蒙	漢	蒙
目數	八十	納彥	九十	伊林
	百	昭	千	(胡)〔明〕格
	萬	圖孟	億	補木
輿地	地	噶咱爾	濕	迺騰
	潮	奇各(大)〔太〕	乾	胡賴
	鹽地	達(木)〔不〕素太噶咱爾	鹼地	胡吉爾圖噶咱爾
	本地	鄂勒噶咱爾	所管地	哈拉雅圖噶咱爾
	沙漠	果畢	沙	額哩素
	塵土	討告素	泥	沙補爾
	野灘	塔拉	澤	庫得額
	邱	托布齊克	阜	古獨古爾
	下濕	和托果爾	曠野	凱哩
	山	阿烏拉	岡	習勒
	陵	托博	沙岡	茫哈

續表六

類別／音別	漢	蒙	漢	蒙
輿地	山嶺	達巴	山肋	哈畢爾
	山鼻	哈木爾	山嘴	哈少
	山陽	(哈)〔沃〕波爾	山陰	阿魯
	石峰	哈達	荒山	和布海
	石	齊魯	磐石	烏庫爾齊魯
	洞	阿貴	河灣	額爾更
	海	達賴	江	穆楞
	湖	潭各勒	河	果勒
	池	淖爾	大海灣	多海
	泉	布拉克	井	胡都克
	水	烏素	山水	烏彥爾
	冰	穆素	紅土坎	烏藍以力更
	山根	和爾買	溝渠	蘇巴克
	磨石	畢柳	火石	巧凱古爾

續表七

類別／音別	地輿		五行						方向					
漢	灘	水乾了	五行	銀	紅銅	鐵	木	火	東	南	東南	西北	往上	往前
蒙	昆兌	希爾圪巴	塔本瑪哈漠特	們格	吉斯	特穆爾	(印)〔卯〕獨	噶勒	郡特	額木納	郡額木納	巴隆惠納	得該希	烏魯克希
漢	水泛溢		金	銅	鉛錫	生鐵	水	土	西	北	西南	東北	往下	往北
蒙	必拉哈巴		阿力塔	古哩	(挑)〔桃〕拉格	希哩密	(烏)〔烏〕素	習羅	巴隆特	惠納	巴隆額木納	郡惠納	倒部希	惠希

續表八

類別	音別：漢	蒙	漢	蒙
方向	向左	郡希	向右	巴隆希
	在上	德魯勒	在下	倒郚勒
	中	東木達	四方	都爾板足克
	六合	珠爾汗阿吉勒吉爾	上	德該都
	下	倒力都	方	額特該德
	拐角	珠希克斯	頂上	鄂賴
	側傍	哈珠	（根）（跟）前	德力格特
	中間	和隆特	邊上	嘉哈
物形	大	伊克	小	巴哈
	長	烏爾圖	短	阿胡爾
	正	奇克	歪	哈吉該
	斜	吉嚕	橫	昆都倫
	縱	和力圖	清	通格拉克
	濁	補林爾	深	恭

續表九

類別/音別	漢	蒙	漢	蒙
形物	淺	歸肯	遠	和洛
	近	哀爾	厚	珠講
	薄	寧根	廣	阿古吉木
	狹	哈布楚勒	高	恩都爾
	低	保部尼	出	噶爾
	入	鄂羅	寬	額爾根
	窄	為騰	方	都爾波力津
	圓	波林凱依	易	奇力波爾
	難	波爾凱依	硬	哈（挑）〔桃〕
	軟	蔣楞	破	哈格爾亥
	整	畢圖	實	烏
	虛	胡達拉	很好	賽（狼）〔狠〕
	不好	莫烏		

類別＼音別	漢	蒙	漢	蒙
城池	城	和屯	土郭	巴力噶素
	京都	尼斯拉力和屯	國	烏魯斯
	歸化城	庫克和屯	城樓	阿色爾
	路	甲木	關	拿庫該蘇
	邊關	察汗克力密		
宮室	宮	鄂爾登	殿	哈爾希
	九重	伊順達不胡哩	寶座	色古哩
	廟	蘇密	大寺	召
	家	格爾	房	板申
	柵子	哈沙	藩籬	什不個
	塔	蘇布爾噶	門	烏達
	關	哈拉克	窗	強吉
人倫	君	汗	王	額正
	大臣	賽特	官	諾彥

類別／音別	漢	蒙	漢	蒙
倫人	高祖	胡隆齊	曾祖	額隆齊
	祖父	額補克(作)〔額〕齊克	祖母	額密更額(琦)〔珂〕
	父	額齊克	母	額珂
	伯	依克阿巴格	叔	巴格阿巴格
	兄	阿哈	嫂	波哩更
	子	扣	媳	波勒
	阿哥	阿巴該	弟	斗
	弟婦	斗波勒	朋	諾庫爾
	友	哈尼	夫人	哈同
	丈夫	諾庫爾	夫	額爾
	妻	額密	孫	阿奇
	曾孫	吉齊	玄孫	古奇
	嗣	烏爾	族	圖嚕勒
	姓	鄂保克	世	烏彥

類別	音別：漢	蒙	漢	蒙
倫人	親近	哀爾	疑遠	阿克拉各
	人	昆	師	巴克什
	門人	設畢	女	扣肯
	婿	庫哩更	孩子們	扣克特
	名	尼哩	養子	忒吉該僧扣
	妾	巴汗額密		
官職	臣	賽特	官	圖（布）〔希〕穆勒
	功臣	噶畢牙圖賽特	原品致仕大臣	塔爾哈噶拉克僧賽特
	六部	珠爾幹（稚）〔雅〕不達拉衙門	尚書	額勒肯賽特
	侍郎	托特噶都賽特	總督	占補特甲凱嚕克僧賽特
	巡撫	察克登交卡克齊賽特	將軍	將軍
	都統	胡希古諾賽特	副都統	姜楞尼章京

續表十三

類別	音別：漢	蒙	漢	蒙
禮制	禮	邀斯拉力	儀仗	吉各斯各力
	贊禮	邀斯倒得	前進	達不習
	跪	索古得	叩頭	牡爾古
	起	包斯	揖	牡歸斯凱
	讓	迺力塔力畢	退	額該
	謝恩	珂希克都牡爾古	進貢	阿力巴板哩
	年班	吉隆吉習雅	會盟	楚拉斡
	散了	塔拉買		
音	五音	塔本阿雅拉克	鼓	肯格爾合
	鐘	中肯	鑼	哈楞各
	鐃鈸	強	雲板	托卡強
	牛腿號	烏庫爾波連	木鐸	鄂齊拉經乎
	琴	圖利雅土克	簫	畢習古爾
	箏	雅吐克	胡笳	茂屯楚古爾
	竹馬	茂屯茂哩		

續表十四

類別	音別	漢	蒙	漢	蒙
政事	政事	札薩克	教	蘇爾噶古哩
政事	感化	可斯該	威	和隆
政事	權	額爾可	賞	賞
政事	罰	巴	律例	和里
政事	法	察噶吉	巡狩	察噶特買
政事	查	拜奇	辦	希特該
政事	搜	寧吉	公務	阿力板可哩克
政事	常事	可本可哩克	功	噶必牙
政事	例	和例		
德性	道	邀素	仁	額嚕希彥勒
德性	義	珠嚕密	禮	（見前）
德性	智	密爾更	信	巴圖
德性	威嚴	素嚕	孝	額力波爾力
德性	弟	斗伍齊	事奉	阿斯爾

類別／音別	漢	蒙	漢	蒙
性德	使令	甲勒	順	額依波哩
	事	為拉特買	色難	察賴克楚
	謹敬	珂奇彥歸	無違	〔珠〕勒齊庫烏貴
	無忝	固圖噶乎烏貢	極孝	珂齊拉勒
	不匱	茂好希（烏）〔烏〕貴	忠	希達爾古
	正	齊克	不徇情	尼古爾齊拉胡烏貴
	不諱	達嚕胡烏貴	不瞞	達力特力胡烏貴
	不護短	額磨力胡烏貴	不偏	克力波哩胡烏貴
	廉	齊波勒	無瑕	奇哩烏貴
	體面	尼古爾太	聰明	齊沁
	聰慧人	特古力得爾	明白	哥更
	通慧者	密得齊	心靈	索諾不色爾
	從善	阿布木該	聰敏	烏化補爾
	敏悟	烏化太	知識	密達

類別 音別	人事			
	漢	蒙	漢	蒙
	福	補音	有福分	補音太
	全福人	伊啰勒圖	壽	額勒（齊）〔濟〕
	有壽	額勒濟太	造化	克什格
	有造化	克什格太	富	巴彥
	喜	巴彥爾	太平	恩克
	安康	阿穆古楞	平	圖布陞
	祥瑞	遨羅	先兆	巴力克
	保佑	伊布格巴	神妙、奇瑞	該哈（本）〔木〕希克
	事	克哩格	情	烏奇勒
	公務	阿力巴	呈詞	加嚕克
	訟	加哩亥	煩	圖布克太
	爭	奇嚕勒	鬥	楚幹
	宴席	胡哩木	邀請	泰音
	緣故	烏楚爾	好	巴圖魯勇賽音

類別／音別	人事													
漢	惡	動	沒有	不妨	來	回	進	坐	陞	說	聽	給與	哭	呼
蒙	牧	庫德勒	烏貴	該貴	伊勒	哈哩	鄂勒	掃	德布希	克勒	梭納斯	額克	危拉	倒達
漢	言	有	有礙	走	去	出	臥	起	站	(何)(問)	看	笑	要	拏去
蒙	烏噶	拜那	惱奇太	牙步	鄂齊	噶拉	可布特	包斯	交克掃	阿掃	烏吉	伊念	那特	阿巴奇

續表十八

類別＼音別	漢	蒙	漢	蒙
事人	拏來	阿巴依勒	要	阿布那
	不要	阿不胡貴	你	齊
	你的	齊尼	我	畢
	我的	密你	他	特勒
	他們的	特登迺凱	咱們的	瑪迺
	誰	懇	誰的	克你凱
	公中的	阿力巴迺凱	是	孟
	非	布魯	可以	包勒那
	做甚麼	佑凱那	那邊	察噶那
	這邊	那噶那	不勝	特斯克力烏貴
	無蹤跡	巴拉蘇魯克烏貴	有什麼	由貝
	何所、何以	牙公都爾	奈何	牙奇拜蘇保力胡
	豈是	由奈	何處	哈密噶
	從何處	哈那斯	幾乎	何賴

類別＼音別	漢	蒙	漢	蒙
人事	這們那們支（梧）〔唔〕	額那肯特爾肯	不可	保力胡烏貴
	並、全然	鄂克圖	常是	依魯
	徒然	和果色噶爾	休要	畢替
	如此	依木	平白的	得迷力
	無用	可哩克烏貴	現成	畢林
	不知	密特庫烏貴	無干涉	哈密噶烏貴
	有干涉	哈噶爾太	問他	特公都爾
	極至	推拉	那樣	梯木
	次	烏達	又	八斯
	抬轎	額勒古	套車	庫哩
	拉物	齊魯	巧	烏林
文學	文學人	額爾德穆騰	四書	都爾板畢齊克
	五經	塔本諾木	大學	依克蘇爾塔力

類別／音別	文學			
	漢	蒙	漢	蒙
	中庸	奇布東達都	論語	希古穆吉力奇拉力
	孟子	孟子	詩經	習力克拉力圖諾穆
	書經	札薩克圖諾木	易經	珠爾亥圖諾木
	禮記	（遨）〔邀〕素拉力圖諾木	春秋	沙律圖諾木
	有學問	額爾德木圖	文	烏特哈
	章	烏銀格	滿洲書	滿吉畢奇克
	蒙古書	蒙（吉）〔古〕力畢奇〔克〕	策簡	特木的茂都
	冊檔	丹（巴）〔色〕	題目	色都布
	翻譯	烏爾齊古勒	習	蘇嚕力噶
	學	蘇嚕買	讀	文習買
	背	齊該吉力	勤學	克奇彥
	發憤	習木達買	效法	達古哩雅
	通了	尼布達爾吉	講	泰力補哩力
	書	畢奇克	信函	甲奇的力
	紙	察阿素	筆	比依哩

類別＼音別	漢	蒙	漢	蒙
文學	墨	波珂	硯	交羅力
	蘸筆	依的古力		
武備	兵	奇力克	馬兵	(印)〔卯〕哩圖奇哩克
	步兵	雅步幹奇力克	防兵	薩克圖奇爾克
	精兵	習力達克	戍、師旅	丹音
	海螺	補哩彥	纛	脫克
	旗	凱依哩	藤牌	哈拉哈力
	弓	訥木	箭	素木
	包頭箭	果都哩	盔緊	強格拉
	部伍	安該	盔	倒古拉克
	甲	胡彥克	矛	吉達
	順刀	色勒木	腰刀	伊勒都
	鋼叉	色哩彥	鳥槍	佈
	大炮	烏庫爾佈	火藥	丹哩

續表二十二

類別＼音別	漢	蒙	漢	蒙
身體	頭	討力蓋	髮	額斯
	眼	尼都	耳	奇克
	鼻	哈麻兒	口	阿穆
	眉	庫木色克	睫毛	索爾茂斯
	辮子	哥吉各	淚	尼力補斯
	涕	尼素	津涎	習力素
	血	齊素	面	切賴
	額顱	莽迺	鬢	切穆爾亥
	臉	尼古爾	瞳人	噶力齊齊凱
	山根	杭箱爾	牙	習都
	牙關	貝勒	舌	克勒
	腮	甲究爾	唇	烏嚕力
	咽喉	和賴	鬍鬚	(包)(色)胡勒
	脖項	庫珠	眉甲	牡隆

類別／音別	漢	蒙	漢	蒙
身體	肘	托亥	手	噶爾
	掌	阿拉各	指	胡魯
	指甲	胡木斯	胸膛	謙吉
	乳頭	庫可	心窩	阿遨力亥
	臍	奎斯	胯	叟吉
	臀	補各斯	大腿	古彥
	腳面	額力迷	腳跟	保爾畢
	腳心	烏力	骨	牙斯
	肋骨	哈畢斯	脊骨	賽爾
	心	珠爾克	肝	額力各
	脾	德里古	肺	(烏)〔烏〕什凱
	腎	波勒	油	額可
	筋	習爾布素	脊髓	訥古素
	膽	束力蘇	胃	和倒的

續表二十四

類別	漢	蒙	漢	蒙
身體	腸	哥的素	尿泡	(遠)〔達〕不色克
	命	阿密	元氣	烏各烏力
	氣	阿密斯胡力	魂	束尼索
	魄	素克	汗	庫彔斯
	足心汗	習布力	禿	和吉格爾
	瞎	梭和爾	麻子	潮哈爾
	拐子	倒哈楞	聾	都哩
	啞	克哩該依	缺唇	色特爾凱
	豁牙	額木特可爾	歪脖	格力吉格爾
	蹩足	戴不噶爾	羅圈腿	涷尼公
	病	額布沁	殘廢人	圖土吉不特克
流品	漢人	可塔特昆	滿洲人	滿吉昆
	蒙古人	蒙古力昆	讀書人	畢齊克昆
	農人	塔拉迺昆	工人	(遠)〔達〕爾汗昆

類別 ╲ 音別	漢	蒙	漢	蒙
品流	買賣人	胡都力特汗諾昆	黃衣僧	喇嘛
	青衣僧	和尚	道士	本布
	活佛	哥更	修行人	迪彥齊
	知前世仙人	呼弼力汗	活佛封號	呼圖克圖
	放馬人	阿倒齊	閒散人	蘇拉
	俗人	哈拉昆	鰥	果尼
	寡婦	波力伯松	獨	噶克齊
	媒	文奇	化緣人	巴達爾沁
	乞丐	歸林齊	聽差人	甲拉齊
	傳事人	密特格	雇傭人	庫奇諾昆
	獵人	古祿格齊昆	尼姑	察八幹齊
	醫生	額密齊	唱曲人	倒齊
	跟馬人	庫圖齊	奴才	包拉
	婢	音吉	匠人	達爾亨

續表二十六

類別 \ 音別	漢	蒙	漢	蒙
品流	相面人	察賴新吉各奇	推算人	烏古拉各齊
	說書人	烏里各爾齊	報捷人	色特古力
	祈福人	補哥齊		
用器	桌子	習連	椅子	散達哩
	鎖	鄂尼蘇	鑰	圖勒庫爾
	壺	德波爾	尊	洪達汗
	罈	隆乎	碗	阿彥各
	箸	薩不哈	盤	丕勒
	犁	安吉蘇	耙	湯那古爾
	犁鏡	托里	鋤	阿爾齊古爾
	(把)〔耙〕子	麻拉塔古爾	碾	田呼木
	磨	盈	木石杵	麼楚爾
	箕	得布爾	(節)〔篩〕	額力格克
	碌碡	補拉	鐮刀	哈達古爾

續表二十七

類別／音別	漢	蒙	漢	蒙
用器	帽	瑪拉蓋	有頂戴	津斯圖
	衣	胡不七蘇	服	胡諾爾
	朝衣	圖哩衣和不七蘇	袍子	德波勒
	褂	庫魯木	枕	德哩
	蟒袍	蟒納克德波勒	補褂	蒲斯圖庫魯木
	靴	瑪海	皮靴	古特力
	褲	額木特	襪	哎木素
	扣鈕	（挑）〔桃〕不齊	腰帶	布蘇
	皮襖	珠不察	背心	齊該吉木七
	襯衣	察木七	氈雨衣	喀波能
	蓑衣	拏木爾該	鞋	沙亥
	車	特爾格	轅	阿拉勒
	轅端橫木	保拉噶	羊角樁	楚哈達素
	車箱	哈希拉克	車軸	騰可里克

類別／音別	漢	蒙	漢	蒙
用器	車轎	庫勒特	車轄	和勒果布齊
	輻條	格該素	車輞	穆克爾
	轎	叟克	轎車	叟肯特爾格
	巴山兜	登訥古爾		
食飲	米飯	布達	麪	古哩爾
	肉	瑪哈	肥	塔爾紅
	瘦	圖弄害	湯	胥勒
	酒	阿爾凱依	黃酒	達哩素
	餑餑	包爾素克	吃	伊第
	飲	烏	嚼	甲吉拉
	醉	掃克托	嘗	阿木塔力
	飽了	察達吉	餓了	額魯斯吉
	饑	額力波爾吉	生的	圖凱
	（熱）〔熟〕了	包魯吉	溫	波聯

類別／音別	食飲										〔色顏〕			
漢	燒酒糟	黃酒糟	清茶	奶茶	麵茶	酸奶子	醋	稀	有味	脆	藍	紅	黑	綠
蒙	巴齊麻格	沙嚕格	通格勒才	蘇太才	吉哩爾太才	哀哩克	伊斯古楞	星更	烏尼爾騰	叩哩克	庫克	烏藍	哈拉	諾（網）〔綱〕
漢	奶子酒	茶	熬茶	芝麻茶	奶子	奶皮	略生些	稠	臭	肴饌	黃	白	紫	顏色
蒙	阿爾	才	哈拉才	麻林古牙	蘇	額嚕木	圖凱肯	額特更	和凱	遨希	什拉	察汗	保羅	恩哥

續表三十

類別＼音別	漢	蒙	漢	蒙
〔顏色〕	秋香色	諾(網)〔綱〕不塔爾什拉	紅青	庫克不塔爾什拉
	淡黑	哈拉不塔爾		
珍寶	寶貝	額爾德尼	珍珠	(青)〔素〕補特
	珊瑚	胥勒	瑪瑙	瑪嫩
	車渠	洞	琥珀	胡布
	青金	瑙明	綠(鉛)〔松〕	烏由
	銀	們各	錢	交索
	玉石	哈斯齊老		
植物	穀	和諾克	糧	塔哩牙
	芝麻	阿拉各那	糜子	蒙部力阿木
	麥	佈代	豆	補哩七各
	米	阿木	稻	圖土爾各
	草麥	阿爾拜	莜麥	薩各達
	莜麥	習希	黍	旭拉凱

續表三十一

類別 音別	植物			
	漢	蒙	漢	蒙
	高粱	烏庫爾習希	菜	惱部
	茄	車斯	白菜	察汗惱部
	(茶)〔芥〕菜	該木惱部	葱	桑該惱(克)〔部〕
	韭菜	郜部特	蒜	色哩木斯格
	芹菜	巧部爾	薑	哈隆額佈
	竹筍	和蘆送索邀	蘑菇	穆古
	木耳	塔力圖	金針	什拉齊七克
	海帶	達賴惱部	萵苣	希魯凱依
	果子	吉密斯	桃	桃羅
	蘋果	阿力(本)〔木〕拉特	梨	阿(果本)〔里木〕
	柿	毛東諾沙不塔哈	李子	里斯
	杏	歸拉素	棗	察不噶
	葡萄	烏珠木	栗	圖賴波勒
	松子	蘇(水)〔木〕爾	榛子	希得

續表三十二

類別／音別	漢	蒙	漢	蒙
植物	杜棣	哈得	西瓜	塔爾不斯
	小瓜	克力古瓜	核桃	胡希格
	蓮花	哩彥化奇七克	牡丹花	瑪達爾巴奇七克
	紅花	古力古木奇七克	雞冠花	烏拉補爾阿爾貴
	芍藥	察那七奇克	桔梗花	胡爾登察汗
	薔薇花	甲特爾奇七克	金錢花	交素奇七克
	蓼	烏順希木力達克	梅	烏達補力奇七克
	花架	奇胡魯爾	柳	亥拉素
	松	納拉素	柏	阿爾奇
	榆	巴爾格素	楊	（烏）〔烏〕梁素
	藥	額密	草	額佈素
	竹葦	胡勒蘇（蘆葦同）	菖蒲	吉個蘇
	馬蓮	甲凱力達克	棘草	哈拉蓋
	蓬蒿	哈木胡力	蕓香	蘇魯

類別＼音別	漢	蒙	漢	蒙
植物	人參	昆額密	參鬚	沙哈力
	參蘆	甲拉噶素	蓽茇	得力蘇
	靛花	補達那	益母草	都爾波力津額布蘇
	兔絲草	什拉烏哩彥古	淡竹葉	吉哩力克補爾奇克
動物	禽	吉古爾騰	鳳凰	噶嚕第
	鶴	禿古嚕	孔雀	脫古斯
	鵪鶉	補特納	雞	特卡
	鴨	奴古斯	鵝	噶嚕
	雀	什包	烏鴉	可聯
	小雀	必力鳩亥	鷺鷥	特該力
	雕	補爾古特	芝麻雕	甲噶哩
	鸚鵡	討德	鵓鴿	塔克塔
	戴勝	波不格力津	黃鸝	阿力坦和哩古力代
	獸	郭羅	象	嘉

續表三十四

類別／音別	動物													
漢	鹿	青羊	狐	獾	馬	牲口	乳牛	馬駒	騾	貓	灰鼠	舍利孫	龍	蛇
蒙	包克	科巴爾伊瑪	烏尼克	圖魯吉	茂哩爾	莫勒	烏念	達噶	老斯	密貴	可哩木	希柳蘇	彔	茂蓋
漢	四不相	狼	野貓	獺	駱駝	驢	牛犢	羊羔	騸馬	天馬	豹	貂	蟒	魚
蒙	哈達罕	巧鬧	麻哩爾	塔爾巴	鐵勉	額力吉克	圖古力	胡嚕克	阿克塔	青達噶	伊爾不色	補拉克	阿佈魯茂蓋	吉噶素

續表三十五

類別＼音別	漢	蒙	漢	蒙
動物	鱉	拉各密那凱	蝦蟆	密力凱
	蟹	迺木力吉	鼃	元拉各密那凱
	蝦	殺木和爾亥	蠅	伊拉，又什牡力
	蟻	希哩古力濟	蟲	和爾亥
	蠶	固哩和爾亥	(班)〔斑〕蝨	江察和爾亥
	螞蚱	察爾奇該	蟬	吉爾可力
	蜂	巴力圖珠貴	蝶	額爾拜凱
	螢	噶力圖和爾亥		

表五

本區山水名稱同文表

山水名稱之紛歧，莫綏遠若。考地理者，圖與圖異，書與書又異，本一也而二之，本二也而一之，開卷紛然，茫無涯涘，則以文之不同故也。不同而欲強同之，譬諸削趾適履、鶴脛續鳧，固不易為力。音一而字萬，烏得遍載之哉？茲僅就統志、蒙古遊牧記諸書所已言者，著之於篇，亦舉一反三之意云爾。

漢	蒙	漢	蒙
陰山	色爾貝噶札爾	西神山	巴林翁公
白雲山	插漢和碩	罽嶺	毛德爾
新婦山	白爾白狠	黑山 四子旗	喀喇和碩
羖羊山 四子旗	阿爾哈林圖	獨牛山	烏克爾圖祿
陽山	杜蘭	鵲山	沙齊哈爾
富峪	巴顏鄂坡	密柳坡	博多克布爾哈蘇
黑山 茂明安旗	喀喇托羅海	羖羊山 茂明安旗	哈喇特克
方山	賀爾賀	居延山	崑都倫
狼山	綽農陀羅海	牛頭朝那山	吉蘭陀羅海
老虎山	巴爾圖	宿嵬山	扎拉
雪山	察蘇台	帷山	額古德
麥垜山	額貴恩都爾	白石山	插汗七老圖
大青山	（漢）〔漢〕喀喇	赤城山	烏藍拜星
牀山	鹿勒	連山	和岳爾喀喇鄂博
馬神山	翁公	陽山	洪戈爾

續表一

漢	蒙	漢	蒙
拂雲堆	烏珠爾察汗	夾山	和岳爾喀喇托羅海
總材山	磨多圖	錦屏山	岩靈
回回墓	賀佟圖	黄草山	庫勒爾齊
省嵬山	阿羅布斯	馬陰山	阿克塔和碩
黄水河	西喇木倫	鹽泊 喀爾喀旗	達卜孫
密柳坡	多克布爾哈蘇	柳河	布爾哈圖
黑河	喀喇木倫	帷山河 烏喇特旗	額古德
鐵柱泉	哈達馬爾	冷泉	魁屯 即奎騰
甜水井	賽音	深井	敖泉
魚海	札哈蘇台	赤沙泉	烏藍
黑河 伊盟左翼後旗	伊克土爾根	兔毛河	陶賴昆兑
柳河 伊盟左翼後旗	布爾哈蘇台	魚河	折葛蘇台
蒲河	呼魯蘇台	大、小昆兑河	伊克昆兑、巴哈昆兑
芹河	伊克西喇爾吉台	小芹河	巴哈西喇爾吉台
獐河	西爾哈	紫河	烏藍木倫

續表二

漢	蒙	漢	蒙
金河	西拉烏素	細河	納林
石窯川河	額圖渾	清水河	佟哈拉克
銀盤水	西黑爾	清湖	佟哈拉克淖爾
捕魚池	折葛蘇台	蒲池	虎〔魯〕蘇台
苦水池	插汗札達海	黑水池	喀喇〔烏〕〔烏〕素
長鹽池	達布蘇圖	鍋底池	喀喇莽柰打〔木〕〔不〕素
大鹽池	特默圖察汗	越沒濼	鄂爾吉虎
太子灘	巴哈昆兑	娘娘灘	伊克昆兑
馬鞍山	席拉得伯僧	牛心山	巴顏朱爾克
蟠羊山	衣馬圖	太白	插汗
陶山	喀喇特木爾	紅螺谷	五藍察布
豐州灘	伊克蘇爾哲		

地輿沿革紀略

漢，臨河縣隸朔方郡，地居河套西偏，在古五原〔郡〕（部）西南，與漢臨戎縣近，在南河以北，北河以南。北河實古黃河故道，即今之五加河，又名五角渠是也。自漢後，郡縣變更，時遷勢易，臨河故城遺址載籍無傳，臨河之疆域遂湮沒難考。洎清末葉，河套地均隸五原縣轄境。民國十四年（一九二五），綏遠當道因五原轄境衺長，控制不便，特劃五原西鄙地百餘里，另立設治局，復漢舊名曰臨河。非第循舊名，將欲復漢治也。作地輿沿革紀略。

漢元朔二年（公元前一二七），置朔方郡，臨河縣隸之。

按漢書：朔方郡，縣十：三封、朔方、修都、臨河、呼遒、窳渾、渠搜、沃埜、廣牧、臨戎。徐繼畬兩漢沿邊十郡考略：河套本新秦中地，漢初入匈奴。武帝元朔二年（公元前一二七），收其地，置朔方郡，徙民十萬以實之。領縣十，故城在河套者七，在套西者三。前漢郡治三封，在套西；後漢治臨戎，在套內。修都、呼遒，亦在套內。又漢書衛青傳：元朔元年（公元前一二七），青為車騎將軍。明年，出雲中，以西至高闕，走白羊、樓煩王，遂以河南地為朔方郡，使（竇）〔蘇〕①建築朔方城。後漢書：永和五年（一四〇），徙朔方，居五原。是後漢已移置郡地。水經注：「河水東北逕三封縣故城〔東〕，又北逕臨戎縣故城西，又北，有枝渠東出，謂之銅口。東逕沃埜故城南。元狩三年（公元前一二〇）〔立〕。又北（⿺走翏）〔屈〕而為南河出焉。」是大河分流為南、北河，自漢代已然。或稱河自元魏分者，誤也。又北迆西，溢於窳渾縣故城東。元朔二年（公元前一二七），開朔方郡，（治有）〔縣即〕西部都尉治。有道，自縣西北出雞鹿塞。其水積而為屠申澤。河水又屈而東，仍為北河，東逕高棊南，又東逕臨河縣故城北。又南，合南河。是漢朔方郡在北河以南、五原郡西南；臨河縣又在南河以北、朔方郡西南也明矣。

漢光武中興，始置并州以領之，省臨河五縣，併入西河郡。

① 據漢書衛青傳改。

按西漢盧芳之亂，竊據邊郡。光武中興，始置并州以領之，而郡縣省併大半。省朔方郡之臨河、修都、呼遒、窳〔渾〕（軍）、渠搜五縣，而以西河郡之大城縣隸朔方。漢末荒廢，建安中置新興郡，為治太原界。晉仍之。

晉永嘉後，為前後趙、前後秦地；義熙中，夏赫連勃勃據之。

按『大清一統志鄂爾多斯表：永嘉後，為前後趙、前後秦地。

讀史方輿紀要：晉亂，石勒併朔方，兼置朔州。義熙九年（四一三），赫連勃勃於朔方水北、黑水之南，築城曰統萬。北魏初，都盛樂，後沒於秦。道武興而恢復舊域，以陘北為畿內地。太武帝始光中，置懷朔、武川、撫冥、柔玄四鎮於雲州北境，立朔州以統之。後改懷朔於朔州，而於舊朔州置雲州，仍治盛樂。

魏書：太和元年（四七七），置東夏州，領郡四，朔方郡居其一，領縣三，臨河不與焉。

隋大業，改夏州為朔方郡。

唐因夏州，亦曰朔方郡。

按唐書：關內道夏州朔方郡，中都督府，縣三：曰朔方，曰德靜，曰寧朔。

讀史方輿紀要：安北都護府，屬關內道。永徽初，薛延陀既滅，鐵勒諸部回紇等〔皆內附〕。復討（禽）〔擒〕突厥遺種車鼻可〔汗〕（漢）於金山，因置燕然都護府，領狼山〔等〕羈縻府州〔共〕二十有七。龍朔二年（六六二），徙燕然都護府於回紇。總章（三）〔二〕年（六六九）又改為安北都護府。開元二年（七一四）徙治中受降城。單于都護府，屬關內道。天寶初，安北、單于〔二〕都護（盡）〔並〕屬朔方（郡）〔節度〕。① 大曆八年（七七三）徙治振武軍。唐末，拓跋思恭破黃巢有功，賜國姓李，有銀、

① 據讀史方輿紀要改。

遼金

宋太宗太平興國中，河套地復為王土。後陷於趙德明，仁宗景〔祐〕（祜），為夏所並。夏、綏、宥、靜五州之地。

按夏始祖拓跋思恭據有西部之夏州地。及元昊立，盡取河西地。慶曆初，復陷豐州，北控大〔漢〕（漠），置軍河北以備遼。

遼，為李夏所有地。

金，為李夏所有地。

元滅夏，立西夏、中興等路。

按元太祖仲弟哈薩爾之後及太祖之後，分據青山以北，是為後之烏蘭察布六旗，為漢五原郡地。太祖十五世孫達延〔汗〕（漢）之後，盡據黃河以南，是為後之伊克昭七旗，為漢朔方郡。伊克昭盟即鄂爾多斯地，後廢為東勝、雲內二州及延安、寧夏等路。

明初，為東勝等州城，並立屯戍。天順間，為蒙古所據。

按明天順間，蒙古酋長阿勒綽爾與瑪古里海始入河套，嘉勒斯賚復糾合們都爾倚為巢穴。（宏）〔弘〕治間，和實復入其中。又延綏志：明初，王保保據河套。洪武中，追逐之，築東勝等城，並立屯（戎）〔戍〕。總制楊一清上言河套當復，未果行。其後，（隨）〔遂〕屢入寇。嘉靖中，無歲不擾。總督曾銑請復河套，嚴嵩譖殺銑，自是無敢言者。此以終明之世該地不內屬之證也。

清天聰八年（一六三四），征服其地，編烏、伊兩盟統之。乾隆六年（一七四一），以河套地隸薩拉齊廳治之。光緒二十九年（一九〇三），析薩拉齊地西路隸五原廳治之。

按清天聰八年（一六三四），太宗征察哈爾，土默特部衆悉降。後編為二旗，領以左右翼都統及四副都統。及後，青山北之喀爾喀右翼、四子部落、茂明安、烏拉特六旗，相繼來庭，並設札薩克，錫號曰烏蘭察布盟。南河以南之鄂爾多斯左右翼前中後各三旗亦設札薩克，後復增設前末旗，共七旗，錫號曰伊克昭盟。是為西二盟，設盟長、副以領之。雍正元年（一七二三），設歸化城理事同知。乾隆元年（一七三六），建綏遠城，設綏遠〔城〕將軍，轄土默特及西二盟。又設綏遠城理事同知。六年（一七四一），設綏遠道①，分設歸化、和林格爾、托克托、薩拉齊、清水河、善岱、昆都崙七協理通判。二十五年（一七六〇），裁善岱、昆都崙二協，改其他五協理為理事通判廳。同治四年（一八六五），改薩拉齊通判為同知。光緒二十九年（一九〇三），析薩拉齊廳之大佘太，附益以達拉特、杭錦、烏拉特三旗為五原廳。

民國元年（一九一二），改五原廳為縣治。八年（一九一九），析縣東界所屬之烏拉特中旗地及武川西界茂明安旗地，隸固陽設治局。十年（一九二一），析縣東南界所屬之達拉〔特〕旗及烏拉特前旗地，隸包頭設治局。十四年（一九二五），析縣東界烏拉〔特〕旗地，隸大佘太設治局；析縣屬西界杭錦、達拉〔特〕、烏拉〔特〕等旗地，隸臨河設治局。

按漢代臨河縣原隸朔方郡，在北河以南，居鄂爾多斯旗地，地踞河套全部。漢五原郡在北河以北，為烏拉特旗地，跨陰山前後而治之。是在漢代朔、五兩郡界限分明，厥後併置改易，名移勢異。自五代以後，朔方、五原之地迭遭淪陷，舊治湮沒。迨清季，由薩拉齊析分五原，治境包鄂爾多斯北部及烏拉特全旗而有之。是清五原縣幾全佔漢朔方、五原兩郡之地，計東界至茂明安西界，西界至阿〔拉〕善旗東界，綿延千里；南至杭錦、達拉〔特〕旗北部，北至陰山北瀚海，南北界五六百里不等。其幅員廓廣，佔綏區面積三分之一。

民國二年（一九一三），曾以五原控制不便，有設縣佐於大佘太及纏金地之議。三年（一九一四），王

① 綏遠道，應為歸綏道。

紳同春糾集地方募款築縣城於隆興長北五里之白圪梁。四年（一九一五），五原縣王知事文墀由包頭移治後套新縣城，披荊斬棘，百廢俱興。惟轄境東西千里，鞭長莫及，擬請分地以治，迄未果行。九年（一九二〇），固陽設治，以五原東境地益之。十四年（一九二五），包頭設治，以五原東南界地益之。十四年，大佘太設治，劃五原烏蘭腦包以東地益之；臨河設治，劃豐濟渠以西地益之。分治原案，臨河東至豐濟渠。綏當道派蕭振瀛為臨河設治局長，來套劃界。五原紳董張厚田、崔國仁、劉士傑、唐兆銘堅詞爭界，謂五原母縣，原案治境不及百里，不得謂平。呈三上。當道又派劃界馮委員邀同臨河紳董李增榮、楊春林、陳占財、傅正業公同會議，議決臨河東界以剛濟渠為限，北至義和久活水泉，南至渠口人河。蕭局長振瀛會同地方紳董規劃全境疆里，南至黃河，北至大青山即陰山，西至烏拉河迤西阿拉善旗東界，東至剛濟渠，規模大定焉。

惟查綏區當日劃分各廳地界，均以旗界為經。今臨河疆域純由五原西界劃分。按：光緒二十九年（一九〇三）劃分五原奏案，所有杭錦、達拉〔特〕、烏拉〔特〕旗地，向歸薩拉齊廳管轄者，盡歸五原管轄。今由五劃臨，所有剛濟渠迤西之（抗）〔杭〕、達、烏三旗地，向歸五原管轄者，今統歸臨河管轄。前例具在，旗界所至，即縣界所至。烏拉特旗地界，北跨陰山，至瀚海為限。是臨河北界隸境當不限於陰山而止；杭錦旗地，南踰南河。是臨河南界轄境當不限於南河而止。奏案具在，可考而知。語云：尺地寸土，不可予人。設令從此地方發展，市廛駢列，村里輻輳，地狹民衆，人滿為患，則踰河而南，循嶺而北，取我原有之地，不難按圖而索，從容佈置，因利乘便，可坐而定。因特表而出之，以為後日之考訂疆域者有所借鏡焉。

城邑建置沿革紀略

臨河在西漢隸朔方郡，城在河套西偏。自漢後，朔方郡或廢或復，或省或併，時易勢殊，書闕有間，郡城既迭經變遷，縣城亦莫定方位。迨至民國十四年（一九二五），劃五原西部，創設臨河設治局，擇地於強〔家〕油房，建築縣城，名雖仍舊，城則肇新，規時立制，古今異宜，特作城邑建置沿革紀略。

漢初置朔方郡，徙民十萬以實之。郡領縣十，臨河隸之。

按朔方郡治，縣東為渠搜，西為廣牧，西北為臨河。漢代臨河凡兩見，實則一城，厥後無傳。

漢光武省朔方郡之修都、臨河、呼遒、窳渾等五縣，而以西河郡之大城隸朔方郡。

按臨河縣在東漢已省廢，無復舊治。其故城遺址湮沒，當已久矣。

晉末，石勒併朔方郡，兼置朔州。

魏，置懷朔等四鎮。

按懷朔應在烏拉〔特〕旗北，在今五原、臨河北境，非古朔方地。

隋大業初，改夏州為朔方郡，隸縣三。

按隋改夏州為朔方郡，郡治三縣，均非舊治縣名。古臨河縣名久已省廢，其故城益不可考矣。

唐，朔方總管張仁願築三受降城。

按讀史方輿紀要：西受降城在廢豐州北八十里。志又云：本漢朔方郡臨河舊理所（云）〔在〕。又按漢代郡縣地理，五原郡在北河以北，朔方郡據有全套。是朔方、五原界當以北河為限。唐西受降城當在五原郡西界，今又云本漢朔方臨河舊理所在。古人畫界，犬牙相錯，臨河治城在北河南，其轄境或在北河以北，亦事之所恒有也。

宋仁宗景祐，為夏所併。

按唐末造，拓跋思恭以滅黃巢功，賜國姓曰李，有銀、夏、豐、宥、靜五州地。

遼，地為李夏所有。

金，地為李夏所有。

元滅夏，立西夏、中興等路。

按元太祖仲弟哈薩爾之後，據青山以北地，是為今之烏蘭察布盟，即古五原郡地。太祖十五世孫達延〔汗〕（漢）之後，據黃河以南地，是為今之伊克昭盟，即古朔方郡地。朔方郡即鄂爾多斯旗地。

明初，為東勝等州城，立屯戍，嗣為蒙古所據。

按明代，河套地一陷於蒙古酋長阿爾勒綽爾，再陷於和實，再陷於王保保。洪武中逐之，立東勝等城，駸駸乎有城邑焉。旋又陷於蒙古。楊一清、曾銑屢請規復河套，不報。終明之世，河套不內屬，惜哉！

清天聰八年（一六三四），征服其地，編烏、伊兩盟以統之。乾隆六年（一七四一），析其地隸薩拉齊廳。光緒二十九年（一九〇三），析薩拉齊西部地隸五原廳。

按清初，青山北喀爾喀右翼、四子、茂明安、烏拉特各部來庭，編為烏蘭察布盟。南河以南，鄂爾多斯左、右翼前、中、後各三旗，後復增設前末旗，共七旗，編為伊克昭盟。雍正初，設歸化城理事同知。乾隆初，築綏遠城，設將軍、理事同知。六年（一七四一），設綏遠道，分歸、和、托、薩、清、善岱、昆都崙七協理通判。二十五年（一七六〇），裁善、昆二協理。光緒二十九年（一九〇三），析薩拉齊所轄達拉〔特〕、杭錦北部，烏拉特三旗全部，隸五原廳。是時，鄂爾多斯、烏拉特旗地合治於五原，古朔方郡地半隸於今之五原治矣。

民國元年（一九一二），改五原廳為縣治。三年（一九一四），築五原城。十四年（一九二五）七月，析五原西界地隸臨河設治局。九月，築臨河縣城。

按民國初元（一九一二），改廳為縣。三年（一九一四），議在五原東路大佘太、西路纏金地設縣佐以助理之。十三年（一九二四），綏遠實業廳長段永新呈請劃五原西區地分設臨河縣。十四年（一九二五），綏遠當道任蕭振瀛為臨河設治局長。蕭局長抱進取之壯懷，負建設之全責，凡百措置，均能不憚勞、不畏難，貞以毅力，貫以全神，不苟一時之安，用策百年之計。其規畫城垣也，援設治強〔家〕油房之原案，測（景）〔量〕定向，辨方立位，確定城基地址。時有熟於地形家耆老主張應將城址移東半里，免受永濟渠水患，卒弗納；初不料縣城西面屢被水患也。

城垣週圍計一千八十丈，城四門，東曰翼綏，南曰瀾安，西曰通寧，北曰敷化。城基地計二十頃有奇，悉民間地產，出厚價收買，民爭獻納，無敢匿。官為之編號、畫方，每寬、長十丈為一方，地分三則，平價招領。劃市廛，定民舍，限期建築。逾限者收其地，不稍寬假。又為之分經路四，緯路二十有四，壇廟基址若干區，學校基址若干區。其規畫井井也如此。其建築官舍也，堂勿取高，室勿取廣，榱梁勿尚雕鏤，屏壁勿尚丹漆。

爰進工師，董乃事，分乃職。大者總其成，小者執其藝，披星而作，戴月而息，計月課績，計日課工。肉於俎，酒於盎，錢於櫝。勤者賞，惰者罰，人人樂於從事而事易集。當時董其役者，則有李區董增榮，陳區董占財，（傳）〔傅〕區董正業，楊區董春林，于會長相龍，田會長全貴，王董事績世。智者用智，巧者用巧，材者用材，謀者用謀，計時三閱月，築室百餘楹，落成之日，邑之人咸奔走觀成焉。洵可謂善於用衆者矣。惜乎時值冬令，范土冰沍，城工築未及半，遂至中輟。洎至十六年（一九二七）夏，呂局長咸來攝局務，鑒夫危垣三尺，不足以固防而禦侮也，特開地方行政會議，首以城工為先務，特設城工建築處，以李紳增榮總其事，以王董事侶副之。分股辦事，以各區董事分任之。呂局長早作夜巡，督促不遑。在事各紳董群力並進，群策交贊，均能各慎乃事，各勤乃職。是以始終工無曠，料無減，費無糜，閱二月而大工告成。是役也，計支款一萬八千元，由地方攤捐內撙節挪補，前功克竟，而民間擔負並未加重。傳曰「凡事豫則立」，①此道得也。

①　語出禮記中庸，非傳。

十七年（一九二八）秋，黄局長彦邦宰是邑，因縣西城迭遭水患，創議加修護城壩，兼築補城垣牆。議甫就緒，旋去官。繼其任者為彭縣長繼先，力持原議，任汪區長治泉為城壩工程經理，以王董事侶副之。城工則彌其缺，補其殘；壩工則卑培高，薄增厚。有彭縣長握要提綱，以擘畫於上；有各紳董併力同心，以贊助於下。工成之日，邑之人咸舉首額慶曰：從此金湯鞏固，庶免唳鶴之驚；隄防永安，差免其魚之患。邑有神君，其造福何有既極也。

方今地方無事，及是時修明庶政，百度更新，通商惠工，興學訓農，行見梯航輻輳，水陸交衝，列市雲連，百廛霧聚，蕞爾邊邑，安知不成一繁盛大都會？是在官紳合作，亟起而進行之也。

山川要隘紀略

秦據陽山而匈奴遁，漢取河南而單于降。失險者亡，得險者昌。臨河黄河弦貫，陰山弧張，南襟秦晉，北控蒙疆，東障包、綏，西通甘、涼。據而守之，固西北之鎖鑰；恢而張之，亦萬世之金湯。特作山川要隘紀略。

按今臨河地舊隸漢朔方郡，郡地在鄂爾多斯旗。旗界所至，即郡界所至。南至榆林邊牆，北至北河，東至土默〔特〕旗西界，西至阿拉善旗東界，統稱河套，非限於南河北、北河南也。

按大清一統志：山則有夾山，在左翼前旗東南八十五里。黑山，在右翼前旗東南六十里。退諸克拖（罷）〔羅〕海山，在左翼後旗東南一百四十里。恩多爾拜山，在右翼前旗南二百二十里。黄草山，在右翼中旗西北八十里。哈伯義齊山，在右翼中旗西北一百二十里。其他如邵龍山、省（蒐）〔嵬〕山、馬陰山、巴從得右峰、敖西喜峰、伊克翁公崗、插漢拖羅海崗、可退坡諸山。川流則有庫葛爾黑河、巴漢托蘇圖河、赤沙河、車根木倫河、烏爾巴齊河、黑河，諸川在漢均隸朔方郡地。惟朔方郡套內七縣，自漢光武時已省併廢置，均失其舊，究不知何山隸屬何縣。是漢臨河縣名，在東漢初已廢併無存，其地址、方位久已莫考。縣界既不能詳，其治境內之山川形勢，更無從臆斷。此窮搜圖籍，古臨河之方位與其治境之山川要塞，久已湮沒而莫可確定也明矣。然而鑒往尤貴知來，考古不如證今。援刪書之例，為考文之資，請斷自近年臨河設治始。

山隘要塞考

按古朔方郡在鄂爾多斯旗地，即今之伊克昭盟；古五原郡在烏拉特旗地，即今之烏蘭察布盟。清光緒二十九年（一九〇三），析伊盟達拉〔特〕、杭錦旗北部，烏盟烏拉〔特〕全旗地，為五原縣轄境。是古五原在北河北，新五原在河南，兼鄂爾多斯、烏拉〔特〕旗而治之。今臨河由五原西界劃分，是統烏、伊兩盟之西部而治之矣。查今臨河境以陰山為幹脈，由賀蘭山蜿蜒而東，當縣城正北百里有狼山，又名狼居胥山。狼山西二百里有古高闕，迤東有雞鹿塞。後漢永元初，竇憲出雞鹿塞是也。狼山北有榆溪塞，秦郤匈奴於河套，樹榆為塞，以限北夷是也。計縣境陰山隘口迤西為高闕塞，在狼山口西。蒙古遊牧記即所謂綽農陀羅海，其口正當黃河北流折東處，兩山對峙若門戶，中有道通新疆，路較他路近二千里。又東什淙口，在纏金渠之西北，可抵哈珀察齊泉。又東門池口，對黃羊木頭正北，直達塔齊勒克圖鄂博之要隘。又東烏蓋柏爾口，在狼山口西北，通木納山，亦達格拉山之要隘。又東烏蓋口，在纏金、五加河正北，通木納山之要隘。又東東襖蓋口，在狼山口西。又東狼山口，在狼山正中，山勢險峻，為用兵要地。又東石蘭計口，在狼山口東，亦要隘。又東葫蘆斯兔口，在狼山北，形勢險要。又東馬池口，在狼山北，通察漢泊。又東慶打口，通中公旗要口。又東馬蓋息便口，北越東公旗界，達察漢泊迤北，通察漢鄂博。此臨河北境之諸要隘也。

川流要隘考

按今臨境河流以黄河為經，以各渠為緯。水經注：河自高闕南，又東逕臨戎縣故城北。又南河東逕臨(戍)〔戎〕縣故城北，又東逕臨河縣南。按黄河自寧夏界北流出邊，經鄂爾多斯西行五百里，一枝分為二歧，其東注地有析枝城，水經所謂南河也。其北河流至阿爾布坦山南，迤西溢為大澤，土人名騰葛里腦兒，即古屠申澤。自此屈而東流，過(右)〔古〕高闕南，行二百里許，稍東南流，又折西南與南河合，乃直向東行，經烏拉特南，至大素根河入河。此皆朔方郡所隸各河流也。

查近日臨河轄境，以南、北河為經，以各渠道為緯，他條水均無關險要。南河横亘全治中心，各河口均關重要。入縣境東南為傌們圖口，又西為秀華堂口，又西為黄羊木頭口，又西為可克木口，又西為(有)毛腦海口。此臨河南河沿岸之形勝也。

至於東路有洋行渠，長二十里，寬一丈五尺，此為第一道要隘。又西有剛濟渠，長百里，寬四五丈不等，此為第二道要隘。又西有土默渠，長二十里，寬二三丈不等，此為第三道要隘。又西有戶口渠，長二十里，寬二三丈不等，此為第四道要隘。又西〔有〕德成渠，長四十里，寬三四丈不等，此為第五道要隘。又西有天德源渠，長四十里，寬二三丈不等，此為第六道要隘。又西有强家渠，長二十餘里，寬一丈五尺，此為第七道要隘。又西有魏楊渠，長二十里，寬二丈，此為第八道要隘。又西有五大股渠，長二十餘里，寬二丈，此為第九道要隘。

西路有烏拉河，長百餘里，寬六七丈不等，此為第一道要隘。又東有楊家河子渠，長一百四十里，寬七八丈不等，此為第二道要隘。又東有黄土拉垓河渠，長一百三十里，寬六七丈不等，此為第三道要隘。又東有三大股渠，長八九十里，寬四丈，此為第四道要隘。又東有蘭鎖渠，長八十里，寬五六丈不等，此為第五道要隘。又東有永濟渠，長一百四五十里，寬八九丈不等，此為第六道要隘。各渠均口通大河，尾貫陰山下之五加河，即北河。處處天塹，重重湯池，守之可以韜甲藏兵、扼奇設伏，決之可以陷車徒、限戎馬，制敵而不受制於敵。況乎支渠套搭糾錯，如九夷長阪，如八陣變態，久居其地者，尚有時迷於嚮往，而他更可知。此真天造地設之要隘。軍事家幾費工作，幾費測勘，日夜疏鑿開闢，求其一而不可必得；而今則星羅棋佈，竟能坐扼其要，亦何幸如之也。用特質諸留心軍事地理學者。

卷中

墾務沿革紀略

中國以農立國，禹平洪水，后稷教稼，此為中國墾植創始時代。上古注重民生，任民種植，不加限制。迨至周禮地官專設土均、土會，墾地之法，逐漸求詳。至強秦北逐匈奴，拓陰山北之餘地，使貧民墾闢，名其地曰北假，此為河套墾務開始時代。厥後田官罷除，邊疆多事，千里河套，旋興旋廢，移民開邊之大計，迄未實行；甚至終明之世，河套迄不能內屬，畇畇禹甸，滿目荒榛，良足太息。有清末造，庚子（一九〇〇）遘變，岑春煊督師入衛，道經河套，慨然興移民屯墾之思，光緒三十年（一九〇四）奏派貽穀為西盟墾務督辦。貽督辦統籌全局，規定西盟墾務應先由河套入手，於是勸導蒙旗，次第報墾，規模遂大定焉。作墾務沿革紀略。

一 達拉特旗墾務項下

按達拉特旗地凡二種：曰放墾地，曰永租地。而放墾地又分二種：曰四成地，曰四成補地；此二種地界不隸臨河，故略而不詳考。其永租地均隸八道官渠，隸於臨河境者，有永濟渠永租地，計地八百頃；有剛濟渠永租地，計地二百五十頃。案譯「永租」者，不放之謂也。其地由墾局包租於蒙旗，由墾局開渠招租，所得租銀公家與蒙旗按成收之。其意曰地仍蒙地，公家所得者不過渠費與經理之費而已。原奏案所云：「渠到何處，地即開至何處。蒙旗雖有地，無水澆灌，即等石田。有渠即有地，無渠即無地，渠之所至，地不愛寶，以明地力之不足恃，人力之大可憑也。」當時與達旗訂定上上地每年每頃收租銀四十兩，上次三十兩，中二十五兩，下二十兩，所收租銀除二成為渠工，其餘作十成計算，公家得三，蒙旗得七。嗣因租地無定額，當事者任意出入，不免上下其手。

民國元年（一九一二），始定為包租之制。官渠八道永租地，以兩千頃為準，每頃收租銀十五兩；每頃年收水利經費銀四兩五錢，以一兩三錢歸包戶作修渠費，以三兩二錢歸公家作水租。此由公家不能兼顧，分包各地商經理時期。

迨分包地商虧負日重，民國九年（一九二〇），一師旅長楊以來組織灌田水利社，投貲集股，將官渠渠道完全認包，乃經理五年，虧租至十餘萬之鉅。經王紳同春、張紳厚田、楊紳文林組織匯源水利公司，認包永濟、剛濟、豐濟、沙河、義和渠五道；其通濟、長濟、塔布三渠仍由灌田社以興農社名義包租。行之數年，仍無起色。此為地商總包時期。

十四年（一九二五），國民軍第八旅石旅長友三兼充包西水利總辦，盡收各官渠，由官經理。當因比年糧價昂貴，地之收入日見增漲，永租地租照舊額徵收，水利經費加至每頃收銀八兩，後改為收洋十元。此為各官渠收回官辦時期。

究竟商辦則爭欲自利，利不歸公；官辦則工大費鉅，入不敷出。二者俱失，當局思欲改良而亟求進步。十七年（一九二八）春，墾務局孟總辦斌儀遍召各地方紳董齊集總局，大開水利會議，各提議案，反復討論，旁採週諮，不厭求詳，議定每渠各立水利社，並附水利董事會以監督進行。水利社長及董事會董事長，由全渠大戶公推品行端方，熟悉水利者充之。永租地仿墾地官租例丈青收租，租價每頃三十元，半歸蒙半歸公。水租每頃收水租洋十元，以七成作渠費，一元五角歸公，以一元五角歸水利社，作常年薪工、辦公費。設有臨時要工，由該社估算經費，呈准由該渠地戶徵款修理。十八年（一九二九）夏，設包西水利管理局以領之。是年三月，當道召集各社社長、董事長在包頭開會，因水利局暨各社經費不足，議定每地一頃加徵水利經費兩元，合之原徵十元，以七元作渠費，以二元五角歸公，以二元五角作水利社經費，案經全體通過。此為官渠地官督民辦時期。

民國十四年（一九二五），達拉特旗報墾西昭地五千頃，地全隸臨河二區。經達旗地畝局蕭局長收界，南至大河岸，北至五加河南三道壕，東至豐濟渠，西至杭錦旗地。當時撥交實業廳地一千二百頃，撥領山東墾民地七百五十頃，其餘丈放民戶千餘頃，所餘餘荒無幾，與原報數不符。祇以（常）〔當〕時倉猝丈放，既未畫方，又不編號，不實不盡，浮冒弊混，在所不免。十六年（一九二七），呂、王兩局長迭次呈請覆丈，又經王局長擬具辦法，屢蒙採納，將來見諸實行，定收成效。該地分三則，上地每頃荒價洋一百元，中地八十元，下地六十元。每地價百元，加建築費洋十元、教育費洋五元、實業費洋五元。十八年（一九二九）二月，又奉令每地價百元加徵軍事建築費二十元。又黃土拉垓河渠達旗地，係光緒庚子（一九〇〇）賠款地，當日達旗應出賠教款銀十四萬兩。三十年（一九〇四），綏遠當道派員，會同蒙員及教士，三面交涉，以黃土拉〔垓〕河達旗地一千四百頃抵作賠款，歸教堂管業。該地實數一千零八十頃有餘，所謂一千四百頃者，殆概數耳。當時教士所定條件異常苛虐，當道委曲求全，勉強簽認。自該地歸該教堂，因利乘便，藉該地左右我民衆，其勢力遂日益（澎漲）〔膨脹〕，官廳無如之何。近年革命功成，達旗地畝局呂局長咸奉令收回該地，爰組立收回黃土拉〔垓〕河教堂地會議，以書面正式召集該教士鄧德超。該教士延不到會，約屢爽。呂局長奉令以無條件收回，遂即派員分別勘收該渠地，招民領墾。分地為三等，荒價附加均如達局例，惟地價百元加收教育費五厘。達局於十八年（一九二九）四月十日奉令裁併第五分局，嗣又移交第六分局。此達拉特旗隸屬臨河境內墾務沿革之大略也。

一 杭錦旗墾務項下

按杭錦旗放墾伊始，按蒙墾奏議略云：該旗東巴噶、中巴噶地，東界達拉特旗界，南至黃河，西至商人王善舊渠，北至達拉〔特〕旗南界，呈報認墾。當即派員驗收，東西長二百三十四里，南北寬八九十里至十數里不等。邊寬中窄，形若蜂腰，與原報地段相符云云。又將兩巴噶西界可墾之地約數千頃呈報，併入前次所報界內，亦經派員驗收云。查該地分五等丈放：上地每頃荒價銀一百兩，上次九十五兩，中地九十五兩，中次八十五兩，下八十兩。旱地凡五等：上地每頃荒價銀五十兩，上次四十兩，中地三十兩，中次二十兩，下次十兩。又查該旗兩次報地七千頃，編作元、亨、利、貞四號。至十四年（一九二五），由五原劃歸臨河徵租者為元字號一段，計地一千五百餘頃，地均隸臨河一區。丈青徵租，每頃每年徵洋三元七角有奇，附辦公費一成，縣留七厘辦公，解廳三厘。又民國十四年（一九二五）杭旗報墾西巴噶地三千餘頃，局設臨河三區陝壩鎮。地分三等：上地荒價一百二十元，中地一百元，下地八十元。每地價百元，附加建築費十元，教育、實業費洋各五元。十五年（一九二六），國民軍退卻駐臨，徵集民糧無算，經馮上將軍令，所有徵集民糧糧價，准由民欠杭局荒價內抵除。令甫下，因地方大亂，局員奔散，未及將糧價收賬，計應抵地價四萬一千餘元。經地方紳董據案哀籲，案至今延懸未結。杭局於十七年（一九二八）四月奉令裁併第五分局，嗣又移交第六分局。此杭旗地隸屬臨河（內）境內〔墾務〕沿革之大略也。

一 烏拉特旗墾務項下

按民國十八年（一九二九）設立綏遠墾務第六分局，駐臨河境陝壩鎮。該局勘收烏拉特狼山灣、圖密淖西、中兩公旗報墾地，界址坐落在縣境。東至千林廟西牌界為界；西至阿拉善王王爺地，即甘肅邊界為界；南至達拉特旗並杭錦兩旗報墾各地為界；北至狼山山麓以下為界。該地東屬狼山，西屬圖密淖，依山傍水，地勢平衍。惟測勘形勢，自東北斜西南一百三十餘里，應分兩段勘收。查圖密淖地東西長約十餘里，合面積約三千頃有奇。而狼山灣地東西長約一百二十餘里，南北寬約二三里至一半里不等，平均寬以一里半計算，合面積約九百七十餘頃。共合面積三千九百餘頃，內除沙石、堿灘、溝渠、道路、不堪耕種及不能上水者約估面積三分之二，並劃留戶口、召廟地不計外，約可放地一千三百餘頃。按照清渾水、渠水各地丈放，計可收洋一十二萬有奇。勘收該處界內，不論生熟荒地，但以辨別土質、能上水與不能上水，及收穫之多寡，擬定等則，酌定地價分五等：上等清水地每頃荒價洋二百元，下等渾水地每頃荒價洋一百六十元。上等渠地每頃荒價洋一百二十元，中等渠地每頃荒價洋一百元，下等渠地每頃荒價洋八十元。每收荒價一百元，附加一成五建設費、五分實業費、五分社會文化事業基金費，以資挹注。該地現已丈放過半，約於十八年度內即可放竣。將來收竣時，所有地數款數約可超出原定預算。此臨河丈放中、西兩公旗報墾地之大概情形也。

地方保衛紀略

自來國家保衛地方，百計籌劃而不足；地方各謀自衛，群力合作而有餘。周官比閭卒伍，管子軌里連鄉，皆地方自衛之良法。有清咸同末季，曾湘鄉創辦鄉團，其力足以芟除梟雄，夷平大難。其後風行海內，終有清之世，團練政策日益求詳。臨河設治未久，團政粗具規模，然保境安民，試之輒效，所謂有治法必有治人，其信然歟？特作地方保衛紀略。

按古臨河縣舊隸漢朔方郡。自古籌邊之法，莫詳於漢。所謂實邊之政，屯田之法，慎封守，嚴斥堠，為邊邑立百年之計，不苟一時之安者，其法必至詳且備。惜我國史例於固邊設防之要略而不書，況時易勢殊，代有變遷，甚至終明之世，地不內屬，地方保衛之法，無從徵考。

清乾隆八年（一七四三），河套歸薩拉齊廳治。其時河套僻處西（徧）〔偏〕，氈裘毳幕，彌望黃沙，勢難遙制。光緒二十九年（一九〇三），劃河套之地隸屬五原廳，廳署寄居包頭，鞭長莫及。厥後，三十年（一九〇四）在後套隆興長北五里白圪梁地方建修五原公署，始設警察兩棚駐廳署。此外，仿鄉團之法，設民警八十名分駐四區。按民警官長曰民警佐。官兵薪餉由地方徵集。此為後套地方創立保衛團之始。惟地闊兵單，分佈不敷，今之臨河即前之五原西界，民警之馬跡旗影，有終年不得一見者。時為之，地限之也。

至民國，改廳為縣。四年（一九一五）五月，五原王知事文墀以縣署在包，遙制不便，移治後套縣署，以從民意。六月，以民警佐強萬義帶民警二十名駐強家油房，即今之臨河縣城地。此為臨河設立保衛之始。六年（一九一七），奉令民警改編保衛團，照章以三十人為一隊，每區駐一隊，總團董以王紳同春充之。其編制之法，仿徵兵制，團丁均由大戶保送，限制綦嚴。無如陽奉陰違，人則濫竽充數，遊兵無賴，兼收並蓄，魚肉鄉民、苛案勒擾之事，往往不免，保民善政，轉而厲民。縱之難圖，激之生變，已成尾大難掉之勢。十年（一九二一），薩、五、包、東警兵為外奸勾結，響應嘩變。五原西區保衛團李隊長虎東為其所部范天保等槍斃，尋以劉三洪代其職。劉三洪為綏西積匪，在五原南區受撫，地方人特加優容，匯源水利公司劃剛濟渠地三四十頃，歸劉三洪耕種，聽其開渠澆水，不責其值，故不數年而財雄一鄉。地方人之策勵而獎勸之者，亦云至矣。惜彼昏不悟，憑藉保衛團勢力，所至之處，人人側目。十四年（一九二五）臨河設治，蕭局長立置劉三洪於法，經所謂「自作孽，不可逭」①者歟？蕭局長依法改編武裝警察隊七十名，分為三大隊，以姚聯榜為總隊長。編置伊始，壁壘一新。十五年（一九二六）二月，第一隊兵士内訌，相率嘩變，倒（弋）〔戈〕橫擊，槍斃劉隊長，立即紛竄四鄉，旋即就撫。若輩旋撫旋叛，習為固然，當局不能痛加懲創，徹底改革，養癰貽患。各縣覆轍相尋，禍機潛伏，一觸即發，惜哉！是年四月，于局長景文來臨，收拾殘局，拾遺補闕，復為三隊，規制如舊。七月間，國民軍全部來套，分駐五、臨，部衆數萬，悉索敝賦，日不暇給。正式武裝隊，遂為傳達軍書、催送糧秣之差夫。秋冬之交，土匪蠭起。姚局長聯榜親率該隊，會同五原武裝隊及杭旗遊擊隊合力剿匪，歷時兩旬，奔馳三百里，卒能力挫強虜，匪焰稍靖。

十六年（一九二七）一月，國民軍全部西退。是時地方大亂，武裝隊之槍械搜括殆盡。三月，匪首石海率匪衆百餘突佔縣城，勒索槍械，孫局長國棟盡出警隊殘餘武裝予之。臨河武裝隊，至此人皆徒手，空擁虛名焉。六月，呂局長咸來宰是邑，深念夫武裝徒手，不足自衛，令各區董、大戶設法籌備；又收楊正業之槍十枝以增益之。於是武裝隊稍復舊觀，改編為兩隊，計額三十名，以柴高魁總領之，以武榮、楊正業分領之。十二月，王局長文墀接設治局任，武裝隊悉仍舊制。

十七年（一九二八）春，奉令改編保安隊，額設隊兵三十名，分三班，以楊紳春林充大隊長，以柴高魁、武榮、王化南分領之。是年夏，復改為保衛團，範圍縮減，團丁減為二十名，以劉紳長義為團董。自是，當道注重團務，規制日臻嚴密。實行徵兵制，凡團丁均由大戶選送，薪餉一概裁撤，其少數團費及馬乾，由地方撙節籌集，民間不出養團之款費，人人均有充兵之義務。民間見其簡而易從也，又痛念夫比年變亂，仰賴軍隊保衛，不如各謀自衛之甚便也。於是不募而集，不招而至，貧戶出丁，富戶

① 語出尚書商書太甲中。

輸械，履畝抽糧，按時徵款，人人有自衛之精神，人人結自衛之團體。計自十七年（一九二八）秋冬以來，雖迭經趙匪往返竄擾，而數萬饑民竟無一從賊者。又計自十八年（一九二九）秋冬以後，以迄十九年（一九三〇）春季，全境內並未發生劫案；而十百成群，橫行鄉里者，更寂然無聞。此可知保衛團之確能自衛，其成效大驗，概可見已。

近日奉頒保衛團法規，法制嚴明，程式週密，依法編組，頓復舊觀。各縣長為全縣總團長，各區長為區團長，鄉鎮長為甲長。又有甲牌互保之法，務期澈底刷新，無復遊民潰兵溷跡其間。其槍械必重行檢查，以清界限。本縣彭縣長將縣團取消，另編馬兵三十名，歸公安局兼轄，地方收省費之實效，除革冗員之虛糜，厥功偉已。

夫地方養兵，為地方用也。乃各縣地方保衛機關平日優遊無事，坐領薪餉，恒舞酣歌，習為固然。一旦地方猝遇軍事，而此正式鄉兵祇足供徵糧、催草、（傅）〔傳〕送軍書之用，往往遣發一空，欲求其守衛官舍、保護庫藏而不可得，更何望其荷戈前驅，禦侮剿匪哉！此真可為長太息者矣。噫！地方日出養兵之費，而不收養兵之用，此又何怪地方人視之如贅瘤，而斂手側足，不樂供億也。幸而天時人事紛集交乘，外迫於萑苻之紛生，知我民不能不亟圖自立；內迫於徵索之日困，知我民不能不合謀自強。或則幡然改圖，毀家紓難；或則憬然知悟，破產充公，採購槍械，招（幕）〔募〕武勇，俾期家自為防，人自為戰。散則為商為農，聚則為兵；遠則內地各縣，近則薩、武、固陽各縣。往往一縣保衛團累萬盈千，團幟高揭，而潢池小醜輒望望遠引而莫敢犯；不可謂非我民衆窮極思返，轉弱為強一大機括也。我臨河東障包、綏，西通甘、寧，北控蒙疆，南襟秦、晉，省防國防，鐍鍵在是。倘能依照保衛團法切實推行，或則堅壁清野，烽堠無驚；或則憑山帶河，鞭弭從事，將奇正可以互用，攻守可以自如。詩曰：「與子同袍」，「與子同仇。」①此豈獨一身一家之利，國家邊計亦實利賴之矣。機不可失，時不可待。吾願地方人亟起而直追之，勿令作者徒以空文自見也。幸甚！

賦税紀略 地方捐款附

禹貢三壤成賦，周官九賦徵財。國家取於民也，有經制；國民奉於公也，有常供。此古今之通義，亦中外之通例也。臨河在前漢隸朔方郡，嗣後代有變遷。迨金、元之後，隸夏州治，省併無常。終明之世，地不内屬。歷代文物典制，散佚無稽。欲考臨河賦税成法，斷自民國十四年（一九二五）臨河設治始。特作臨河賦税紀略。

一 臨河縣政府徵收賦税項下

甲 杭錦旗元字段地，原額一千五百頃。官租，每地一頃額徵銀一兩八錢。照每兩合洋二元一角計算，應合洋三元七角八分。附加辦公費一成，縣府留支七釐，解廳三釐。其未升科之地，一律自十八年（一九二九）起，每頃徵短租三元，作為縣府行政經費。

乙 杭錦旗官租，照章丈青收租。十七年（一九二八），共丈地六百餘頃，徵洋一千八百八十一元八角六分九釐。十八年（一九二九），丈地七百四十九頃六十三畝八分三釐，徵洋二千八百三十七元一角九分。

丙 契約，每田房產價百元，徵正税六元；附徵財政廳辦公費二成，洋二元；教育費洋二成，洋二元。計價一百元徵正、附税十元。

① 見詩經國風秦風無衣，意為從穿衣到赴敵，都願互共患難。

丁　紅契，應徵全稅；白契，均徵半稅。

戊　印花稅，十四年（一九二五），銷洋六百二十二元七角三分；十五年（一九二六），銷洋二百零八元；十六年（一九二七），銷洋八百七十四元八角；十七年（一九二八），銷洋九百七十五元七角七分；十八年（一九二九），銷洋二千三百三十七元。均照定章百分之十提成，留縣作辦公費。

一　臨河煙酒事務第四區分卡設置規制及稅率定額

甲　分卡於十八年（一九二九）二月一日設立。

乙　分卡因係創設，所有稅收比較，尚未規定。

丙　臨河煙酒稅，全境全年約收洋兩千元。

丁　臨河全年煙酒牌照費，約收洋八百元，分兩期交納。

戊　分卡設卡長一員，月薪洋四十元；馬巡二名，每月每名工食洋十元。

己　分卡公賣，因係創設，尚未定額。

一　臨河塞北關分卡設置規制稅率比較各項

甲　分卡於民國十七年（一九二八）二月間創設。

乙　分卡在縣境計有三處，一縣城，一秀華塘，一黄羊木頭。黄羊木頭之分卡，本年二月奉令移設陜壩，並令臨河城稅務分卡事宜歸秀華塘分卡兼辦。

丙　各分卡稅收比較，自民國十五年（一九二六）地方多故，收數鋭減，並未規定比較。

丁　各分卡各設卡長一員，經徵員一員，稽查一員，馬、步巡各二名。

戊　各卡長月薪三十五元，經徵員、稽查員月薪十五元二角，伙食每員每月洋四元。馬巡每名每月工伙食費洋十三元二角，步巡每名每月工伙食洋六元，每月公費洋二十五元。

己　國貨稅額按值百抽二五徵收，洋貨按值百抽五徵收，如持有運照或子口票等件，概不徵稅。每件徵收手數料費銅元四枚。

庚 無論何項貨物，一律照正稅附加十分之一徵收。

一 臨河統捐局徵收捐釐項下

甲 統捐局，舊名清源局。臨河未劃分以前，僅設秀華塘分卡一處。至十四年（一九二五）設治後，仍舊設卡。至十六年（一九二七）九月，改名統捐局。

乙 總局設局長一員，月薪一百二十元；文牘、會計、經徵各一員，月薪三十元；分徵即卡長，月薪二十八元；書記八員，月薪十六元；稽查四名，月薪二十元；馬巡五名，月支工食八元；巡士七名，月支工食十元；巡丁七名，月支工食八元。

丙 分卡五處，第一卡駐善丹廟，第二卡駐秀華塘，第三卡駐鎮番泉，第四卡駐天義生，第五卡駐東西場。分巡處二處，第一卡分巡處駐太陽廟，第二卡分巡處駐陝壩。

丁 每卡額設分徵一員，即卡長。書記一員，馬巡一名，巡士、巡丁各一名，其餘稽查、書記等餘額，仍由總局指揮，分駐分巡處及各卡，審察事務繁簡，互相抽調，概不拘定。

戊 每年比較，以八萬元為準，徵數不足比較。

按志書體例，本境所有國家徵收機關，於百貨徵額，如值百抽若干，附加若干。及每年實收數目若干，均須詳載，以資徵信。本局對此不憚詳求，如縣政府歲租、印花、塞北關百貨正附稅，均得其確實徵額。獨統捐局函覆，以捐收名目繁雜，一時實難抄送，故本局編纂對於統捐捐額略而不詳，特此註明。

己 屠宰稅為統捐局專管事項。據函復，屠宰稅一項，已於十八年度以包額四千四百元准李子英承包，一切手續，可向該包商調查。

一 地方公益捐款項下

甲 牧畜捐，向來指該款為警團專款，每馬、騾、駝、牛一隻，均捐洋四角。每羊一隻，捐洋四分。附加二成，作為教育補助費。該捐款如不敷警團開支，則由地畝或商捐彌補。

乙 地畝攤捐，如教育、農林、道路、義倉、營繕以及區社及地方教育、公安、財務、建設、差務，各局並商會一切經費，均係量入為出，以預算之多寡為攤派之數目。近三年，每水地一頃，攤捐不過十三四元。

丙 商捐，擔任公益費全部十分之二，由商會徵收，交財務局存支。

按臨河自十四年（一九二五）七月設治，凡關於修建城垣、公署、局所及設治局行政經費，議定呈准由地畝攤捐，每地一頃捐建築費洋五元，捐行政費十元。當以亟於建築，徵收建築費不敷開支，呈准由行政費挪用二萬餘元，准由達旗地畝局荒價附加建築費項下挪還行政費。迨至十七年（一九二八），行政費無著，經王前局長文墀向道署呈請改縣，因與定章不符，不得已呈請由地方地畝照前定捐派行政費前例五（份）〔分〕之一徵收，每頃照收洋兩元，並下不為例。呈准有案。迨十八年（一九二九）十月，改升縣治，行政費仍歸無着，經彭縣長繼先呈請仍由地畝攤收，凡升科地准予留支官租作為政費，不再加派外，凡未升科之已報墾地及外墾地，一律按每頃收洋三元，以昭公允而利推行。

水利沿革利病紀略

西北之大利在農田，農田之命脈在水利。自來開闢西北，他務未遑，首先經畫水利，為唯一之要政。河套渠道縱橫，即古人溝洫遺法。古者遂人治野，制其地而溝封之，一夫百畝，夫間則有遂；十夫有溝，百夫有洫，千夫有澮，萬夫有川。古曰川澮，即今日河套之各幹渠也。古曰溝、曰洫、曰遂，即今日河套各枝渠、子渠也。至匠人為溝洫法，起於二耜為偶，終於廣深四仞為川，即河套治渠土方之制也。至稻人掌下地之稼，以潴蓄水，以防止水，備乾涸也。以溝蕩水，以遂均水，欲流通也。以列舍水，以澮瀉水，防汛濫也。即今日河套治渠、築堰、築壩、劈梢、放退水之法也。地猶是地，法猶是法，善用之，有利無害；不善用之，有利亦有害。有明徐御史貞明①注意西北水利，嘗裹糧從二三屬吏，週歷經度之，信其可行，疏陳十二利，碩謨大計，切實週至，所謂小試之則小效，大用之則大效也。旨哉！明季周用②之論水利也，謂大禹治水神功不過盡力溝洫，誠以天下皆溝洫，天下皆容水之地，天下皆治溝洫，天下皆治水之人，水無不治，田何所不墾。況西北水利有基可圖，不必創也，善因其利而利之而已。特作水利沿革利病紀略。

論永濟渠沿革及利病

永濟渠為河套各渠之冠，又名纏金渠。何以曰纏金，或因渠水縈纏作金碧色，象形而名之歟？或謂渠水寶貴，價重兼金，取義而名之歟？抑因蒙旗地名如蘭鎖之例而名之歟？均未敢臆斷也。

按永濟渠創於何人，闢於何年，莫可詳考。聞諸故老，云渠在道、咸之季，有地商四十八家公共經理，今之公中廟即昔年地商醵貲建立公共議事場所，規模亦壯闊哉。當時各地商包租蒙旗外墾地，連阡接隴，用水均仰給於該渠。渠道平時歲修及臨時要工，地商等按釐出貲，通力合作，儼然有同利共害之團體。當其生地甫闢，渠水暢旺，歲告上稔，每年灌地三四千頃，收糧數十萬石。惜價值低落，不能遠販。古人所謂粒米狼戾，③紅朽堪虞，④恍然遇之。此為永濟渠全盛時代。

---

① 徐貞明（約一五〇三年至一五九〇年）字孺東，一字伯繼，江西貴溪人。明代萬曆年間宣導海河水利的代表人物。明隆慶五年（一五七一）進士，歷任浙江山陰縣令、工部給事中、太平府知事、尚寶少卿、兼監察御史領墾田使。曾上水利議，撰潞水客談，倡行興修水利，安民富國。終因奸佞進讒，未能徹底如願。

② 周用（一四七六年至一五四七年）字行之，號伯川，吳江（今江蘇吳江）人。弘治十五年（一五〇二）進士，歷任南京兵部給事中、廣東布政司參議、南京工部、刑部尚書等職。後以工部尚書總督河道，官至吏部尚書。謚恭肅。他主張以溝洫治理黃河。

③ 粒米狼戾，喻豐年糧食充盈。語出孟子滕文公上：「樂歲，粒米狼戾。」狼戾，即「狼藉」，縱橫散亂的樣子。

④ 紅朽堪虞，言擔心糧食因貯久而變色糟朽。

迨至同治初季，西師剿匪凱旋，大兵就食永濟渠，列壘百里，(拆)〔柝〕聲相聞。各大商竭力輸將，絡繹不絕，不三年，悉索敝賦，搜括殆盡；兼以軍民雜處，農事日荒，渠工日廢，各地商坐是失業，強〔食弱〕肉(弱食)，爭相雄長，爭地爭水，械鬥劫奪，儼然敵國。起視該渠，泱泱巨瀾變而為涓涓細流矣。此為永濟渠中落時代。

迨有清末葉，光緒三十年(一九〇四)中朝派貽欽使來綏督辦墾務，收永濟等渠為國有，又規畫養渠之法，勸蒙旗將附渠各地永租歸公。所謂永租者，永租歸公，不再放墾之謂也。

按永濟渠屬永租地計八百五十頃，始則渠歸官辦，積弊叢生；迨入民國，改歸商辦，減歲租每頃繳銀一十五兩，著為例。該渠包商楊君茂林為水利專家，精心果力，能衍王氏濬川之傳而參其變。平日經營渠道，以培養花戶為第一要義，謂花戶聚而後合作始有利，花戶富而後大工始不誤。早作夜思，浴雨櫛風，統籌全局，為之闢渠口，濬渠道，開渠梢，沾溉日宏，收益日增，村廬雲屯，雞犬相聞。此為永濟渠中興時代。

是時也，當事者應如何獎勵而扶持之，俾令克厥全功，何意功未及半，又改歸包商李蘭青承包。李包商既少實力，又乏經驗，舉全渠人權盡付之渠頭之手，渠堙地蕪，毫無成績，獨其蓄水放梢一節，尚足差強人意。初，永濟渠放梢入五加河，僅流到距正梢七十里韓烏拉為止。七年(一九一八)夏，河水盛漲，永濟渠餘水充溢，勢不能容。五原干知事一面諭五加河下游各地戶迅濬河身，預備引水；又諭李包商曰：與其閉水自利，何如放水利人，務將餘水儘量洩放，以灌下游向未上水之地。果爾遵照宣洩，不惟五加河上游足用，即下游梅令廟、萬和長、烏蘭腦包、大樹疙巴，以至二分子，此二百餘里內，莫不旁匯交通。計本年增澆地不下三千頃，且永著為例。傳曰：「仁人之言，其利溥哉！」其此之謂歟？

九年(一九二〇)，又改歸灌田社包辦，無效。十一年(一九二二)，改歸匯源公司包辦，又無效。十四年(一九二五)，國民軍石旅長友三總辦水利，收各渠官辦，仍無效。

迨十七年（一九二八）春，墾總局大開水利會議，廣集群思，俯順輿情，始定官督民辦之法。各渠各立水利社，以本地之公正而兼熟習水利者充經理，治渠之法，始漸入軌道焉。永濟渠水利社第一期經理韓君增祿，第二期經理汪君治泉，均老於水利，經劃秩然。此為永濟渠由商包官辦改良時代。此永濟渠近百年來沿革之大略也。

按永濟渠在民國以前，襲用舊口，進水不暢，渠身寬不過五丈，梢寬不及三丈，長度不過七八十里。自包商楊茂林重修渠口，渠身加寬至七八丈，長至一百四十餘里。近年渠身通暢，寬至十餘丈、八九丈不等，每年澆地不下三四千頃，規模已大定已。所有亟需改進者，約有三端：一曰濬渠梢以暢尾閭。渠猶人身，開疏胸膈以通其來路，必先利導腸胱以洩其去路。渠梢逼窄，渠身水積不能容，勢必旁決橫衝，激成裂腹穿脇之患。惟開梢工鉅，不在歲修之例，可呈請公家補助半費，由地畝攤出半費，則款易集事易舉，水患可永杜矣。二曰建石閘以圖經久。渠中築壩，向來全（特）〔恃〕土料，少則需款數百，多則需款數千，築拆煩難，澆灌不免稽延；（起）〔啓〕閉拙笨，渠流不免淤澄。何如改為石閘，運用從心，操縱在手。計每閘需五尺長、一尺寬厚石條五百件，合以人工灰料，不過萬元。分上、中、下三遊建三閘，較之常年築壩似費實省，一勞永逸，何便如之！三曰加高培厚，以防漫溢；堤岸種樹，以固堤防；重修工房，以資聲應；歸縣府專管，以便指揮。又各渠所同，不獨一渠為然也。是在留心水利者加之意焉。

蘭鎖渠記事本末

渠何以蘭鎖名？以地名也。地何以蘭鎖名？地為蒙地，襲其名，（末）〔未〕通其義，無定字，亦無正音也。如高阜，蒙人名為腦包，又名淖包，又曰惱包也。渠創於何代，建於何人，無官書，無碑碣，無百年世族，傳聞異詞，莫可詳考。自前清光緒三十年（一九〇四）貽欽使來套辦墾，注重渠道，地商李君振海治農業於五原西偏，規模闊大，與五原濬川王氏先後相望，見蘭鎖渠久湮不治，慨然以興復為己任。於是虛心延訪各水利專家，集群思，採衆議，按諸實地試驗，反復測勘，比較其遠近高下之勢，參合其順逆向背之宜，出鉅貲，庀衆工，分段濬修。披星而作，戴月而巡，冒風雨，犯霜露，巡察督課，未嘗少息止。勤者賞，人知勸；怠者罰，人知愧。且勸且愧，是以工無曠而事易集。計自渠口下，渠正身至烏蘭腦包長三十餘里，寬五十五尺，深六七尺。自腦包闢兩梢，一則通蘭鎖大櫃，寬三十尺，深六尺，長四十餘里；一則通丹達木堵，寬三十尺，深六尺，長二十餘里。上游利在合，所以蓄其全力；下游利在分，所以暢其末流。分合運用，在乎一心，所謂行所無事非歟？渠水每歲澆地六七百頃，沿渠廬舍雲連，村舍駢列，聲息相援，守望相助，豈第一方一家之利哉！若李君振海者，殆真能殖我民生，洵非托之空言者矣。

論黃土拉亥河渠地沿革利病

按黃土拉亥渠全部地舊隸達拉〔特〕旗，渠創於有清初葉河曲楊氏。其得名之由來，渠舊有黃土淖包一座，蒙人呼淖包，亦曰拉亥，故以此名渠。渠主楊氏名字及該渠始創規模，久已無傳。至咸同之季，楊氏中落，渠堙失修，沃壤荒蕪。

至光緒末季，庚子教案發生，達旗蒙民與天主教失和。迨聯軍迫京都，清廷無暇顧及邊地，外人遂單獨提出條件，向綏遠當道及蒙旗嚴重交涉，要求賠款銀十四萬兩。綏當道與蒙旗協議，以黃土拉亥渠地全部，作為一千四百頃，抵賠教款銀十四萬兩。當時外人條件異常苛虐，時值我國不知外情及國際公例，冒冒然許之，遂令大好沃壤為外人殖民地。

自光緒三十年（一九〇四）外人接管後，渠兩岸教堂逐次林立，如陝壩、蠻會、大發公、玉隆永、勝家營子、烏蘭淖、丹打木堵。始則七所，迨後丹打木堵教堂取消，又添三道橋、黃楊木獨二所。每堂設傳教士一二人，施展其半麻半醉之侵略教化，以愚我不識不知之貧民。計夫授田，按田分廛，令我民衆負耒而來，仰其鼻息以為生活。復於教堂附設學校，俾全部教民子弟終日從事於誦經祈禱，使人人只知有教務，不知有法治，只知有教士會長，不〔知〕有官府。治外法權岌岌乎消磨於無形中，良可悲已。

迨歐戰以後，我國國際地位日進，外交亦因之日有進步。十四年（一九二五）臨河分治，蕭局長振瀛對於黄土拉垓渠地幾經交涉，嗣因奉調東去未果。十五年（一九二六），東魯于局長景文對於該渠地日謀所以收回歸為國有，迭次召集紳董會議議決，迭函鮑教士到署商洽。鮑教士屢以請示總會為辭，事又中止。迨涿鹿呂局長來宰是邑，呈准綏政府正式組織收回黄土拉垓河會議，以書面邀請鄧教士到會。該教士屢爽約不到，復呈准以無條件收回，派田委員全貴接收該渠，計渠長一百二十餘里；派石委員以讓接收該地，計地一千零八十頃。是役也，舉三十年沉沒之領土，一旦還我故物，復我主權，破我民衆昏昏之迷夢，何幸如之！何樂如之！查該渠重修於民國十年（一九二一），外人借楊家河之渠所得之利益五萬餘金，逐漸開渠，所定歲修章程備極週妥。該渠口在黄楊木頭東南十餘里，出水由勝家營子村西北十餘里入五加河。小支渠密如蛛絲，大支渠計有鑾會、大發公、善召渠三道，均長十餘里。十七年（一九二八），包西水利局改為包西水利管理科。又踰年，復改為包西水利管理局。每渠設水利社，設經理一、副經理一、董事長一，均由能種一頃地以上之戶推選。十七年（一九二八），該渠水利社李皋當選為經理，劉期副之，傅正業為董事長。辦理二年，雖無成績可言，尚能奉公潔己，循從前辦事之舊章。詎意十九年（一九三〇）改選經、董後，迭次會議均主張將該渠上游劈寬六丈，而對於下游並未計劃。當時冒冒然通過，冒冒然實行。適值本年大河水勢異常洪漲，該渠既經劈寬，廓乎有容，凡上游之地均可上水，餘水愈積愈大，滔滔其來，爭趨下游。乃渠身逼窄，容量太少，以致決口數十道，淹田二百餘頃。是豈天災之靡常，抑亦人謀之不臧耳。作者無水利常識，又無水利經驗，竊嘗與二三水利專家晨夕過從，亦嘗聞其緒論矣。治渠猶治一身也，疏導其胸膈以順其來路，必先暢利其尾閭以開其去路。設令尾閭不暢，腸胃必致壅塞，愈塞愈積，勢必有穿脇破腹，横決旁衝之虞。治渠亦何莫不然，開寬渠口以利之入，開寬渠身以使之容，尤須開寬渠梢以使之洩。此自然之理也，三尺童子均知之，不待有常識有經驗也。自來善治水者無他焉，曰公曰平而已。無人己彼此之見存，此之謂公；無大戶小戶、貧戶富戶之見存，此之謂平。以此治水，何水不治！然則黄土拉垓河渠善後之策，可一言蔽之曰：加寬渠梢而已。渠身外民地也，渠梢外亦民地也，情形同也。渠身之民地照章出費也，渠梢之民地亦照章出費也，其義務亦同也。如之何待遇不同也？且渠梢加寬亦非難能之事，數十里之工程，二三千元之經費，借全渠通力合作之餘力，分當事者醉舞酣歌之餘神，但能多盡一分規劃，民間即受萬分之保障。此則渠梢各花戶日夜企望，口不敢言而心竊默祝之者也。曲突不及徙薪，亡羊尚可補牢。用特正告之，以為鏡焉。

創修楊家河子渠紀事本末

按楊家河子大渠為後套各經費渠之冠，其水利之宏深溥博，與永濟官渠相埒峙。是渠開創前，該處百餘里均沙梁耳。自有此渠，地加闢，民加聚，萬畝田歌，千家烟火，蓬蓬勃勃，遂有日新月異之勢。臨河之有四區也，楊家河子渠為之也。誰謂水利之於地方無絶大之關係耶！

按今之楊家河子渠襲舊渠之名，非襲舊渠之地也。舊楊家河為臨河西界，西場楊氏創修於清嘉、道年，盛於咸、同時代。至光緒初季，楊氏中衰，地蕪而渠亦與俱堙。詢諸故老，舊渠規模狹小，水利局於一方，較新楊家河渠，其大小廣狹不啻倍蓰。

當民國初元（一九一二），河曲楊君茂林以水利專家包辦永濟官渠，因勢利導，三年水利大治。嗣為有力者撓奪之，不得竟其所施，於是偕其諸弟春林、文林、鶴林遍歷河套。至烏拉河東畔，審度河流，詳察土宜，見夫該地泉甘土肥，畇畇膴膴，百餘里一望沃壤，亟待開闢。慨然興殖我民族之思，奮臂起曰：欲為我民族開百世之利，為我地方啟新造之區，莫如就地開創一絶大規模之渠道，庶幾其有濟乎？時有尼①之者曰：先生之志則大矣，其如工大費鉅何？茂林蹙然曰：我國人日日言實業矣，殊不知公家無實業，社會有實業；社會團體無實業，社會個人有實業。我輩不言實業則已，如真欲著手實業也，求人不如求己，分任不如獨任之為愈也。於是相度地勢，決定在舊渠迤東開創渠道。

① 尼，義爲阻止，阻攔。

時在民國五年（一九一六）冬，預籌渠工糧款，備購器具，又復週巡測勘，延請各水利名家往復辯論，以折其中。六年（一九一七）春，庀工聚材，開始修濬，由毛腦海口重開渠口。茂林先生躬親督工，往來督課指揮，夙夜無稍息。乃弟春林、文林、鶴林分段監視，披星而作，戴月而息。迄六閱月，開至烏蘭淖。計生工已四十餘里，沿渠地高亢，上水無幾。是時，耗款已數萬矣，族黨戚友為先生危，先生夷然守常度，氣不稍挫。爰與陝壩各堂教士商洽，以各教堂包租之蒙地作為地股，每澆地一頃，有以平分計算者，有以七五計算者，支配分利，始得源源接濟，盡以所得利益以充工費。七年（一九一八），開至哈喇溝。八年（一九一九），開至二道橋，計大功已及半矣。是年渠水不旺，收益奇絀，兼以地方迭遭匪禍兵災，市面凋敝，金融無可週轉，渠工虧款萬餘元。工人五六百名踵門日責索，洶洶不可解，勢頻殆矣。先生舉全家之衣物、簪珥、牲畜、器（俱）〔具〕，變價償還。工貲不足，又重息稱貸而補之，為地方興利，不惜毀家以紓難。事後兄弟無後言，婦子無誶語，先生之信孚內外可知已。九年（一九二〇），遭（黃）〔蝗〕蟲災，霉爛殆盡。十年（一九二一），收成奇絀，浩浩大工，進行無貲，中止不能。如登山者阻中道，巉巖莫攀；如涉海者陷中流，危柁欲折。借非有堅忍性、貞毅心，何克度此難關！語云「打牙和血吞」，又云「豎起脊梁立定腳」，此之謂歟？

十一年（一九二二），開至鑾會梢退水渠。十二年（一九二三），開至三淖梢退水渠。此楊家河渠正身開濬經過之大概也。計渠身長一百四十餘里，寬八九丈有差，深丈餘。其開修支渠也，第一道為黃羊木獨渠，長七十餘里，寬兩丈四尺；第二道為烏蘭淖渠，長六十餘里，寬兩丈四尺；第三道為老仙渠，長五十餘里，寬兩丈四尺；第四道為三淖渠，長八十餘里，寬三丈，此最大之支渠。其他各小渠密如蛛絲，綺交脈注，不可勝紀。計全渠每年能澆地兩千頃，三千家賴以舉火焉。

按茂林先生天性篤厚，敦內行，資姿穎悟。其先德擅長水利，茂林髫年隨侍，每行渠畔，進茂林隨地指畫，輒憬然有會。稍長，入而講求，出而實驗，日覺親切有味，遂視水利為唯一之事業。每興一工，遍集當事者，令抒所見，已乃參合己見，往返駁論，以求其至當，其有不合者鮮矣。即間有格礙，（而）仰而觀，俯而察，伏案兀坐，繞室旁行，臨流凝立，終日終夜忘食寢。迨至豁然通，憬然悟，洎乎其有得也，則有大呼狂喜，覺人世之樂舉，無以易此者。先生有弟八人，皆一門之秀，均能踵起而世其傳，春林、鶴林尤日侍先生而得其秘授。是役也，春林專司其渠工、庶務、外交諸務，鶴林專司籌備款糧貨物並支發諸務，相資為用，正其相得益彰矣。

嗟乎！在民國四年（一九一五）前，近渠百餘里，舉足荊棘，觸目汙萊。茂林先生不過當地一紳董耳，既非坐擁厚實可以左右人民，又非手握大柄可以號召民衆，而挺身獨任，取甌脫之地而獨力闢之，取久湮之渠而獨力開之，坐令化墝為肥，化瘠為沃。起萬畝之芳塍，黍油麥秀；開百里之繡陌，耕雨鋤雲。致令肇造新區，重開天塹，不惟一方造福，粒我蒸民；為省防計，為國防計，為實業家創新模，為軍事家立要塞，有益西北大局豈淺鮮哉！迄今春林、鶴林諸弟守其成法，為之疏其幹，暢其支，揚其波，助其流，令我民衆擊壤鼓腹，樂其樂，利其利，何莫非茂林先生之賜哉！

教育紀略

臨河地處絕塞，跡限遐荒。兩漢隋唐間設郡縣，而旋省旋併，典物飄零；忽夏忽夷，文教暌隔。白茅黃草，莫發芹藻之香；毳幕駱漿，難翹菁莪之秀。梯航不出百里，太史停采風之軒；遊牧溷跡兩河，學士返問俗之轡。自清末報墾而漢民始願受廛，自民國分治而文教始萌胎胚。究之地囿蒙俗，文化遲開，步步甘讓人後，無如何也。欲紀臨河教育經過，請斷自十四年（一九二五）設治始。特作教育紀略。

民國十四年（一九二五）秋八月，縣立初級小學成立。

按臨河未設治前，地方隸五原西區。民國六七年間（一九一七至一九一八），王知事催令辦學，經紳董在強〔家〕油坊、丹打木獨、白爾塔臘等處均設有小學，當以迭經兵燹，規制缺略，旋興旋廢。洎十四年（一九二五）設治，經蕭局長在縣城先設小學，一切章程均照部定，以資提倡。

十五年（一九二六），各區設小學一所。

十六年（一九二七）三月，教育局組立。

臨河教育局組織法及規程

第一條 本局依教育廳頒佈教育組織條例與縣政府組織條例組織之。

第二條 本局設〔局〕長一人，承教育廳及縣政府之命，綜理全縣教育行政事宜。

第三條 本局設督學員二人，承局長之命，職掌督察指導。其職務如左：

一 關於縣內各教育機關對於教育方針及法令遵守狀況之督察、宣傳事項；

二 關於縣內教育機關設施狀況之督察指導事項；

三 關於社會實況之調查及社會教育之推廣事項；

四 關於調查表格、測驗方案之填記事項；

五 關於教育機關人員之考績事項；

六 關於教育機關經費之支配及用途之督察事項；

七 關於縣內教育方案建議事項；

八 關於其他督察指導事項。

第四條 本局暫設事務員一人，承局長之命，職掌一切事務。其職務如左：

一 關於會計及庶務事項；

二 關於預算、計算、決算之編製事項；

三 關於文件收發、校對及保管事項；

四　關於統計報告事項；
五　關於文書之繕寫事項；
六　關於其他事項。

第五條　本局遇必要時，得添設事務員一人或二人，辦理本局一切事務。
第六條　督學員除督察指導外，須駐局内輔助局長處理局内一切事項。
第七條　本局暫設書記一人，遇必要時，得酌用雇員一人或二人，辦理局務。
第八條　本局為謀教育發展及局務便利，得設委員會研究之。
第九條　本局辦事細則另定之。
第十條　本法規如有未盡事宜，得隨時呈請修正之。
第十一條　本法規自呈奉核准之日施行。

秋七月，縣高等小學校、初級女小學校成立。
按兩等學校設校長一員、國文教員一員、科學教員一員、文牘員一員、夫役兩名。高級第一班學生十名，第二班學生十名。初級班學生三班共六十名。全校每月薪費洋一百三十八元，現又加至一百六十元。初級女校設教員一員，學生二十名，夫役一名。全校薪費洋五十八元，現又加至八十元。

冬十月，縣立兩等學校、初級女校校舍建築落成。
按兩等學校地址面積寬長各三十丈，操場寬長準是。大門一楹，大講堂六楹，東講堂三楹，教員室三楹，學生休息室六楹，廚房兩楹。女校地址面積長二十丈，寬十丈。前後大講堂各三楹，廚房兩楹。兩校建築費洋五千元。

十七年（一九二八）春，各區初級小學校成立。
按各區小學逐漸擴充，至十七年（一九二八）春，已報成立者計二十處。

十八年（一九二九）春三月，各村初級小學教授管理法照部章頒行。四月，全縣學校組立學生運動會。

按各區實行村制，全境共組兩鎮、二十村。每村鎮一區設小學校一所。是年四月，王教育局長鑒於學風不振，奄奄疲（荼）〔茶〕無起色，特呈准組立學生運動會，以是月十五、十六兩日為會期。與其事者有高等學校高校長建章、劉教員象日、趙教員存南，督學員張國翰、張毅辰，前女校教員耿秉信、教員海桂芝及毛君萃良、班君子儀、律君聯璽，分董其事。學生到會者四百餘名。主席為黃設治局長彥邦。外賓有檀旅長林楨、李團長根車、統捐局李局長潤、公安局郝局長晉綱、電報局黃局長昌、建設局楊局長春林、財務局李局長增榮、一區區長李元楨、二區區長陳占財、三區區長傅正業、四區區長楊鶴林、中西醫士田信之。計運動課程則有：植竿跳高、立（頂）〔定〕跳高、跳遠、提燈競走、頂囊競走、縫紉競走、跳繩競走、算術競走、拋球競走、奪旗競走、八百碼競走、四百碼競走、打籃球比賽。智者角智，材者角材，勇者角勇，踵相接，袂相聯，絕塵而奔，攘臂而進，人人有競爭之志氣，人人有競爭之精神。是役也，邑之人傾室觀，憑軾望，神為眩，目為悚，舌為僑，足為側，舉欣欣然相告曰：初何料吾邑學子奮發猛厲一至於此也。此又何事不可為，何業不可就也。噫嘻！此一舉也，為我學界雪虛聲之恥，為都人士鼓向學之心，所關顧不重哉？王局長文墀又慮夫各村小學校教育費就地籌款之不公不平也，特提議一律按地攤派以劃一之。又慮夫師資不良，教授不能一致也，特提議設訓（諫）〔練〕所以訓（諫）〔練〕之。又慮夫教育費向無的款，不足以經久遠也，特提議每種地一頃攤抽糧二斗，計共攤糧八百石，援案減半價，可領地二百頃，以為基金而厚培之。王局長可謂知教育之先務者矣。

秋九月，設民衆閱報所。

按臨河風氣閉塞，民智未開，議定就東關街公所附設閱報所，縣署及各機關捐報若干。每月應支公費，由地方款挹注之。

十九年（一九三〇）春，重中第一高小學校及各初級小學校制。

按臨河城關各村學校，經近年整頓，勤加督查、訓練，日有起色。本年春季，復由彭縣長令教育局通令各校，遵照部頒四二制課程方面，現採用新時代課本，逐漸整理當然，依次就緒。計全縣各校職教員三十六員，女二員；學生統計八百四十五名，女生四十二名。至全境教會學校，計有六區，向來課程課本往往自為風氣，甚至攙加聖經禱辭。近來經教育局暨督學員正式指導，亦逐次就範。現又通令遵照部頒小學章程實力履行，議定經費半由教會半由地方分認，互相輔助而策進行。又查社會教育如露天學校、通俗圖書館、講演所等項，或限於人才缺乏，或困於財力支絀，又以近年災荒迭告，地方多故，旋議旋罷。現在正值地方粗平，風氣日開，教育當局正在策畫進行中，未敢視為緩圖也。

按教育原則有三：曰學校教育，曰社會教育，曰家庭教育。論其全體，則家庭為本，學校、社會為末；論其大用，家庭為先，學校、社會為後。古人重胎教，立姆訓，講少儀，讀孝經，即家庭教育也。今歐美之幼稚園等設置，亦即家庭教育也。通古今中外，凡夫魁儒傑士，功名勳業震耀寰宇者，莫不由家庭教育而起。醴泉必有源，芝草必有根，其所蓄積者然也。我河套地染蒙俗，向則由遊牧而成部落，今則由部落而始立郡縣，舉不知家庭教育為何事，此何怪夷秀穎於荊榛，委良材於薪棘也。欲振興河套文化，斷自提倡家庭教育始。一面擴充女學及露天學校、平民學校，使全境三十歲以下之男女無不識字之人；一面參合古今，貫通中外，為家庭訂定簡單平易之課程；總以養其德性，開其知識，強其體格，使小子易知易行為標準。由是切寔推行，不二十年，我臨河不人文蔚興、人才踵接者，未之有也。願告之關心地方者。

商業建置紀略

河套自古及今，地方之變遷凡三運：一運為遊牧時代，再運為耕畎時代，三運為懋遷時代。自有清之季，雍、乾內蒙歸誠以後，而漢蒙始通往來。自道咸地商闢地以後，而漢族始有交易。至其通市伊始，均係以有易無，交易而退，其風近古。自近年地力日闢，民戶日聚，列廛設市，商業始兆萌芽。究竟地囿一隅，交通梗塞，貨少則壟斷病民，貨多則壅滯病商。商人無雄厚之資本，無經濟之常識，是亦關心市政者所當策勵以圖之也。作商業建置紀略。

（甲）商會組織沿革之經過

按臨河自十四年（一九二五）設治時，因商務未興，農會、商會合組，亦臨時變通之計。第一任會長于相龍，因比年地方多事，諸務未遑經畫。洎十六年（一九二七）冬正式改選，張文煥被選為第二任會長，以丁相龍副之。當時經制漸備，粗具規模。十八年（一九二九）六月改選，劉〔眕〕（眕）被選為第三任會長，于相龍、董繼舒副之。十九年（一九三〇）夏，奉令改為委員制，經合縣會員推選，劉〔眕〕（眕）被選為主席。會中設文牘、會計、書記各員，其餘組織悉如制。惟會址向於農會合建，迭經軍興，地址遂久為軍隊佔據。十八年（一九二九）農會停辦，商會暫借商號辦公。十九年（一九三〇）四月，始在縣府西北民房為臨時辦公地方。是秋七月，於縣府後街擇地建房十一楹，商會自此始有定址焉。

（乙）商會經臨費之徵集

按商會每月薪公洋一百四十一元，雜支費洋三十元；常務員五員，每員每月膳費洋十五元，交際費五十元，均由本縣各商店攤款項下開支。攤款辦法，按各商資本大小，規定釐股，能任一釐股者，月捐洋二元；不能任一釐股者，每月酌攤。

（丙）商業概數之統計

按本縣設治未久，迭次招商，設立行棧，迄未實行統計。全縣貨鋪約有二百五十餘所。

（丁）商業出入口銷路之比較

按本地商貨出口品以牛、馬、騾、駝、羊、絨毛、糧米、皮張為大宗，銷數價值歲計約在四百萬元左右。入口品以茶、布、煙、酒、糖、紙為大宗，（價值）歲計銷數價值約在三百萬元左右。兩相比較，出口銷數盈餘在百萬左右。

（戊）銷耗品粧飾品之銷數

按本地每歲銷耗品約計五十萬元以上；粧飾品約計十萬元以上。

（己）全縣歲輸稅釐捐之概數

按本縣百貨營業歲納稅釐捐約計洋六萬元以上。

（庚）漢蒙交易貨品之名目

按本地漢蒙交易以糧米、布、茶、糖及牲畜、絨毛、皮張為大宗。

（辛）蒙旗需要品及漢商交換品之名目

按蒙旗需要品以糧米、糖、布、茶、酒為大宗。漢商換得品以皮張、絨毛、牲畜為大宗。

（壬）漢蒙交易通用貨幣之標準

按漢蒙交易除以物品交換外，均通用中國國幣，或間用俄幣，照原定價值計算，並不折色貼水。惟均以現幣為限，紙幣不能通行。

（癸）漢蒙交易度量衡之通行

按漢蒙商業出入，向均通用中國之度量衡以為標準。惟蒙人買賣布疋，間有論方者，仍以中尺為比例。

（子）出口商販經過蒙地之規則

按後山內蒙為烏拉特前、中、後三公旗，外蒙所屬分四十八家合哨。漢商在蒙地營業，須由該商先指明在某旗或某合哨地交易，掛號交納營業捐若干，即准在該處自由貿易，概不禁制，惟不得越境開設鋪號。然能禁漢商越境賣貨，不能禁蒙人越境賣貨。是亦中國任客投主，不加限制之常例。至所謂在蒙地交納營業捐，並非蒙人稅課，亦似內地各處商家之鋪捐。所謂在該地經商，享其權利，即當盡其義務也。再蒙旗地面向未設徵稅機關，惟俄人強干外蒙內政，居然在蒙地設局卡徵稅，且稅率苛重。如有漢蒙貨物經過該局卡，均照值百抽十徵稅；即漢蒙商販攜帶銀洋，亦值百抽五徵稅。是不惟我國際上橫生窒礙，亦我國商務上受若大影響也，果何以挽救而維持之哉？

（五）本境商業金融之現狀

按本境近年多故，金融紊亂，達於極點。現已奉令將本地各商號所出號帖小票，責成各該號一律收回。全縣金融在市面流通者，計有綏遠平市票十五萬元，善後流通券五萬元，豐業銀行票三萬元，綏遠總商會票一萬元，平市官錢局及綏遠總商會零角票一萬元，共計全境流通鈔幣約二十五萬元以上。

交通紀略

地方交通有四大政：曰郵，曰電，曰道路，曰輪船。臨河地處邊荒，龍堆草白，中道廻采風之輶；雁磧沙黃，臨流返問俗之轡。聲息局於一隅，梯航不出百里，交通梗塞，莫此為甚。近年地方設治，當道對於交通要政逐漸改進，而或限於章制，規模未宏；或限於財力，推行未暢；是亦無可如何者也。特作交通紀略。

一曰郵政

按五原當民國二年（一九一三）改縣以後，僅設郵信代辦所一處。自十四年（一九二五）臨河設治，五原改郵櫃為郵局。臨河設治局注意郵政，請於交通當局，在臨設郵信代辦所，因津貼寥寥，由設治局每月津貼洋六元，藉資維持。然文書遲滯，信件錯落，往往不免；而匯兑及郵包，僅及五原而止，商民大感不便。自十七年（一九二八）秋季，設治局停止津貼，郵櫃益難支持，黄鶴音沈，青鸞信梗，居者秋水望穿，征人春雲盼斷矣。當地紳董悉心調查，按郵局章程，非月銷百元以上之郵票，不准設局。事經開議籌商，情願由地方每月代銷郵票百元，函請郵政當局設局。如果實行，則由塞之通郵政之轉機，在此一舉。近日已照章設立三等郵局，開始通行矣。

二曰電政

按五原於民國四年（一九一五），縣署由包移套，經王縣長呈准設立三等電局於隆興長。時值軍興時期，聲息靈活，成效昭著。十四年（一九二五）臨河設治，蕭局長呈准設電報房於縣城，規定由地方每月補助電報房洋一百二十元，凡關於設治局官電及地方之公電，均一律免費。此係臨時單行法，純為便利公務起見也。乃五原電局逕向電報房每月提取款項。臨河商電本少，電報房全部薪費每恃地方幫款，藉以敷衍，更何有餘款補助五局；且焉有以地方補助之款，取而補助他局之理。迨十七年（一九二八），電界奉一律收費之令，臨河亦照章收費。官紳據理力爭，謂臨河邊要，自應由公家設立電局，經費由公家擔任，無論何項電報，自應一律取費。乃公家既不設局，又不發款，惟此電報房經費全由地方補助，地方既有出款之義務，自應享不收費之權利。若既出補助費，又交電費，是盡兩重之義務，而僅享一重之權利，豈得謂平云云。呈上不報。是年冬，黄君昌來領是局，曲意調停，補助費仍由地方擔任，電費暫時記賬。所願商電日增，正式收益日多，地方免盡補助之義務，公家實行收費之章制，此誠兩全之道矣。十八年（一九二九）冬，彭縣長提議創設由縣城至陝壩電話，預算購料及裝置開辦費需一千五百元，由地方公認。現在積極籌備，次第就緒，從此防務、商業息息相通。倘或辦有成績，各區仿行，血脈貫注，四境響應，不出戶庭，可坐而定矣。

三曰路政

按本縣渠道紛歧，交通處處梗塞，當夏秋各地澆水，南轅北轍，即熟悉地理，且迷於嚮往。路政不修，良足深歎。十九年（一九三〇），綏遠政府發下賑工款六千元，議定專為各縣修路，藉資以工代賑。當由本地方行政會議議決：

（甲）由縣城往過五大股、黃羊木頭、烏蘭淖至陝壩為第一路，計長五十里。

（乙）由縣城往西門外渡口至第一區區所為第二路，計長三十里。

（丙）由第一區至蠻會為第三路，計長五十里。

（丁）由第一區至第二區為第四路，計長四十里。

（戊）由第四區至陝壩為第五路，計長五十里。

（己）由陝壩至蠻會為第六路，計長三十里。

以上各路線，議由各區長督促村長召集當地貧民修築，業經呈報。嗣奉廳令，略謂：案經萬字分會周副會長晉熙提議，臨河工賑款應修築臨河縣道。查得臨河縣城西至黃羊木頭，轉北〔經〕玉成厚、烏蘭淖、郭三牛犋、陝壩、韓巴圖，以抵郭四牛犋，轉東至蠻會、大發公，轉東南公益恒、元泰隆，正南經四分子、大文祥，以抵臨河縣城，再由韓六告西修支線，經德和泉、趙海油房、干汗廟，以達陝壩。又由黃羊木頭西北修支線，經老謝圪卜以達楊櫃，轉東北經九分子、段三圪凸，轉東以達郭三牛犋。茲特繪具臨河區域圖，並將應修道路注以黃線云云。業經賑務總會議決通過，函請到廳，仰速按照全文所指路線辦理。到縣，當經縣政府召集紳董覆議，僉稱周會長所指路線有須經過沙磧，開築費工者；有經過多數支渠，轉折不便者。當即呈覆，仍照本縣原議路線六道修築，以維原案。茲又參合廳令原文之意，添修幹路四道：

（庚）由烏（團）〔蘭〕淖至楊櫃為第七路。

（辛）由縣城北門至德和泉為第八路。

（壬）由鑾會、大發公轉至聖家營子為第九路。

（癸）由二區永安堡經仁義堂、聖家營子，轉經東皮房，趨東至臨河東北界為第十路。

如此添修，本境各路洵可謂四通八達，交通無窒矣。

四曰航政

按本境大河流域既無正式稅關，又無重大市鎮，故往來河流，均係過往船筏，向無公立船廠。大約東下者十居八九，西上者十居一二，誠以順流則費輕而歷時短，逆流則費重而歷時長也。西來之貨，絨毛、皮張、藥材、鹽、炭為大宗；東來之貨，糧食、洋雜貨為大宗。臨河有航路而無航權，其數不可得而考焉。至本地運糧，均係臨時雇用小劃，亦屬客劃居多，從無操舟為業者。倘能令各渠曲達旁通，則舟棹運載，不三日即可調歷四境，較之陸運省費省時，又何難帆檣林立、艑棹交集，舟棹之利將日增而未有已，是亦地方之幸已。

兵防紀略

自古邊防大計，不外築亭障，設斥堠，立烽墩，建寨（棚）〔柵〕，奠山埡谷，經田安屯。其大要不外因地之利，設險固守。綏省西部，南有烏拉山，北有陰山，迤邐西來，至大佘太兩山逼近，氣局為之一聚，故佘太佔天險一步。自佘太西來，北山南河，地勢平衍，形勢散漫；過豐濟渠迤西，北山南逼，河流北漸，至臨河西界，氣局又為一聚，故臨河、烏拉河佔天險二步。兵家學所謂要塞也。自有清以前，州郡省併廢置，歷代變遷，設防遺跡，莫可詳考。至入民國，歷遭兵燹，當道規時取勢，遂趨重於防務。然臨時補苴，僅苟一時之安，未遑百年之計，時為之、勢為之也。特作兵防紀略。

漢元朔二年（公元前一二七），置朔方郡，縣十，臨河隸之。

後漢光武，以并州領之。省朔方郡之修都、臨河、呼遒、窳渾、渠搜五縣，以西河郡之大城縣隸之。

晉永嘉後，為前後趙、前後秦地，後為赫連勃勃所據。

魏太和中，改置夏州，東夏州領偏城、朔方、定陽三郡地。

隋大業初，改夏州為朔方郡。

唐關內道夏州朔方郡中督都府，轄縣三。

按唐朔方郡轄縣三。其一曰朔方縣。貞元七年（七九一），開延化渠，引烏水入庫狄澤，溉田二百頃。有鹽池二，有天柱軍。長慶四年（八二四），節度使李德裕築烏延、宥州、臨塞、陰河等城於盧子關北，以護塞外，有木瓜嶺。又天寶初，安北、單于二都護並屬朔方郡，歷八年，徙振武軍。此唐代朔方郡兵防見諸載籍可考者也。

五代　地為李夏所有。

宋　地為李夏所有。

遼　地為李夏所有。

元　滅李夏，立西夏、中興等路。

明　初為東勝等州城，並立屯戍。天順間，為蒙古所據。

按明初王保保據河套，洪武中追逐之，築東勝等城，並立屯戍。天順六年（一四六二），瑪古里海、阿勒綽爾、博勒呼三部始入河套。成化四年（一四六八），阿勒綽爾為其黨嘉勒斯賚所殺，併其衆而結元裔們都〔爾〕，（而）居河套。九年（一四七三），總督王越率兵擊逐之。（宏）〔弘〕治八年（一四九五），北部復入河套。未幾，和實據之。總制楊一清及總督曾銑先後請復河套，均不報。是終明世，地不內屬，兵防更不遑經畫也。

清　初天聰間，太宗征服其地，編為烏蘭察布、伊克昭兩盟，設正、副盟長。

乾隆元年（一七三六），設廳分治。

乾隆二十五年（一七六〇），設口外五廳，薩拉齊廳隸之。

光緒二十九年（一九〇三），析薩拉齊廳轄境西部設五原廳。

民國元年（一九一二），改五原廳為縣治。

按民國以前，朔方郡地在鄂爾多斯旗地，在北河以南、南河南北，統稱為河套。漢之朔方郡，即元魏之夏州，隋唐因之。至五代，遼金，均為李夏所有。元滅夏，立西夏、中興等路。明，始終淪陷蒙古。清雖征服其地，末季設廳分治，而鞭長莫及，邊防之計不詳。然查咸同年間回回馬化龍搆亂，大軍西征，河套為大軍孔道。五原全境柵寨相望，烽柝不絕，居然重鎮。迨同治七年（一八六八），軍事告竣，休兵纏金渠附近，就食該地三載，悉索一空。此為臨河駐軍極盛時代。

迨光緒二十九年（一九〇三），析薩拉齊廳西部地設五原縣。三十年（一九〇四），匪首劉天佑由五原錦繡堂地方，借復仇為名，號召黨徒數百人，西至今臨河天德太地方，扼險紮寨，四出搶掠，勢洶洶。山西派王總兵率常備軍千人，綏遠派譚參將湧發、胡參將太才率八旗千人，合兵殲之，殲魁宥從，事旋平。宣統三年（一九一一），哥老會乘革命軍紛起，匪首楊建寅、馬景濤、藍玉堂等，由阿拉善王旗揭竿聚衆，來臨境大肆擄掠。十一月，攻陷強家油房、墾務局，搶掠一空。綏遠當道派哨官張寶和率四旗馬隊平之。

民國四年（一九一五）八月，五原民警弓占元叛，據東皮房。綏遠騎兵一營攻不克，敗潰。

按弓占元之變，聚衆不過三十人。五原西路土默地、馬場地、東西場，到處騷擾。是年八月三十日，佔東皮房。五原王知事文墀迭乞駐軍一營馬營長品元馳救，拒弗顧。迨九月十日，派兵一連攻之，遇伏兵潰，三百不成列，匪勢日張。綏當道派鄭團長金聲率所部往剿，鄭團駐隆興長月餘，官紳乞援，卒不報。

九月，寧夏馬護軍使福祥遣昭武軍統領馬鴻賓率隊援套，屢戰皆捷，匪遁入山。

按寧綏界毗連，馬軍使見套變日亟，思為固防恤鄰計，派馬統領鴻賓率軍三百人來套辦匪。甘軍均百戰健兒，又兼馬統領調度有方，屢與匪接，有戰皆克，斬獲無算。匪窮，遁入山。馬統領欲掃清餘孽，面商鄭團長，約與入山會師，於銀格爾圖以攻之。馬統領簡精騎百人，冒險深入，至銀格爾圖。鄭師爽約不至。馬部馳入沙漠二百里，至科布多，即俗呼為可拔者也。遇匪憩息，馬軍乘其無備，合圍大進，血戰三小時，斃虜數十人。匪潰圍東走。是役也，後山居民謂：本地百餘年來，不見官兵旗影。今大軍從天下，如霆如雷，從此後山得享太平矣。馬軍出山，紳民椎牛釃酒，載旗歡迎，夾道而觀者數千人，競嘖嘖頌神功不置。時有忌功者造蜚語，幸當事者調和之，乃解。

冬十一月，馬護軍使福祥適拜綏遠剿匪會辦之命，率軍來套。西路防務以馬統領鴻賓任之。

五年（一九一六）三月，地方肅清，甘軍回寧防。四月，騎兵四支隊接防。

按西路防地以四支隊三營全部任之，分駐丹打木獨、狼山灣等地。

六年（一九一七）二月，匪首盧占魁就撫，全部來套編制。

按盧匪就撫，所部編為遊擊隊一旅，旅長以盧占魁充之。該部不下萬衆，內有偽皇帝一部份，張九才等各部份，份子複雜，猝難就範。張與盧不合，擁偽皇帝西去，編制兩月餘，卒不就緒。所部借徵糧為名，四出劫掠，官紳哀請，綏政府罔應，殆棄河套為甌脫矣。盧部分兩團，一團駐烏蘭腦包，二團團長各爾計駐狼山灣。計自二月至五月，搜糧逾七千石，民間儲蓄蕩盡，劫掠姦淫之案，日有數起，居民逃散，踵相接，轍相尋。王知事求去不得，商妥紳董分立軍糧局，以抵制之。自是，軍隊不復假徵糧之名，居民得遂安居之志，秩序漸復，民生賴以保全為不少矣。

十月，騎兵第四支隊會一師步一、二營，驅盧軍出境。

按自盧軍出境後，地方敉平，西路由四支隊分兵駐防。歷七、八、九年（一九一八至一九二〇），悉如舊制。十年（一九二一），改歸陸軍一師駐防。

十一年（一九二二），陸軍一師步三營分防強家油房、秀華堂等路。

十四年（一九二五）春三月，國民軍第八旅分駐強家油房、秀華堂等路。秋七月，臨河設治，防務仍由國民軍第八旅任之。

按是年秋，國民軍開往甘境者，為劉郁芬全部。

十五年（一九二六），國民軍全部駐套。

按是年冬，國民軍開往甘寧者，有韓復〔榘〕（渠）部、方振武部，繼發者有弓富魁部、陳希聖部、石友三部。在臨駐防者有石海部、蘇雨生部、陳得勝部、大辯四子部。

十六年（一九二七）一月，國民軍全部出境，石海部東往，防務由郭旅長鳳山、王司令英分任之。

按郭係奉軍所部，王司令英部由護路隊改為第三十四師，以王英為師長統之。嗣郭旅東調，防務由王師獨任之。時有楊團長壽臣、廣團長林駐二區，侯團長子清、杜營長子玉駐一區，李團長占彪、金團長寶山分駐三、四區。尋升李占彪為六旅旅長，以李團長鳳山、劉團長致祥分駐之。他部東調。

十七年（一九二八）冬，李旅長占彪去職，以袁旅長占鰲代之。劉團長部調察，以楊團長子清代之。

按是年十月，匪首趙青山率全股竄擾全境，賴袁旅會譚旅合力追剿。十八年（一九二九）一月，趙匪四竄。賴趙司令承綬、郭師長鳳山會王師長英所部合擊出境，尋該匪首在五原授首，始告肅清。

十八年（一九二九）三月，袁旅調包，以二師一旅王旅長奎元接防，以所部蘇團分駐各區。五月，令王旅調五，以譚旅長林楨代之，以李團長根車、王團長樹棠分駐之。

按是年二月，回匪攻陷寧夏。經國民軍返攻，驅該匪至距臨西路之大灘，約萬餘騎軍侵擾臨邊，殆無虛日。幸檀旅長操縱合宜，恩威並濟，該軍互相攜貳，日漸解體去。檀旅長捍禦邊防，消弭鉅患，功足多焉。

十八年（一九二九），譚旅長辭職，仍以王旅長奎元代之，王團長樹棠、步營賈營長燕如分駐之。十九年（一九三〇），旅團駐防如舊制。

按臨河西通甘寧，東障包、綏，南臨秦晉，北控蒙疆。省防、國防，重重鐍鍵。況蒙俄窺伺，蠢蠢欲動，設一旦有事，臨河首當其衝。閑嘗登高縱覽，襟河倚山，天然形勝。且腹地渠道縱横，紛糾套搭，天生濠塹，處處可限戎馬，此軍事家不可必得之形勢。而坐攬其勝，置堡設堠，固可便一時之封守；屯田立戍，亦可成萬世之金湯。是在當道以全力注之也，幸甚！

風土習俗紀略

積千百年之涵育薰陶，積千百族之服習觀感，而播為正風，蒸為善俗，此其道在因。積千百年之封蔽錮蒙，積千百族之附會沿襲，而流為變風，傳為陋俗，此其道在革。是故，省方采風，入境問俗，而其國之政教可知也，即其國之人心亦可知也。臨河在鄂爾多斯旗界，其人善遊牧、好騎射，相沿成俗，由來已久。漢唐雖經邊置郡，覃敷文化，然而忽華忽夷，倏興倏廢，治日常少，亂日常多。歷代風土習俗，蒐采難詳。自清末開墾而漢族始聚，自民國分治而聲教始通。究之風龐不競，俗雜不純，爰舉近年里閭之流傳，以資後日訓型之根據，特作風土習俗紀略。

一　商業習慣紀聞

按民國四、五年（一九一五至一九一六）前，套地交易，純以銀為本位，市面尚沿用生銀，納價者探囊而予，收價者啟櫝而藏。色不折，平不較，有古風焉。民間通行貨物，以茶、煙、糖、布為大宗，往往以有易無，入市者不持一錢，歸市者飽輦百貨，何便如之。近十年來，市上現銀如麟角鳳毛。近五年來，市上現洋如晨星碩果。紙幣充斥，錢賤物貴。商人利競，錐刀無禆筐篋；時勢遷流，安得起而挽救之也。

二　農業習慣紀聞

按河套農業以渠水為命脈，諺云「地隨水走，人隨地走」。甲歲南阡成聚，乙歲北陌列廛，民無恒業，人無定居，勢使然也。所謂農功者，耕不必深，耨不必易，坐貪天功，不盡人力，而載收載獲，即滿篝滿車，地有餘力然也。民國初元，本境糧價奇絀，斗米百錢，石穀一金，不能販遠，只有囤藏，所以普通中戶往往食客盈座，予取予求而莫之靳。迨至春耕時期，借牛力，貸籽種，假食糧，春付秋還，緩急可恃。甚或流民丐食，初來則到處羅雀，轉瞬則肇牽車牛。固由於風俗敦厚，亦儲積素裕者然也。近五年來，天災人禍，靡歲不臻，地力日竭，收益日歉，用途日多，求過於供，糧價昂貴，生計艱難，交際往來，風俗日形澆薄，環境所迫，由來漸矣。

三　社會交際酬酢習慣紀聞

按河套居民散漫，向無旅邸。千里過客，非息裝於社區，即投轄於大戶。雞黍歡迎，芻秣羅供，懸榻待客，截髮留賓，西顧何憂，東道可託，良足感也。他如逋客遊宦，日暮途窮，或則指囷贈綈，毫無吝色；或則傾囊倒篋，不待哀呼。甚至年凶告賑，效王倉出十萬之錢；乞糴呼援，學梁惠移兩河之粟；曾不少靳惜焉。惟風氣僿閉，禮節疏闊，進退不嫻揖讓，野人之禮貌亦恭；投贈聊備束脩，鄉老之享儀必敬。所謂禮失求野，正謂此歟？

四　婚嫁喪祭習慣紀聞

河套文化遲開，禮典闕略。嫁女必索重聘，贏得兼金百鎰，束帛盈筐；娶妻敢望厚奩，邀來何賓盈門，邢譚滿座。此婚嫁之特別習慣者也。

喪葬則練裳柳櫬，足以飾終。祭祀則斗酒隻雞，無豐於昵。此喪祭之尚，近於古者也。

五　衣食住習慣紀聞

河套漸染蒙俗，服御由來簡陋，衣則羊裘一襲，足以禦冬；食則酸粥一甌，足以永朝；住則茅茨三弓，足以容膝。家無垣，室無牖，居然有夜不閉戶之風；衣無表，食無羹，儼若守太璞不完之素。此衣食住只求需要，不尚安適之習慣也。

六 服飾習慣紀聞

按本地重女輕男，積為習尚。床頭獅子坐也，效七寶（裝）〔莊〕嚴；其夫則形同奴隸。（坐）〔座〕上鳩盤尊（恍）〔觥〕，被五雲裳帔；其子則狀類乞兒。而且押鳳堆螺，得行人遮道為幸；品頭題足，邀過客爭睹為榮。此又特別之習尚也。

七 沿習蒙俗習慣紀聞

按河套屢經淪陷，夷俗沿習，習（馬）〔焉〕不察。內外之辨不嚴，下帷則娣姒同幕；男女之嫌不避，滅燭則主賓聯床。而且男不諳重婚之條，居然同心重綰帶；女不知從一之義，倏爾撒手上別船。兄與弟，竟稱隔山；夫與婦，儼如陌路。跳神跳鬼，舉國若狂；打卦打蹤，歷驗不爽。居焉遊焉，已成牢不可破之習。夫誰糾之而誰正之？

八 家庭教育狀況紀聞

按有子而養，有子而教，理也，亦情也。乃本地積習，呱呱墜地，竟忍棄嬰於平林；莘莘舒翹，竟甘委子於牧豎。當養不養，當教不教，此善士所以有育嬰堂之設，官府所以有平民學校之組也。

九 社會各種錮習紀聞

按地方錮習，百年染之而有餘，一旦革之而不足。日言禁煙，而滔滔者沉迷終夜；日言禁賭，而耽耽者竟坐場頭。剪髮之令頻頒，而豚尾披肩，時慚面赧；天足之會林立，而鳳頭躄步，竟甘膝行。此誠遷流不知其所極者矣。

十 祠祀習慣紀聞

按南人尚神，北人亦崇信巫覡。大仙廟望衡對宇，坐享萬戶香花；龍王祠畫棟雕楹，歆祀千年俎豆。至於迷信風水，則拜迎土神；醫治瘍瘡，則延招喇嘛。此又囿於地理而成為習尚者矣。

十一 沿襲文字名稱紀聞

按本地漢蒙雜處，不通蒙文不能通商，不諳蒙語不能租地。而且兒戲官場，竟有羊官、車官、夜官之名；出人頭地，群上渠頭、甲頭、地頭之號。遷就沿襲，顛倒錯謬，此則猝難變革者已。

十二 氣候方言服飾之特別紀聞

按河套地處邊荒，氣候、方言、服飾與內地（廻）〔迥〕殊。聽臘鼓而納稼，豳風易圖；佩艾符而披裘，嚴瀨遍地。冬行夏令，圍爐食七月之瓜；炙手灼膚，暖炕續四時之火。啾啁亂四聲正韻，居亦胡亦越之間；佶倔雜五方元音，在不蒙不漢之界。男效女裝，雞皮膚也衷紅甲；中學西服，羊肚巾爭纏白頭。猶是樵子牧奴，攘臂則釧鳴碧玉；到處荊釵裙布，過膝則帶垂茜羅。此又習俗使然，無足怪異者也。

荒政紀略

自古備荒有政，救荒無政。周禮以荒政十有二，聚萬民，乃臨時補救之法，非經常預備之策。故倉人藏粟，旅師聚粟，遺人委積，即樹漢常平、隋義倉、宋社倉之先聲。後世人廣土稀，耕九餘三之制，勢難復行。漢代下巴蜀之粟移江陵，唐人移西都之民食東都。三代上謂為變計，三代下謂為善政，時勢之所趨，雖聖哲不能不與時消息。後套自民國以前，地力沃肥，民戶寂落，一夫耕穫，盈陌連阡，萬室藏儲，露積雲疊，家給人足，向不知有荒政之經（書）〔畫〕。比年生齒日繁，登收日歉，悉索日敝，儲蓄日竭，一遇水旱之偏災，每患補苴之乏術。十八年（一九二九）之義賑，各區義倉之設置，因時可以制宜，有備乃足無患，荒政始有權輿焉。特作荒政紀略。

民國十七年（一九二八）秋，大饑。官紳組立賑務分會以賑之。

按臨河向稱產糧之區，比以近年兵燹匪禍、水旱災祲紛至沓乘，民間蓋藏蕩然一空。兼以東路包、薩、武、固、東勝各地方赤地千里，比歲（比）不登，負襁擔簦來臨就食者絡繹於道，不下數萬口。又兼回軍攻寧敗，東駐距臨百里之大灘，饑軍萬餘，仰食臨境。是時外來饑民計有四萬口之多，糧價騰湧，昂於平時十倍。設治局黄局長彦邦、教育局王局長文墀、公安局郝局長晉綱、建設局楊局長春林、財務局李局長增榮、保衛團劉團總長義、一區李區長元楨、二區陳區長占財、汪區長治泉、三區傅區長正業、四區楊區長鶴林、商會張會長文煥、于會長相龍、董會長繼舒公同開會，照章組立臨河賑務分會，以黄局長為主席，分四股辦事。以公安等局各局長、各區區長、商會會長為常務員，及各股股長、紳學商農各界，共捐賑糧一千五百餘石，賑款五千餘元。經各區實地調查，饑民共計四萬一千餘口。賑區共分五組，城關為一組，四區各立一組。自十七年（一九二八）十二月起，至十八年（一九二九）五月底止，賑期分八期。每大口半月領糧九升，小口半之。其清查饑民辦法，則以各區區長輪易之，如以一區區長查二區，二區查三區是也，而徇情濫列之弊清。其收發賑糧辦法，必分派委員隨時抽查檢視也，而攙雜雜質、短少斤兩之弊清。其情願回籍者，酌量道路遠近、人口多少，量給糧米川資也，而流離失所、窮無所告之弊清。是役也，在事人員皆以民命為要義，本良心為主張，精乃心，勤乃職，不畏難，不辭勞，不憚煩。檢查必確，鉤稽必嚴，升合必較，顆粒必惜，澤必思普被，惠必期均沾。終其事，人無冒領，數無浮收，糧無濫發。歷時六閱月，濟民四萬口，盡人無觖望，比戶無浮言。考其成績，惟三區傅區長為最優。彼以教會之觀念，施慈善之手續，尤能挈領提綱，淪肌浹髓。其一、二、四區，均能立起轍鮒，望慰哀鴻。正在辦賑時期，趙匪大股兩次竄擾，各區饑民竟無一從匪者，此可見辦賑認真，能使各得其所之一證。夫臨河一邊荒新建之邑耳。賑務大政，官無成憲，野無前例，而官紳一體，同德同心，急起直追，竟能始終貫澈，綱舉目張如此。此可見為政在人，天下事之大可為也。後來者可以鑒已。

十八年（一九二九）春二月，綏遠賑務會分發賑糧、賑衣到縣，悉數支分之。

按綏遠賑務總會分發賑糧三十四石，賑衣八百餘件，由包運局，當即支配散發呈報。

十八年（一九二九）九月，設治局地方行政會議，教育局長王文墀提議積穀，設立義倉，經全體通過執行之。

按徵糧散賑為臨時補苴之計，可以救偏災，而不足以備大荒。周禮五黨相賙及移民通財，實為救荒之本。惜去古既遠，其法不詳。其次則積穀設倉，漢唐下奉為良法。王局長有見於此，特提議地方積穀，辦法莫如建設義倉。原議每種地一頃捐穀三斗，以四千頃計，應捐壹千貳百石，分城關、四區立五倉存儲，規定倉穀管理、保存、收放及春借秋還章程，與糧荒平糶、糧竭賑放各細則，以垂久遠而立經制。案經全體通過，於本年實行。嗣經彭縣長及白縣長分飭各區察看情形，設立義倉。如此良法，果能官紳慎選公正耆老負責經理，可期百年無弊。雖有災荒，吾民可以無饑矣。

農業林業紀略

河套以農立國，農業擅西北之勝。然地理未盡闢，地力未盡開，其於深耕易耨之常法、一易再易之古制曾不少留意，更何論新法！詢以當地農業應如何改良，均撟舌而莫能對，所謂終身由之而不知其道者歟！至於河套林業，近年來戶口日增，建築日多，感於木材缺乏之困難，又深知隙地之多，沃壤之富，水利之便，驗人事，察天時，審地利，無在不適宜於造林。及詢其造林之本源，及造林之作用，則又各執一說，各據一是。余嘗延訪當地專心農林、有學識兼有經驗之士，與之往復討論，特取其因地制宜，規時定制，簡而易從，可坐言即可起行者，莫如耿君、房君兩說。用特登諸簡端，以為先導，後來者仿而行之，引而長之，即糾而正之，補而劑之，均可以為嚆矢焉。特作農業林業紀略。

臨河農業改進芻議

河套農業，三世老農行不著，習不察，由之而不能知；外來僑客無經驗，無比較，知之而不能言，言之而不能切。此所以企圖農業者，亟欲延訪週諮而求得要領也。

耿君德忱，以魯北雋才，擅長科學，尤究心農林樹藝實業。來套領墾，經營規畫，皆有心得。本諸實地之試驗，加以精密之研求，參以往復之駁辯，罔不持之有故，言之成理矣。客有問於耿君曰：河套沃壤千里，地利占勝，農業應蒸蒸日上矣，乃何以地不加闢也，民不加富也，粟米不加多也，子能得其受病之處而治之乎？耿君愀然曰：吾知之，吾不敢盡言之。寧使言之而不用，不忍用之而不言。

其一曰排除障礙。河套農業以水利為根本，各渠灌田，除二三道真正農民自開之渠能水利公沾外，其餘官渠、商渠，管理者既形格而勢禁，主持者又假公以濟私，甲地則萬流分潤，乙地則一勺未輸，甚或自封自啟，曲防屯膏，坐令旁決旁流，以鄰為壑。利民其名，厲民其實，農業尚可問乎！擬請仿行前達局王局長建議，水利歸地方官承辦，以每年澆田之多寡等其殿最，嚴定賞罰，責專情親，費省勢便，有百利無一害，便國便民便地方，特不便於贅瘤機關駢枝用款耳。倘能仿行，事權既一，責成亦專，水利日宏，農業未有不日進者，何障礙之有！

其二曰化除意見。天下事，自用則敗，自專則錮。閉關自守，齗齗曰此我之殖民地，未有不立躓者。近年齊、魯、燕、豫之士，鑒於內地人滿為患，更兼軍興未息，實業墮落，不得不另有企圖，往往攜絕大資本負耒遊套，受墾領地。此輩知識階級人士，甚願與當地勞力界交換智識，為精神上之輔助；指導工作，為資力上之餉遺。河套為中國之領土，即為全國人民之公產。與其故分畛域，終讓後來之居上，何如不分町畦，同享無量之利益。主伯亞旅，吾同胞也；比閭里鄰，吾同體也。通工易事，併力合作，農業焉有不一日千里耶！

其三曰分辨土宜。臨河地質，曰黃膠土，曰黑土，曰沙土。黑土、沙土宜麥，黃膠土宜豆。蓋麥性喜鬆和，豆性耐長養。地氣有剛柔，穀性之資生，隨地質為發育。然黃膠土雖膠滯，任令載芟而載柞，以化其結；深耕深（耰）〔耨〕，以通其脈，並非不適宜種麥。此人工可化地質之證也。獨怪套農坐貪天功，不盡人力，動謂生地易於種植，遂厭薄熟地，竟有舍其買地，另包生地者。惰農苟安，抑何可笑！殊不思周官制地法：不易之地家百畝，一易之地家二百畝，再易之地家三百。① 但使更番休息，地力即互為週環，又何生熟之分焉？

其四曰改良農器。河套農器窳劣，其最須要者曰犁，曰鋤，曰（鏤）〔耬〕。本地之鋤，尚可應用。惟犁式過仄且直，耕時用力多而鏟地窄。莫如改寬至五六寸，成側面形，省力既多，闢地又寬，便何如之！又（鏤）〔耬〕腿太仄，（鏤）〔耬〕鏵太輕。仄則開隴亦仄，不惟不能芟草，抑且不能生苗；太輕則播種不易深入，費籽既多，出苗亦不勻。故加寬加重，以劑其平而適於用。

其五曰改用肥料。周官草人掌土化之法以物地，相其宜〔而〕為之種。騂剛用牛等法，固不必拘泥仿行。然河套牧廠林立，牛羊馬駝之糞，就近輦運不竭，化無用為有用，能令地移其氣，磽變為肥，樹植罔不蕃滋。此又贊助地力之一法也。

其（五）〔六〕曰捍禦水災。從來大利所在，即大害所在。善治水則有水利，無水患；不善治水則有水利，亦有水患。擬仿周官稻人遺治，以瀦（止）〔畜〕②水，以防止水，以備乾涸；以溝蕩水，以遂均水，以

① 據林尹注譯周禮今注今譯第一〇三至一〇四頁，「不易之地」，謂土質肥美，歲歲可以耕種之地。「一易之地」，指土質較次，耕種一年，必須休息一年。「再易之地」，土質更次，耕種一年，必須休息兩年，養其地力，而後可以再種。

② 據林尹注譯周禮今注今譯第一八九頁改。

資流通；以列舍水，以澮瀉水，以防泛溢。與水利為節宣，為水利設保障，農夫所以無恐，歲事所以屢豐也。至於防旱、防潦、防蟲、防霉、防霧、防黃黑丹諸法，可參照中外各法。農業之發展，可翹企而俟之矣。

關於臨河急需造林之管見

民國十九年（一九三〇）春四月，房君魯泉呈准縣政府領官荒地二十五畝於城北，試辦苗圃，以為企圖林業者倡，甚盛事也。客有前席致請者曰：子來臨有年矣，日日言林業，口講之，指畫之，早興夜思無少息。究竟驗諸過去，考諸現在，預察將來，子果能發展林業而貫澈其主張乎？抑試可乃已，需以歲月，以待其成也。房君瞿然曰：旨哉！齊人之言：「雖有智慧，不如乘勢；雖有鎡基，不如待時。」①我臨河隙地如是之多，地質如是之沃，水利如是其互貫交注，而又歷嘗材木缺乏之痛苦，確見造林之實效，當是時也。勢有可乘，時不能待，有導斯從，有響斯應，林業之興，其在斯乎？其在斯乎？今將臨河森林興廢之沿革及將來發展之利益詳述之，以餉同志焉。

一曰臨河林業阻滯之原因。查臨河田地分墾地、外墾地兩宗。外墾地，大戶包自蒙旗，轉而分租各花戶，人無地權，誰肯植樹？墾地領自大戶，第規目前之利，不作百年之圖，況地隨水走，人隨地走，人無定居，民鮮世業，各租戶春去秋還，更無植樹觀念。此其一因。

近年蒙旗多數放墾，人口漸次增加，對於森林有無之利害，人漸覺悟。惟後套故習，每年白露以後，牲畜滿灘滿谷，踐踏樹木，蹂躪秧苗，恬不為怪。口頭誥諭，正式交涉，均置諸不理，故植樹者保管無法，人多氣沮。此其二因。

二曰臨河造林之利益。套中向來需用木材，全恃西來筏船輸入接濟。近年來河路常梗，又兼西來木植有減無增，甚至拱把之木貴逾拱壁，經寸之材珍如寸珠。萬廈廣建，尋巖搜材；百堵日興，停工待料；

---

① 見楊伯峻譯注孟子譯注（上）第五七頁，中華書局，一九六〇年。

良足太息。設能迎機植樹，以地十畝計，可植樹兩千四百株。十年成材，每株最低以價洋兩元計，可收四千餘元之利益。除臨時保管及常年培養費，至（可）少可獲三千元之利益，較之種穀之利，可加五倍。雇或者曰：人人植樹，處處植樹，得毋價值低落，無利可言歟？不知此後戶口日增，建築日多，製造日廣，十年之中仍是求過於供，斷不至供過於求。證之奉、吉、熱河，森林彌漫山谷，而水陸絡運，不絕於道，其價有日增無日減，可為明證。

三曰造林保管有法。本境試辦林業，預防牲畜踐損，必須繚以三尺高之矮垣，垣外護以三尺深之濠。凡民堡、村鎮、街舍傍，均限令植樹若干，嚴定保管責罰章程，責成村閭長完全負責，以植樹多寡及保全、損失樹木多寡為考績之殿最。凡故意損失樹木者，按現時價值加十倍罰賠；村閭長亦嚴重處分之。事當創始，懲一警百，絲毫不容假借。法立必從，令出必行，乃克有濟。

四曰保護苗圃，以資倡導。苗圃為森林之母，他日千百森林皆由此苗圃所孕育。先立一苗圃以為標本，然後每區須立一二所。凡苗圃購籽取秧，力所不能及者，官紳應輔助之；放水澆水，勢所亟需要者，水利社應維持之；強梁掠取，人畜侵害，官府應嚴制之。迨至樹秧長成也，酌中定價，分發各區村，既盡特別之義務，應予相當之權利。吾意取不盡用不竭，可以製造無量數之森林。不出三年，綠蔭參天，碧雲匝地，林業未有不日新者也。

五曰收林業間接之利。（甲）固堤防。凡渠岸有樹之處，根柢盤固，永無沖刷之虞。利一。（乙）調氣候。河套寒燠不時，氣候失調。森林多，則吸收風沙，消納烈焰，天氣適中。利二。（丙）防旱災。森林繁茂，足以納（炭）〔碳〕氣，吐吸（養）〔氧〕氣，雨澤自多。利三。（丁）活地脈。地中水脈往往聚於樹根，古人傍樹鑿井，可為明證。利四。（戊）增燃料。套地煤礦未興，燃料支絀萬分。森林矗立，則繁條支柯，材不可勝用，萬戶炊煙，不至中斷。利五。

近數月來，地商大戶及有志士民踴躍爭先，分秧購種，實行造林者，接踵而起。統計此最短期間，臨河新增樹株已不下二三十萬。是亦林業前途大好現象也。魯泉不敏，願與地方人士共圖之。

全境蒙旗界址、戶口、生計、保衛、禮俗、召廟紀略

恢復久淪之疆域，開闢重新之版圖，漢唐故址遠而難稽，蒙旗舊封近而有據。所以有清建置廳縣，均以旗界為界。論畫地之由來，則旗為經而縣為緯；論治邊之大略，則縣為經而旗為緯。方今五族共和，漢蒙一家，雞犬相聞，聲教相暨。將欲躋同軌、同文、同倫之盛，而進於無猜、無詐、無虞之休，必（辦）〔辨〕其疆索之廣狹，計其戶口之登耗，察其生計之盈虛，觀其保衛之強弱，察其風俗之純漓，紀其宗教之盛衰，然後可以為行政施教、立養敦化、一道同風之張本焉。作蒙旗界址戶口生計保衛禮俗召廟紀略。

（甲）全境蒙旗之地界　按本境蒙地分四旗：曰烏拉特前旗，即西公旗；烏拉中旗，即東公旗；曰杭錦旗；曰達拉〔特〕旗。

烏拉〔特〕前、中旗地套搭廻環，向未分界。由五加河北岸起，東至義和久，西至阿拉善王旗東界止，東南至達拉〔特〕旗地北界，西南至杭錦旗地北界，地約四千餘頃。

達拉〔特〕旗地，自公益恒起，北至五加河南岸，南至公中廟，西至大發公南白淖包，東至剛濟渠西岸，地約五千餘頃。

杭錦旗地，東至剛濟渠，西至烏拉〔特〕旗地，南至大河南岸，北至古新廟灘，地約六千餘頃。

（乙）全境蒙民之戶口　按杭錦旗理民官府，一曰中巴噶，大臣名八圖布浪的，所屬蒙民一百二十戶，男口五百五十名，女口五百餘名，計一千餘口。一曰西（八）巴噶，大臣名八達葛代，所屬蒙民二百一十餘戶，男口九百十三名，女口八百二十名，計一千七百餘。

烏拉〔特〕前、中旗地均坐最大陰山前麓，勢如弧角形。蒙民寥寥，共計不過二三十戶，男女丁口不過

百人。

達拉〔特〕旗理民官府曰西召，朋桃賴梅令所屬蒙民百餘戶，男五百口，女四百餘口，約計九百餘口。

（丙）全境蒙民之生計　按達拉〔特〕旗蒙民戶口地，不分男女，每口發給地兩頃。杭錦旗蒙民戶口地，向以個人勢力之大小為受地多少之標準，既不能計口授地，即不能稱物平施，有力者坐享膏腴，無力者貧無立錐。立法不良，是亦專制流毒之一（班）斑已。

烏拉〔特〕前旗蒙民戶口地，計二百五十頃；中旗地報墾，尚未收界，並未劃定戶口地數。俟再詳考。

至牧畜，乃蒙人天賦自然利權，無論何戶，未有不養牛羊者。惜各旗理民官府不能提倡勸導，因其所利而利之，故各戶牲畜數目素無精密之統計、明晰之比較，徒恃我方面比戶調查，彼蒙民各懷疑慮，其牲畜狀況數目知之不言，言之不盡。總之，全境蒙民畜羊不下萬隻，畜牛不下二三千頭。蒙人食料取材牛羊居多，此外日用簡陋，無他耗費，故目前景象，官府雖不能代謀其生，蒙民尚能自謀其生也。

（丁）全境蒙旗之保衛　按各旗保衛，均設有遊擊隊。烏拉〔特〕前旗遊擊隊五十名，以小梅哼克加拉長之。中旗遊擊隊五十名，以阿拉布長之。杭錦旗兩巴噶所屬遊擊隊共二百名，以八圖布浪的與八達葛代分長之。達拉〔特〕旗遊擊隊四十餘名，以朋桃賴梅令長之。

查各遊擊隊性質，以安輯地方、保護蒙民為宗旨。同是國土，同是國民，自當無分畛域，捍衛地方。臨河十五年（一九二六）匪焰日張，杭錦旗遊擊隊竟能協助警團，奮身爭先，合力剿匪，具見深明大義，地方紳董莫不欽佩。嗣後數年，遇有寇警，均能聯絡一氣，頗資倚畀。各旗如果仿此行之，何慮地方之不靖耶！

（戊）全境蒙旗之禮俗　按蒙人階級分三種：曰台吉，曰喇嘛，曰黑人。黑人服役貴族者曰奴才，服務召廟者曰黑徒。蒙人中黑人最賤最苦，即其婦女子弟，均為貴族之奴才。性堅樸，有毅力，能履險耐勞。惟服從是其特性，視官府如神聖，見官則屈足，典禮則膝行。習與性成，由來久已。近日狡詐侈驕，無復從前樸厚風氣，所趨者然也。

其王公服飾，仍尚舊制，袍褂、頂戴，相沿勿替。平民則純尚布服，寬領大袖，繫以佩帶重重。暑日赤足；冬襲老羊皮裘，不裝面。男子尚拖髮辮。達旗風氣開通，近年頗有剪髮者，亦吉光片羽也。女子袖闊衣寬，裙長拖地，珮環簪瑱極紛沓，重且笨；喜塗飾，堆螺描黛以為工。處女未嫁則編辮，既嫁則結髻。髻用膠刷，光可鑒人。髻不恒束，因束一次須膠一次也。

飲食以乳食為上，肉食次之。乳品中，取鮮牛奶以鹽類和之，以茶調之，曰奶子茶。以作奶豆腐之漿覆之，俟其酵酪久，復蒸於鐵釜，塗以牛糞，使閉其氣味，蒸氣自在流出，即為酒，曰奶子酒。又以新奶和水，俟其酵酪，帶酸味，名曰酸奶子，為蒙人飲料中美品，能卻暑解渴。取新奶置盎中，稍靜，油上浮，濾以絹布使淨，徐煎之，結如金黃色，如蠟色，味遠過舶來品。宴貴客，饋至友，始將之，名曰黃油。此外製奶豆腐、製牛酪，以水化，以火化，無非以氣化。其製炒米，其法不外曰乾，曰淨，曰透，故能咀嚼彌甘。行商、行軍視為適用之糗餌。

王公均有府宅，普通蒙人均在蒙古包，間有土屋，名曰板身，然院內仍置包，示不忘本也。包制取圓形，皆面南，上架為梁，若張傘蓋然；寬深十尺至十五尺，週圍圍以氈數層，束以毛繩。門高三尺五寸，寬二尺餘。男女分左右居，其中間設佛龕，家主位龕前，有宅中居正之象焉。

有客投止，未入包，先投鞭於地，然後入趨左，主人以為知禮，款以酒漿。若再通蒙語，益足結主人歡。招待禮節，送哈達，換煙壺，客如式敬答之。

蒙俗詳於上下，略於內外。男女之嫌，不知避忌，平時嬉笑戲謔，履舄交錯，恬不為怪。甚至兄妻其姒，弟妻其嫂者，時所恒有，故無孤憤之男，無終寡之女。

惟婦人再醮，必歸母家，夫家聽之。婚姻不計門第，不問行輩，不問名，不納采，以家之貧富定聘資牛馬之多寡。婚時居然行親迎禮，男子腰弓矢，乘駿馬，往迎之；女子紅巾覆額，乘馴馬，偕婿歸。登堂不交拜，入幃不合巹。新婦飯後妝飾出堂，與戚友為禮，送哈達、煙袋，均如儀。

若喪葬，有力者延喇嘛誦經，以火化屍，囊骨送五台山；貧者禮懺後投屍於野，三日往視，若為禽獸攫食則狂喜，否則家人戚戚悲。

平日日用極簡單。男子出外牧畜，遇天變，女子趨而助之歸。夫供力作，女治家事。女紅不甚留意，獨於榨乳諸事為全責。

娛樂以跑馬為首務，無老無少，無貴無賤，均善乘，控馭有法。又善角力，決鬥比賽，身命不顧惜，有羅馬人風氣。殆半由天賦，半由人事歟？

（己）全境蒙古召廟之設置　按蒙古大召多係奉敕建修，小召係由蒙人捐置。大召膳召地三方里，小召膳召地半之。

烏拉〔特〕前旗地：一曰狼山畔地方別拉圖廟，活佛二尊；一曰口口淖地方推末廟。

烏拉〔特〕中旗：一曰五善地方察汗高廟，二曰三拐後口子地方五郎托拉蓋廟，三曰狼山灣地方東修廟，四曰三淖西北山裏孛拉廟，五曰太陽廟，六曰後山畔地方陰山代廟，活佛二尊。

杭錦旗：一曰千友廟，漢名廣堂寺，活佛二尊；二曰梅林廟，活佛一尊；三曰加東巴廟，活佛一尊；四曰素拉各廟，活佛二尊；五曰樹爾台；六曰章嘉廟，七曰察汗淖廟。

達拉〔特〕旗：一曰班禪召；二曰善達公廟，漢名宣化寺，活佛一尊；三曰古新廟，漢名樹拉台廟。

考蒙古崇信神佛，發源於漢，盛行於唐。喇嘛分紅、〔黃〕二教，紅教為寧夏巴派，准肉食、娶妻，能捧〔墨〕〔黑〕經咒人死。黃教為嘎達讃派，起於宋仁宗時，自元世祖利用宗教以羈縻強蒙，有清仍行之而亦效。

凡為喇嘛者，輕其差徭，故每家三丁必有一二人充喇嘛。又有所謂呼圖克圖，稱曰活佛，蒙民奉為上帝天神，不可侵犯。尤可笑者，聚石為堆，名曰鄂博，春秋致祭，必敬必誠。迷信愈深，對於生計愈不知過問。無論其他，就後套二十年前蒙民戶口比較現在，當不止減少十倍。應如何灌輸文化，破除錮習，使其從事墾植、牧畜，導以同種同族之義，養其沈毅慓悍之氣，斯人人皆袍澤，人人皆干城以固吾圉，以張吾威有餘矣。特推論及之，以俟夫有政柄者鑒焉。

官吏事略

臨河設治局蕭局長振瀛事略

蕭局長振瀛，字仙閣，吉林依蘭人。少秉異才，抱不世之志，尚肝膽，與人無町畦，無城府，見義勇為，不知工趨避、計禍福，以是鄉國咸推重之。

民國初造，奔走國事，為異己者所嫉，幾瀕於危。十四年（一九二五）來綏，上游一見，即目為國士，倚如左右手。是年秋，委充臨河設治局長。臨河初分治，為綏西巖疆。北通庫、俄，西扼甘、新，襟山帶河，天然形勝。為國防計，為省防計，非有長駕遠馭之才，不足立長治久安之計。

公下車伊始，獨任艱鉅，首先延攬人才，凡地方紳士公忠貞亮及有一材一長者，罔不優異而特起之。尤復廣詢週諮，考察地方之政治、實業、經過之成迹與現在之情狀，以為創設張本。於是披棘芟荊，宅中正位，為之區畫疆理，奠定城社，建築市廛，創設校舍。謀必協衆，事必躬親，舉措必合人情，取捨必衷輿論。邑之人見其平民以出治也，富者輸其財，貧者效其力，智者貢其謀，巧者獻其藝，奔走偕來，群起而聽官府之指揮。公乃沐雨櫛風，早作夜思，所以獎勞撫慰之者無弗至，故凡百建設，工無曠，料無廢，款無糜，事無墮，民無後言，士無非議。在事者無惰色，無媮容，不罰而人自畏，不賞而人自勸，不三月而大工告成。

公誠所謂善於用衆者哉。公之馭衆也，如執六轡御群馬而一塵不驚。公之立政也，如以快刀斬亂絲而百結立解。公之執法也，如然通犀照鬼物①而群陰懾伏；如縱鷹鸇擊梟鴟而禽薙無遺。且也，時值軍事交棘，臨河當甘綏孔道，悉索敝賦，急於星火。公以隻身支拄之，他人瞠目咋舌，皆望望然去。公獨如持危舵於驚濤駭浪之中，而穩渡重洋；如扛九鼎於金戈鐵馬之場，而平貼委地。公真所謂智週萬物，力包萬象者歟？惜任事未久，奉檄東調，不得竟其所施。邑人憩遊棠蔭，嘖嘖頌神君不置。古人所謂「孰殺孰嗣」②，庶幾近之矣。

臨河設治局呂局長咸事略

士君子經世之學，為其大者、遠者而已。至錢穀簿書之瑣瑣，分其餘力，舉而措之也有餘。若呂公咸之治臨河，此道得矣。

呂公河北涿鹿人，名咸，字著青。幼聰穎，束髮受書，目十行俱下，父老目為大器。早年蜚聲校黌，績學篤行，天性孝友；與人交，重然諾，有肝膽。壯歲關心國事，服務外部，熟習中外國際情狀。十六年（一九二七），充綏西水利總辦，嗣又兼任臨河。上游殆以公將大有為，特畀以兼職，使之為所得為歟？公感逾分之知，抵臨後勤求民隱，務在解除煩苛，以與民休息。境內駐軍複雜，供億無算。公（齕齕）〔齗齗〕力爭，約定額制，額外莖草顆粟，不任強索，民稱便之。

先是，臨河城工築未半而止。石海之變，憑陵闌入，士民遂注重城防。公堅持修城之議，屬紳商分董其事。公日夜督巡無少息，三閱月而工告成。是役也，支款一萬八千有奇。於地方公益費內撙節用，攤

① 然，通「燃」。通犀，是犀角的一種。古代傳說燃犀角能照見鬼怪。因喻能明察事物，洞察奸邪。

② 孰殺孰嗣，語出左傳襄公三十年：從政一年，輿人誦之，曰：「取我衣冠而褚〔貯〕之，取我田疇而伍之。孰殺子產，吾其與之。」及三年，又誦之，曰：「我有子弟，子產誨之；我有田疇，子產殖之。子產而死，誰其嗣之？」

派並未加重，民不勞，財不傷，可謂善於得民已。

先是，縣西境舊有黃土拉垓河渠，創於河曲楊氏，尋就湮。庚子教案，達旗失和外人，以該渠地賠教，條件異常苛虐，為我北方外交史最痛心之事。近年河套教務（澎漲）〔膨脹〕，全賴該渠地利益操縱我民衆，官廳無如之何也。十七年（一九二八）北伐成功，不平等條約逐次刪除。公因利乘便，擬收回黃土拉垓河教堂渠地，上書反復陳請。上峰壯之，一以任之。公正式組成委員會，遴任熟悉外情，聲望素孚者佐之。時有王君文墀、李君增榮、楊君春林、于君相龍、田君全貴、石君以驤，為秘書，為委員，為接受員。曾以書面邀該教士等到會，該教士延稽爽約，不得已，請以無條件收回，呈上報可，派員接收。計渠長一百二十里，地一千零八十頃。一旦收歸國有，光我故物，還我主權，張我國體，樹大河以北外交勝利之先聲。是役也，排衆議，破群疑，嶔嶔獨行，俾貫徹始終之主張，何啻以暮鼓晨鐘喚醒我北方二十年外交之迷夢也，厥功亦偉矣哉！

至於提倡文化，促成民治善政，書不勝書。去後留思，至今嘖嘖頌不絕於口焉，亦足以風已。

臨河設治局王局長績世事略

王氏為太原望族，明德之後，代有達人，兩千年來，世德懋蒸。其人多易直溫良，達則為一國循吏，窮則為一鄉善士，前後輝映，若合符節。吾於雁代間得一君子人焉，曰績世王先生。

先生天性敦厚，篤內行，幼與群兒遊，抑然自下，有一視同仁之意。洎少長，週旋族黨，以忠為體，以恕為用，初不知人間有機巧變詐事，亦從未見其與人爭得失、較短長。其善氣迎人，雖獷夫悍卒亦為之氣折，至誠動物者然也。

先生厭棄帖括業，於中外古今經世書能得其綱要。清末季，考入晉省優級師範學校，以優等畢業。嗣屏去一切，專心實業，遊歷綏區，將欲展其大西北之志，而得所藉手也。至薩縣，為同人挽留辦學，手創學校數區，成績昭著。迄今人才蔚起，多出其門。

民國初元（一九一二）來套，試辦牧畜、墾植，時以地方多故，未竟其志。十四年（一九二五）臨河分治，出鉅貲建市廛，連楹高棟數十架，以提倡商業。時值地方初創，臨紳留先生襄助地方大計。

十五年（一九二六），國民軍全部駐套。臨河當孔道，駐軍複雜，匪氛日惡，烽燧亘宵不少息，徵索日亟。七月後，勢益棼如，紳董先後相引避，莫可蹤跡。先生不得已，獨留支危局。時有于董事相龍為先生左右臂，不匝月，于以病辭。先生屹屹獨立，遇有徵索差徭，以一身承應之。飛書告羅，和淚和血而言；乞粟餉軍，傾箱傾囊而至。戈矛列前，斧鉞脅後，先生自若也；百口喧呶，千騎驕嘶，先生自若也。力能致者，支配而予之；力不能致者，溫語以卻之。開誠心，佈道公，直令威不忍劫，力不忍奪，巧不忍篡，出萬死一生於金戈鐵馬間，亦岌岌危矣。如是者五閱月，迄不少息。十六年（一九二七）一月城陷，縣署殘破一空，各職員裸體瑟縮。先生傾篋衣之，傾甑食之，人栩栩然有生氣焉。

時縣政失綱，都人士群推先生暫主縣政，駐軍長官請於當道，報可。先生掃除灰燼，撫恤瘡痍，宵旰勤勞，日不暇給，維持地方，可告無愧已。

乃或有竊議，先生戀戀不去也，得勿有利之見存歟？噫！為是說者，殆未度當日之情勢，貿貿然出此責人無已之讕言也。試問烽鏑遍地，礮火連天，大多數商民舉拋棄其產業，入山唯恐不深，初未聞別有一人焉冒大險，蒙大難，犧牲其可貴之生命，希圖其不可知之利者。

先生即為利留，亦以其生命換得，其有造於全局為不少矣。以視掉頭不顧，視地方無關痛癢者已加乎其上；況乎出入分明，事事公開，更無利之可言。求全之毀，何足當識者一笑耶？總之，先生對地方不惜出全力以持之者，亦行其心之所安而已，亦無所為而為之而已。先生何所容心哉！特表而出之，以待知人論世之君子。

臨河縣彭縣長繼先事略

邊吏之難得也，自古為然矣。不惟疲癃闒（葺）〔茸〕之吏，試之輒躓，即反其道，獎進武勇，梟將、債帥①曾不知經邊安民為何事，小則浮動而召侮，大則僨事而喪權。吾未見其有濟也。

臨河為包、綏屏障，蒙漢雜處，號稱難治。太原軍府拳拳西顧，亟思得人而理之，特任彭參議繼先來宰是邑。公蒞任即以刷新政治、洞達民隱為先務，凡前任議決未行之件，如設義倉、立村制、築民堡、清查戶口槍械、厲行清鄉諸大端，均次第實行。事無不舉，才無不庸。復呈准改升縣治，縣署組織如制。尤復注重交通，籌設長途電話，督飭區村修官道十段，以期通行。其弭盜要著，全在整理團政，使家自為衛，人自為戰，壁壘改觀，旌旗變色，伏莽潛消，宵小遁跡，終其任並未發生一盜案。此無他，人人有自衛之能力，戶戶有自衛之精神，環境所迫，時與事會而已。

在任五月，旋調充察省市公安局長，士民籲留不報。識者惜其抱大為有之志，而席未暇暖，奉調他任，未竟所施也。然即此犖犖大者，在公已啟其緒，後來者引而伸之、恢而張之可也。此則邑之人企祝者已。

臨河縣白縣長保莊事略

民國十九年（一九三〇）四月，彭縣長繼先奉調察省要職，綏政府注重邊要，特簡白公保莊接臨篆。白公秉性敦厚，天質聰彊，有幹才，久為上游器重。蒞臨伊始，痛念地方迭經浩劫，民生日望蘇息，首在解除煩苛，以紓民生。時語人曰：「為治之道，革弊為先，興利次之，況弊除利亦俱興。」凡遇有不便於民者，悉予革除而減輕之。民咸稱便，可謂善於得民矣。

其整頓教育也，臨邑學校師資缺乏，人才閼塞②，爰由綏延聘學術優長人員，分任管理、教授，學風蒸

① 債帥，唐大曆之後，將帥頗有借貸向中官行賄買官者，得官後須加倍酬息，故稱「債帥」。

② 閼塞（è sāi），義為阻斷，閉塞。

蒸日上。每區設模範小〔學〕校一所，學額限六十名為準。遴有學識、有經驗者治之，成效日進。各教堂學校編制課程多違制，乃就附近地方設模範校一所，以資觀感。並召集各教士暨民中有資望者，特開教育改進會，議定各堂小〔學〕校 律改為私立，悉照章編制。至如增設鄉村小學，以期普及；籌撥升學津貼，以資策勵；又其範圍不過者已。

其改良司法也，凡准傳之案，勿牽累，勿稽延，均隨到隨訊，隨訊隨結，必令獄無滯囚，案無留牘而始快。又復分民刑，分男女，分監所，既免雜居釀變，又免時疫傳染。至如考選法警，以清流品；改建法庭，以示威嚴；又其纖細無遺者已。

其規定鄉團也，每區編定常備保衛三十名，區長負責教練，經費列入預算，並令每村送有身家之壯丁五名，由區送縣訓練兩月，發區再行抽送，週而復始，農皆為兵，何難自為守戰？

再，蒙旗遊擊隊向來衛護地方，頗資得力。彭前任已委各旗士官為一、二、三隊長，公尤優待各隊長，復加達爾計為遊擊總隊長，並予以圖記，以為信守。五月間，楊匪擾臨，該隊助剿尤力。此其一證。不第此也，後套大患，莫大於蒙旗搆亂。二年，外蒙內犯，民衆至今猶為寒心。本年五六月中，風聞赤俄侵略外蒙，煽惑漸及內蒙，鶴（淚）〔唳〕風聲，人民惶恐。公不惜重貲，厚備多儀，派商會于會長馳赴東達公旗接洽，以覘意嚮。該旗主巴保多爾濟派員來臨報禮，表示本旗素明大義，決不附和外蒙，尤望時加臂助，共維國艱云云。從此信使往還，儼然一家，邊防可望永固焉。此信孚外交者一。

本縣城垣，迭被水患，特派魏紳三槐、王紳侶監修城工，並將附城護城壩加高培厚，永杜水患。民堡足禦外侮，後套尤有明徵。惟民情憚於創始，實行為難。爰令各村限期趕築，秋後報竣，以固冬防。此注重防務者二。

按軍隊住居民宅，軍民交感不便，特開地方會議，決定修復縣府西院，安設（旋）〔旅〕部。又於東關相度地勢，創修大規模之營房，刻已開始工作，指日可告成功。此奠厥民居者三。

按本縣地面遼廓，防務、商業消息端在靈通。公本彭前任規定，商辦電話。當以太安鎮地近狼山，為內外蒙通商孔道，又係商業繁盛巨鎮，先設臨陝電話，然後依次建設，四區如在一堂已。

本境渠道縱橫，伏秋上水，交通輒梗。慮其褰涉之多苦也，特修徒杠輿梁①以濟之；慮夫窮途之中阻也，重築經路緯路以便之。此發展交通者四。

此外勸募設立銀號以劑金融，提倡舉辦車捐以輕徭役，規定路線，傳遞公文以期迅利。所謂平民出治，無時不從民情著想，無事不以民事為先。傳曰：「樂只君子，民之父母。」②此道得也，紀之以為留心吏治者勖焉。

紳耆事略

臨河第一區李區長增榮事略

李區長增榮，字仁甫，河北棗強人。其封翁③樂山公秉性剛毅，有奇氣。早歲長技擊，捍衛鄉里，人莫敢侮。壯年從事家人生產。

光緒初元（一八七五），來套治農業，執事專而有恆，與人忠而有信。各大地主優異逾常格，是以田產日豐，家道日盛。卜居五原西區強〔家〕油坊南偏，德和泉乃其地商之名號，如王氏之同興東是也。封翁尚風義，重道德，好善如饑渴，嫉惡如探湯。惟視衆生如平等，恤困扶危，推食解衣無吝色，有善人之目。

---

① 徒杠，可供徒步行走的小橋。輿梁，橋上橫架之板若車輿者，故謂之輿梁。

② 此非傳文，當出自詩經小雅南山有臺。

③ 封翁，古時因數孫顯貴而受封典的人。

語云「積善餘慶」，有由來已。生丈夫子二。仁甫區長能承其志、繼其業，性孝友，篤內行，與人推誠布公，渾無涯涘，無智愚賢否，日在其包羅中而不自知。馭事有幹濟才，任紛錯危疑之交乘，隨機以應之，均能秩然理、帖然平。

後套以水利為命脈，民國初元（一九一二）渠堙田蕪。公慨然動殖我民族之志，爰約同田君全貴、趙君海共投重貲，重濬蘭鎖渠，開闢三大股新渠。早作夜思，渺慮澄心，測勘規劃，冒風雪，犯寒暑，日夜督治渠幹，食不甘，寢不安。偶有挫折，而再仆再起，其志不稍挫，氣不稍摧，卒底於成。渠長八十餘里，寬七八丈，每年澆田七八百頃，食其利者千餘家。豈第為一人一身計哉？地方之樂利，夫豈有涘涯耶！

六年（一九一七）春，盧匪在武川就撫，來套編制。全部萬餘人，複雜無紀，假徵糧四出騷擾，居民（皇皇）〔惶惶〕懼，紳董相率引避。公關念大局，不忍言去，傾廩倒倉，盡出歷年儲積以餉饑軍。時閱五月，耗糧兩千餘石。當日窮簷蔀屋得以稍留，斗勺餘粒藉以苟延殘喘者，全賴公傾倒不吝，獨以大力斡旋之也。古人所謂毀家紓難，公洵無愧矣。

十四年（一九二五）臨河設治，任公為一區區董，建置經始，賴公贊助之力居多。十五年（一九二六），軍事倥傯，徵億奇重。公因應（無）〔有〕方，不窮於用。

十八年（一九二九），本境糧荒，儲藏殆盡。東路各縣比歲告災，難民來臨就食者四萬餘丁口。縣府奉令辦賑，公首先慨認捐糧二百石以為之倡。衆大戶聞聲響應，不崇朝募糧一千餘石，款五六千元，事得以濟。借非公登高一呼，義聲首倡，安能應如桴鼓，實惠均霑如此也。本區賑務悉心策畫，實力進行，事竣無一觖望，無一後言，可謂稱物平施，功歸實濟者矣。

公長君元楨，字幹丞，儀容修偉，才具練達。父老推重，僉謂雛鳳鳴盛，當清於老鳳也。德門獲福，克昌厥後，其信然歟？

臨河二區陳區長占財、汪區長茂林事略

張弛消息而天道亨，剛柔交濟而人事成。一身然，一家然，推之一區行政之道，何獨不然！吾於二區陳、汪兩區長，而歎其相資為用，亦相得益彰也。

陳區長占財，字聚民，天質穎異。髫年就讀，目過成誦，有神童之目。惜早歲失學，族黨以為憾事。臨河二區田地荒蕪，民戶寥落，在勢不能獨立，然為行政區域計，又不能不分治。陳區長承凋敝之日，撫貧瘠之區，又值駐軍複雜，供億煩苛，亙天烽火，遍地荊榛。為區長者，以獨力支拄，威無所施，智無所用，惟有不辭勞，不避怨，不憚煩，不苟安。雖鋒刃加頸，槍彈次胸，亦能聲色不動，進退裕如。寧任屈己以求全，決不肯輕率以激變。卒令難關勉度，危局得全。天下能忍辱者能負重，老氏以柔道勝人，陳區長庶幾近之矣。雖然有弛必有張者，天之道也。有柔必有剛者，人之道也。天道不能常弛，人道不能偏柔。

繼陳區長而起者，有汪區長。區長名茂林，字治泉，南徐人。其先德於咸同年隨軍征回凱旋，道經河套，留居經營農業，遂家焉。區長少聰(疆)〔彊〕，家貧失學。生平留心世故，於人情物理洞鑒無遁影，與人接物和而介，寬而有制，任事能當機立斷，無依回，無阿狥。平日長於治水，永濟、剛濟各大渠沿革利病，均能燭照計數，洞中竅要。及其任區長也，舉辦建堡築路、清鄉保衛諸大政，謀必衆協，事必公開。凡遇危疑震撼之事，他人均側足咋舌、斂手而去者，汪區長則奮臂而起，力任之而不疑。其見義勇為，有定識，故有定力也。古訓曰「惟斷乃成」，又曰「貞固幹事」，①其此之謂歟？

臨河三區傅區長正業事略

自古一鄉善士，不必有赫赫之功、奕奕之名，但令口無過言，身無過行，即足楷模鄉黨。地方無事，斤斤勉為束修自好；一旦有變，則必本同憂共患之誼，亟起為披髮纓冠之救。其衛顧桑梓，深切獨至，有過

① 貞固幹事 係文言中解釋乾卦四德的元、亨、利、貞中貞字的句子：貞固，足以幹事。全句是說，純正堅固的意志，是使事物得到圓滿完成的骨幹。只有有了這個骨幹，才能達到立德立言立功立業的目的。

於齷齪吏萬萬者。於何徵之？徵之（傳）〔傳〕區長正業而得之已。

（傳）〔傳〕區長，府谷人，田山其字。其先德以醫術名於世，正業能大其傳，女科尤得秘鑰，手術接青主元鐙①而盡其變。足跡所至，踵門請、望塵拜者，不絕於道。先生則無親疏，無貧富，無貴賤，概予施診，罔不應手奏效。初未嘗受寸縑、叨杯酒焉，（謂）可謂普濟宏施者已。

先生性豁達，休休有大度，持家儉，奉（已）〔己〕約，一粥一飯，珍惜無弗至。獨至慈善事業，雖傾倉倒篋不少吝。居恒嘗曰：人世階級境遇，吾視之皆軀（穀）〔殼〕外事。惟同此血氣，同此心知，衆生皆吾平等，吾能膜外置之耶？計其生平義行善舉，任恤睦姻，美不勝書。

獨至十七年（一九二八）辦賑一節，尤其卓卓大者。溯自十四年（一九二五）臨河分治，大兵大役，水旱偏災，靡歲不有，民間糧儲搜括殆盡。十七年（一九二八），秋成僅告下稔，冬季糧根奇荒，又值東路饑民來臨就食者不絕於道。十八年（一九二九），斗米萬錢，外來及本境饑民調查共計四萬丁口，三區居其半數。哀鴻遍野，勢洶洶不可遏。先生當夏田初登，先期密約各大戶，為預防劫奪禾稼計，多留滯穗以贍餉之，或另指熟禾數畝以分惠之。慮其錯處無紀也，另編一組以部勒之；慮其舊業之坐廢也，酌發糧款以助之歸耕，護以團隊以導之出境。此皆賑濟常例之外，所以曲成之者，且無不至也。至其承辦賑務，抽查戶口，毋冒毋濫；監督散放，毋漏毋徇，所以綜覈之者，洵可謂功歸實濟者已。是役也，論事實，惟三區最難；論成績，惟三區最優。嗟乎！自古備荒有策，救荒無策。自周官散佚，三代下久不知荒政為何事。先事漫無預備，臨事竭蹶補苴，即補苴得法，生民之元氣已傷。況舉動一涉張皇，章制即滋紛擾，數萬涸鮒不入枯魚之市也幾何矣！若傳區長者，可謂以不忍人之心，行不忍人之政者矣。

十九年（一九三〇），寧夏楊某由中衛於六月十九日揭竿倡亂，聚衆至千餘人，東犯各城邑，勢如破

① 青主元鐙，青主即明清之際的名醫傅青主，元鐙又作元燈，指宗派，淵源。

竹。及入臨境，刼掠三區諸村堡，人一夕數驚。時先生解區長任家居，聞變攘臂奮起，號召全區保衛團及各大戶自衛之丁壯，得勇士百餘人；復糾合杭旗遊擊隊，遥為呼應。於是激昂誓衆，士氣百倍，乃為設間用伏，用蹙匪隊於黄土拉圪河各支渠。支渠套搭紛歧，匪騎陷泥淖，迷途不得出。我軍合圍大進，批元搗虚，疾如風雨。匪四潰如鳥獸散，迅逐至剛濟渠，日已昏，未便窮追。凱旋日，邑人士歌頌盈路。縣府列其功上聞，請優敘焉。

臨河四區楊區董茂林、區長春林、鶴林事略

取甌脱久曠之地，以獨力闢之，化磽為肥，化瘠為沃；取堙圮不治之渠，以獨力濬之，易塞而通，易窒而暢。地加闢，民加衆，戶口加多，租税加增。一家之賜，千家食德；一姓之功，百姓樂利。此何怪衆口交推，舉全區之政，付之於一門，而奔走聽命焉。如臨河四區楊區董茂林及若弟春林、鶴林兩區長，洵可謂造福地方，後先濟美已。

考楊氏系出河曲，世傳山後楊氏，自宋代以武功起家，名滿海內，代有達人。清同治之季，其先德玉珍公偕弟玉璽來套治農業，家於永濟渠側。覃心水利，從濬川王氏遊，能得其秘，家日起，子姓日繁。兄弟有丈夫子九人，均英英露爽。茂林、春林、鶴林，尤能纘承其業，矯矯傑出者也。

茂林為群季長，天性敦篤，內行實踐，能以身作則。一門孝友，里黨欽矚。河套言家教者，首推楊氏。其處衆，和而不流；其應事，公而有制。其為五原西區董事也，課農林，講牧畜，興教育。時值盧占魁之變，供億煩苛，凡有徵求，盡出其所有以應急，以紓民力。

民國初元（一九一二），包租永濟渠，經營擘畫，水利大治。六年（一九一七），改租他姓，坐廢半途，氣頓沮。是時也，春、鶴兩弟進曰：我兄弟以殖民為志，當求其大者、遠者，欲獨立一幟，莫如以全力開闢楊家河子，可謀百世利。毋寧俯首倚官府為生活？茂林蹙然曰：楊家河工大費鉅，恐非我兄弟所能任。春林、鶴林曰：吾輩（作）〔做〕事，所憑者信用，所恃者精神。愚公移山，精衛銜石，同心自克濟，有志事

竟成，何自餒為？於是茂林奮袂起，偕同春、鶴兩弟，計劃全局，悉心測勘，虛衷延訪，參合高下順逆之勢，推求循環往復之宜。其有合者，當機決之。其不合者，面壁而冥默，繞室而旁皇，甚至登高遠眺，臨流兀立，渺乎若思，茫乎若迷；及其有得也，則有豁然貫通，狂喜累日者。以一身攬其大綱，得兩弟分理其節目，可謂同條共貫者矣。有時雜工人工作，塗體沾足不顧也；有時同工人食息，豆粥草薦自若也。如是者六閱月，由渠口用生工開全烏蘭淖地方。此四十里地皆高阜，不能上水，計糜款數萬元，耗糧千餘石。

工未及半，而力已無餘，欲能不能，欲進無力，此正所謂成敗得失關頭也。爰乃熟慮兼權，妥商救濟之策，由春林、鶴林商洽教士，以烏蘭淖下之教堂地上水為度，按厘股分利。於是水利日宏，收益日多，大工得以繼續進行，終底於成。此即春林、鶴林所謂同心克濟，有志竟成者也。計該渠全身長一百四十里，寬十丈，深一丈，共歷時七年之久，用款四十萬元之鉅，每年能灌地兩千餘頃。

迴思民國六年（一九一七）以前，該渠左右百餘里僅一片荒磧耳。自有此渠，而黍油麥秀，彌望青苗，廬舍雲屯，村鎮霧列，田歌百里，煙火萬家。蒸蒸我民，得以鼓腹遊、擊壤歌者，伊誰之賜哉？膴膴大地，得以啟爾宇、固爾封者，又誰之力哉？向非茂林區董倡於前，春林、鶴林區長繼於後，何以致此！

十四年（一九二五）臨河設治，劃該地為四區，任春林為區長，為地擇人，從民意也。十五年（一九二六）二月，茂林猝患中風不起，手造地方，功在民社，積勞成疾，正命以終。歿之日，野祭巷哭，道路隕涕，未邀生榮，可謂死哀已。春林區長，幼秉特質，有血性，持家應世，悉本至誠。當民國四、五年（一九一五至一九一六），地方多故。是時適長五原西區，出其全力以支應多方，任怨任勞，現狀得以維持。迨充臨河四區區長，值國民軍全部駐套，徵發無虛日。春林區長多方供億，振廪傾倉無吝色，全區民戶得以各執其業，各安其生。遇事必取公開，寸銖之輸將，顆粒之徵索攤派，一本大公，故全區翕乎無爭議，無後言。十八年（一九二九）春，歲大饑，東路饑民就食本區者萬餘，糧根奇荒，斗米萬錢。承辦賑務，慨捐糧數百石，又勸募各大戶照章支放。事必躬親，惠期均沾，全活無算。

鶴林於十八年（一九二九）接充區長。時值回軍攻寧敗竄，駐距楊家河數十里之大灘，饑軍萬餘，時時出入四區，焚劫淫掠，勢岌岌不可終日。鶴林商承官府駐軍，或則減價平糶，以示恤鄰之仁；或則正式制止，以申保民之義。如持危柁於驚風駭浪中，操縱在手，晏然不驚，穩渡重洋，同舟客子，談笑食息，竟若行所無事者，厥功亦云偉矣。

夫楊家河子一渠，關係全區之命脈如此。茂林畢生之精力與事業，盡注於該渠。是誠不愧為實業家而兼大建築家矣。尤可幸者，春林、鶴林區長連袂接踵，繼起而敬承其業，又善師其養渠之法，以培養花戶為先務。春耕則貸以食糧，借以籽種；秋收則薄其租入，寬其逋負。俾令家有餘粟，戶有餘財，人有餘力，有無相通，緩急足恃，相需以長，相資以生。從茲大渠水利恢之彌長，引之彌廣。是又在因時制宜，善通其意者矣。近日言實業者多矣，伊孰能不畏難，不避險，堅苦卓絕，為地方開闢絕大水利？又誰能善守勿失，為地方永保此絕大水利？若楊氏兄若弟者，可以風矣。

臨河商會劉會長昣事略

旨哉貨殖傳之言！曰「其善者因之，其次利導之，其次教誨之，其次整齊之」。臨河商業，始兆胚胎，無所謂因也。利導之，以開不匱之源；教誨之，以立撙節之制而已。然而利導教誨之方，非有進退商業之權，而又熟悉商界情變，因地制宜，因利乘便者，不能措置裕如焉。吾於商會劉會長得之。

劉會長名昣，字明卿，河曲人。幼聰穎，勤學問，讀書能得大意。年少長，一日廢書歎曰：讀書破萬卷，不能立產致千金，與其螢窗坐枯，何如及早從范少伯遊，以謀生計耶？於是棄儒而賈，西遊河套，究心物產登耗之數，殫志百貨流通之原，億無不中，計無不盈，商界中爭傾倒之。

十八年（一九二九）商會改選，公推為會長。任事以來，根據原定商法，參合當地商情，於商路則疏通之，於商情則聯合之，於商貨則消息酌劑之。而且評定物價，以示其信；疏通金融，以暢其流。其有利商業者，保持之；不便商業者，革除之。

臨河商業散漫，重以比年多故，原狀幾難恢復，得劉會長倡導而崇起之，商界始有一線曙光，遂蒸蒸焉有生機焉。吾為之進一解曰：長袖善舞，多財善賈。儻能多募股貲，經營一絕大規模之行棧，高視遠蹠；聚四方之貨，積而常流；通百族之財，贏而不匱；所謂利導而教誨之，又進而整齊之矣。豈不盛哉？

臨河商會于副會長相龍事略

河北寧津于先生清泉，商界中巨子也。天性溫厚，材力聰彊，多機警，工計然術①。早歲從河北大賈遊，往來西盟內外蒙地，嫻熟蒙人文字、語言、習俗。善揣時尚，好為投機事業。奔走氈廬毳幕間，與蒙人（抔）〔杯〕酒通款曲，如家人昆弟歡。故懋遷所得，常倍於他商。

民國初元（一九一二），來套治農業，講求種植樹藝法，物土之宜，盡地之利，歲致豐盈，家日起。兼業酤，麴香泉洌，為河套之冠。十五年（一九二六），地方差務煩重，紳董皆引避。出佐王丕卿先生主持農商會，支配軍需，應付各方，不窮於用，危局得支拄。

十八年（一九二九）商會改選，公推為副會長。臨河漢蒙交易，向居一大部分。先生熟習蒙情，消息盈虛，因勢而導之，稱物而施之，操奇計（嬴）〔贏〕，攸往咸宜，不止此也。內外蒙向背之機，離合之局，倏忽百變，外人莫得真相。得款洽蒙旗如先生者，何異傳音於空谷，燃（鐙）〔燈〕於暗室也。豈惟地方賴之，政府亦利賴之已。

臨河抵產局魏經理三槐事略

① 計然術，即計然之策，主要指「六歲穰六歲旱」的農業循環學說，農末俱利的平糶論，以及物價觀測、貴出賤取等經商致富的「積著之理」。後因以泛指生財致富之道。

緊古軫重民生，春有省而補之，秋有省而助之。周禮：旅師「以質劑致民，平頒其興積」。荒政十有二，首曰散利。此非徒煦沫為仁，噢咻為惠，張惶補苴於吾民也。取民之所有以為質，益民之所無以為劑，所謂因民之利而利之。如我綏遠流通券抵產之法，真能得古法，不泥古法者矣。雖然宜民者法也，行法者人也。以人行法，法足利民；有法無人，法轉厲民。求一實心實政而實惠及民者，其惟魏經理三槐為近之已。

經理系出府谷名族，書香繼世，代有傳人。太翁紹業，有聲庠序，碩望耆德，為一鄉祭酒。經理生負雋才，黌校翹舒，有遠志。

民國初元（一九一二），來套治實業，與李區長增榮訂杵臼交。歷充地方機關要職，幹理措置，罔不井井，以是官若紳競推重之。

十四年（一九二五）臨河設治，經理協助地方，凡百建設，贊畫不留餘力。十六年（一九二七），省府頒發流通券，定抵產法。臨河設抵產局，公推魏君三槐為經理。任事以來，通籌兼顧，循名綜實，有產可抵者，則分配而頒發之；無產可抵而確有保證者，亦結約而調劑之。人無觖望，無後言。全境貧民得以貰牛力，購籽種，東作興事，西成告豐者，胥賴乎是已。

地方近年迭遭浩劫，財政紊亂，重沓影射，莫可究詰。自十六年（一九二七）設立公款局，十八年（一九二九）改設財務局，經理出其縝密精覈之思，坐理夫糾結錯綜之緒，必令入之也有制，而不煩不苛；出之也有節，而毋冗毋濫。不紊其端，自不匱於用，何莫非經理相助為理，有條不紊耶？噫！士君子懷才不遇，不得竟其所施，而效職於一鄉一里，但使能拯災捍患，給求養欲，民力得紓，民生得遂，盡其力所能為已，可對地方而無憾矣。古所謂小用之則小效，其在斯歟？其在斯歟？

卷下

雜記

渠道(缺)

移墾門

湘民移墾西北合作社緣起

郭 皋

中國自民元(一九一二)以還,兵燹蠭起,盜匪蝟集,瘡痍滿目,載道流離。湘省遘災較他省特酷,揆厥原因,其主病中於生齒日繁,人滿為患,民生問題無法調劑。間有慈善團體,設會賑災,不過臨時補苴,何與本治。欲求根本解決,莫如移墾西北之一法。先總理提倡民生主義,於建國方略中,對於移墾規定極為詳明,又國民黨第一次全國代表大會農民運動決議案,有移墾荒徼,以均地利之策。

皋本總理「地無棄利,國無遊民」之宗旨,提倡開發西北,拯救各省災黎。十餘年來,奔走南北,到處宣傳,無如氣竭聲嘶,百無一應,不得已退而謀諸桑梓。同鄉中如馬鄰翼、孔昭綬、曾繼吾、粟戡時、曹典球、狄昂人、辜天佑、王季範、廖漢瀛、舒漢祥、成蒙三、李維城、陳任菴、李咸亨、王伯徵、淩樹人、周聲漢諸同志,發起湘民移墾西北合作社,省縣政府立案,委皋主任其事,社址設於湖南長沙、湘潭等處。其宗旨以集貲移民，開闢西北為首要；並印刷宣言，分寄各省，以資提倡。

十四年（一九二五），偕周壽椿、羅先覺、羅良德、許履道諸君子，親歷西北河套一帶實地察勘，果爾地質肥沃，氣候適宜種植、牧畜。斯為奥區，且交通日便，文化漸開，新村制度逐一實行。時值達拉特旗地、杭錦旗地先後報墾，時無可待，機不可失，時機相迫，愚者眯目，智者捷足焉。當指定臨河以北七十里六合公地方為湘人移墾區域，建屋數楹，並掛領達旗地五十餘頃。

十五年（一九二六），購置牛犋，招募佃農，著手開闢。不意是年河套告變，同人均南旋，事竟中止。皋氣不稍沮，仍主持社務，收合餘燼，力圖再舉。以本社名義，向國、省政府提案，請撥鉅款，作大規模之移墾。因近年國步多艱，國府雖有組織全國墾殖委員之計劃，迄未實行。皋一息尚存，必以再接再厲之神，貫澈此殖民移民之志；大而風行全國，小而實行湘省。此皋之責也。

十六年（一九二七），皋長河北南宮公安局，不得親履墾地，擬將眷屬移套，以子侄輩暫代其事，為破釜沉舟之計。詎料包西道梗，移家至包頭而止。十七年（一九二八）春路通，託淩君樹人偕皋長子先哲等盡室赴臨，僑寓六合公，實行工作，如修渠闢荒、牧養牛羊、植樹種菜。男則刈穀造林，鋤雲犁雨；女則牽蘿浣葛，戴月披星。田家樂趣，較湘省尤為濃厚焉。

十九年（一九三〇），皋抵臨，建築西正街私人房舍，迭接同鄉黃女士碧源等函件，匯款購地，移墾西北之結約，日形堅厚。惟願我鄉人不畏難，不惜費，不辭勞，負襁至，秉耒來，通力合作，建百年之渠澮，藝萬畝之桑麻，俾我父老子弟含哺歡歌，擊壤嬉遊，以為各省開其先路。豈不盛哉！豈不快哉！

臨河膠東移墾社紀事本末

黃子義

魯省東鄰渤海，北莞津平，南控徐淮，西障汴雒，泱泱雄風，誠南北之綰轂，黃河流域之奥區也。沿海登萊人民負有遠志，往往踰海走遼沈，企圖實業，肩負而去，輦運而歸。近年生齒日蕃，人滿為患，負襁秉末移墾東三省者，歲以數十萬計。起視郊野，流離載道，貧民仍不加少。有心者亟思另籌一善地，以安插之，時勢之所迫者然也。

民國十四年（一九二五），東魯黃君樂德服務於西北軍總部，縱攬綏西沃野千里，民戶寥落，棄若甌脫，殊屬可惜。時值馮總司令有志發展西北，爰商諸綏遠李都統，允照山東移墾外，極端贊助。黃君偕諸同志即日返里，遍歷鄉里，縷陳移墾河套之利，奔走號呼，糾合同志，集貲萬餘元，定名曰膠東移墾社。

十五年（一九二六）春返綏，在都督署立案，連袂來套，週歷勘查。至達旗地白爾塔臘、察汗淖等處，購地百餘頃，於李貴橋地方建築田廬，置備農器，選擇籽種，若者分租，若者分佃，若者自種，耗貲數千元。歷時五六月，規模大定，專恃東作日興，西成露積矣。詎料西北軍退駐後套，土匪蠭起，橫行鄉曲，焚擄淫掠，唳鶴日驚，哀鴻遍地，移墾事業盡付泡影，計捐失不下萬元。其墾民欲進不能，欲退不得。又值大劫甫脫，比年天災兵禍紛至沓來，渠堙田蕪，補救無方，已往者言之寒心，未來者聞之裹足。蚩蚩何知，舉歸咎於一二代表，求全之毀，衆矢集的，此真欲辯無從而亦不必深辯者也。所幸革命成功，政府注重民生，遠略宏模，行將實現。惟望我〔父〕老兄弟暫忍須臾，以待地方大定，水利普及，同心協力，課農造林，實業發達，蒸蒸日上。我墾民必有含哺鼓腹，食樂利於無疆者，豈不快哉！

魯民移墾紀事罪言

談何容易，舉千百族窮蹙無告之貧民，移之於絕塞廣漠之域，而為之分其田理，正其經界，建立廬舍，購置耒耜，籌備其牛力籽種，使之聚而不擾，比而不奸，相養以生，相資以長。是必有詳實之估勘，親切之結約，充分之經濟，先事之規畫，而後乃可與言移墾。初非隨指一方而可以來之，任舉一地而可以安之也。

記者當民國十一二年（一九二二至一九二三）服務保署及歷北平政界，披閱報紙，即聞有魯民移墾綏區之事，未嘗不欣欣然為我魯民幸也。及詳翻公牘，竟無其事，以為有此創議，並未見諸實行也。

迨十四年（一九二五）一月，復蒞五原任，紳董僉稱魯民移綏不日實行。記者遍查近數月檔案，竟無片紙隻字涉及此事，猶以為傳說不足深信也。及三月初旬，有同鄉于君培祥，以山東移墾事務所委員名義投刺請見。及延見後，于君聲稱魯省墾民千戶現由包頭出發，不日到五云云。詢以事前指定何地，是否派員估勘，是否建築房舍，是否購就牛力籽種，是否籌有相當之經費，于君均對以不知。迨墾民全部抵五，暫借住水利局東院。是時也，田無一隴，房無一椽，粟無一粒，群情（皇皇）〔惶惶〕惑，洶洶動。（紀）〔記〕者既長是土，又與有梓桑誼，既不忍作壁上觀，又不能為井中救，只有設法籌供糧芻，以維現狀而已。幸而馮督辦及綏遠當道連電王紳同春，囑撥地貸糧，妥為安置。王紳先借出糜米若干石，各渠地二百五十頃，衆心稍安。嗣王主任鴻一先生到五，事有主者，當然就緒。當分（懇）〔墾〕民二百餘戶駐固陽，分七百餘戶駐臨河。適值臨河分治，達旗地報墾，分給駐臨墾民地七百五十頃。

一夫百畝，以內地之人工，治後套之地力，穀應不可勝食矣。無如後套之田，以水為命脈。墾民無貲開渠，地不能上水之原因一；墾民人地生疏，與水利當局隔膜，地不能上水之原因二；墾民勢如散沙，不知顧全全局，既不能各出人力合衆挖渠，又不知各為堤防，反水患為水利，地不能上水之原因三。有此三因，而膴膴沃壤變為磽磽石田。計自領地以來，每年種地不及五分之一，吾魯民饑困顛連，真有欲進無門，欲歸無路者矣。查墾民來套本不足千戶，臨河之七百餘戶，祇以連年田地失種，廢然氣沮，接踵回籍及轉徙他圖者比比皆是。十五六年間，只存四五百戶，迄今更日見減少矣。所有二三百頃之餘地，當事者名之曰公地，所有收益指作移墾事務所公用。究竟事務所十五年（一九二六）一現於五原，十六年（一九二七）再現於臨河，十七年（一九二八）三現於五原，如曇雲泡影，隨生隨滅，初不待公地之補助。總之，如登肉於俎，群思爭嘗一臠為快，甲攫之甲飽，乙攫之乙飽，於墾民無補也，於事務所無涉也。

原夫移墾原議發起於王鴻一先生，先生愛國愛鄉，遇事勇為，其奔走呼號，而得有此舉也。請准魯省府由實業廳籌款七萬元，又分令各縣每縣攤認七百元，計共十四萬元。是每戶應領一百四十元。按每戶領地一頃，邀免半價，先交二三成，不過由各名下百四十元中扣留二十餘元。其餘旅費及建築土房，購買牛馬、器具、籽種，耕作食用，盡可敷用。倘能全數發給，更派廉幹人員為之經紀監督，必能各安其業，各治其地。不三年戶有餘粟，人有餘財，人煙茂盛，比戶可封。是真能為魯民造福矣。乃何以民猶是也，地猶是也，任若民之自聚自散、自生自養，他人之地萬流分潤，墾民之地涓滴莫霑。竈冷無煙，魯困誰指；室如懸磬，周粟誰頒？哀哉魯民，親歷五年來之兵燹匪變，寧甘填溝填壑，為強毅不屈之鬼，從未有一戶一人揭竿從賊，為苟活偷生之人。我魯人有此特殊性，洵可告無罪於地方矣。所惜者性情戇直，使氣任性，動違人情，因而意見齟齬，口角爭執，久而發生誤會，動成冰炭。究之當地賢明紳董，無不理喻情恕，並無畛域之見也。

往者難追，來者可諫。亟籌善後之策，莫如取事務所名目，概行取銷，由魯政府澈底清查原案之款作何用途，浮冒者追還，實銷者開除，存款有餘固善，如有不足，設法另籌，計有六七萬元即足。一曰清償地價。查駐臨駐固移民不過五百戶，每戶百畝，有五百頃即足。每頃以中地計，邀免半價，有三萬元即可繳清地價。此為吾魯民籌定根本中之根本也。一曰代籌開渠。由魯政府遴派樸實耐勞魯紳二三人攜款來綏，款以三萬元為限，以四分之一給駐固之墾民，補助其置辦牛馬農具諸項；以四分之三給臨河墾民，於適中地，延聘本地公正兼熟習水利紳董勘定渠路，開創支渠，立定澆水章程及歲修渠費攤派辦法。此為墾民籌定補救中之補救也。再出全部墾民中推定品望素孚一二員為全部墾民之經理，權一責專，實行管理指揮。凡對上對外統由經理負責，如衣挈領，若網在綱，未有不俯首受治者也。

嗟夫！此墾民也，夫非猶是吾魯之父老兄弟哉？顧何忍令遠徙三千里，苦力五年餘，而使其淪陷於此也。又何惜清理此原有之款，而慰此延頸望救、引領請命之哀鴻也。（紀）〔記〕者目睹耳聞，據事直書，罔知忌諱，知我罪我，俟諸國人。

社會門

哥老會紀事本末

河套哥老會，即四川袍哥會之支流，發源於川省，蔓延於大江南北，旁溢於後套。後套之有哥老會，始於咸同間。西夏金雞堡之役，金將軍所部多南人，凱旋道經後套，留套治生業，哥老會之根即於是伏焉。該會江南分幫，川省分堂，後套分排，名異而實同。其主旨以金石同盟、堅明約束為體，以任俠尚義、捨命不渝為用。會中向無會首、會長名目，凡有權力者，統名之曰大爺，其下亦分職辦事。大爺主中堅，運魁柄，生殺予奪，高下在心，有雷霆不可褻之威，有神聖不可侵之勢。會律極嚴，有違犯者，輕則鞭背灼膚，重則立置重辟，刀（踞）〔鋸〕水火不能緩，須（叟）〔臾〕死。

原夫哥老會之緣起，其始則胚胎於有清竊據中夏，恣肆殘暴；有明諸先烈糾合同志，希圖恢復，不得不多樹旗幟，秘結黨會，厚集勢力。其繼則再接再厲，再起再仆，韜光匿采，群思蟄伏江湖，保持其固有之勢力，希圖再舉，指天誓日，椎心泣血，遂成此牢不可破之幫會。迨至嘉道以後，各幫會堅苦卓絕之旨日湮，奇梧英雋之材日少，狡黠桀驁者流遂起而承其乏，出奴入主。其賢者樹黨結援，憤世嫉俗；不肖者招亡納叛，虎視鷹瞵，變本加厲。久之浸失其本旨，然其蟠結堅固伏之勢力固自在也。

河套有清光緒末葉，五原廳開始分治，漢民寥落，智識短淺，最易煽動。哥老會蔓延綏區，幾有不可禁遏之勢。宣統三年（一九一一），西排哥老會大爺楊建寅、馬景濤、藍玉堂乘革命紛起，因利乘便，由阿拉善王旗地假借革命名義，揭（竽）〔竿〕聚衆，東犯臨境，大肆劫掠。十一月，攻陷強家油房墾務分局，焚掠一空。當是時，套民經外蒙內犯，驚魂甫定，突聞會匪勢洶洶，一夕數驚，西路人民均紛紛逃竄。幸綏遠當道派哨官張保和率四旗馬隊平之，楊、馬、（蘭）〔藍〕各首領均漏網，其勢尚未稍戢也。

民國四年（一九一五），（紀）〔記〕者在五原任，奉張道尹秘令調查全境哥老會人數，當即查得只西區一隅已達四千人。記者條陳謂：秘密結會，當然依法禁止。惟該黨徒蔓延殆遍，設概予芟除，適足滋擾，莫如不問會不會，祇問匪不匪，會而匪只治其匪，會而不匪只解其會。呈上，大蒙嘉納。是年秋，會匪弓占元由南區警所叛變，借寧軍馬統領鴻賓全力，始克之。該會黨魁梁玉亭、盧金魁、藍玉堂聞風遠遁。十四年（一九二五），寧海軍馬統領子乾駐隆剿匪，獲會魁梁玉亭，立決之，人心震懾。十五年（一九二六），綏當道拏獲哥匪小五羊，立置之法。由是該會首領星散，勢寖衰不振。雖然，其根蒂猶未盡除也。蓋其深固不可拔之勢流傳已歷有年所，其統系秩然不紊，其魄力能左右其部衆。設能利用之，使就我範圍，小之足以保護地方，大之足以捍衛邊疆。所患者梟鸞同集，蘭艾同升，其中良莠不齊，分子複雜，篝火狐鳴，蠢蠢欲動；一旦有事，乘機猝發，如原燎堤潰，大局已破裂無餘。此又當懲前毖後者也。方今村制修明，詰暴禁奸，責在區村，但明曉順逆邪正之義，厲行勸導糾正之功，該會之癥結不攻自破，自可消患於無形矣。是在有地方之責者加之意焉。

建築門

重修臨河護城壩記

城何以護？以壩防水患也。自古有依山為城者，慮山洪之沖發也，特設壩障之；有憑水為城者，慮江河之漲溢也，特築壩以堰之。此因地設險、因險立防，實萬不得已之規畫，非建城設邑之經制也。

若當膴膴平原，畇畇禹甸，如河套千里沃壤，建設城邑，只求辨方正位，奠陰陽之序，會風雨之和，宅中以圖外，居高以馭下，據四方之形勝，有犄角之勢，一旦有變，不至於受制於人，亦已足矣。

民國十四年（一九二五）臨河分治設邑，按原案在強家油房設縣之議，如欲憑水為險，則西枕永濟大渠，逼渠立城，仿山東濟陽齊河例，甃以金堤，當可收地之利，不至受水之害矣。否則，就強家油坊南五里德和泉地方築城，城據高原，亦可永絕水患也。又不然，當日俯從本地熟於地理者建議，以原定城址移東半里許，則全城盡佔高阜，可免水患，亦無不可也。乃何以均不出此，照原定地址，一定不移，遂使西半城基勢如覆盂，大錯一鑄，不可復挽。即令築護城壩以預防之，亦揚湯止沸之計也。

按永濟大渠長一百四十餘里，寬八九丈不等，為各官渠之冠。病在渠梢比歲澄淤，下流壅塞，如人身尾閭梗阻，中膈食水充滿，日積日脹，有入路無出路，愈壅愈積，勢必穿脅破腹，橫決旁溢。臨城適承中流，此何怪比年水患難澹也。

十六年（一九二七）春三月，永濟渠（泱）〔決〕口，臨河城西洪水日漲，紳董走告設治局請預防之，弗報。翌晨，水薄西南城，城垣高不踰五尺，西南隅有裂隙已為水齧。紳董端汗走告曰「請亟令民夫五六十人加工塞漏穴，水猶及止」，又弗報。踰刻許，穴大數簣，水大至。俄頃，西城內成澤國，縣署西急築堰三尺，水始不東泛。而西城建築市廛三四百楹，圮塌無一存者，計損失不下十萬元。

十八年（一九二九）三月，永濟冰汛大漲，李三渡口決口，水逼護城壩，闔城文武官吏及紳董均守壩上。設治局長黃彥邦、王旅長奎元、公安局局長郝晉綱、教育局局長王文墀、財務局局長李增榮、建設局局長楊春林、商會會長于相龍，紳董王績世、董繼舒、康寶銓、閻天昌，分督民夫二百餘人，負土束薪，絡繹搶險，明炬照耀三四里如列星。時則天冥風急，波濤洶湧拍壩，水濺人身如珠瀉。黃局長令各鋪商、居民，羅酒漿，餉民工，相屬於道；又懸重賞，能守壩禦險者優賞之。王董事佀督促尤力。奈舊壩土料鬆浮，千孔百隙，水十抉十蕩，且穿且潰，相持三小時之久，風暴起，波流突漲五六尺，漫壩而下，不可復遏。大衆不得已退守城圍，扼要加高堰以遏水，城得安全焉。本年秋，召紳董會議，公推王董事佀充修壩經理。王經理為之加高培厚，一月工竣，計費洋六百元有奇。

十九年（一九三〇）三月，永濟上李三渡口層冰結壩，冰汛陡漲，橫決數口，勢如萬馬爭馳。二十一日夜半，城西平地水四五尺，迷漫壩頂，直薄城垣，金（拆）〔柝〕聲不絕，城關商民皇皇懼。幸王董事侶比年董治城垣，工料堅固，於城西南隅受水之處注重築堰，是以有備無患，城圍屹然獨全。

夏四月，大召紳董會議，往返籌議，共商永絕水患之方略。僉稱城址根本已錯，另遷城社，事鉅費重，未敢輕言；只有急則治標，就舊有護城壩加高培厚，俾令鞏固堅實，以遏水患。

公推公正耐勞、熟悉工程之董事王君侶專任其事，王董事慨然力任之，於六月一日開工。炎天烈日，往來巡視，工次必令層層捶碾，處處培補。怠惰者必嚴斥之，勤奮者必厚賞之。以是群情踴躍，人人無苟安之心，而工無曠；人人無畏難之心，而事易集。王經理諄諭唇焦，指揮腕脫，汗流相屬，莫敢食息。歷其煩絕，未嘗憚煩也。任其勞，並未敢告勞也。迄七月十日而工成，計壩高五尺，寬一丈，長一千三百餘丈。計用洋一千三百餘元。

落成日，邑之人咸謂巍然砥柱，全賴此蜿蜒大壩，足以障洪流，廻巨浸，而今而後，吾儕可以免其魚之患矣。

特表而紀之，尚望賢達紳董預籌城週退水之方，以疏水路而分水勢，庶與王君修壩之功交濟為用，則更進而益善矣。

建設臨陝長途電話始末記

黃昌

民國十七年（一九二八）冬，趙匪青山大股兩次竄擾本境，軍團分途截剿，地面遼廓，匪勢漫散，南竄北突，東見西伏，飄忽無常，軍團應接不暇，苦於消息之不靈，偵諜之往往中梗也。昌特提議裝設臨陝長途電話，無事可以便防務通商務，有事可以便徵調通諜報，用費少而收益多。設治局黃局長頗韙其議，案經縣政會議通過，嗣以趙匪全部消滅，地方稍靖，事遂中止。

十八年（一九二九），彭縣長蒞任，首先注重地方交通，擬創設全境大規模之電話，就商於昌，特召集紳董如王君樂天、傅君田山、魏君蔭堂會議，決議由臨陝開始創（辨）〔辦〕，以次推行，委昌赴天津購料。昌於十二月抵津，接洽商行，購訂妥協，飛電催款，迄未見復。不得已毀約退料返臨，始知王君樂天自稱由包訂妥，又不知料存何所，以是推延稽遲，於無形中又停頓焉。

十九年（一九三〇）夏，白縣長蒞臨，適值馬、楊等匪股叛寧竄臨，洶洶勢莫遏。王旅長率隊堵剿，痛念大軍報之稽遲，徵調之梗滯，呼應之不靈也，力促當地之官若紳，於最近時期安設臨陝長途電話。時值張營長購到大批木料，經建設局購訂齊備，官紳公推昌督治其工，爰於九月杪開始工作。昌往來工次，指揮督課，無糜料，無曠工。至十月十一日，大工告竣，開始通話。

噫！臨距陝僅八十里，非有山川遼廓之險阻也；裝設工料僅兩千元，非有積萬累千之鉅款也；事經全體公認，人人稱便，又非意見紛岐，障礙橫生也；然且旋議旋罷，忽輟忽作，歷三年之久，始能實現者，何也？憚於創始，樂於觀成；恒情大抵然也。

昌服務是邦，忽忽三載，幸賴賢士大夫雅意提挈，晨夕與共。今日躬親是役，深願出其全力，不憚委曲週折，以促其成，亦聊以答地方人士之誠款，留雪鴻之印（紀）〔跡〕而已，敢因以為功哉？

風俗門

臨河竹枝詞

砭骨朔風塞上高，氈裘重複尚輕飄。男兒也學婦人樣，一例束裝紅主腰。

納稼築場有定程，連綿農事告西成。如何六琯灰飛①日，打麥始聞叱犢聲。

---

① 六琯，即玉製六律管。六琯灰飛日，指冬至日。據漢書載，古以葭莩（蘆葦）灰實律管，候至則灰飛管通。

陋俗流傳是棄嬰，家家父母太無情。只緣婦女懶閑慣，忍令呱呱付梗萍。
潺潺伏水貴於油，七日秦庭乞未休。戊己①一包馬一匹，香花膜拜獻渠頭。
後寢前堂溷不分，土階茅茨好鋪陳。朱紅長櫃栽絨毯，大鏡雙雙畫美人。
羊肚手巾包白頭，鄉村裝束也風流。阿儂不怕周郎顧，高捲車簾懶下鉤。
不重頭婚重二婚，孤鸞身價值黄金。周婆新訂親迎禮，送上陽臺更作雲。
嘉賓式燕樂如何，燴菜炸糕五味和。四碗四盤八大件，歸來夕照醉顔酡。
野人敬客好排場，大炕高登禮節詳。上等磚茶濃潑就，一盤瓜籽一盤糖。
酸菜點心麪片湯，田家風味客先嘗。賓來同抱如歸樂，風俗敦龎②屬此鄉。
厚聘索來色色强，立人三百帛承筐。專條又結十年約，五頃沃田養阿娘。
夭桃灼灼野花繁，百輛鼓吹六市喧。廣廈安排千萬戶，邢譚何寶盡盈門。
娶妻也會生財香，紅毯分鋪跪拜忙。阿妗一元姑五角，金錢亂撒喜洋洋。
於今宗法竟全删，同母弟兄喚隔山。胡越一家成骨肉，誰云痛癢不相關。
鼻孔撩天投地呼，床頭低首念南無。鳩盤也要香花養，難煞人間小丈夫。
柳絲細雨海棠風，姊妹街頭一笑逢。相約明朝看跳鬼，弓鞋預繡碧芙蓉。
弓鞋三寸巧安排，五色綾羅手自裁。低囑阿姨牢下鍵，須防天足會員來。
多少工夫手自纏，淩波微步翩如仙。陡聞天足重開會，霹靂一聲降自天。
自古人情富易妻，誰知後套歧中歧。當年多收十斛麥，臨老花叢覓別枝。

---

① 戊己，當指草藥黄精，據說有延年益壽之功效。《本草綱目》載，黄精別名戊己芝。
② 敦龎，意與敦厚同。

走馬少年小市東，銀鞍玉埒度春風。拚將糶出三倉麥，買笑千金付小紅。
駿馬嘶風盒子槍，地商子弟氣高揚。昨朝蓬戶今華屋，血汗十年夢一場。
漢蒙雜處須調和，蒙語學來費揣摩。執手穹廬通款曲，駱漿奶酒獻多多。
百貨挽輸走漠沙，米糧布匹酒糖茶。商人慣說蒙古話，吳越從今是一家。
女男階級不分明，蒙俗流傳習慣成。滅燭留髡①同下幕，聯床風雨到雞鳴。
黑塞輒廻學士駕，青林不駐文人車。俚詞聊備輶軒采，豆架瓜棚灑墨華。

礦産門

探查狼山西八口礦質記

耿秉信

陰山橫亘廣漠，綿(亙)〔亘〕千餘里，幹脈發自賀蘭，蜿蜒東來。古者樹榆為塞，受降築城；今日中外一家，古蹟湮零，無關體要。惟登高望遠，見夫岡巒起伏，岩壑重沓，其脈雄而厚，其狀譎而恢，意必有握瑾抱瑜，沈璧藏珠，韜光匿采，瑰瑋待啟，精英待泄者，所在多有。由是延訪過客，旁詢土人，非諱莫如深，即習焉不察。如是者有年，余之企圖之心猶未有已也。

十八年（一九二九）冬，余于役狼山之西二百餘里善丹廟。時則朔風砭骨，冒雪宵征，同行者均瑟縮起玉樓粟②，余意興勃發，竊幸此行庶有所得也。入山後，晨夕宿止，均以蒙人為東道主，穹廬氈幕，賓至如歸；奶酒駱漿，剪燭通款。乘間叩以山中地質及礦質各項，蒙人酒酣耳熱，得言忘形，知無不言，言無

① 留髡，指留客住宿，語出史記淳于髡傳。
② 玉樓粟，指人因寒冷而起之雞皮疙瘩。

不盡。蒙人多坦率，胸無宿物，其特性然也。

按狼山迤西自東五蓋口起，至葛拉淖包止，計三百五十里有奇，其間直通外蒙計有八處，曰東五蓋口，曰西五蓋口，曰達拉克口，曰義太魁口，曰紅淖包口，曰達巴圖〔口〕，曰哈拉納口，曰葛拉淖包口。此八口前後之山脈，石質約分三種：

自東五蓋口至達拉克口，為青石質。前山煤礦苗最旺、最淺，距石面丈許即現煤質，惜多零星碎塊。山後石中含有玉石、水晶兩種，距石面五六丈即現。惟玉石出品稍粗，尚待淘洗；晶石則秋水湛泓，洵稱佳品。

自達拉克至紅淖包，石質青黃錯出，炭苗豐富，距石面丈餘即能得炭。惟經考驗，該炭油性缺乏，入火炸爆，或係石質未淨，採取不得其法之故。山後向產石棉，石青色，多碎片，斷處多棉絲，入火不燃。俗謂浣火布即此織就，其信然歟？惜無人就地提煉，以考察其用途，是否為出口貨之需要品，安得廣延中外科學家一考驗之也。

由紅淖包至葛拉淖包百餘里，石質雜紅黃沙綠三色。石重量倍常石，而質堅逾常，至間有勢如蜂窠細孔，映日作作有鋩。據一般推考礦質者言，重量之石即石青、石綠，類蜂窠之石即含有五金礦質之類。惜蒙人閉關自守，不肯發其藏；又惜夫地限遐荒，無專門名家一化驗之；又無明通之工師，完備之機料，設場開採，依法化驗，致令棄寶於地。此真可為太息者矣，用特表而出之，貢諸簡端，以待後來者考證焉。

古朔方郡鹽堿礦產記

按伊克昭七旗之鹽堿湖淖，惟鄂爾多斯為最多，蒙地莫大利源，將於是乎在。惜蒙旗棄貨於地，不知經營、利導、開闢而發展之也。特詳列於左：

曰長鹽池，在右翼前旗南三十五里。

曰紅鹽池，在右翼前旗西南三百里。
曰大鹽灤，在右翼前旗東五十里。
曰特默圖插漢越沒灤，在右翼前旗西三十里。
曰毫賴甲達亥水淖，方圍約十里，距鄂王府西南二百七十里。
曰迭不拉亥水淖，方圍約十里，距鄂王府西南一百九十里。
曰摩多圖察汗淖，方圍約十里，距鄂王府正東一百五十里。
曰大鹽池淖，方圍約二十里。經本旗派員設局，採取出售。每斤一文二厘，收稅一文，產銷甚旺。靖、定兩邊及本旗仰給食用。距鄂王府西南三百四十里。
曰荷池淖，方圍約十里。一切辦法、銷路同上。距鄂王府西南三百六十里。
曰腦包池淖，方圍約十里。一切辦法、銷路同上。距鄂王府正南三百八十里。
曰察斌達布素淖，方圍約三十里。鹽質淨、味佳，僅供本旗食用，不知推銷他處。距鄂王府西南一百七十里。
曰納林淖，方圍一十里。出城甚佳，惜無人包採。距鄂王府東北八十里。
曰察汗淖，方圍二十里。出城最佳，經鄭、張兩商人包辦十年，每年納租銀千兩。
曰巴彥淖，方圍約二十里，距鄂王府東北一百二十里。
曰敖龍淖，方圍約十里。城質甚佳，無人包採。距鄂王府東南十五里。
曰大小克泊淖，方圍約十里，距鄂王府東北一百六十里。
曰烏克淖，方圍約十五里，距鄂王府東北一百八十里六台地內。
曰達拉吐魯水淖，方圍三十餘里，距鄂王府東北一百六十里。
曰皂素水淖，方圍約十五六里，距鄂王府東北一百六十里。

曰伊啃堿淖，方圍約二十里，距鄂王府東北一百四十里。
曰沙拉可（免）〔兔〕水淖，方圍約三十里，距鄂王府東南六十里。
曰哈達（免）〔兔〕水淖，方圍約二十里，距鄂王府東南七十里。
曰毫賴（免）〔兔〕水淖，方圍約十里，距鄂王府東南六十里。
曰烏爾杜水淖，方圍約十里，距鄂王府東南百里。
曰可克堿淖，方圍約二十里，堿質較劣，無人改良，距鄂王府東南一百五十里。
曰哈比里汗奴素水淖，方圍約十餘里，距鄂王府東南一百五十里。
曰叨好（免）〔兔〕水淖，方圍約十里，距鄂王府東南一百里。
曰鋼達氣烏素水淖，方圍三十里，距鄂王府西南一百六十里。
曰可克烏素水淖，方圍二十里，距鄂王府西南二百二十里。
曰沙拉烏素水淖，方圍七八里，距鄂王府西南二百五十里。

按以上各池淖，或產鹽，或產堿，所謂地不愛寶，取之不盡，用之不竭者是也。惜封閉自守，未發現者不能創闢，已發現者不思改進，致令鹽堿之大利不能供軍國之用，良可惜也。該地即古朔方郡屬地，究竟某地某淖隸屬朔方某縣，則莫可詳考。用特表而出之，以見蒙荒否塞，二千年來之地利竟閼遏不發也。留心政治與實業家，應如何急起以赴之也。

古蹟門

高家油房古城考

距縣城東北九十里，距五加河南岸十餘里，高家油房地方有古城一區。週圍千餘丈，城堞久圮，高不知其若干尋丈。垣厚二丈許，土堅而白，若間灰石，礙之猝不易破。城內壇廟官廨基址，均沈圮無跡。闔城無碑碣，無塔表，創不知何人、何年、何月日，並不知何名。

有清光緒三十一年（一九〇五），河套蒙地報墾，地商爭就地開渠。城當永濟大渠梢路，穿城開渠，鑿地八尺許，發現古式盔一具，形似兜牟，較常盔略小，質以銅製，出土已破碎無完質。上飾珠數十粒，大如豆，小如黍，為土蝕久，色黯然無華。土工爭攫取之，時為于氏以廉值貫去。

城據高原，土質肥沃，均可耕種，收益倍常地。土人呼其城為楊家營，俗傳宋將楊業兵為北胡敗，息兵於此，因城之。然杭河屯兵，非連營列寨不足以聯聲威而當強敵。楊業亦知兵者，安敢以孤營犯此險著？故楊家營之說殊不足信。

或又曰，清咸、同之季，金將軍大軍征回凱旋，留兵就食河套，或其當日營壘歟？然自咸同迄今，不及百年，留屯當作久計，其建築壁壘，工堅料實，經久不圮，何至蕩然無存若是？是又未可信者。

或又曰，本境為西漢朔方郡地，郡隸十縣，如渠搜、廣牧等縣，以地形測之，當古臨河東、北河南岸一帶，今城或即漢城歟？不知朔方郡與所隸十縣當日同時並建，嗣以華夷代嬗，兵燹迭經，二千餘年之遷流轉移，古城無一存者，則今之古城又非漢之舊城，又斷然可信焉。

作者以是之故，曾親歷其地，詳察週巡，並諮詢故老，莫得確證。一日，於城隅見有古井一所，井大於常井兩倍，磚堅厚異常，磚色舊而紋理堅細，洵古代物。井水甘洌，終日汲（緶）〔綆〕不停，而取之不竭，澄之不滓，本地牧畜者均取汲不絕於道。統計每日可供三五百牛馬之飲料，亦神矣哉。查張氏綏乘一書，新受降城北有雕鶘泉。斯井也，借非有名泉在下，又烏能取不盡、用不竭如此也。其為雕鶘泉，庶乎近之。井以泉名，則是城當為新受降城也，亦有足信者。惟查唐書（中）〔西〕①受降城屢經河患，李吉甫請

① 據舊唐書盧坦傳改。

於天德故城修新城。李絳、盧坦謂：舊城當磧口，據要衝，得制匈奴上策，又豐水美草，邊防所利。況天德故城僻處确瘠，去河絕遠，烽堠警急，不相應接，是無故而蹙國二百里也，云云。觀去河絕遠，蹙國二百里之語，則新城當在南河之南，仍非今之古城可知。總之，漢唐無可考已。河套淪陷在李夏及遼金元代最久，沿河設險，必多立城堡，堅壁樹柵，以限戎馬。惜書闕有間，朔夷又不嫻紀載，遂令湮沒無傳。生千載下而欲詳蒐千載上之事蹟，已非易易，況又迭經淪陷，典物金石銷沈掃地，徒令文人學士披荊斬棘，剔（鮮）〔蘚〕掃苔，考證無由，良可慨也。

訪古城遺址

落日照頹垣，晚晴鴉背翻。春風塍麥秀，秋雨野花繁。
城荒狐何憑，社空鼠失穴。何年重建築，宏圖大式廓。
祠壇委荊榛，市廛夷萊莽。剩有雕鶚泉，終古發清響。

登狼居胥山

漢室喜開邊，式廓大九有。北征奮撻伐，揚威禽夷醜。
票騎出雁門，誓師椎牛酒。單于遴精驍，幕北戰雲黝。
天風浩莽吹，破空播塵垢。漢幟大合圍，鐵甲突圍走。
七萬全軍墨，降虜盡授首。幕南無王廷，烽煙靜刁斗。
大封狼居胥，玉檢金泥剖。告廟群獻俘，大勳集功狗。
戰征為國際，金石垂不朽。

登高闕塞

立扼單于吭，坐繫白羊頸。漢家重邊防，龍旗高闕擁。
雪花滿刀弓，高闕孔道衝。為爭國際位，百戰足言功。
莫道陰山險，天然闢石門。黄流東折處，秦漢戰雲屯。

遊洪羊洞記

洪羊洞為狼山古蹟之一，遍考傳記，廣攬圖冊，其名不傳。而土人嘖嘖盛稱之，或以為風景絕佳，或以為靈異昭著，若以為惟一之名勝。

十五年來，余以匏繫一身，未暇一往探之，是亦憾事也。戊辰（一九二八）七月，臨邑解組，借廛僑寓，意致蕭閑。九月中旬，天高氣爽，邀商會劉會長明卿、于會長清泉、建設局楊局長序東連袂前遊。時值夏曆中秋前，野外秋田多稼，黄雲萬頃，年豐人樂，田歌盈耳。一路迤邐，入狼山灣，路折西行。時則投止氈幕，酪酒聯歡；時則息駕山家，雞黍通款。早起則朝嵐迎旭，涼露濕衣；晚眺則暮靄罨林，斜陽掛樹。西山爽氣，挹人眉宇。

余年來簿書鞅掌，塵垢滿胸，一旦置身山水間，令我萬慮皆空，飄飄然有出塵之想。余深喜此行為不負矣。

第三日抵阿貴廟，廟係蒙人建，距狼山灣二百餘里。廟居半山峰廻處，有喇嘛十餘，與同行諸君子皆素稔。據云洪羊洞距廟西三里許，凡遊洞者皆借榻於此。

次晨沐盥訖，各食炒米一撮，奶茶一盞。出廟，兩喇嘛前導，逾峻阪兩折，見西面有陡崖，如壁立高矗。清冥洞門東向，寬三尺許，高六尺。喇嘛導入，中虛無一物，面積方丈，高下僅容中人軀。西面有石門，大如合簣。喇嘛俯身導升，勢如登阪，始則傴僂若膜拜朝頂狀，三十步後，始得昂首進。穴中石隙露微光，僅辨階級。但聞風聲狂吼，人兢競欲墜。手捫兩壁，石滑而膩。階盡百級，豁然開曠，身已在石室中。室無窗無門，高二十尺，寬廣面積方十五六尺。東西有石罅穴，透光線，通空氣，似人力鑿通者。四壁石作赭色，色鮮欲滴。北有石佛，高丈餘，（趹）〔趺〕坐，作大歡喜狀。佛像上有巖泉，直噴佛頂巔而下，如瀑布，如貫珠，如醍醐之交灌，無稍止息。佛座下有窨井，水瀉其中，黝深不能測深淺。據同行喇嘛稱，此井通西藏，兩日夜能往返。言之容甚莊。噫！是誠喇嘛之言也，知有西藏而已矣。室四壁平削，無斧鑿痕，似純出天然者。石隙風厲甚，同行者均起粟，凜乎不可久留，遂由舊道而下。

至洞外東望，距洞五百餘碼有懸崖高聳百丈，崖半有巨物縋懸，形似長匣，長丈餘，粗如五石之甕。以望遠鏡測之，色黝黑，似以鐵製，兩端若以索縋繫，確係崖外附屬物。擬近前詳察，奈中隔深澗，怪石枒杈，如虬蟠，如虎蹲，如筍排，如劍豎，同行者均不敢冒險而止。返廟詢諸老年喇嘛，據云相傳數百年來即有此物。樵獵者結隊紓道蹤跡之，終可望而不可近，云云。

該地久隸蒙疆，或係紅教中人故作魘勝術，特矯揉造作以神其說歟？未可知也。余此行往返五百里，需時十餘日，尋幽攬勝，暢然意滿。所不足者，摩崖挲壁，剔蘚掃苔，竟莫得一字之標記，相與考證其事實始末，是誠一大憾事也。

夫洞近狼山二百里，地當要衝，並非絕幽極深、人跡不能至之區；況狼居胥封山、燕然勒銘，下至受降築城，二千年來必有王公大人、宿將魁儒相與籌邊設險，樹堠立屯，為之鋪烈揚功，鏤金刻石，以紀盛美而垂不朽。即洪羊洞，亦必有名流之車塵馬跡，流覽紀載，垂諸文字，以志形勝。奈何縋險窮幽，即殘碑斷碣，竟掃地無餘。推其原因，一則由於表功之觀、平戎之銘，必有發揚蹈厲、犬羊醜虜之語，彼族惡其無狀也，踣而去之，亦固其所；一則由於淪陷日久，彼族故步自封，迷信風水，一草一木，不敢輕動，其視千里陰山皆其世守故物，並不知保存古物，珍護文字為何事。所以陰山諸名蹟，如榆塞、長城、高闕塞、拂雲堆、范夫人城，均卓卓大者，何至今無一字可考？樵牧摧殘，牛羊踐踏，彼族當不復措意焉。嗟嗟！處窮荒絕塞、聲教闃寂之地，而欲探訪名勝，遺文落落，墜緒茫茫，憑弔深之，不禁感慨繫之已。

遊洪羊洞

古崖嶔且岑，古洞窈而深。悠然遠塵囂，天風撼不禁。
巖泉倒流冷，醍醐正灌頂。我佛空色相，悟澈秋水影。
石磴接天梯，一步一膜拜。同登歡喜地，靜觀大自在。

榆塞懷古

聞道長城路，編榆已樹關。胡人同一哭，不敢度陰山。
大河已南遷，陰磧撤亭障。開關竟延敵，誰為虎作倀。
在昔重天塹，而今大無外。風會隨推移，何必論成敗。

李陵碑考略

按李陵碑舊有兩說，一則謂碑在宣大交界山畔，一則謂碑在後套狼山畔。查西漢武帝時，匈奴數為邊患，陰山高闕塞左右為入寇必經之路，中朝命將出師，往往踰雁代，度朔方，直薄陰山前後，北暨瀚海，時與北夷相馳逐。李陵為漢代驍將，建旆從征，揚威絕塞，邊民受其保障，立碑表功，以誌紀念，亦事有必至。是碑在狼山山畔，其說較有據也。

光緒末葉，貽欽使來綏辦墾，雅意訪求古蹟，派員赴狼山灣一帶，訪查洪羊洞、李陵碑諸勝蹟。歷時雖久，均已僅得其所在，本邑士紳至今猶言之鑿鑿。

余於己巳（一九二九）冬月承乏縣志總編纂之席，蒐採古蹟。於李陵碑反復考查。邑人士同聲稱為在狼山深處，至詢以碑在何處，建自何年何人，均瞠目莫應。又詢之狼山土人，又言人人殊。大抵事誠有之，惟不能確指其處耳。余嗒然意沮者久之。

今春與友人李君聖三縱譚此事，李君曰：先生欲知李陵碑發現始末乎？余為貽欽使派查古蹟嚮導員之一，當時同行委員二，蒙員嚮導員二，兵士四，裹糧束裝，由狼山西二百餘里之高闕塞，自西徂東，到處探蒐。於阿桂廟山麓得探洪羊洞之勝。又東進，陟層巒，踰疊嶂，縋絕壁，搜丹穴。時而斬荊披棘，時而攀葛附蘿，迤邐東來，備歷險阻，直抵狼山口，尚無蹤兆，同行者幾欲廢然返矣。乃鼓餘勇，東行二十里，偶遇山畔牧豎詢之，遙指東北十許里高巔，有大碑屹立，殆謂是歟？當約牧豎同往，啖以重貲，始踴躍前導。途經羊腸，凡三折阪，而高峰矗前。同人攀登，猱而上，歷兩時許，始躋其半。有側坡方三丈，中立碑，高丈許，闊四尺，苔色斑爛，字跡模糊，窮盡目力，僅辨為李陵碑，不署建立年月及人姓氏。二千年古物，惜為風霜剝蝕，其不至漫滅者幾何矣！該山向無主名，山口不通後山商路，闃絕人跡，地屬蒙旗。當日未便特立標誌，以故途雖已經，而再至其處，第見黃葉漫谷，白雲迷徑，如天台路回、桃源港斷，此何怪土人故神其語，目是碑為或隱或現也。乃閱時不久，有自山中來者，詢其碑，則云已僵臥沙土。是殆蒙人守閉關主義，此疆彼界，故步自封，一則恐當道據碑爭界，一恐外人自此遊覽，不勝其煩，故掊而覆之，必欲消沉之而後快。究竟班班可考，余固得諸目見者也，云云。

聖三，余之執友也，亦當地之耆獻也。言之足徵，紀之以為考古之一助爾。顧或者曰：執是說也，何解於宣大間又有所謂李陵碑者。然昭君墓，綏區凡兩見，何妨並存之，以待博雅君子參考焉。

李陵碑

誰教孤軍陷，將軍百戰空。漢家恩意薄，錄罪不錄功。

誰與紀邊功，三軍悲路窮。殘碑沈沙漠，夕照野花紅。

虜廷望陰山，豐碑矗天起。縱鐫百戰功，難洗千秋恥。

英雄一失足，北廷拜夷虜。何年樹華碑，遍佔漢家土。
胡騎將三萬，倒戈效血戰。碑畔夕陽紅，返照將軍面。
巍然山中碑，愧對海上節。漢廷伸明罰，罪案定如鐵。

燕然勒銘懷古

一將功成萬骨枯，戰功何庸大張鋪。
君不見，小戎婦人思板屋，①石壕老嫗充軍徒。②
又不見，白骨高填曲港岸，碧血橫流長城窟。
月昏雲黑磷火聚，新鬼故鬼悲嗚呼。
我輩同種本一家，何忍肉薄相剪屠。
爭地爭城爭侯王，威尊命賤為前驅。
淩煙伊誰題名字，③雲臺何人列祠廡。④
天子窮兵喜開邊，多士紛紛擲頭顱。
華碑刻劃臣能為，天語褒嘉出中樞。

---

① 此語源自詩經秦風小戎，表達婦人思念征夫之情。
② 此語源出唐代杜甫詩石壕吏。
③ 典出唐代。唐太宗李世民為表彰和紀念功臣，於淩煙閣陳列二十四位功臣的畫像（閻立本畫）。
④ 雲臺，即東漢的南宮雲臺，東漢明帝於此置有光武帝中興時二十八員功勳大將的畫像，以紀念其為建立東漢王朝所立下的汗馬功勞，史稱「雲臺二十八將」。

英雄盡入吾（殼）〔彀〕中，藐爾功狗盡庸奴。功成戰士歸不得，雪滿刀弓戍山隅。我今登高尋片石，斜陽古塞剩啼烏。自古邊功不敵患，戰場憑弔空欷歔。

范夫人城懷古

漢家天子喜黷武，陰山設險抗醜虜。相其陰陽觀流泉，邊城矗起維天柱。
雉堞左倚拂雲祠，龍堆右襟燕然府。削之平平築登登，將軍經營心彌苦。
大功未成身先殂，此事留待後人補。崛起金（閏）〔閨〕夢里人，珠壘金墉精練組。
繡鞍有淚春愁多，銀甲無聲夜光吐。翟翬威懾憑城孤，環佩聲伏出林虎。
十二瓊樓禁斗杓，三千粉黛執桴鼓。卸卻金鈿貰藥糧，戰士瘡痍遍楯撫。
聯得衆志可成城，娘子軍威莫余侮。雁門鼙笳動地廻，貳師長勝馳風雨。
夫人開關挫凶鋒，屹如山立嚴卒伍。兒女到此是英雄，畫像雲臺饒媚嫵。
丈夫報國妻報夫，名字無傳沙沈羽。史官書勳有闕文，巾幗芳聲壯千古。

遊蒙旗各昭廟

敕建即為昭，私建即為廟。羈縻原多方，神道以設教。
政府示優崇，無上賚尊號。輿服踰章制，金碧飾廟貌。
（彍）〔獷〕悍猛鷙氣，寬裕溫柔道。千族盡皈依，大化不言造。
天親夷土苴，宗祧棄曇泡。梵音達百里，身如靈山到。

北假戍考

按方輿紀要：「北假戍在廢豐州西北。酈道元曰：自高闕以東，夾山帶河，陽山以西，皆北假也。史記：秦始皇三十三年（公元前二一四），使蒙恬渡河，取高闕、陽山、北假中，築亭障以逐匈奴。漢書：元帝初元五年（公元前四四），罷北假田官。」①按北假之義，以地假民，使各從事墾植也。所謂陽山者，即陰山南向，向陽之地。山北為陰，山南為陽，非陰山外另有一山也。查古黃河距陽山二三十里，地傍山限，石骨草根，不便耕作；且隙地有限，何能容多數人之耕種？北假範圍，當合故河南北之地言之，是五原南部，朔方北部，均隸於北假也明矣。

西受降城考

按西受降城在廢豐州八十里。志云：本漢朔方郡臨河縣舊理所。唐景龍二年（七〇八），張仁願置城於此。開元初，為河所圮，總管張說於城東別置新城。元〔和〕〔初〕七年（八一二），河溢，城南面多毀壞。八年（八一三），振武帥李光進請修受降城兼理河防。李吉甫請〔修〕〔移〕治於天德故城。李絳、盧坦以為舊城當磧口，據要衝，得治匈奴上策。又豐水美草，邊防所利。今避河患，退二三里可矣。奈何捨萬代久安之策，為一時省費之謀？況天德故城僻處确瘠，去河絕遠，烽堠警急，不相應接。寇忽唐突，勢無由知，是無故向蹙國二百里也。上卒用吉甫策。於是西城遂廢，惜哉！② 又元和〔郡縣圖〕志：「西受降城，在豐州西北八十里。」又有李華三城韓公廟碑序云。

① 見顧祖禹讀史方輿紀要卷六十一，「匈奴」，原文作「戎人」。
② 據舊唐書盧坦傳改。

烏拉特旗諸泊諸泉考

按烏拉特中旗勒炳戈壁之北，曰察汗泊；曰烏蘭鄂博南北二泊；曰孤吐魯烏蘇泊，曰和碩山東泊，在和碩山東；曰那倫烏蘇泊，在白英諾緣山北；曰夾大廟山三泊；在夾大廟兩山之間曰木倫沙河泊，在一合戈壁之東曰恩格里泊，在狼山西北麓古漁海也。

清一統志烏拉特下：哈拍（察）〔叉〕齊泉，在旗西四十五里；〔五〕藍泉在旗西九十五里；臺泉在旗西北四十里；插漢泉在旗西北五十五里；克〔布〕爾（布）泉在旗西北六十五里；五藍拜星泉在旗西北九十里；布各泉在旗西北九十八里；冷泉在旗西北一百五里，蒙古名魁屯；杜窩勒泊在旗西一百十五里；托博克蘇海泊在旗西北一百八十里；魚海在旗西北一百里，蒙古名扎哈蘇台，亦名魚兒海，又謂之魚海子。①唐高適詩「洗兵魚海雲迎陣」②是也。

今按諸泊共十有一。而今圖烏拉特境內山北之泊，亦十有一，數相符也。由此推之，陰山以北泉泊星羅棋佈，無事可以興牧畜，開渠道，闢地利；有事則到處水草甚便，亦可供行軍之用。於以見天下無廢地，人自廢之；天下無曠土，人自曠之也。用質之留心地理者。

赫連夏故都考

按大清一統志鄂爾多斯旗隸於朔方郡地。該地寧（跳）〔條〕梁之北，今名橫都城，即赫連之統萬城。道光二十五年（一八四五），懷遠縣知縣何炳勳奉命往查統萬故城，由縣西渡磨姑河，又西〔渡黑〕水

---

① 此段引文據大清一統志卷五百四十二改補。
② 此非高適詩，係唐代岑參作，題為獻封大夫破播仙凱歌。

河，又西渡無定河，地勢漸高，二里許，至舊相傳之白土城。細加相度，在懷遠城正西九十七里。黑水河在無定河東，距縣五十里，有淖泥河，東入無定河之下流，疑淖泥河為古黑水。其地有土城，週圍三重，俱用土築。渡無定河，西行二里許，進頭道城；又西半里許，進二道城；又西數十武，進三道城。頭、二道城內，但餘瓦礫。三道城內南面，西隅鐘樓，東隅鼓樓。〔鼓樓〕僅存基址，堅築白土墩，高五六丈，無級可乘。鐘樓尚堪登眺，高約十餘丈，白土築成雞籠頂式，大廈一間，半已圮，其半懸鐘屋頂，形跡宛然。週圍飛欄八層，插椽孔穴，歷歷可數。南面列土墩七，堅硬如石，似係臺樓之基。北頭有白土坡，似係宮殿之基。〔北城〕東西兩角亦有土墩，當即俗所謂轉角樓者。內城東西不及一里，南北約一里有餘。①

噫嘻！以赫連夏當日志吞六合，威慴八荒，其力非不能驅萬民之力以營其城闕宮室，其權非不能收一世之財以恣其遊觀宴樂，然且安於簡陋如是。以視市井小夫，忽而置身通顯，〔脾〕〔睥〕睨自若，興作從心，崇墉百尺，傑閣千重，鐘漏未歇，華屋變為山丘，長門鞠為茂草，其識量相度越夫豈可以道里計耶！

朔方臨河故城考

按朔方故城在五原東南，北河南岸，或謂什賁城，漢置，屬朔方郡。

又按臨河故城在朔方縣故城西北，漢置，屬朔方郡。水經注：河水自高闕南，又東逕臨河縣故城北。又南河東逕臨戎縣故城北，又東逕臨河縣南。

按黃河北流逕故朔方之西，行五百餘里，一枝分為二歧，東注，水經所謂南河也。其北河流至套外之阿爾布坦山南迤西，溢為大泊，土名騰格里腦兒，即古屠申澤也。自此屈而東流，過古高闕南，行二百里許，稍東南流，又折而西南，與南河合。水經所謂北河南屈，逕河目縣左，又南合南河是也。始直向東行，

① 以上據蒙古遊牧記卷六補。

逕古五原之南，至大土爾根河入河處，始轉向東南行，過古東勝州境。

以地勢測之，臨河縣在北河之南，南河之北。水經所謂自高闕南而東逕故城北者，北河也。自臨戎縣北而東逕縣南者，南河也。

漢度遼營考

按漢光武建元之季，匈奴内訌，互爭雄長。八部大人立呼韓邪之孫比為大單于，款五原塞，願永為藩蔽，捍禦北虜。光武許之，詔立南單于於五原，置中郎將以領之，於是匈奴分為南北二部。尋詔徙南匈奴入居西河美稷。南匈奴遂於北邊列置諸部王，助漢扞戍北地。自朔方至代郡，皆由匈奴諸王領部衆，為郡縣偵邏耳目。於是匈奴之衆，遂與漢族雜處，而啟五胡亂華之漸。〔北〕匈奴①亦懼，求和親，不許。時北匈奴數寇邊，明帝時求互市，漢廷冀其交通，不〔復〕②為寇，許之。遣鄭衆北使，南單于知之，頗懷嫌怨，欲畔，密因北使，令遣兵迎之。鄭衆疑有異，偵得之，乃上言：「宜置大將軍，以防二虜交通。」由是始置度遼營，以中郎將吴棠行度遼營將軍事，屯五原曼柏。

按南匈奴界自朔方而南，北匈奴界自五原而北。度遼營隔絶南北，當在朔方、五原兩界之交。又查古臨河居朔方西北，曼柏居五原南界，度遼營當在曼柏、臨河之交。今之臨河北境高油坊之古城，垣壘堅厚，土色古黝，非近代工作；且近枕北河，遥控狼山要口，形勝天然；或即漢之度遼營舊址，庶幾近之。惜官書散佚，碑碣無存，徒使考古者登高憑弔，良可慨也。

① 據後漢書南匈奴傳補。
② 據後漢書南匈奴傳補。

十六國都邑沿革考

五胡十六國遞嬗，建置都邑多在山、陝、直、豫地，後先相望。河套惟盛樂、統萬城最稱古都。其他劉虎建國曰鐵弗，地在山西邊外及後套南部。其後裔衛辰攻赫連勃勃不能克，辰卒為其下所殺。勃勃奔薛干部。按薛干為匈奴別部，雜處河套地。（郝）〔赫〕連氏雄長諸部，高視遠蹠，盡取河套地而有之，遂建統萬城於河南。其遺址在今之寧（跳）〔條〕梁北，即土人呼為横都城是也。

慈善門

庚午縣境賑捐募啟

敬啟者，臨河僻處綏邊，地曠人稀，向恃墾植為生計。比年水利廢湮，渠圮田蕪，重以兵燹之頻遭，遂至蓋藏之立盡。又兼各路扣門乞糴，絡繹舶輪，求過於供，輒告糧荒。客歲春夏奇旱，秋季兵災，雖興東作，未卜西成。① 乃本境之饑民方思雁集，外來之災黎又悲鴻嗷，散處計二百里，麕集至四萬衆。處則穴居巖伏，沐雨櫛風；行則兒啼女櫛，採藜掘藿。始也草猶可茹，登高作采薇之吟②；繼也樹已無皮，比戶

① 東作，指春耕；語出書堯典：「寅賓出日，平秩東作。」孔傳：「歲起於東，而始就耕，謂之東作。」西成，指秋天莊稼已熟，農事告成。語出書堯典：「平秩西成。」孔穎達疏：「秋位在西，於時萬物成熟。」東作西成，合指春種秋熟。

② 采薇之吟，典出詩經采薇。

下緊桑①之淚。當是時也，求嗟來②其何地，思蹴爾③其誰人。此真仁人君子目不忍睹，耳不忍聞者已。

同仁等患怵剝膚④，誼切援手，勉搜灰燼之餘，同效纓冠⑤之義。公組臨河賑濟災民籌備會，其大旨先就本地募糧散放急賑，一面願乞各省各界廣發宏慈，完成善果。

同仁等號呼奔走，舌敝唇焦。幸子敬好義，指囷無餘；⑥王蒼施仁，傾囊不吝。值此金穰而木饑，欲思補瘡而剜肉，亦可謂杯無餘瀝，斗無顆粒者矣。無如杯水莫救燎原，寸壤難塞巨浸。倘使後來不繼，勢必前功盡虧。是有數之饑民仍不得生，恐無數之饑民誰甘忍死。鷹饑思搏，鹿鋌走險，隱患何可勝言！

同仁等草抒短簡，用代哀鳴，伏懇仁人善士、達官長者，恢如傷之抱，廣普度之仁。惠普發棠，維多多其益善。

---

① 翳桑，意為在桑樹蔭下。比喻不忘他人恩惠，並有所回報。典出左傳宣公二年。春秋時，晉國靈輒於翳桑挨餓，趙盾給他食物並接濟其母。後靈公欲殺趙盾，得一甲士相助，才免於難。問何故，對曰：「翳桑之餓人也。」

② 嗟來，嗟來之食的省稱，語出禮記檀弓下：「予唯不食嗟來之食，以至於斯也！」

③ 蹴爾，語出孟子告子章句上：「蹴爾而與之，乞人不屑」。

④ 剝膚，語本易剝：「剝床以膚，切近災也。」謂災禍已迫其身。

⑤ 纓冠，語本孟子離婁下：「今有同室之人鬥者，救之，雖被髮纓冠而救之，可也。」謂不暇束髮而結纓往救。後因以「纓冠」形容急迫或急切救助他人。

⑥ 子敬好義，指囷無餘，典出三國志吳書魯肅傳及裴松之注，魯肅字子敬，家富於財，性好施與，周瑜為居巢長，將數百人故過候肅，並求資糧。肅家有兩囷米，各三千斛。肅乃指一囷與周瑜。

恩周移粟①，喜喁喁其來蘇②。我數萬溝瘠③，千里涸轍④，舉延喘須臾，引領企踵，共盼大澤之將至。此則日夜馨祝而無已者也。儻蒙惠施，請書台銜。

臨河創建育嬰堂募捐啟

粵維大學絜矩，政在恤孤；⑤葵丘立盟，道重慈幼。⑥古之人，情殷少懷，由來尚已。後套地僻俗瀉，棄嬰之風相沿既久，已成習慣。或則菽水分甘，棄諸草陌；或因烽煙遁跡，寄諸桑園；猶可說也。所不可解者，富室大族，不知出洗兒之錢⑦；祚薄門衰，竟吝出乳傭之值。任婦女之嬌懶，忘卻十月呻吟。聽肥字於牛羊，何計三年懷抱。謂人父謂人母，自斬宗祧；靡所依靡所瞻，甘紊血系。烏鳥尚知哺雛，老牛且思舐犢，愛子之心，鳥獸且有同情，人何以堪？此真百喙不能解其迷而破其惑者也。

同仁等惻然動念，公同籌議，擬建築育嬰堂一所。惟一腋不能成裘，端資群集；一木不能支廈，要賴

---

① 移粟，語本孟子梁惠王章句上：「河內凶，則移其民於河東，移其粟於河內；河東凶亦然。」

② 來蘇，謂因其來而於困苦中獲得蘇息。語本書仲虺之誥：「攸徂之民，室室相慶曰：『徯予後，後來其蘇！』」孔傳：「湯所往之民皆喜曰：『待我君來，其可蘇息。』」

③ 溝瘠，溝中瘠的省稱，指因貧窮而困厄或死於溝壑的人。語本荀子榮辱：「是其所以不免於凍餓，操瓢囊為溝壑中瘠者也。」

④ 涸轍，又作「涸鮒」或「涸轍鮒」，典出莊子外物。比喻身陷困境、急待援救。

⑤ 大學絜矩章：「所謂平天下在治其國者，……上恤孤而民不倍。是以君子有絜矩之道也。」

⑥ 於公元前六五一年齊桓公在葵丘（今河南蘭考、民權境內）會合諸侯，招待周王的使者。

⑦ 洗兒錢，舊俗，嬰兒出生後三日或滿月時替其洗身，淨去胎垢，稱「洗三」或「洗兒」。「洗兒」時，親朋鄰里要贈送「洗兒錢」，以示祝賀。相傳此稱起於唐楊貴妃給義子安祿山過生日時的戲稱。

衆擎。募來金光遍地，天花散祇孤之園①；結到夏屋連雲，落蓐免墮溷之劫。出顧入復，無父亦依；抓棗覓梨，不母可活。按籍可考，人人不昧所生；普被無遺，事事均歸實際。幼吾幼以及人之幼，道在推恩；親其親以及所不親，理先保赤。此真普渡之慈航，宏濟之寶筏也。儻荷慨助，請書台銜。

贈別門

送彭縣長進吾先生有感

綜覽全局眷西土，特簡賢良出大府。景略謀猷穆之才②，參贊秘樞劍光吐。平陸甘棠塞下移，狼山潤灑如膏雨。下車首先軫民瘼，巡行郊坰問疾苦。厲行團政壁壘新，軌里連鄉嚴卒伍。鶴唳無驚烽燧銷，四民安居幸如堵。君不見，法明能懾當路狐，威重足伏在山虎。又不見，自古致治起於鄉，村政刷新重織組。電政路政促並營，交通如同履庭戶。黌舍③矗起排雲開，平民教育陶冶普。

---

① 祇孤之園，即祇樹給孤獨園，簡稱祇園精舍。印度佛教聖地之一，釋迦牟尼曾在此居住說法二十五年。

② 朱桓字休穆，吳郡吳人。事權幕府，除餘姚長。桓撫慰民情，士民感戴。遷湯寇校尉，平丹陽、鄱陽賊，後為濡須督，魏大司馬曹仁率衆攻濡須，桓斬敵千餘，敗曹仁。遷奮武將軍。黃武七年（二二八），桓協遜大敗曹休，黃龍元年（二二九），拜桓前將軍，領青州牧。嘉禾六年（二三七），桓與全琮以內應軍向廬江，事露引還。桓本傲，恥見部伍，以胡綜枉殺部將洩憤。性護前，恥為人下，節度不得自由而憤激。然輕財貴義，兼以強識。與人一面，數十年不忘。赤烏元年（二三八）卒。唐代王勃三國論有「惜休穆之才不加其罪」句。

③ 黌舍，指學校。黌，古稱學校。

經營民堡不日成，從此我民不野處。官書披覽宵旰勞，起視霜天月正午。
政績報最上考書，軍幕依之如肱股。寵命下頒賀鶯遷，士民旁皇心無主。
借寇①一年志未償，臥轍攀轅式歌舞。來何暮兮去何速，德政留待志乘補。

紀異門

山市影談

長夏午夢初覺，夕陽欲下，偕二三同人，延爽於古柳蔭畔。時則鳴蜩噤咽，倦鳥歸巢，披襟當風，各道生平奇聞創見事。余引聊齋山市記索解諸同人，或以為筆墨遊戲，或以為幻由心生，或以為借諷入市者之無色非空。諸同人議論紛紜，莫衷一是。

張君海瀾起而言曰：諸君少安，不必爭辯，此紙上之異聞。請靜聽我目中之怪狀。本年四月，余小住勝家營子，經營農事。一夕，夜初晴，長空如洗，星月皎瑩。（佘）〔余〕目無障物，胸無宿芥，登屋遠眺。狼山迤西，諸峰翠煙數點，爽挹眉宇。倏爾山麓雲氣迷漫，層巒頓失，突見危垣百仞，高聳雲際。西望綿亙七八里，雉堞筍排，恍見旗旌森樹，甲士環立。城樓上矗霄漢，窮極壯麗，城門出入，人如蟻行如繩貫。一炊黍時，忽而雲煙萬狀，化為崇樓傑閣，連棟接楹，不知幾千萬落。窗扉皆洞敞，人或倚欄立、憑牖伏、傍檻坐。平視則六街雲連，九衢霧列，朱簷連棟，碧瓦覆甍，有若坊者，有若肆者，有若堂者，有若行棧者，有若官廨者，有若兵舍者；人有若肩挑者，有若背負者，有若輦運而挾持者。百貨山積，五金光眩。車如

① 借寇，意為地方上挽留官吏，典出後漢書寇恂傳。史載寇恂曾為潁川太守，頗著政績，後離任。建武七年（三十一）光武帝南征隗囂，恂從行至潁川，百姓遮道謂光武曰：「願從陛下復借寇君一年。」

水，馬如龍，轂相擊，肩相摩。洒簾飛揚，書幌高揭，五光十色，錯采散綺，萬縷炊煙，高入青冥。余神搖目炫，略一停，瞬忽而大風猝起，雲氣蒼莽。已而風定雲收，一切烏有。

噫嘻！奇觀哉！其漢唐故城精氣未盡，時而發現歟？抑山氣蒸騰，化為幻象歟？奇乎？幻乎？吾不得索其解，吾其叩諸山靈。

佘太龍見記

大佘太北倚陰山，山綿亙數百里，古稱天塹，所以界中外、防戎馬也。其山皆軒豁呈露，並無幽壑深淵，可以窟穴神物也。

山勢環抱處，往往蒙漢人聚族而居，以耕以畋，以樵以牧，皆以為常。

距佘西五十里刀浪胡同地方，於民〔國〕十九〔年〕（一九三〇）六月十七日，村有蒙婦汲於井。是時也，天地倏晦，雲氣迷濛四布。村人突見空際有物長數丈，蜿蜒盤曲，如星馳虹流，向村際下垂。村之人，弱者屏足避，強者瞠目視，驚聞毒霧腥雨中村婦嗚呼聲，尋寂然。既天稍霽，略可辨色，循聲跡之，去井里許，硫硝氣刺鼻欲嘔。知有異，逼視之，見蒙婦臥井畔，井上翹巨首，如五斗（栳）〔栲〕栳。怒睛大於盌，睒睒如巖下電。角嶄嶄，齒齗齗，揚鬐噴沫；鱗甲作淡金色，曄曄有光；頷以下陷於井，莫測其狀。父老走相告曰：此龍也。

夫龍之為靈，昭昭也。乘乾健，御陽剛，孕於天池，化於龍門，朝遊蓬瀛，暮遨滄溟，上九天，下九淵，浩浩乎興雲作雨，不崇朝而遍天下，其功用抑何神也。至其為體也，能大能小，能屈能伸，能隱能見，能起能伏，放之則氣吞八荒，神遊六合；斂之則蝸角可藏，蟭①螟可巢。即令潛而勿用，亦能遵時養晦，遯世無悶而不悔，必不屑以一鱗一爪逐聲光於流俗。當夫龍之墜於井也，有譁為怪者，有詫為妖者，有卜為

① 蟭，即「蟭螟」，古代傳說中的一種極小的蟲子，如「蟭螟屯蚊眉之中，而笑彌天之大鵬」。

祥，占為災者，而龍如故也。鼎爇香酒，釃爵俎登肉，諷經禮懺，梵音琅琅聞。十里鄉之人駭汗相屬於道，而龍如故也。蠅蚋嘬之，螬蜣附之，牧豎樵子（姍）〔訕〕笑之，（丈）〔文〕人韻士悼惜之，而龍如故也。遲之久，遲之又久，地氣升，天氣降，山澤通氣，膚寸雲合，遠山近樹，陰沈罨暗。遙望井側，濃煙絮霧中，恍惚有鼓鬣張吻之狀，倏見電光如匹練，隨霹靂而下。是時雲氣坌湧，有大聲發於井上，如三峽倒瀉，萬騎驕嘶，黃龍已扶搖直上，夭矯盤旋，半隱現於空際。當其昂首天外，略一騰踔，山川震眩，風雨晦冥，奇情詭狀，莫可方物。已而雲斂日霽，時百里內正苦炎旱，忽而大雨滂沱，農民頌神功不置。

神哉龍乎！何不幸而不善藏身，竟至墜落如斯也，又何幸風雲際會，終得克自振拔也。嗟乎！在天在淵，或見或潛，龍亦率性而遊，任天而動而已矣。古今來，升沈顯晦之跡，盍以龍為鑒諸？

附記

五原王紳同春行狀

民國八年（一九一九）春，文墀奉命卸五原任，邑紳張君厚田等來署，盛述王紳同春開闢河套，殖我民族事蹟綦詳，請為文以狀之。爰撮敘其崖略，為之狀曰：

按王君同春字濬川，直隸行唐人。幼負異稟，嬉遊里巷，不與群兒伍，人爭異之。髫年，隨其先德來河套，縱覽周原，嘗語人曰：「沃野千里，何居乎蒙人自封自閉。」為其有殖我民族之志固已夙矣。於是考求農牧實業，孜孜不遑。而其生平樂而不厭，嗜而彌篤，有與終身結不解之緣者，厥惟水利。

同治十二年（一八七三），首先創開老郭渠。光緒六年（一八八〇），開哈拉各爾河；嗣又開渠口至梅令廟、五加河。七年（一八八一），由和合源創開永和渠至補紅村。十五年（一八八九），由老郭渠上游創開同和渠，復由土城子開口接至同和渠，改名義和渠，渠長百餘里。二十五年（一八九九），創開中和渠至五分子。二十八年（一九〇二），隨墾務督辦貽欽使週勘永、豐、剛、黃、沙、義、通、長各大渠。

指導動合機要，每有大工，他人咋舌束手，退避不遑者，先生從容措置，高下之宜，向背之勢，得失順逆之局，均能測於幾先，定於臨事。一時造門請者，得其片言一語，大用之大效，小用之小效，是其果操異術哉，蓋其經驗有獨至者然也。

普通工作無論已，遇有疑難大工，俯而察，仰而思，面壁終夜，臨流癡立。慮其結而不解也，以無厚之精心入之；慮其膜之不破也，以至鋭之果力出之。及夫豁然貫通，直有覺上下通明，踴躍狂呼。雖南面王莫易此樂者，何快如之。

昔張南通與先生談水利，終日無倦容。導淮大計，先生力持導入海之議，南通深韙其説，識者惜其未見諸實行也。

當光緒末季，蒙旗猶守閉關主義，報墾之地寥寥。先生長駕遠馭，出全力闢地五千頃，開大渠三道，待以舉火者萬家，其真能造福我民族民生者，為何如耶？

一旦盡奪其所有而歸於公，先生視之如棄敝屣，若此，其器識又為何如耶？先生持平等主義，尚博愛，好施予。光緒十七八兩年（一八九一至一八九二）地方告凶，慨出糧萬餘石。二十七年（一九〇一），歲大饑，慨出糧六千石賑之，活人無算。辛亥（一九一一），王爺地劉天佑之變，蹂躪河套無完土。晉軍全部軍糧數千石，獨力任之。此其樂善不倦，為何如耶？

按臨河未設治前，地方悉隸於五原。臨河當日農業水利，何莫非我濬川先生經營締造之所賜！士食舊德，農服先疇，至今父老猶樂道之。用附志乘，以志不諼①云。

① 諼，忘也。

臨河風土志

【題解】

臨河風土志　撰者僅署「平」，係國民黨綏遠省黨部綏遠通訊社記者。稿成於一九三二年六月十四日，初名綏遠的米糧川臨河面面觀（副標題為從王同春開闢說到設治，荒古的風味與文明病），連載於綏遠民國日報當月二十、二十一、二十三日。當月二十二至二十八、三十日又連載於包頭日報，易名為臨河風土志。二〇〇五年七月，倪玉明選編之名人筆下的巴彥淖爾據某後抄本收録該文，由遠方出版社出版。

該風土志專載風土民情，僅有居民之由來、十年前山村、商業之中心、豪富之集聚、地主與佃戶、荒古的風味、交通與耕耘、可惡的渠頭、城市與政治、教育之幼稚、民生與黨務十一目，約四千字左右。因出於記者之手，其項目的擬定與内容的敘述都有些通訊報導的味道，與一般志書有較大的距離。例如，十年前山村記載的是臨河縣城的沿革與現狀，商業之中心、豪富之集聚兩目則反映了臨河重鎮陝壩和蠻會的概況，荒古的風味說的是臨河設治未久，地廣人稀，生産落後。

該風土志雖簡略，但極有價值。不僅記載了臨河縣志所缺少的城鎮風貌和民衆生活，而且秉筆直書，暴露了縣志有意迴避和粉飾的社會黑暗與民間疾苦。十年前山村、商業之中心兩目既記載了臨河縣城與陝壩的居民多寡、商業繁盛，又反映了「煙館多如糞蛆」，娼妓「滿街遍巷，廣招利市」的污濁與墮落。地主與佃戶、城市與政治諸目更是以辛辣的筆觸揭露了地方吏治腐敗，豪強横行的實況。「臨河素以肥富著稱，歷年執政人員無論有能無能，胥以賺錢為事。……盜匪不防，河年氾濫，淹沒無常。街道失修，城垣傾破。」「差徭局需一索十，大斗凹模，民多隱恨。」地主「築有小堡，養有家兵，自備槍彈。出門時隨帶衛兵兩名，威嚴十足」。而佃戶「形同奴婢」，倍受欺凌。「去歲王（靖國）軍屯莊供應繁重，出自佃戶，地主村閭鄰長多從中漁利，村成廢土，民多流亡。」在當時，該風土志能有如此真實生動的記述，殊為可貴；撰者的膽識亦為後世所感佩。

本次整理印行，據原綏遠民國日報錄入，並與原包頭日報本參校。文字改正或補充，取通用之删補符號：（）號內小字示删，〔〕號內大字示補；必要時加註説明。明顯的錯字，則逕予改正。

（忒莫勒 撰）

臨河風土志

綏遠社臨河通訊　本縣為綏西重鎮，北依狼山，與赤化之外蒙古毗連，南與共黨潛伏之烏審旗接壤，西以烏拉河隔寧夏，東以昭和渠界五原。黃河横貫其境，楊家河、黄突龍亥河、產金河（永濟渠）等大幹渠水勢暢旺，灌溉極便，支流如網。地質肥沃，產以小麥、糜子為大宗，常稱之曰「綏遠的米糧川」。

居民之由來

臨河原係蒙人牧場，清乾隆平西後，（一）始有晉、冀經營蒙商者往也，乃落戶。清末冀人王同春闢荒於套，開挖大渠，耕者日多。迨產金河（永濟渠）開後，業農於臨者漸增，多晉、冀籍人。今一區李元禎之祖父李三，為其始主。（二）隔岸山、陝兩省之河曲、府谷二縣地磽民貧，生計艱難，故無以維生者流，無法立足者輩，多渡河往焉。今四區楊家即其鼻祖。（三）民九〔年〕（一九二〇），冀省荒欠，饑民襁褓其子，負簍擔挑，西逃來綏，越包入套，見地利生厚乃留。其後該省往來經商者又增一批。（四）清末民初，綏省盜匪蜂起，無賴、地痞、賭徒者流日多，見棄於閭閻者，多逃於套。今三區張應即此輩之首腦。民十七、十八〔年〕（一九二八、一九二九）綏省年饑，包、薩、托、固等縣①之災民多逃往焉（當時糧價因以飛漲，富戶

① 即包頭、薩拉齊、托克托、固陽諸縣。下同。

多死存不賣，刁搶時聞）。（五）湘、魯兩省之移民。此其住民來歷之大概也。至其分佈情形，河曲、府谷籍者遍臨河，四區尤密；晉、冀人散處一區，業商者聚於三區陝壩；山東移民聚於二區；薩、托、固、包籍者下落一、三區者多。此外尚有寧夏籍者，為數甚少。

十年前山村

臨河縣城原名強家油房，十年前係一山村，住戶僅強姓一家，素操油業，以是人呼之為強家油房。今城東北隅之大營房，即其故址，人已流散。民十四〔年〕（一九二五）西北軍駐綏，蕭振瀛氏設治於臨河，闢劃城垣，修築縣府、馬路，強令四董事——楊、李、傅、汪——趕修城圍，入冬工竣。十五年（一九二六）春，正街商號建築齊全，工程亦多巍峨，儼然一小市場。夏末馮①退劫遭損。民十六〔年〕（一九二七）冬，石匪②竄擾。後趙青山③率衆劫攻，城幾失陷，商多停業。民十九年（一九三〇）春，永濟渠氾濫，城遭淹沒，縣府以西之商號咸倒閉，迄今蕭條異常。城內住戶百數十家，院多無牆門，房屋零落，登城俯視，宛若棋子。東關較熱鬧，兩傍商號，布伏席片，高架鋪前，添加風光不少。街頭巷尾，堆置硬材、竹機④，售者高聲叫賣。煙館多如糞蛆，三家一個紅燈籠（標識），五家一個「清水淨煙」小牌，死焰臭氣刺得腦子疼，塵土擋得眼也睜不開。看不完的明妓暗娼，滿耳聽得儘是些免幺去二的賭聲，風味別致。城中除戶家外，

① 馮，即馮玉祥。下同。

② 石匪，名石海，於是年一度佔領臨河縣城。

③ 趙青山，綏遠巨匪，綽號趙半吊子。一九二九年一月被擊斃於五原義正集圪堵地方。

④ 竹機，即枳箕，簇生之草本植物，莖堅硬而光潔，牲畜不喜食，可用來編織涼帽、做掃帚等。

多政務機關：縣府、黨部、四局、商會、徵收局、塞北關、郵電兩局、屠宰局……為臨河政治中心。

商業之中心

陝壩現名太安鎮，距縣城八十里，東濱黃突龍〔亥〕河，為第三區公所所在地。昔為教會所據，住民衆教徒，教會築有小城，備有槍彈，設有公學一所，教徒多往就學。其經費每頃地附加糧二十元（前載縣令停加），勢力雄厚，獨自為政，縣令等於廢紙。自蕭氏①強賣為其霸佔之土地後，劣勢乃斂。一城僅闢一門，街道紊亂，方向難辨，房屋多歪。商號擠滿，日常用品略全，價較縣城廉，高於綏市②二倍。商會辦事處設於此。居民七百餘戶，有正當職業者很少。婦女多過送往迎來生涯，服裝時而不髦，膊繫手絹，褲口闊尺許。軍隊駐紮半年，不病花柳疾者百不一見。每至夕陽西下，此輩青春少女，滿街遍巷，廣招利市。故諺有之曰：「蹤開門子就上炕。」淫風之盛，於焉可見。

豪富之集聚

蠻會名太和鎮，距縣城九十里、陝壩二十里，位於黃突龍〔亥河〕之下游。土地之肥美，為全縣冠，每畝平均年產糧石餘。耕作簡易，資墊無幾，獲利卻大，住民多殷實。民十八〔年〕（一九二九）包東大饑，臨河豐收，由臨運糧一石，到包可得賣價三十幾元，因以發財者頗多。著名之豪富張應、劉計、疤原占、李

① 蕭氏，即首任臨河設治局長蕭振瀛，字仙閣，吉林省依蘭縣人。
② 綏市，即綏遠省會之歸綏。

三、郝成等，皆居於斯，人多視之為臨河的經濟中心。其民皆奉教，信仰頗篤，詢其原故，多稱所耕土地乃教堂贈送，發財全依靠教堂，奉之若天者，不忘恩情也。

地主與佃戶

四區之楊家擁據肥田四千餘頃，上〔田〕約三百多頃，楊家河為其所有，入款頗鉅。一區李元禎有地三千多頃，實買三百餘頃。此二姓原為王同春之工頭，其最初之土地為王氏贈，其餘大部係西北軍所用之軍差收據，存於彼等之手，退卻時馮着墾六分局撥土以償所由來。按：一、四兩區之地土，皆二姓之佃民佃戶，對政府所生之關係，均由二姓包攬，故此說頗有成為事實之可能。且民九〔年〕（一九二〇）以前，一、四兩區區長向由楊、李二姓充當，此更有成為事實之可能。傳稱二姓在墾六分局掛地之書名，多係其地戶，其因在此。次者如三區之傅妥來、張應、郭興、郝〔成〕（城）、劉七……其土地多來自教會，出價甚微。二區之陳、汪二氏等等，每年租地於佃戶，每頃收租銀七十、八十兩不等，所納稅賦、軍差攤派，先交地商人，政府成總向地商人收取，政府收一地商人賬上，認為慣例。佃戶之於地商人，形同奴婢，年須奉重禮若干與地商人，買其歡好。昔時佃戶如有婚娶事宜，其初夜權操之地商人。今也雖改，但遇有略富姿色之婦女，地商人欲一嘗試，設佃戶不許，即立撤回其所租之地，燬其所居之室。平時舉處若與地商人相背，或道地商之不善，亦遭驅逐。至交納賦稅，加以糧物，地商人悉以低於時價之價收之，辛勤終年，完衣足食者無幾。災欠之年，政府恤發之賑款，多難見着，如民十六〔年〕（一九二七）之流通券，民十八〔年〕（一九二九）騎兵四師償還之軍費兩萬元，民十九〔年〕（一九三〇）郭鳳山償還之軍費八千元，民二十年（一九三一）春季之兵災善後救濟款……各地商人均築有小堡，養有家兵，自備槍彈。出門時，隨帶衛兵兩名，威嚴十足。

荒古的風味

臨河的社會依然滯留在荒古，僅僅學上了初期的農作階段。地雖經墾，大部仍為草原，紅柳、竹機、哈木耳①、葦子，叢叢密密，高四五尺許，沙凸間其中。常行走半日，不見一人，偶有之，非草棚似之蒙古包，即似茅庵之小屋，高約三尺，圍以小牆，蓋以木椽數條，前留小門小窗各一，屋內骯髒無似，屋前有大坑為大小便、堆置灰土之所。此即鄉民之居宅也。野多蒙民牧女（身著長袍，腰捆□帶，長毛巾包頭，傍繫珠珠耳垂，足登長靴）、兔子、黄羊，道路不整，迷途無人指，詢之無人對。着軍服者，土人皆敬畏，食宿隨處可□。通蒙語者，蒙古包中宿食與自家無異。

交通與耕耘

一、臨河設有三等郵局，每兩月來往信件十次，省垣寄之信件，半月始見回音；陝壩、蠻會有足差，兩日往來一趟；楊家河亦有足差一人，往來時日無定。臨、陝、安有長途電話，消息靈通，省垣拍致之電，三日可到五。

二、土人往來多乘馬。載重以車，大小與常見者等，車輪特別大，高四五尺，轅口横一木條，擱牛膊上，行動笨滯。耕耘的方法很簡單，上糞那是從未有過的事，犁地也不常見，春間耙過就耘，勤勞時鋤一遍，懶時連一鋤也不，蘆草高過麥，草苗齊生並長，有地皆然。水到地頭，卻是拼上命也要澆。

① 哈木耳，似為蒙古語「qamqul」的音寫，係沙蓬屬植物。

可惡的渠頭

常言「包東資天，後套靠河」。臨河除刮黃風外，全年也得不着三寸雨水，老百姓全靠着黃河過活，年年的修渠費、水租，不知要花多少。每渠有好幾個渠頭，這些人都是由大戶指派的，遇到澆地，小佃戶就得給這些渠頭爺們送禮、請吃飯、許糧，順不了這些爺們意，水到地頭也是澆不上。

城市與政治

城市的房舍也與鄉間無異，四合頭的院子看不到，卻是些「就院取土，壘牆四堵」的臨街房，留個小門，挖一窗空，屋內黑暗。家家土炕上放盞煙燈，老常紅日三竿煙筒裏才見冒煙，人靜總在十一點。男女便溺不擇地，門前坑就是廁所，房內街外都很污髒，臨城找不到一片乾淨土。臨河素以肥富著稱，歷年執政人員，無論有能無能，胥以賺錢為事，建樹毫無。設治數年，鮮有進步。盜匪不防，河年氾濫，淹沒無常。街道失修，城垣傾破。陝、蠻兩處之街基地，迄未放賣，一任戶家憑力爭佔，糾紛時有。財、建兩局長向由李、楊兩姓分任，收支無度，概無預算，積病種種，從未清理。差徭局需一索十，大斗凹糗，民多隱恨。公安局，長局者，向多不稱職。民十九年（一九三〇）郭鳳山駐軍嘩變，槍械全失。街道污穢，塵土飛揚，市民隨地便溺。警兵服裝襤褸，形同鄉下佬兒，守坐門前，幾不識其為崗警也。城內路燈絕無，東關安置一二暗淡不明的路燈，深夜行人頗感「風吹行路難」之苦！區長權限高於縣長，向由李、楊、任、傅四董事充任，公所設於各家府內，收回的糧倒於其倉，收回的錢放於其庫，公私相混，別無尺度。民十九（年）（一九三〇）後由民廳派員接充，重建公所，高懸虎牌，形同衙門。一、二區長，被控交卸；三、四區長，民多怨言。村公所老百姓常稱之為最高權府，村長多由各董事指派，縣府加委。此輩多係豪劣，一字不識，理政無方。縣府派款一百，村長以二百收，閭長以三百收。聞四區某村公所之一差夫，入所時，衣不遮羞，未及三月，即買馬蓋房雲。

教育之幼稚

臨河教育幼稚，人材絕無，事屬真確。學校雖多，但多辦理不善。縣立一校，歷史較長，畢業學生僅二十餘名，升入中等學校者十餘名，中途輟學者六七名。縣立女校，創辦有年，迄未舉辦畢業。各區小學校共二十三所，師資多下架商人，或村公所（計帳）（記賬）先生。學生以住家很遠，按：一村大至三四十里，而住戶零散其間。就學者無幾。今春開辦者僅九處。現一、四兩區校長，聞係郵差夫與高小畢業生。縣立一校之教員，多係落伍軍人與「混飯者」輩，學生原有一百二十餘名，現僅十幾人。傳稱教育局長係一初中一年級肆業生，督學乃一辦墾污吏，無怪各校現狀之糟粕也！

民生與黨務

臨河自設治以來，平均年年有災，非兵即匪、水、雹，民間之苦，遠甚於其他各縣。去歲王軍①屯莊供應繁重，出自佃戶，地主、村閭鄰長多從中漁利，村成廢土，民多流亡。臨河位於綏西，交通不便，素無黨

① 王軍，即屯墾綏西之晉軍王靖國七十師。

人足跡。民十九〔年〕（一九三〇）春，閻馮之變①，北方黨務停頓，始有黨員潛往。二十年（一九三一）黨務公開，省部派高建章氏為人民團體指導員，組織人民團體。入夏改派籌備員籌備黨務，九月正式區分部成立，當時共有黨員七人，後增至二十人，刻以土劣囂張，負責人多離境云。

（平，六，十四）（完）

① 閻馮之變，即一九三〇年五月至十月間閻錫山、馮玉祥、李宗仁等與蔣介石在河南、山東、安徽等省發生的一場新軍閥混戰，又稱蔣馮閻戰爭。又因此次戰爭主要在中原地區進行，史稱「中原大戰」。

綏遠烏拉山物產調查概要

【題解】

綏遠烏拉山物產調查概要　竇震寰撰，民國二十四年（一九三五）五月六日撰於五原，同年八月於邊事研究第二卷第三期第八三至八八頁刊出。

竇震寰，生平不詳。一九三四年起在五原縣政府任職，留心西北邊事。好著述，常給邊事研究等刊物撰寫通訊。除此文外，還發表有烏伊兩盟漢人狀況、河套戶口逐年激增、新疆纏回生活文化概況、河套農田丈清完竣、額濟納旗交通一瞥、賀蘭山的全貌等。

該文分引言、森林、藥材、牧畜、畋獵、其他六部分，以約近四千字的篇幅概述了烏拉山一帶的自然環境、物產和農牧業簡況。因撰者曾親臨其地調查，故該文雖較簡略，自有其史料價值。

本次整理印行，據原邊事研究錄入。文字改正或補充，取通用之刪補符號：（）號內小字示刪，〔〕號內大字示補；必要時加註說明。明顯的錯字，則逕予改正。

（忒莫勒　撰）

綏遠烏拉山物產調查概要

賓震寰

一　引言

烏拉山為陰山(山)脈在綏遠者之一部，南臨黃河之岸，北接安北設治(局)，東以崑都崘河與大青山為界，西迄五原東南長雅店止，東西廣約二百四十餘里，南北由四五十里至七八十里不等，面積約在一萬四千方里左右。山之西端，土名亦曰西山嘴。山中居民，盡係專事遊牧之蒙人。本山政治上管轄，屬於烏蘭察布盟烏拉特西公旗。現時由包頭赴寧夏之汽車路，即係經過此山南麓。山麓距黃河近處，由三四里至四五十里，以西山嘴間距黃河為最近，約僅三里餘。

二十二年(一九三三)夏，七月三日，作者來西北之初，由包頭乘汽車，經烏拉山南麓之道赴五原，駛至中途，即雷雨大作，汽車以泥濘難行，止宿於山麓附近公廟子店中。作者下車後，旋即雨止，偕同法人傳教牧師赫伊爾君，由崎嶇之山徑，窮山之高處，攀援而登，達山巔。矚目四望，山河映帶，沃野寬衍，牧馬奔鳴，異鳥紛飛，益以雨後天氣清朗，輕風涼爽，涉足其間，悅目騁懷，遊興倍增，實不啻身臨世外桃源也。由山巔北望，則見叢峰連亙，溪流縈迴，群芳競放，森林繁茂，視其他童山濯濯之西北諸大山，真有霄壤之別矣。當時作者聞山中景物之富麗者，本擬尋徑深入，一睹室家之美，以再前進，即有蠻悍之蒙騎，横阻其間，而我等又皆不諳蒙語，因未得深入而返。

去年春，作者供職五原縣府，因縣界南接烏拉山，乘出鄉巡視公餘之暇，復至烏拉山。時予從人有中士林某，流落綏西，歷有年載，頗諳蒙語，結識蒙人亦多，作者當命導予前往。由烏梁素海南，山之西端，尋徑直入。進山後，即在一較廣坦之山坡上，紮有蒙古包數頂，詢之則該旗駐守西山之遊擊隊者，其中昆都（為蒙旗帶兵之官，如同區公所教練）巴綽爾濟，及二領催（每佐六名，分管兵丁，如同班長）皆林之舊識，由林與之接洽，述予來意。巴固不善操漢語，而予亦不諳蒙古之習俗，但觀其意向，則殊為殷摯，為予及從人等備極優盛之蒙餐以進。予小酌後，當請巴領導，會予從人，馳騎至山中各處遊覽。其山徑崎嶇，林木零亂，馬不能行，則下坐騎，徒步以進。但見峭巖千尺，溪流泓渟，更深入，則綿谷跨谿，大石林（石）〔立〕，山勢雖不迨岱嶽之巍峨，而其中森林茂密，物產之豐富，實為西北各山所僅見。賞玩竟夕，並詢巴以全山形勢，物產概要。初予擬馳騎深入，畢遊全境，以從人衆，又為時間所迫不及待，隨即與辭返。歸而草撰綏遠烏拉山物產調查概要，時以戎馬倉惶，未暇整理。兹值公餘之暇，爰將視察該山經過，分析其物產梗概，特筆而出之，供之同好，以為開發西北者之參證焉。

二　森林

西北萬山重重，叢峰蜿蜒，然皆濯濯秃嶽，樹株寥若晨星，不易輕見。當作者身遊烏拉山中，偶睹此蒼萃蓊鬱，蔽日淩雲之廣大森林，恍如昔年往遊長白山之森林窩集時，異地同景，無殊一致，為之珍愛，念念不已。本山森林之面積，估仝域之半，約在五千平方粁以上。林木生長之狀況，且極為繁茂，每株之距離，僅在二三尺，多生於山内之平阜斜坡上，尤以山陰及背陰之處更屬茂密，有時則山徑崎嶇，樹木縱橫，每有「行不得也哥哥」之歎。其林木生長之種類，兹分述於下：

（一）闊葉樹類：　以楊樹為最繁，約佔全山樹株百分之六十以上，大者徑逾三四尺，高達十數丈，以徑逾一尺以上者居多數。次則為柳樹，生長亦甚繁茂。再次為榆樹，唯生長狀態極不良，多作彎曲佝僂之形，此以該樹之性宜，不適於山曲高嶺使然也。其他如楸、槐、枹、櫟、刺楸、黄櫨、苦櫪、椈、樫，無不叢生，實不勝縷述也。

（二）針葉樹類：以馬尾松、黄花松、扁柏、側柏、唐檜、黑檜為最多，姬小松、五鬚松、青松、金松、椵、杉、榧、楓之屬，亦悉產之。松柏之大者，徑逾數抱，聳入雲霄。當山南麓梅力更召所屬之一部森林，盡係松柏，面積約佔三萬六千平方丈，皆老株參天，粗可數抱。唯該召喇嘛對此部森林迷信印象極深，保護甚力，吾人行經其間，猶可歷歷在目。山中之松柏，以直徑盈一尺者為最居多數，其生長之狀態，均呈良好。

（三）果樹類：皆天然之孳生，非以人工育成者，故所謂果樹者，皆野生山果也，以山（查）〔楂〕、山杏、酸棗、山（奈）〔柰〕、野葡萄、山桃、山蘋、苦楝等均產之，間有適口可食者。

烏拉山中之森林雖屬繁茂，以蒙人禁止砍伐，致本地木材反形缺乏。但安北、台梁居民有七八十戶，以偷伐此山森林為業，經私伐運賣之樹木，亦不在少。聞清末時，綏遠〔城〕將軍貽穀，曾以招商採伐此山森林，與蒙王涉訟被革職，蒙人之固守舊習，根深蒂固，殆難打破也。

乌拉山形势略图

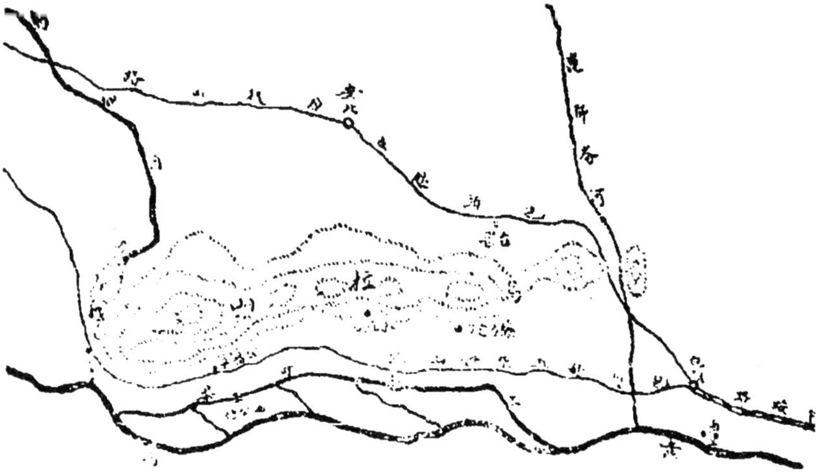

（作者附注）

此圖係承綏遠省政府參議兼綏區屯墾督辦辦事處處長周劍吾先生，贈予該處草測包五略圖，參考繪成，並誌謝意！

由包頭至公廟子二百四十華里。

三　藥材

烏拉山所產藥材，多係珍貴之藥品，且繁生極多，唯該王公不知招商開採，以盡地利，反嚴禁錮閉，致使已生長成熟之藥材，轉瞬以落葉於地，或以乾枯，盡成廢物，毫不能為世利用，甚為可惜！產生之藥材，就中以大黃為最多，其在治療上之效，據該地富有經驗之醫生言，較之川產大黃，尤有過之。此藥在本山內到處繁生，附近居民以其價昂，多有冒險前往，私行採掘者。再則本山所產甘草亦最多，此為西北大宗特產，次於皮毛，居出口貨物第二。再次則參類之產品亦甚多，予嘗聞國醫界人言，人參獨產於東三省，而(距)〔詎〕知事實乃有大謬不然者。此山所產之野生人參，不特盛產，且其效力亦甚宏，以蒙王禁止採伐，人鮮知耳。他如明黨參、潞黨參、本黨參，亦到地皆有，均藥品中之上臻也。本山之紅花，雖遠遜於藏花之治療功效，但產生亦頗不少。更次則黃芪、枸杞、黃芩、木賊、荊芥、防風、薄荷、血見愁、車前子均盛產之，鎖陽、蓯蓉、透骨草、蒼耳子、麻黃、柴胡、蒲公英、山豆根亦隨地有之。以上所述各種藥材，以蒙人禁止採取，產量無由得確實統計。

本山之獐鹿，亦不時見之，則鹿茸、麝香之產，自不待言。特蒙人愚昧，不知此利，尚無有業此者。

菌類，即蘑菇，為調味上品，塞上之名產也，本山內亦盛產之。

四　牧畜

蒙古習俗，至今不諳耕稼，專事遊牧，以為生計。在其他蒙旗，以地多沙磧，雨澤稀少，飲水與牧草，時患缺乏，故必須逐水草而居，不時遷移，而隆冬之季，仍不免有將牲畜餓斃者。烏拉特西旗蒙民，以本山前臨大河，沃野寬衍，山內源泉滾滾，溪澗暢盈，益以氣候溫和適宜，牧草繁茂豐美，飲水牧草，四季均無缺乏之虞，故牲畜之蕃殖甚速，較之其他蒙旗，牧畜業特為發達。牛羊駝馬之屬，每戶以數百，多至數千計，其中以羊為最多，牛次之，駝、（驢）〔馬〕又次之。山南麓汽車路兩旁，平地沃壤，水草茂盛，蒙人晝則驅其牲畜，就飼山外，夜則嘯聚，驅回山林。每當夕陽西下，吾人行經山麓，牛羊千百成群，牧馬豕逐奔鳴，亦美觀也。至於畜產數量，以蒙人（蓬）〔篷〕帳散居，遷徙無常，戶口既無確數，其牲畜蕃殖狀況及產量，均無從以統計，即詢之該旗王公，亦瞠目不悉其底蘊也。

五　畋獵

森林為禽獸棲息之家屋，於其生活繁殖上，均有至大之關係。本山以森林茂密，水草豐美，野禽獸之生息，尤屬繁夥，其中如狐、獾、盤羊，為本山野畜皮產之大宗。狐、獾之皮，價極昂貴；盤羊皮極暖，可禦嚴寒。蒙人有終年獵此，恃以為生者。次則狼、兔、貂鼠、獺鼠、野山羊、黃羊，產量亦最豐，而黃羊肉尤鮮美適口，羊類中之肉無堪與匹者。他如羚羊、青羊、猞猁、麝鹿之屬，亦均產之。又本山時見野牛、野馬奔逐，盤山越嶺，人不得近。據土人謂，此離群外奔之家畜，歷時久遠，而成此凶頑難馴之野畜也。飛禽之中，以雉為多，土名曰野雞。當盛冬之際，土人射獲後，由包頭以運銷於平、津各地者，以數十萬計，味視家雞尤美。他如鷹、雕、鵂、鴞、鵲、鳩、鶺鴒、鷓鴣、畫眉、野鴿、紅雀、沙雞等，均盛產之。沙雉尤為蒙地特產，飛翔甚捷，然不能疾走，因其足趾異於他鳥，故恒成群而飛，如旋風颯颯有聲。水禽有野鴨、梟、雁、天鵝等。此因本山森林茂密，氣候暢適，故野畜飛禽之蕃衍生息獨繁也。

六　其他

陶土：在烏梁素海南，山之西端山麓，產陶土頗多，可以燒製瓷器。以附近居民，智識簡陋，尚無有能利用之，以製瓷器，為陶業者。河套地方，概無瓷窯，所用瓷器，多來自遠方，購用既不方便，價值亦甚昂貴，若有實業家前往計畫開採，就地燒製，亦一良好利源也。

石灰：西端山麓，五毛界間，有土法燒煉之石灰窯七八座，所製雖不甚佳，而綏西五、臨一帶，工事建築，多必取藉於是焉。

鹽：在長雅店北，山麓附近，面積約八百餘平方丈，居民掘土煉鹽，每掘土一石，可出鹽七斗，潔白如雪，銷售於附近之地。

紅柳：由公廟子迄西山嘴之間，凡百餘里，遍地紅柳叢生，極為茂密，大者成樹，小者亦高丈餘，極佳之燃料也。該旗王公，近來允許漢人採伐，每現洋一圓，可賣一千三四百斤。紅柳經砍伐後二年，仍可長成原狀。現時五、臨一帶所需燃料，即全恃此間紅柳。唯年來附近居民，多有將其帶根砍掘，致紅柳日形減少。此則有望於該王公，能以申令禁止也。他則枳芨草，本山之內外，均盛產之，叢生甚密，高者丈餘，亦極佳之燃料。河套俗諺「口外三宗寶，枳芨、山藥、大皮襖」，即指此也。

農田水利：山內經年不竭之山泉清流甚多，間有平衍谷地，寬一二里至三四里不等，作者遊經山內，曾見蒙人僱用漢人引用山泉之水灌溉山田，以事種植糜、麥、蔬菜之屬，生長均甚茂。以作者觀察，本山處境氣候濡潤，雨澤充盈，即經營旱田，亦無屬不可，山後安北、固陽一帶旱田，可為前例。山南麓一帶，前臨黃河，土地肥腴，該王公若肯全數放墾，不難盡成沃野良田也。

綜觀以上所述烏拉山森林之繁盛，物產之（當）〔豐〕饒，氣候之暢適，處境之優美，以視西北其他之濯濯童山禿嶺，真有不可同日而語者矣。是開發事業，誠大有可為者；顧以蒙人墨守舊習，嚴禁錮閉，不肯開放，外人既莫能深入，其富源世亦鮮有知者，坐使大好利源，貨棄於地而不顧；啟強鄰暴寇之窺伺，釀白氛赤炎之爭端，實良可扼腕太息者也！

二十四年（一九三五）五月六日，於五原。

原載邊事研究第二卷第三期第八三至八八頁，民國二十四年（一九三五）八月出版

安北設治局調查記

【題解】

安北設治局調查記 陳佑誠撰，連載於蒙藏月報一九三六年第五卷第一期至一九三七年第七卷第二期。

關於撰者及撰寫緣起 陳佑誠字墨希，四川萬縣人。一九三五年六月畢業於蒙藏委員會蒙藏政治訓練班蒙文班，隨即奉派為蒙藏委員會調查室駐歸綏調查組見習調查員。上世紀四十年代末回原籍從事教育工作，五十年代初枉死於「鎮壓反革命運動」。後獲平反。該記引言述撰寫緣起與經過甚詳，曰：「乙亥（一九三五）之秋，九月二日，余與河東奉命由綏遠駐在地出發，調查綏西烏蘭察布盟烏拉特三公旗、茂明安旗等蒙地。於九月十四日北越烏拉山絕嶺，横渡山陰沙漠，經柏山灣，十五日到達安北設治局。以該局原為烏蘭察布盟烏拉特三公旗及伊克昭盟之達拉特、杭錦等旗之一部分，與蒙旗之關係極深，……其本身確為邊區富源所在，特留住兩宿，從事普遍之調查。承該局長齊壽康氏之殷勤招待，並親為領導，遠出城外拴馬樁各煤礦區域視察，參觀男女學校，填寫各種調查表格。……爰於工作之暇，就所得現實材料加以整理，並參考綏遠省政府各種公報及報紙之記載，草成是篇，用獻於留心邊事同志之前。」

内容及價值 以篇幅計，該記約六萬字左右，但表格較多。共有總論、民政、財政、司法、軍事、教育、交通、商業、工業、礦業、墾殖、農業、牧畜、水利、林業、社會等十六章九十一節。安北（即今烏拉特前旗）向無志乘，僅綏遠概況、綏遠省分縣調查概要有概括記載。該記的問世，不僅填補了這一空白，亦為後世瞭解當時的安北提供了較全面系統的資料。僅以兩天的調查自然難以反映安北的全貌，故該記對綏遠概況、綏遠省分縣調查概要多所利用。如第一章總論，第七章交通之一、五兩節，第八章商業之一、二兩節，第九章工業之第三節，第十章礦業之一、二兩節，第十一章墾殖之一、二兩節，第十二章農業之二、三、五至十節，第十三章牧畜之三至五節，第十四章水利，第十五章林業之一、三、四節，第十六章社會之三、四兩節，都程度不同地轉錄了兩書的有關記載。有些亦略有改動或補充。

該記本諸檔案及實地調查的部分最有價值，其中以二至六章最為集中。例如，第三章財政不僅記述了財政機關及財政收支的一般狀況，還錄有民國二十三年度安北呈報省財政廳的收支報告表和徵收田賦概況。第五章軍事既有地方軍事機關之組織、經費、官兵馬匹槍彈數等，又介紹了所謂「碉堡政策」的目的、實施步驟及完成狀況。第六章教育最為詳明，從各方面反映了當時的教育現狀，具體而客觀，既體現出地方教育的發展水準，又暴露了種種不足與弊病。其他各章亦有不少得自調查的零星記載，較有價值。

該記文筆簡練，體例亦稱得體，但因從事倉促，記載較為簡略，個別章節的設置亦略嫌瑣碎繁冗。

本次整理出版，據原蒙藏月報錄入。文字改正或補充，取通用之刪補符號：（）號內小字示刪，〔〕號內大字示補；必要時加註說明。明顯的錯字，則逕予改正。

（忒莫勒 撰）

安北設治局調查記

陳佑誠 著

引 言

乙亥（民國二十四年，一九三五）之秋，九月二日，余與河東，奉命由綏遠駐在地出發，調查綏西烏蘭察布盟烏拉特三公旗、茂明安旗等蒙地。於九月十四日，北越烏拉山絕嶺，横渡山陰沙漠，經柏山灣，十五日到達安北設治局。以該局原為烏蘭察布盟烏拉特三公旗，及伊克昭盟之達拉特、杭錦等旗地之一部分，與蒙旗之關係極深。惟因人口過少，和其他條件不足，至今尚未改縣，固與其他縣治情形不同。然其本身確為邊區富源所在，特留住兩宿，從事普遍之調查。承該局長齊壽康氏之殷勤招待，並親為領導遠出城外拴馬椿各煤礦區域視察，參觀男女學校，填寫各種調查表格，私衷感甚！爰於工作之暇，就所得現實材料加以整理，並參考綏遠省政府各種公報及報紙之記載，草成是篇，用獻於留心邊事同志之前。

第一章　總　論

第一節　設治經過

清光緒二十九年（一九〇三）後，析薩拉齊廳之大佘太，及達拉特、杭錦、烏拉特等蒙地，置五原廳撫民同知，加理事銜。至民國元年（一九一二），各廳皆改縣。①十四年（一九二五）五月，析五原、固陽、包頭三縣各一部，設大佘太設治局。十八年（一九二九）曾一度改縣。二十年（一九三一）改大佘太設治局為安北設治局。

第二節　土地面積

綏遠各縣局，土地面積共約五十八萬餘方里。茲按本局區圖分計：第一區，東西九十里，南北一百里，面積九千方里；第二區，東西一百二十里，南北八十里，面積九千六百方里；第三區，東西五十里，南北一百四十里，面積七千二百方里。故全面積約二萬五千八百方里。

① 此說恐誤。改廳為縣當在民國二年（一九一三）一月八號中央政府公佈劃一現行各縣地方行政官廳組織令之後。

第三節　人口統計

全局計七千一百五十一戶，三萬一千二百餘口。以種族言之：漢人佔十分之七，蒙人佔十分之二，回人佔十分之一。以性別言之：男一萬六千六百四十九口，女一萬四千五百五十一口，計男女三萬一千二百口。以職業言之：農業一萬五千四百六十七人，商業三百七十二人，工業四百一十八人，礦業一百零五人，牧業一千三百七十二人，漁業六十人，勞力六千零三十二人，醫士七人，學生三百三十一人，教員二十九人，公務員一百四十二人，軍警二百九十五人。餘均無職業。

第四節　山脈大勢

陰山山脈，由五原來，至什那干村入境，自西徂東，橫亙局之中部，長一百九十里，東入固陽，成弧形，稱大青山，亦曰後山。其高度五百八十尺，距城正北二十里。在城之東北二十里處，又曰白花彥山；其南枝西出，橫障本局之南，包頭之北，至西山嘴而止，曰烏拉山。其高度六百三十尺，距城東南六十里。餘皆丘陵，無足稱也。

第五節　河流分佈

（一）黃河　自民復渠起，入本局之西南隅，東南流，經達拉渠口，至西山嘴。其在本境內，共長約五十里。又自惠德成以下，歷本局百餘里地間，河水枝分如織，形成無數淺灘，土人曰波河。行船時虞擱淺。

（二）五加河　自城之西北隅，大樹圪鉢附近，流入境內。過六分子橋，東南行，繞局之中部，成弧形，至紅木圖，折而南，經西水泉，接心灘，注烏梁素泊。又經臥羊台、長雅店、烏拉［壕］（豪），入黃河。在本局境內，全長約一百二三十里。其次：佘太河、烏圖爾河，皆山溝細流也。

第六節　土質與氣候

烏拉山與陰山北麓一帶，已墾未墾之地，皆含極豐富之有機物。陰山地層隆起，黃河所經，多黃土及砂壤，水流迂緩所在，即有淤積之砂土，最稱肥沃。又以境內蒙民，常逐水草之地，牧放牲畜，遂有大量腐草，及畜糞貯積。此種土壤，無需施肥，可供多年之豐收。本局全境，以東部多粘土，西部多砂土。綏遠氣候乾燥，雨量甚微，為高原氣候之特性。夏季溫涼，冬季極冷。一年中，僅有五月至九月之百餘日，溫度超過攝氏十五度以上。農作物極受影響，每年只有一熟。本局夏田播種，多在清明、穀雨，秋田則在立夏以後。

第七節　物產概況

本局北枕大青山，南屏烏拉山。黃河、五加河交流境內，土質賴以肥沃，物產極富。農作物，大麥、莜麥、小麥、蕎麥、穀子、糜子、高粱、蔴子之類，應有盡有。至於動物、植物、礦產等，種類繁多，不可勝計。其詳細情形，除專章紀錄外，茲就綏遠省政府、建設廳關於安北設治局物產調查統計，分別列表於後：

（一）農作物產量表

種類	年產數量	每石價值	產地	用途	銷路	備考
大麥	二一六石	一二元	本局各地	食用		
小麥	六三八石	二四元	同上	同上		
莜麥	一〇八石	一四元	同上	同上		
蕎麥	一四〇石	一二元	同上	同上		
穀子	三四八〇石	一一元	同上	同上		
糜子	七五六〇石	一二元	同上	同上		
高粱	七四〇石	一〇元	同上	同上		
蘇子	一七二石	九元	同上	同上		
雜荳	八一六石	一五元	同上	同上		
黍子	一〇六〇石	一二元	同上	同上		
胡蔴	六〇石	一三元	同上	同上		
馬鈴薯	一四〇〇〇〇石	一五角	同上	同上		每一百斤一元五角
其他						

（二）牲畜產量表

種類	產量	單位價值	產地	用途	銷路	備考
馬	一五〇匹	二〇元	本局各地	騎乘及載重		
牛	一二〇〇頭	一六元	同上	耕田及載重		
羊	三〇〇〇〇隻	四元	同上	食用		
青山羊	四八〇〇隻	七元	同上	製衣		盛產於大青山，應是野牲類。
磐羊	一二〇〇隻	五元	同上	同上		同上
騾	八〇頭	六〇元	同上	騎乘及載重		
驢	八〇〇頭	八元	同上	同上		
豬	八〇〇〇頭	一二元	同上	食用		
雞	一五〇〇〇隻	三角	同上	同上		應是家禽類
駱駝	二〇〇頭	五〇元	同上	騎乘及載重		
其他						

（三）畜毛產量表

種類	年產數量	每百斤價值	產地	用途	銷路	備考
羊毛	四〇〇〇〇〇斤	二五元	本局各地	製毛線及毛織物	綏包一帶	
羊絨	六〇〇〇〇〇斤	五〇元	同上	同上	同上	
牛毛	二四〇〇〇〇斤	二元	同上	同上	同上	
駝毛	六〇〇〇〇斤	三〇元	同上	同上	同上	
其他						

（四）林木產量表

種類	現有產量	每株價值	產地	用途	銷路	備考
榆樹	二〇株	二六元	本局各地	建屋製器	本局及外縣	
柳樹	四〇〇〇株	二〇元	同上	同上	同上	
楊樹	五八〇〇株	一八元	同上	同上	同上	
樺樹	四〇〇〇株	二三元	同上	同上	同上	
松樹	三〇〇〇株	二三元	同上	同上	同上	
柏樹	八〇〇株	二八元	同上	同上	同上	
其他						

（五）礦物產量表

種類	產量	價值	產地	用途	銷路	備考
煤炭	一三八一噸	六元	營盤溝、西官井、栓馬樁	燃燒		每噸之價
石棉	五〇〇〇〇斤	六元	後口子	製避火物	天津	每百斤之價
水晶			什那干			發現後，未開採
黑礬			什那干格溝			同上

（六）藥材產量表

種類	產量	價值	產地	用途	銷路	備考
黨參	四〇〇斤	三元	烏拉山	配製藥料	包頭	每斤之價
黃蓍	八〇〇斤	三分	同上	同上	同上	每斤之價
甘草	二〇〇〇〇斤	同上	同上	同上	同上	同上
大黃	三〇〇〇斤	同上	同上	同上	同上	同上
柴胡	八〇〇斤	同上	同上	同上	同上	同上
其他						

（七）牲皮產量表

種類	產量	價值	產地	用途	銷路	備考
牛皮	六〇〇〇張	五元	本局各地	製皮箱	包頭	每張之價
羊皮	二〇〇〇張	二元	同上	同上	同上	同上
青山羊皮	二〇〇張	六元	同上	製皮衣	同上	同上
狐皮	二〇〇張	三〇元	同上	同上	同上	同上
狼皮	四〇張	二四元	同上	同上	同上	同上
貛皮	二〇〇張	一元	同上	同上	同上	同上
掃雪	八七張	六〇元	同上	同上	同上	同上
狸皮	八〇張	四元	同上	同上	同上	同上

（八）水產產量表

種類	產量	價值	產地	用途	銷路	備考
鯉魚	六〇〇〇斤	二角	本局各地	食用	包頭	每斤之價
鯽魚	二四〇〇斤	一角	同上	同上	同上	同上
其他						

第二章　民　政

第一節　行政機關名稱及組織

本局設局長一人，總理全局事務。局以下設第一、第二兩科：第一科設科長一人，科員三人，辦理總務，及省財政、民政事項；第二科設科長一人，科員三人，辦理地方教育、建設、財政事宜；設承審員一人，辦理民刑案件。

第二節　局屬機關名稱及組織

局屬機關：保安處一，原於本年四月奉省政府令，將舊有保衛團及公安局合併改編為保安處。設正、副處長各一人，總理全處事務。正處長由局長兼任，副處長由局長聘請富於軍事學識者充之。警察隊一，設巡官一人，長警三十人。保安隊二，設隊長、事務員各一人。度量衡檢定所一，由局長委派主任一人，負責推動。民衆教育館一，教育會一，農會一，悉由局長專人辦理。

附　現任行政人員姓名籍貫一覽表

職别	姓名	年歲	籍貫	職務	備考
局長兼保安處長	齊壽康	三十一	綏遠歸綏	綜理全局事宜	
第一科科長兼省財政主任	吳晚成	四十	本縣	辦理第一科行政及省財政事宜	
第二科科長兼教育主任	劉篤仁	三十五	山西祁縣	辦理第二科科務及教育、地方財政事宜	
承審員	趙克銑	五十一	山西平遥	署理司法	
總務兼民政主任	馬振鑾	四十	山西渾源	承辦總務及民政事宜	
地方財政主任	金翥勛	三十六	綏遠安北	辦理地方財政事宜	
建設主任	賈開祺	三十七	山西應縣	辦理地方建設事宜	
督學	張如春	二十九	山西渾源	督察教育事宜	
科員	文兆熊	三十一	綏遠歸綏	會計事宜	
科員	董璋	四十八	綏遠安北	辦理第二科文牘	
科員	王岱青	五十	湖北秭歸	辦理收發	
技士	孟憲文	二十七	山西高平	建設及農務	

續表一

職別	姓名	年歲	籍貫	職務	備考
書記長	李煜	二十三	綏遠托縣	第一科文書繕寫	
事務員	趙丕謨	二十二	山西祁縣	地方財政	
看守所長	郭維甯	二十八	山西文水	押放犯人	
書記					

第三節　現有區鄉之名稱

本局原為三區，現併為二區。計第一區十一鄉：大安鄉、大慶鄉、大有鄉、宗仁鄉、宗禮鄉、宗智鄉、宗信鄉、宗元鄉、宗亨鄉、宗利鄉、宗貞鄉。第二區十三鄉：大禮鄉、大義鄉、大興鄉、大化鄉、太安鄉、太慶鄉、太餘鄉、太吉鄉、太有鄉、太富鄉、太平鄉、太良鄉、大餘鄉。

第四節　五年禁煙計劃

本局自奉令禁煙，即遵照規定，先行劃定全境為五區，是為禁種區域，先後五年為期，因地而異。五年期滿，完全禁絕。其次禁吸，先辦登記，悉照省府規定辦法，先由本局城區推行，俟有成效，再行普及推廣至鄉村。

第三章　財　政

第一節　財政機關之名稱及組織

本局於民國十八年（一九二九），曾設立財政局。去年（一九三四）十月，奉令裁局併科，原有一切地方財政事務歸由第二科，設財務主任一，催款員四，縮小駢枝範圍，專責辦理。至於省財政事宜，另由第一科負責。

第二節　每年收入款項類別及總數

查每年徵有牲畜捐、丈青攤款、糧賦附黨費、警捐、學捐、駝捐附加學捐、商會附加警捐。每年計徵：牲畜捐洋一萬五千三百餘元；丈青攤款洋一萬八千八百餘元；附加黨費洋二千三百餘元；警學捐洋一千餘元；駝捐附加洋二百二十元；商會附加警捐洋二百一十一元二角。總計每年約可收洋三萬七千八百二十餘元整。

第三節　財政收入之實例

每年財政收入，雖有一定之範圍及額數，終不能逃出年歲豐或歉之自然律。在人力不能戰勝自然變化之先，一切大有聽命自然之勢。所以無論國家款（解省款）、地方稅（縣支款），皆不能照一年一度之規定額而全數收足。國家款計分：田賦，按區徵收，按地攤派；青苗款，一名丈青，於青苗成長之後，派員丈青而定，殊無絕對之標準；買契稅與典契稅，照每契每元之價值，抽收六分或三分，年出買賣不多，收入甚微；專款，專指某幾區之肥沃墾區，所謂得天獨厚或曾經人力絕大栽培之處，地厚渠深，出產豐饒，特別提高抽稅，故名之曰專款。

其次縣支款（地方款），如青苗捐、雜稅等，名目雖多，而收入極其有限。良以地方小道，雖欲收刮，而無可刮之對象故也。

以上省縣兩種款稅，根據該局二十三年度向省府財廳報告表冊，都有詳細之數字可稽，茲為便利參考起見，特照原表冊分錄如次：

一、解省款（國家款）

（一）糧賦概況（田賦）表

應納區域	每頃稅率	徵收辦法	徵收機關	解交機關	備考
白彥溝 前明安	上地　二元 中地　一元 下地　四角	按徵簿派員分赴各區鄉催花戶自行完納	設治局第一科省財政股	省政府財政廳	無論何項地畝，不分等則，每頃一律附加警學捐二角。又，每正款一元附加縣黨部經費三角。
大小鄂博	上地　一元五角 中地　一元 下地　六角	同上	同上	同上	按原升科地十一處共應徵洋四千二百八十八元七角。每年約收四成以上。

續表一

應納區域	每頃稅率	徵收辦法	徵收機關	解交機關	備考
烏蘭板申	上地 二元 中地 一元五角 下地 一元	同上	同上	同上	
小佘太	上地 三元				
清理小佘太	上次地 二元五角 中地 二元 中次地 八角 下地 六角	同上	同上	同上	
佘太召	清水地 一元八角				
大佘太	混水地 一元四角 旱地 一元	同上	同上	同上	
巴漢腦包	山地 一元	同上	同上	同上	
營盤灣	上地 上次地 二元 中地 一元二角 中次地 下地 一元 下下地 四角	同上	同上	同上	
莫林河	水旱地 一元二角				

（二）青苗款（丈青）表

應丈區域	每頃稅率	徵收辦法	徵收機關	解交機關	備考
合少公中	上 中地 一元八角 下	夏間設治局會同包西水利局勘丈後，令各花戶自行完納。	設治局第一科省財政股	省政府財政廳	無論何項地畝，概不分等則，每頃附加警捐二角，學捐二角，旅費二角。又，每正款一元附加縣黨部經費三角。按升科數共約四百九十七元五角（未收分文）。按二十二年（一九三三）丈青數共一千八百九十五元六角零三厘（已收五成以上）。
烏梁素	上地 一元二角 中地 八角				
王幼女子	下地 六角				
杭錦旗	上地 五元八分二厘 中地 四元一角五分八厘				
達拉旗	下地 三元二角三分四厘				
烏拉特	上地 五元五角四分四厘 中地 四元五角三分六厘				
三公旗	下地 三元五角二分八厘				

（三）買契與典契稅表

稅別	每元稅率	徵收辦法	徵收機關	解交機關	備考
買契	六分	派員稽催自行報稅	設治局第一科省財政股	省政府財政廳	省附加二分
典契	三分				

（四）專款表

應納區域	每畝稅率	徵收辦法	徵收機關	解交機關	備考
小佘太	水地五元	派員勘丈後，稽查花戶完納。	設治局第一科省財政股	省政府財政廳	共收二萬三千七百五十元，設治局與鄉公所共提五厘辦公費、印花一成。
後套渠	水地四元 旱地三元五角				

二、縣支款（地方款）表

款別	捐率	徵收機關及辦法	全年收數	存放處	用途	備考
牲畜捐	大畜：牛馬駝騾每頭年徵洋五角。小畜：羊每年每頭徵洋五分，大小畜之羔犢等年以每兩頭作一頭算。	設治局派員調查數目後，令各花戶交納。	計約一萬五千餘元	自去年十月一日起，裁局併科後，交由設治局保管。	地方各機關經費	
青苗攤款	每丈青苗一頃，攤洋二十元，又糧一石。	設治局按丈青苗畝數派員稽催花戶自行完納。	一萬八千元	同上	同上	

（一）雜稅（專指包商徵收解省者）

（甲）屠宰稅表

應徵種類	正稅	附稅	附加一成捐	全年包價	備考
豬	每隻洋四角	一角	五分	正款一千三百六十五元，附加一百三十六元五角。	
牛	每隻洋一元	一元	二角		
綿羊	每隻洋三角	一角	四分		
山羊	每隻洋三角	無	五分		
馬	每頭洋五角	無	五分		
騾	每頭洋五角	無	五分		
驢	每頭洋三角	無	三分		
駝	每頭洋三角	無	三分		

（乙）屠獸檢驗費表

應徵種類	正稅	附稅	附加一成捐	全年包價	備考
山羊	每頭洋一角	無	無	共二百元	
綿羊	每頭洋二角二分	無	無		
驢	每頭洋四角	無	無		
騾	每頭洋四角五分	無	無		
馬	每頭洋四角	無	無		
駝	每頭洋四角五分	無	無		
牛	每頭洋六角五分	無	無		

第四節　已經廢除之苛捐雜稅

自二十五年（一九三六）裁厘後不收的：

綏西鹽觔食戶捐

自二十三年（一九三四）十月一日起不收的：

口北蒙鹽食戶捐

油捐

斗捐公債
豬毛鬃捐
苗圃經費
蜈蚣壩路工捐
自二十三年（一九三四）十二月一日起不收的：
公債煤炭捐
煤炭捐
馱捐
貨載捐
船筏護送費
船筏護送附徵辦公費
礁草船照費
自二十三年（一九三四）十二月一日起：
免收十七、十八（一九二八、一九二九）兩年糧租。
自二十三年（一九三四）十二月一日起：
印花稅改由郵寄代辦所另售新印花稅票。

第五節　財政支出之實例

照全局行政、公安、教育及其他各費，計每年支出總預算為三萬九千五百二十二元二角。但二十三年度，在臨時費項下，一次被核減達六千元。一切開支，除有定額者外，臨時無論任何特別與必需之用途，毫無指撥之處，勉為支應，求在行政費項下極力撙節，用渡難關而已。茲照錄該局二十三年度呈報省府財廳之財政支出總預算表如後：

財政支出預算表

機關名稱	每月預算數(元)	每年度預算數(元)	經費來源	備考
保衛團	九百九十一	一萬一千八百九十二	地方牲畜捐及青苗款	
保衛團服裝費	無	六百五十四元五分	同上	
保衛團彈藥費	無	二百五十	同上	
公安局	三百二十二元五角	三千八百七十	隨糧附徵之警捐	不足時由青苗項下補支
第一區所	一百三十	一千五百六十	地方牲畜捐及青苗款	
第二區所	同上	同上	同上	
第二科	三百三十五	四千零二十	同上	
度量衡檢定所	四十	四百八十	同上	
行政警察	一百二十	一千四百四十	同上	
黨部	一百七十五	二千一百	半數隨糧附加，半數由地方開支。	
第一小學校	二百	二千四百	同上	

續表一

機關名稱	每月預算數（元）	每年度預算數（元）	經費來源	備考
第二小學校	三十	三百六十	同上	
第三小學校	三十	三百六十	同上	
第四小學校	三十	三百六十	同上	
第一女子小學校	一百	一千二百	同上	
第一民衆學校	八十八	一千零五十六	同上	
旅外學生津貼	無	五百	同上	
教育會	五	六十	同上	
農會	五	六十	同上	
臨時費	無	四千五百元零一角五分	同上	
合計	二千八百零一元五角	三萬九千五百二十三元二角		

附記：

一、本治各機關，全年支出經費三萬五千零二十二元零五分，臨時費預算四千五百元零一角五分，總共三萬九千五百二十二元二角。

一、本治上年臨時費，為一萬零五百元零一角五分，本年核減為四千五百元零一角五分，計減少六千元。

一、所有本治經費，全年四千八百元，統由省款項下開支，不在此項。

第六節　田賦及租稅狀況

查本局賦租共分兩種：一、丈青租稅，每年按照耕種青苗地，每頃徵租洋三元七角八分；一、升科地，每年按照原有地，規定上中下三等，徵收官租洋，上地每頃三元，中地每頃一元、八角、六角不等，下地每頃四角。茲附本局徵收田賦概況表於後：

綏遠省安北設治局徵收田賦概況表

項別／區別	田賦名稱	地畝頃數	正賦額	附加額	計算方法	田賦總額	地價	百分數
第一區	白彥溝官租上地	一·七九·八〇	三·五九六	·七一九	正款附加·〇二〇	四·三一五	八〇·〇〇〇	一·六〇〇
	官租上次地	二·八〇·一〇	五·六〇二	一·一二〇	正款附加·〇二〇	六·七二二	八〇·〇〇〇	一·六〇〇
	官租中地	六·六九·七〇	一〇·〇四五	二·六七九	正款附加·〇一五	一二·七二四	三〇·〇〇〇	五·〇〇〇
	官租中次地	二三·〇七·六〇	二三·〇七六	九·二三〇	正款附加·〇一〇	三二·三〇六	二〇·〇〇〇	五·〇〇〇
	官租下地	一八·〇六·四〇	七·二二六	七·二二六	正款附加·〇〇四	一四·四五二	二〇·〇〇〇	四·〇〇〇
	大小鄂博官租上地	一六一·五三·九〇	二四二·三〇九	六四·六一六	正款附加·〇一五	三〇六·九二五	三〇·〇〇〇	五·〇〇〇
	官租中地	一三一·三九·二〇	一三一·三九二	五二·五五七	正款附加·〇一〇	一八三·九四九	二〇·〇〇〇	五·〇〇〇

續表一

田賦名稱（區別：第一區）	地畝頃數	正賦額	附加額	計算方法	田賦總額	地價	百分數
官租下地	一四〇·八四·四〇	八四·五〇六	五六·三三八	正款附加·〇〇六	一四〇·八四四	一〇·〇〇〇	六·〇〇〇
烏蘭板申官租上地	三·八一·九〇	七·六三八	一·五一八	正款附加·〇二〇	九·一六六	一〇〇·〇〇〇	二·〇〇〇
官租上次地	五·九三·八〇	一一·八七六	二·三七五	正款附加·〇二〇	一四·二五一	一〇〇·〇〇〇	二·〇〇〇
官租中地	一二一·五〇·九〇	一八二·二六三·五	四八·六〇四	正款附加·〇一五	二三〇·八六七·五	四〇·〇〇〇	三·七五〇
官租中次地	四六六·〇五·一〇	六九九·〇七六·五	一八六·四二〇	正款附加·〇一五	八八五·四九六·五	四〇·〇〇〇	三·七五〇
官租下地	六三四·〇八·三〇	六三四·〇八三	二五三·六三三	正款附加·〇一〇	八八七·七一六	二〇·〇〇〇	五·〇〇〇
小佘太官租上水地	七·〇七·五〇	一一·二二五	二·八三〇	正款附加·〇三〇	一四·〇五五	一四〇·〇〇〇	一·二五〇
官租上次水地	一九·〇三·二〇	四七·五八〇	七·六一三	正款附加·〇二五	五五·一九三	二〇〇·〇〇〇	一·二五〇
官租中水地	七六·二八·五〇	一五二·五七〇	三〇·五一四	正款附加·〇二〇	一八三·〇八四	一〇〇·〇〇〇	二·〇〇〇
官租中次旱地	一八七·四三·七〇	一四九·九四八	七四·九七四	正款附加·〇〇八	二二四·九二二	三〇·〇〇〇	二·六六〇
官租下旱地	四〇八·四二·二〇	二四五·〇五四	一六三·三六九	正款附加·〇〇六	四〇八·四二三	一〇·〇〇〇	六·〇〇〇
佘太召官租清水上地	三九·二七·七〇	七〇·六九九	一五·七一一	正款附加·〇一八	八六·四一〇	三六〇·〇〇〇	〇·五〇〇

續表二

項別＼區別	田賦名稱	地畝頃數	正賦額	附加額	計算方法	田賦總額	地價	百分數
第一區	官租清水中地	三二・四二・五〇	五八・三六五	一二・九七	正款附加・〇一八	七一・三三五	三〇〇・〇〇〇	〇・六〇〇
	官租清水下地	六九・四四・〇〇	一二四・九九二	二七・七七六	正款附加・〇一八	一五一・七六八	二四〇・〇〇〇	〇・七五〇
	官租混水上地	四・二八・九〇	六・〇〇五	一・七一六	正款附加・〇一四	七・七二一	三〇・〇〇〇	五・〇〇〇
	官租混水中地	六・七四・六〇	九・四四四	二・六九八	正款附加・〇一四	一二・一四二	三〇・〇〇〇	五・〇〇〇
	官租混水下地	五五・六二・四〇	七七・八七四	二二・二五〇	正款附加・〇一四	一〇〇・一二四	三〇・〇〇〇	五・〇〇〇
	官租混水上次地	七・九七・五〇	一一・一六五	三・一九〇	正款附加・〇一四	一四・三五五	三〇・〇〇〇	五・〇〇〇
	官租旱上地	九・一六・七〇	九・一六七	三・六六七	正款附加・〇一〇	一二・八三四	二〇・〇〇〇	五・〇〇〇
	官租旱中地	二四・二四・〇〇	二四・二四一	九・六九六	正款附加・〇一〇	三三・九三七	二〇・〇〇〇	五・〇〇〇
	官租旱下地	七九・九二・五〇	七九・九二五	三一・九七〇	正款附加・〇一〇	一一一・八九五	二〇・〇〇〇	五・〇〇〇
	官租中水地	一・〇〇・〇〇	一・四〇〇		正款附加・〇一四		三〇・〇〇〇	五・〇〇〇
	官租中地	一・五三・二〇	一五・三二〇		正款附加・〇一〇		二〇・〇〇〇	五・〇〇〇
	巴漢惱包 官租山上地	九九・五五・四〇	九九・五五四	三九・八二二	正款附加・〇一〇	一三九・三七六	二〇・〇〇〇	五・〇〇〇
	官租山中地	一〇九・九九・八〇	一〇九・九九八	四三・九九九	正款附加・〇一〇	一五三・九九七	二〇・〇〇〇	五・〇〇〇

續表三

區別	田賦名稱	地畝頃數	正賦額	附加額	計算方法	田賦總額	地價	百分數
第一區	官租山下地	二二·五七·四〇	二二·五七四	九·〇三〇	正款附加·〇一〇	三一·六〇四	二〇·〇〇〇	五·〇〇〇
	前明安灘官租上地	三·〇五·七〇	六·一一四	一·二二三	正款附加·〇二〇	七·三三七	八〇·〇〇〇	一·六〇〇
	官租中地	二九·九五·四〇	四四·九三一	一一·九八二	正款附加·〇一五	五六·九一三	三〇·〇〇〇	五·〇〇〇
	官租上次地	三·三一·一〇	六·六二二	一·三二四	正款附加·〇二〇	七·九六六	三〇·〇〇〇	五·〇〇〇
	官租中次地	一六一·二四·一〇	一六一·二四一	六四·四九六	正款附加·〇一〇	二二五·七三七	二〇·〇〇〇	五·〇〇〇
	官租下地	五六二·〇八·〇〇	二二四·八三三	二二四·八三三	正款附加·〇〇四	四四九·六六四	一〇·〇〇〇	四·〇〇〇
	營盤召灣官租上地	一一一·一四·三六	二二·二八七	四·四五七	正款附加·〇二〇	二六·七四四	八〇·〇〇〇	一·六〇〇
	官租上次地	〇·七一	·〇一四	·〇〇三	正款附加·〇二〇	·〇一七	八〇·〇〇〇	一·六〇〇
	官租中地	四·七一·五八	七·〇七三	一·八八六	正款附加·〇一五	八·九五九	三〇·〇〇〇	五·〇〇〇
	官租中次地	四九·四九·三〇	四九·四九三	一九·七九七	正款附加·〇一〇	六九·二九〇	二〇·〇〇〇	五·〇〇〇
	官租下地	五三·八五·一九	五三·八五二	二一·五四一	正款附加·〇一〇	七五·三九三	一〇·〇〇〇	五·〇〇〇
	官租下下地	九八·二三·六九	三九·二九五	三九·二九五	正款附加·〇〇四	七八·五九〇	一〇·〇〇〇	四·〇〇〇
	官租上地	四·〇三·三〇		六·〇四九五	正款附加		八〇·〇〇〇	一·六〇〇

續表四

項別 \ 區別	田賦名稱	地畝頃數	正賦額	附加額	計算方法	田賦總額	地價	百分數
第一區	官租中地	五·六五·九〇		八·四八八五	正款附加		三〇·〇〇〇	五·〇〇〇
	官租中次地	一三·九五·一〇		一三·九五一〇	正款附加		二〇·〇〇〇	五·〇〇〇
	官租下地	二五·一三四〇		二五·一三四〇	正款附加		一〇·〇〇〇	五·〇〇〇
	官租下下地	二·〇四·二〇		〇·八一六八	正款附加		一〇·〇〇〇	四·〇〇〇
	大佘太官租清水上地	二八·一八·九〇	五〇·七四〇	一一·二七六	正款附加·〇一八	六二·〇一六	三六〇·〇〇〇	〇·五〇〇
	官租清水中地	一六·一八·八〇	二九·一三八	六·四七五	正款附加·〇一八	三五·六一三	三〇〇·〇〇〇	〇·六〇〇
	官租清水下地	一九·三一·四〇	三四·七六五	七·七二六	正款附加·〇一八	四二·四九一	二四〇·〇〇〇	〇·七五〇
	官租混清上地	一〇·六五·二〇	一四·九一三	四·二六一	正款附加·〇一四	一九·一七四	三〇·〇〇〇	五·〇〇〇
	官租旱下地	三三·六五·九〇	三三·六五九	一三·四六四	正款附加·〇一〇	四七·一二三	二〇·〇〇〇	五·〇〇〇
	莫林河官租「上中下」地	一二二·二一·四〇	一四六·六五七	四八·八八六	正款附加·〇一三	一九五·五四三	二〇·〇〇〇	一·二〇〇
	大奴氣溝官租上水地	三八·八〇	·七七六		正款附加·〇二〇		八〇·〇〇〇	一·六〇〇
	官租上地	一三·九四·〇〇	一三·九四〇		正款附加·〇一〇		三〇·〇〇〇	三·三三〇
	官租中地	四三·一三·七〇	四三·一三七		正款附加·〇一〇		三〇·〇〇〇	三·三三〇

續表五

區別	田賦名稱	地畝頃數	正賦額	附加額	計算方法	田賦總額	地價	百分數
第一區	官租下地	七四·一四·七〇	二九·六五八八		正款附加·〇〇四		二〇·〇〇〇	二·〇〇〇
	官租下地	五·二〇	·〇二〇八		正款附加·〇〇四		一〇·〇〇〇	四·〇〇〇
	黑沙兔官租上地	四·八二·一〇	三·八五六八		正款附加·〇〇八		二〇·〇〇〇	四·〇〇〇
	官租上次地	二·九六·八〇	二·三七四四		正款附加·〇〇八		二〇·〇〇〇	四·〇〇〇
	官租中地	三·九七·八〇	二·三八六八		正款附加·〇〇六		二〇·〇〇〇	四·〇〇〇
	官租中次地	一·〇九·〇四〇	六·五四二四		正款附加·〇〇六		一〇·〇〇〇	六·〇〇〇
	官租下地	二·三二·四〇	四·五二九六		正款附加·〇〇四		一〇·〇〇〇	四·〇〇〇
第二區	合少公中官租「上中下」水地	一五一·五九·五〇	二七二·八七八	六〇·六四〇	正款附加·〇一八	三三三·五一八	一〇〇·〇〇〇	一·八〇〇
	烏良素官租上水地	一五·七八·五〇	一八·九四二	六·三一四	正款附加·〇一二	二五·二五六	一〇〇·〇〇〇	一·二〇〇
	官租中水地	二一·〇三·八〇	一六·八三〇	八·四一五	正款附加·〇〇八	二五·二四五	一〇〇·〇〇〇	〇·八〇〇
	官租下水地	四三·〇四·九〇	二五·八二九	一七·二二〇	正款附加·〇〇八	四三·〇四九	一〇〇·〇〇〇	〇·八〇〇
	王幼女子官租上水地	二六·一六·二〇	三一·三九四	一〇·四六五	正款附加·〇一二	四一·八五九	一〇〇·〇〇〇	一·二〇〇

續表六

區別＼項別	田賦名稱	地畝頃數	正賦額	附加額	計算方法	田賦總額	地價	百分數
第二區	官租中水地	三六・三二・〇〇	二九・〇五六	一四・五二八	正款附加・〇〇八	四三・五八四	一〇〇・〇〇〇	〇・八〇〇〇
	官租下水地	一六八・五六・七〇	一〇一・一四〇	六七・四二七	正款附加・〇〇六	一六八・五六七	一〇〇・〇〇〇	〇・六〇〇
	達拉特旗長濟塔布渠官租下中下則地	一・九八七・七八・九九	三・五七八・〇二三	七九五・一一六	正款附加・〇一八	四・三七三・一三八	一〇〇・〇〇〇	一・八〇〇
	宿亥灘官租上水地	八・四五〇	一一・八三〇		正款附加・〇一四		一〇〇・〇〇〇	一・四〇〇
	官租中水地	五二・一二〇	五・二一二〇		正款附加・〇一〇		一〇〇・〇〇〇	一〇・〇〇〇
	官租下水地	三・〇四・二八〇	二四・三四二四		正款附加・〇〇八		一〇〇・〇〇〇	〇・八〇〇〇
	官租上地	一・一三・八七〇	四・五五四八		正款附加・〇〇四		三〇・〇〇〇	一・三〇〇
	官租上次地	七・九七・七五〇	二・三九二五		正款附加・〇〇三		三〇・〇〇〇	一・〇〇〇
	官租中地	・四〇・〇〇〇	・八〇〇〇		正款附加・〇〇二		三〇・〇〇〇	〇・七〇〇
	毛利特拉亥官租下水地	・四一・八八〇	三・三五〇四		正款附加・〇〇八		一〇〇・〇〇〇	〇・八〇〇
	中灘官租中水地	・三〇・五一〇	四・五七六五		正款附加・〇一五		一〇〇・〇〇〇	一・五〇〇

續表七

區別	田賦名稱	地畝頃數	正賦額	附加額	計算方法	田賦總額	地價	百分數
第二區	官租下水地	·五三·五九〇	五·三五九〇		正款附加·〇一〇		一〇〇·〇〇〇	一·〇〇〇
	秦一灘官租上水地	·二一·八四〇	二·六二〇八		正款附加·〇一二		一〇〇·〇〇〇	一·二〇〇
	官租中水地	·一六·五二〇	一·三二一六		正款附加·〇〇八		一〇〇·〇〇〇	〇·八〇〇
	官租下水地	七·九九·八〇	四·七九八八		正款附加·〇〇六		一〇〇·〇〇〇	〇·六〇〇
	達拉特旗丈青上地	八〇八·五六·九〇	三·七三五·五八五	三三三·四二八 三七三·五五九	正款附加·〇二一	四·四三二·五七二	一〇〇·〇〇〇	五·〇〇〇
	丈青上次地	三八·二三·〇〇	一四四·五〇九	一四·四五一	正款附加·〇一八	一七四·二五二	一〇〇·〇〇〇	四·〇〇〇
	丈青中地	四〇四·七五·五〇	一·五二九·九七四	一六一·九〇二 一五二·九九七	正款附加·〇一八	一·八四四·八七三	一〇〇·〇〇〇	四·〇〇〇
	丈青中次地	一六八·四四·六〇	四九五·二三〇	六七·三七八 四九·五二三	正款附加·〇一四	六一二·一三二	一〇〇·〇〇〇	三·五〇〇
	烏拉特旗丈青上上地	五九八·八一·六〇	二·五一五·〇二七	二三九·五二六 五〇三·〇〇五	正款附加·〇二〇	三·二五七·五五八	一五〇·〇〇〇	五·〇〇〇
	丈青上地	四七二·五六·一〇	一·九八四·七五六	一八九·〇二四 三九六·九五一	正款附加·〇二〇	二·五七〇·七三二	一五〇·〇〇〇	五·〇〇〇

續表八

項別 \ 區別	第二區						
田賦名稱	丈青中地	丈青下地	丈青上地	丈青中地	丈青下地	杭錦旗丈青各則地	合計
地畝頃數	三三四・五七・二〇	二七〇・八一・一〇	・八四・九〇	一・〇九・三〇	五〇・一九・六〇	九一六・三四・〇〇	一・〇六九・九五・一〇
正賦額	一・一二四・一六二	六八二・四四三	二・八五〇	二・七五三	一〇五・四一二	一・九五六・二五二	三・六四一・七四〇
附加額	一三三・八二九 二二四・八三三	一〇八・三二四 一三八・四八九	・三四〇 ・五七〇	・四三七 ・五五一	二〇・〇七八 二一・〇八二	三六六・五三六 一九五・六二六	元 六・三四九・六三九
計算方法	正款附加・〇一六	正款附加・〇一二	正款附加・〇一六	正款附加・〇一二	正款附加・〇一〇		
田賦總額	一・四八二・八三三	九二七・二五六	三・七六〇	三・七四一	一四六・五七二	二・五一八・四一五	二六・九九一・三九
地價	一五〇・〇〇〇	一五〇・〇〇〇	一五〇・〇〇〇	一五〇・〇〇〇	一五〇・〇〇〇	一〇〇・〇〇〇	
百分數	四・〇〇〇	三・五〇〇	四・〇〇〇	三・五〇〇	二・一〇〇	四・〇〇〇	

附記

一、本表所列丈青地係額徵數，其每年應徵丈青數，依每年實丈青苗多寡，按畝徵收。
一、杭錦旗地原係由五原縣劃分到治，其額徵地畝等則，本治無案可稽。
一、達拉特旗長濟塔布等渠地、莫林河地、合少公中地等，均依原升科册内載，不分等則。
一、本表所列各則地畝名稱數目係截至二十三年十一月底，本局有案各册計算。

第四章　司　法

第一節　司法行政機關之組織

本局司法，原由局長兼理。現由綏遠高等法院按照法定章程遴派承審員一人，就局內設立承審處，將原有一切司法方面事務，完全劃歸專責辦理。承審員下設佐理員一人，經費開支，除按規定辦理外，另有司法經費。因地方經費有限，尚未成立監獄，僅看守所一處。

第二節　蒙漢訴訟事件

在本局行政範圍以內，發生蒙漢訴訟，向由本局司法承審處依法辦理。蒙人與蒙人訴訟，則准由各歸該主管旗辦理，本局司法承審處向不過問。蒙旗對於本局之訴訟事件，先由該某旗直接咨呈本省最高地方司法機關辦理。省縣對於蒙旗訴訟事件，常依其管轄，從屬地主義，或咨請該某旗辦理。

第三節　應徵司法經費之實例

司法經費，表面上似乎完全獨立，因為在全局整個行政經費項下，根本找不出這筆規定來。司法承審處依局之存在而存在，其所徵司法經費，當係用作承審員之生活費而無疑，於此充分表現司法之不健全，人民之法益毫無保障。長此下去，恐不但蒙漢訴訟事件發生問題已也。茲照錄司法經費表如後：

應徵司法經費表

名稱	徵收方法	徵收數目	備考
審判費（訟費）	按訴訟價值計算。	十元以下：四角五分。 十元以上，二十五元以下：九角。 二十五元以上，五十元以下：二元二角五分。 五十元以上，七十五元以下：三元三角。 七十五元以上，百元以下：四元五角。 百元以上，二百元以下：九元。 二百元以上，每百元加三元。	例如因婚姻、繼承等起訴訟者，徵收四元五角，如聲請聲明者，徵收一元五角。
鈔錄費	按字數計算	每百字一角	
送達費	按里計算	五十里以內一角，五十里以外，一百里以內二角。	例如當日不能往返地方，加食宿費四角。
民、刑事狀紙費	由本局代售	每份六角、每份三角	

第五章 軍 事

第一節 軍事機關之組織

本局原有保衛團、公安局，分別擔任城、區、鄉之保安責任。保衛團共兩個分隊，每分隊轄三班，每班十二人。總計實有官佐六員，士兵夫八十六名。總團長由局長兼，副總團長為張拱宸。其次公安局，在前各縣公安局長均歸省公安管理處節制，局長由公安管理處委派。警士訓練，由公安管理處通盤籌劃，依照內政部各種法令，切實進行。本局有官佐三員，警兵二十三名，槍械十枝，馬匹共十三，局長由本局長兼任。本年（一九三五）四月，奉省政府令，保衛團與公安局合併組織，改編為保安處，以局長兼處長，直隸省府保安處。內部保安隊，即原來之保衛團，槍共七十六枝，並加重軍事訓練。

第二節 現有兵力

區別	類別	數目	備考
處名	保安處	共三隊	
處長	齊壽康		

續表

區別	類別	數目	備考
副處長	張拱宸		
官佐		六員	
士兵		八十六名	
乘馬		七十五匹	馬匹均係官兵自己所買
步槍		六十一枝	
子彈		六百一十粒	
其他			

第三節 軍隊之訓練

保安處除副處長為軍事專家外，並聘教練員一人，由保安總處委派。對於士兵，悉照保安總處之規定，分政治、軍事兩種。

（一）軍事訓練課目

騎步兵操典摘要

野外勤務摘要

射擊教範摘要

築壘教範摘要

制式教練

戰鬥教練

土工作業

武術

(二)政治訓練課目

黨義淺說

政治常識

外交大勢

第四節　軍隊之配備

為徹底肅清匪患，保衛地方計，爰特根據〔保安〕總處舊有規定，分為戰時防區配備、平時防區配備兩種：

(一)戰時防區配備：業由處長斟酌情形，劃定第某區某等地帶為警備區域，並築碉堡，用備匪患發生，可以分別扼要防堵，以期不致擾害地方。

(二)平時防區配備：根據保安總處之規定，就各重要區鄉，分駐保安隊伍，擔任防守，警衛地方。此種隊伍，並可隨時換防，期能彑相呼應，將來調動，不致對於某一地之情形生疎，或匪患發生，而臨事倉惶。

第五節　碉堡政策

綏遠各縣，面積廣袤，戶口稀少。村鎮距離，動輒數十里。各村居民至數十家者絕少，遇有匪警，自衛無力。自傅作義氏來綏後，即以扶植鄉村，建築碉堡，為要政之一。以為碉堡之設：（一）食糧牲畜，均可囤積堡內，匪來無所掠。（二）戶口集中，可以興辦學校。（三）人力集中，可以舉辦鄉村建設。（四）良民團居，便於稽查，宵小不易混跡。

各縣建築碉堡，須採地勢衝要，人口在百戶以上各村莊，先行築起；零落村莊，則於適當地點，聯合共築，以備不虞。建堡以徵工制為原則，必須之款，由縣府擔保，依法定手續，隨時向縣內商號借墊。工事設計，悉由省府派員指導辦理。基於上述各節，本局自二十一年（一九三二）起，至現在為止，亦已完成以下數處碉堡。

第一區：扒子補隆、橋灣、大慶鄉。

第六節　經費概數

保安處，原係保衛團及公安局改編而成。保衛團之經費，月為九百九十一元，年共一萬一千八百九十二元。又服裝費，年共六百五十四元零五分；彈藥費，年共二百五十元。總計為一萬二千七百九十六元零五分。

公安局經費，月為三百二十二元五角，年共三千八百七十元。第一、第二兩區公所，各月費為一百三十元，年共一千五百六十元。總計為六千九百九十元整。以上兩種經費合計，年共一萬九千七百八十六元零五分整。現兩機關即已合併為一，其經費自是減少。惟恨當初未能詳問及此，推其大致，雖不及原兩機關所需經費之大，但絕不在一萬以内。

第七節　駐軍調查

現有駐軍，為晉綏軍七十師部之第四零三團第三營。内有一連，分駐中公旗之黑沙圖，其組織為現行陸軍制，固無特殊差別也。營長曹席珍。大小槍共二百五十枝。餉項來源，由七十師直接籌撥，與駐在地無關。但此種駐軍，在七十師方面，隨時調動，非固定也。

第六章　教　育

第一節　教育股之組織

二十三年（一九三四）春間，奉令將教育局裁併，改設教育股，隸本局第二科。設主任、督學各一人，秉承局長意旨，共同計劃推進教育事宜。現任主任劉篤仁，北平師範大學生。督學張如春，辦事尚稱努力。刻設圖書部，便利學生購買教育圖書及用具。

第二節　公立小學

佘太小學：校址在佘太鎮關帝廟内。寬宏適宜，為全局小學冠。係民國十四年（一九二五）三月設立。全校學生計共一百二十一人，分初級五班、高級二班。教職員七人。月支經費一百六十元。設備圖書，亦至簡陋。

佘太女子初級小學：校址在佘太大營盤街。民國二十年（一九三一）二月創立。校長王秀然女士。學生七十六名，初級四班。教職員三人。月支經費七十八元。設備簡單，校舍不敷應用。

扒子補隆初級小學：校址在第二區之扒子補隆，位包武汽車路中樞，通郵政電話，距城一百五十里。原為耶穌教牧師費夷河創辦之培英小學堂，始於清光緒三十年（一九〇四）。民國二十年（一九三一）九月，改歸縣立第二小學，校址、教員均借自教會。二十四年（一九三五），改易今名。校長趙國治。現並增設女子班，學生共七十二名，分初級四班，及女子初級一班。教職員共三人。月支經費四十八元。現已重建新校舍於教堂之外，並民復渠繞於前，榆楊蔭蔽，洵讀書（住）〔佳〕處。

賈全灣初級小學：校址在第一區佘仁鄉賈全灣村，縣立第三小學之改稱，距城九十里。民國十四年（一九二五）創辦。校長秦戎。現有學生六十二名，分初級四班。教職員三人，其中一為義務職。月支經費三十八元。全校賃租民房，極其簡陋。

馬蓋圖初級小學：校址在第二區大禮鄉之格爾腦包村，距城九十里。第四小學之改稱。二十一年（一九三二）七月創立。校長王德善。學生四十二名，分初級兩班。校長兼教員一人。月支經費二十六元。現正籌建新校舍。

第三節　鄉立初級小學

本局各鄉，從未設立鄉村小學。讀書聲傳者，惟數私塾已耳。連年天災人禍，居民衣食為艱，學校至是難辦。二十四年（一九三五）春，厲行設立鄉村小學，現在已有十處。

第四節　民衆教育館

民國二十二年（一九三三）十二月，就佘太鎮三官廟前創立閱報所，是年由財政局長張某兼籌備民衆教育館事，竟將一筆專款悉入私囊。三間茅屋，兩載未克成功。嗣該張某因舞弊逃去，至今不獲歸案，民衆教育館遂亦因以廢。向者月支經費五十元，多為負責人所濫費。現定經費為每月十六元三角，惟以館址未定，館務停頓，所支經費僅供書報費耳。

第五節　小學教師

全局教師共二十八人，多延自外縣：計師範大學畢業者一人，大學預科及專科畢業者三人，舊制師範畢業者七人，中學畢業者三人，師範畢業者二人，中學師範肄業者八人，高小畢業者四人。年齡最大者三十九歲，最小者二十歲，平均三十歲。薪俸：月薪公立小學校長十八元至二十四元，教員十八元至二十元；鄉立小學校長、教員均十二元。工作：每週授課二十小時至二十四小時，兼管訓育，十分忙碌。生活：早起晚睡，辛勤備至。衣均國布制服，樸素整潔；所食惟糜米、白麵，極為刻苦。薪金雖不積欠，然亦難於按月發給。吾人平心而論，較之內地過教學生涯者，實不啻天壤也。

第六節　小學生

年齡：最大者為十八歲，最小者七歲，平均十二歲。

資質：近山地者笨，居後套者聰穎，愈小愈佳，愈長愈頑。

體格：普通均壯健，善騎馬、泅水，且耐風寒。

習慣：多喝冷水，吃零食；冷則衣裘，熱則赤體。不知衛生，懶於洗濯。年事稍大，多成病弱。

勤惰：懶怠為普通天性，屢教不聽，屢訓不悛，衣服書籍，不知整理。其家境清苦者，較為勤勉，成績亦較好，殆亦環境有以使之然歟！

第七節　小學課程概況

初級每週教學時間，國語約佔十分之三，算術約佔十分之二，其餘公民、常識、勞作、美術、體育、音樂等科，共佔十分之五。高級加授社會、自然、衛生，而國語、算學時間較初級略減。上午有朝會、課間操。課外作業，並定有習字、日記。教科書採用商務印書館復興教科書。教學方法，多用啟發式自學輔導，現亦參用設計教學法及注入式。

第八節　小學教育概況

訓育目標，遵照中華民國教育宗旨，及中國小學公民訓練目標和綱要，並參照各該校校訓、級訓，分別訓管之。實施方法：獎勵的，言語鼓勵、物質獎賞、記功等三種；懲戒的，靜默、自省、記過等三種。依照日常生活，予以實際訓練。惟各該生之家庭教育不良，懶惰性成，公德心弱，矯正極為困難，有時亦採取體罰也。

第九節　小學畢業生概況

初級畢業者，歷年無多；高級畢業者，為數更少。公立佘太小學，高級僅畢業兩班，共十人。升學者約十分之三，餘多留家幫工務農，或充牛犋中司賬先生。教育前途，殊極限制也。

第十節　學齡兒童

茲據最近調查，學齡兒童總數為三千九百一十六名：第一區二千一百八十三名，第二區一千七百三十三名。入學兒童總數為五百六十九名(男生四百九十名，女生七十九名，公立小學三百七十三名，鄉立小學一百九十六名)，失學兒童總數為三千三百四十七名。

第十一節　教育經費

按二十四年度地方預算，規定全局教育經費為四千四百零九元(公立小學為四千零一十三元，民衆教育館經費為一百九十六元，旅外學生津貼為二百元)，此外由各鄉籌撥鄉立小學經費為二千四百九十六元(每鄉全年一百九十二元。茲全部以十三鄉合計如上數。現有鄉立小學十處，全年共支一千九百二十元，其餘五百七十六元，或補助公立小學，或儲存作籌增鄉立小學之用)。總計全年教育經費為六千九百零五元，佔去全局地方行政經費百分之二五。至於公立小學經費之來源，由設治局第二科財務股從地方公款項下撥給。

第十二節　教育公產

民國十八年(一九二九)，曾由前設治局長邱文彬向墾務第五分局掛領柴喇嘛地方，共學田七十八頃，地價大洋七千餘元。後經鄭前局長恒武將地包租於三義堂，遂由包價內交付三千餘元。齊局長樂山任內，交付約千餘元，共計前後交去四千餘元，尚欠二千七百元。而學田迄被五加河淹沒，收穫毫無，地價未清，墾局時在催討中，誠憾事也。

第七章　交通

第一節　道路

甲、汽車道　已成汽車道，由安北城迤西至黑沙圖為止，計長二百六十里，全為蒙古烏盟烏拉特中公旗及西公旗之一部分草地，尚無多大坡坎。其由安北城迤東至包頭為止，計長二百四十里，亦係坦途。總計由包頭直達黑沙圖止，全長約有五百餘里之汽車道。因綏西護路司令部在黑沙圖及安北城内均各駐軍隊一連，保護商路，故隨時往來，均駛汽車，尤以黑沙圖現當特稅關係，不時載送商人，未嘗一日斷車。未成之汽車路，由安北本城起，東至固陽止，計長二百餘里。又由安北城起，至五原縣止，計長一百八十里。

乙、陸運大道　由包頭至安北，長約二百五十里。其道自包頭起，向西北行經後灣、毛鬼神窯子，至公忽洞，又由公忽洞起，始北行入烏拉山，經沙壩子、萬興功、五座茅菴、老爺廟圪鉢，以至台梁（或西行經拍汗圖而入哈德門溝，經台店灣、南官井，以至台梁。北路途程較短，山路較少；西路至哈德門溝，則亂石塞途，並多曲折，故普通取道北路者為多），經烏拉忽洞，以達安北。

由安北至五原，路長約一百八十里。其道有南北二路：北路經福合西、呼拉豹淖、倒老忽洞、六分子等處；南路經東三分子、四櫃、板旦等處。兩路所經，多屬草原，地勢平坦。北路自倒老忽洞起，可西北行，以至烏蘭腦包，又北入烏補勒口子，通外蒙。自安北經烏蘭腦包，以至烏補勒口子，路程約二百一二十里。

固安大道，自固陽西行，經胡隆村窰子、呂輾戶村、川行店而達安北，計長約二百五十里。行經大青山後，雖稍崎嶇，而可以通車駝。

丙、水道　黄河流經境内西南隅，惟以途程較短，雖有往包寧間之民船，其在本局境内，殊少停泊之處。

第二節　郵　政

本局為郵寄代辦所，歸包頭郵局管轄，距包頭計程二百四十里，逐日晝夜兼程班，騎馬傳遞，現改用自行車。可以小款匯兑，每月平均約二百元。郵票每月至多可賣六七十元，分平、快信及掛號三種。附設在電報局内，由局專人負責。

第三節　電局名稱及所在地

民國四年（一九一五），前北京政府時代，主管交通機關為便利出入外蒙商人計，於大佘太鎮（現安北設治局所在）設立電報支局，歸現在張家口熱察綏蒙電政管理局直轄。支局無局長，由業務長兼主任，行政、報務均歸其負責辦理。内部職員分報務員、事務員、工頭三項：報務員辦理收發往來電報，其任用、升調、奬懲之權，操之交通部電政司。事務員辦理文書、會計、冊報、庶務各事，多以局長為進退。本局無事務員，由局長自辦。工頭負責整理機器、巡修桿線之責，去留之權，亦操諸交通部電政司。本局往來電報，係由包頭局接轉。局内應用材料，均由交通部上海電料儲轉處配發應用。報務清簡，現時每月收入不及百元。局支經費，以收入項下開支，不敷極鉅；本局欠薪，尚有十八年（一九二九）未完尾數。

現任局長為上海人，錢姓，本局民四（一九一五）開辦，即已來此，曾一度調張家口，閱二年又調回安北，年已六十餘。與吾人見面時，備道苦（哀）〔衷〕，因邊地匪患，有時性命難保。此老可稱久於江湖，對於無論工商學界，以及所謂九流三教，都一一客氣，誠摯待之。能於此地苦守二十餘年者，實非易事，殊足令人欽尚。本局應用機器，為莫爾斯漫機，計二部。報費價目，無論省內外，明碼每字一角，密碼每字二角，加急三角，官電減半收費。

第四節　長途電話

自民國十五年（一九二六）起，交通部為便利通訊，與乎發達業務起見，令全國有線電局均附設長途電話。其辦法，不另設局，不另架桿設線，即於各有線電報局內安設長途電話機。安北電報局奉命後，亦按照規定辦理，設電話生一人，利用電報線路轉達電話。惟本城人口稀少，商務不振，每月通話，不過三五次而已，收入有限之極。每次通話，以五分鐘計算話費，逾五分鐘者，逐次遞加。其價目計：通五原每次八角，通臨河二元，通北平五元八角，通包頭一元一角，通歸綏二元，通大同三元一角，通滂江五元八角，通多倫六元一角，餘不贅及。

第五節　鄉村電話（省辦長途電話）

民國十八年（一九二九），綏遠省政府將綏遠電信隊改組為綏遠電信局，直屬於建設廳。置局長一人，職員四人，電務員六人，工務生四人。先後設分局十二處，分卡九處。各卡設工務長，專管巡修桿線各種事務。所用線路，或借用交通部電報局線，或為綏省府自行修置者。安北直至最近齊局長主政後，乃積極裝設，先是西公旗送電線桿一千餘根，不足，又由局出資向西公旗烏拉山購置，計長丈五尺之桿，自去烏拉山運，定五角大洋一根，現尚在陸續裝修中。據齊氏云，擬於短期内裝至西山嘴。

第六節　現有無線電臺及將來修築之適宜地點

本局無無線電臺，僅有收音機一架，附設在設治局内。將來應設之適宜地點，據局員報稱：城内以從前陸(運)〔軍〕所駐，已經廢圮之營盤地址；城外在東門二里許，昔日陸軍操練場，兩處均可設立。

第八章　商　業

第一節　商店種類及資本數目

本局當烏拉山之北，為偏僻之區，交通不便，商業極不發達，尤以外蒙商路斷絕後，較大商店因已停業，影響於設治前途者，亦重且大也。全治店鋪，僅有雜貨店四十餘家。計米糧布草業，店鋪著名者：永豐厚，開設已六七年，資本約二千餘元。中興玉，開設已二十二年，資本約八九百元。復成源，開設已五年，資本約千餘元。西順長開設十二三年，義和號六年，永遠昌十一年，資本均在三四百元左右。肉鋪業共有八九家，資本最高三百元，最低一百餘元，普通二百元上下。中藥行只天德恒一家，資本約七八百元。客棧一家，資本二百元。留人小店七八家，車馬店四五家，其資本最高一百元，最低五十元，普通八十元。此外尚有復順長、玉德祥等號，資本一二百之譜，開設未久。至糖鹽油葱蒜等雜貨小店，無不具備。

第二節　營業狀況

本局四十餘家店鋪，全年營業總值約在三十萬左右。大宗貨品，由包頭運來者，如行唐布、紙煙、生煙、煤油、糖等物；本地出產者，如燒酒、胡麻油、糜米、白麵等物，皆銷售於區鄉村鎮間。

其銷售數與價值，計：行唐布每年約三千五百匹，每匹二元五角，值洋八千七百餘元。紙煙二十箱，如仙島牌每箱五萬枝，售一百元，值洋二千元。生煙三十笸，每笸一百八十包，售六十五元，值洋二千元。

煤油二百聽，每聽六元，值洋一千二百元。糖五十包，每包一百八十斤，售三十二元，值洋一千六百元。燒酒二萬斤，每斤售三角，值洋六千元。胡麻油三萬斤，每斤二角，值洋六千元。糜米一萬石，每石三百斤，售二十元，值洋二十萬元。白麵二千石，每石二百四十斤，售十八元五角，值洋三萬七千元。肉店業，全年約值一萬八千元。中藥行藥業，全年約二三千元，餘不計。

附　全年營業狀況表

物品種類	年銷數量	單位價值	價值總數	備考
行唐布	三千五百匹	每匹二元五角	八千七百餘元	
紙煙	二十箱	每箱一百元	二千元	
生煙	三十笸	每笸六十五元	二千元	
煤油	二百聽	每聽六元	一千二百元	
糖	五十包	每包三十二元	一千六百元	
燒酒	二萬斤	每斤三角	六千元	
胡麻油	三萬斤	每斤二角	六千元	
糜米	一萬石	每石二十元	二十萬元	
白麵	二千石	每石十八元	三萬七千元	
肉食品			一萬八千元	
藥業			二三千元	
總計			三十餘萬元	

第三節　貨物運輸方法

本局距包頭，全長二百四十里，商人轉運貨物，多以馬駝牛等牲畜力量，由包頭運貨至安北，需時兩日，但(嘗)〔常〕在三日四日之間，比較困難。僱駝運貨，每百斤一元八角。至於鄉村間，轉運亦以馬駝牛是賴，惟其規模不大，僅有小販一車兩馬而已。

第四節　店夥之待遇

四十餘家店鋪，共有店夥一百六十餘人，供膳宿。薪金最大者每年五十元，最小者每年十元，普通每年二十元至三十元，三年一結賬。如營業發達，店夥亦可分紅利。學徒以三年為期，僅由店鋪供給膳宿，不支薪金。有多數店家，純由自己經營，僱店夥者極少。為節省經濟起見，苟非生意發達，須向鄉村間擴大時，絕不另僱店夥也。

第五節　貨幣流通情形

本局無金融機關。通行貨幣有現洋、平市舊銀票(每元抵現洋僅四角)、平市舊銅元票(每五十三枚抵現洋一角)、平市新銀元票兑换券(以現洋週使，無折扣)、平市新銅元票(每四十枚抵現洋一角)、墾業銀號銀元票等，均以現洋使用。以上現銀元票，約佔全局貨幣十分之二；平市舊鈔，約佔十分之二；平市兑换券，約佔十分之三・七；墾業銀票，約佔十分之二；天津之中國、交通兩行票，約佔十分之〇・三。

匯兑情形，除郵局極少數之匯兑外，一般商人往來包頭營業，或運牲畜皮毛赴包，或由包頭運貨返局，當節省支出，減少危險計，嘗是兩方撥兌，並不經過匯兌手續，實亦無處可兌。

第六節　度量衡

本局通用之尺，計有三種：一為津尺，每尺之長合三四・一生的米突，成衣業使用之；一為京尺（北平尺），每尺合三二・八〇生的米突，布業使用之；一為木匠尺，每尺合三一・〇生的米突，雜物業、泥木匠及普通住戶使用之。現已根據實業部頒佈度量衡推廣公尺使用範圍，以求劃一。

量器有官斗一種，每斗大豆淨重有二十七斤八兩，麵粉二十斤，糜米重三十斤，小米重亦三十斤。公秤一種，各業及民間均以此為標準。每斤單位，原以十六兩為一斤之老秤，現已改用十三兩五錢重之新制市秤矣。

第七節　營業稅與牌照費

為維持商務計，本區各店鋪有商會之組織。又為減輕負擔，節省糜費計，其組織極簡單。現規定各商店每全年共納營業稅三百六十元，由商會代徵代繳；其次為煙酒牌照費，分甲種每年十六元，乙種每年八元，丙種每年四元，丁種每年二元，另有附加三成在外。

第九章　工　業

第一節　工業概況

本局地界蒙旗之間，尚係由遊牧時期過渡到農業時期，工業極形幼稚，各種小工業如縫紉、打鐵、木作、磨坊、馬鞍店、銀器店、銅器店等，規模極小。此種工業，全係應地方之必需，新式工業，目前無有。所可述者，厥為數家製毯業與毛織業而已，但現在已極衰落。鐵工業共有三十多家，年銷總額，計洋約二千元；木作業二家，年銷總額，計洋七百六十餘元。因全境人口無多，一切尚待積極整理。

第二節　毛製工業

栽絨毯為唯一工業，年出二千四百方尺，每尺售價一元五角，工作粗簡，較包頭、綏遠所出者相差遠甚；毛毯，年出四千八百方尺，每尺售價二角；絨毛氈，亦年出四千八百方尺，每尺售價三角；毛口袋，年出二百根，每根售洋一元五角；皮衣年出三百件，每件售價七元；皮革，年出五百餘斤，每斤售價一元。上述物品，均銷售本地，而絨毛氈與皮衣，完全由養羊之家自己製作，並無工廠，茲推定其概數如是耳。

第三節　製毯工業

製毯業，本局共有太平鄉、太慶鄉、太餘鄉三廠。太平鄉廠址開設在打拉兔村，廠主王振東，綏遠本地人，於二十一年（一九三二）三月開工。其固定與流動資本，共為四百元。完全手工製造，並無機器。工人有男工八名，每日規定工資為五角。工作時間，早上七時起，下午六時止。出品粗實。原料絨毛採自本地，顏料購自省會。年產量約一千七百方尺。批發價格，每尺一元八角，零售每尺二元。一般買作床鋪陳設，或馬褥、椅墊、地毯之用。

太慶鄉廠址在扒子補隆村，廠主為譚福來，綏遠本地人，二十一年（一九三二）五月開工。其固定與流動資本，共有二百元。男工五名，完全手工，無機器，規定每人每日工資四角。工作時間，早上六時起，下午六時止。年出五百方尺，每尺售價，批發一元六角，零售一元八角。

太餘鄉廠址在隆泰村，廠主劉鳳林，綏遠本地人，二十一年（一九三二）八月開工。固定與流動資本，共為二百元。男工五名，規定每日每人工資三角五分。工作時間，早六時起，晚七時止。年產六百方尺，批發價每尺一元五角，零售一元八角。

上述三廠毯業，均係養羊之戶，僱工營業，購主須先期定織。

第四節　木鐵工業

本局木工業共有二家，有工匠八人，資本共計約五百元；每年出桌、椅、棺、櫃、門窗等器具二千二百餘件，約值洋七百六十餘元。

鐵工業三家，有工匠十一人，其資本總額約計九百餘元；年出鐮、釘、勺、鋤、鍬等器具一千二百七十餘件，值洋二千元。

木鐵工匠，每日工作恒在十小時以上，生活粗簡，每人每日工資，普通二角五分至三角。

此外有成衣局二家，代人縫做衣服，論件數計工資，長衫每件大洋七角五角不等，短衣三四角。至於銅工、銀工，各有二家，出品有限，僅能維持其生活而已。麻繩工、鞋工，各家資本不過數十元至百元不等，無足稱也。

第十章　礦　業

第一節　礦物種類及分佈

煤礦　煤分煙煤與無煙煤兩種：拴馬樁、烏蘭忽洞產無煙煤，礦區面積各約一百四十方里。西官井、東官井、營盤灣、什那干等地均產煙煤，礦區面積每處在一百六十方里至一百八十方里之間。礦質優良，可用以煉焦炭，及供鐵路、工廠燃燒鍋爐之用。境内陰山山脈，東西横亙，計長一百九十餘里，其藴藏礦產，至為豐富。

石棉　此礦現已發現者有兩處：一在局之東一百四十里之後口子，逼近第二區之崑獨崙溝，礦區面積有一千餘畝，地為西公旗所有。一在局之西北五十餘里什那干村之查思太山，礦區面積亦有一千餘畝，地為東公旗所有。後口子之石棉，現有人私採。

水晶　第一區之什那干地方出產水晶，早已被人發見，但不知其產量如何，無人提議開採，貨棄於地，良為可惜。齊局長對此亦甚重視。但以煤礦一項，尚不能儘量開採，開採水晶，一時尚談不到。

綠筍　礦產地在東公旗地之查思太山中，從前曾被人私採，後設法制止，現仍保存原有狀況。行政上之管轄範圍，在本局第一區。

黑礬　產於什那干格少溝，尚未開採。

第二節　年產量之估計及其他

煙煤與無煙煤，在本局全境以內，就現狀觀察，無煙煤每年產量約在六百萬斤，煙煤每年產量約三千萬斤，合計三千六百萬斤。普通在產區批發價格，每五百斤賣洋一元。其每年採量之總價值，在七萬二千元之譜。又據建設季刊估計，年產煤二八三一噸，每噸以六元計，煙煤與無煙煤合共約二千萬斤，總值約四萬元。

石棉現在被人私採者，年約二萬片，全運包頭，轉運天津銷售，用以製避火物。又據建設季刊調查估計，每年被私採者有五萬斤。其次什那干地，並未開採。

第三節　現在正式開礦情形

本局境內，現有濟民煤廠與漢南煤廠，均在局北十餘里之北山內拴馬樁附近。由安北商人試採，全用土法人工挖拓。資本均不過千元。各有工人五六人，每月產量平均約十萬斤，分銷五原縣及本地住戶。

漢南公司分廠，在局之東九十里賈全灣地方。有工人八九人，每月產量平均約二十萬斤，亦分銷五原及安北本城。按漢南公司為商辦股份性質，民國四年（一九一五）孔庚任綏西鎮守使時所舉辦，在本局以內之活動資本約二千元。

第四節　運輸困難與開採方法之錯誤

現在之運輸方法，完全賴馬車牛車，或人推之三腳獨輪車，運量既有限，而道路又困難。在廠前批發，每五百斤值洋一元者，運至五原以後，每一元只能買一百五六十斤矣，而五原、安北相距不過二百餘里。因價錢轉貴，影響銷路極大。

筆者與齊局長在拴馬樁視察煤窑時，談及運輸問題，據謂現正招集股份，每股五十元，集十餘股，買一輛載重汽車，專供運輸煤炭之用。運輸便利，則價錢低，用戶多，銷場加大，產量亦因之而提高。先擬從煤礦下手，漸及於其他各礦，作連鎖之開發，則不難蒸蒸日上，入於發達之途矣。惟因本省建設廳規定在先，凡置載重大汽車一輛，須年納公路建設捐八十元。現已呈請省府令建設廳豁免，待批准後，即可收集股份，買車試辦。否則仍沿用舊法舊物運輸，仍難望其發達也。

開採方法，全係舊式或土法開採，隨便就山開窑，由一二工人在洞内用鐵鍬挖之。洞内燃油燈，工人因呼吸困難，再加以挖法之不澈底，僅在礦層隨便取出一層，如遇水深或煤層發現隔膜，遂停止挖掘，在礦山之旁另行擇地開窑工作。且舊式礦工鑒別能力有限，稍有特別之處，即無由認識，隨便放棄，結果煤產量有十分，費盡力量挖出三分四分，即以為礦量盡矣。苟能改變方法，用新式機器開採，收效之宏，可以預卜，但此種辦法，終非本局之力所能辦到耳。

第十一章　墾殖

第一節　墾殖之過去與現在

本局境内已墾之地，有西公旗報墾之噶魯台地、佘太召地、王幼女子地，中公旗報墾之大佘太地、小佘太地，東公旗報墾之烏蘭以力更地，達拉特旗之永租地及達拉特旗之四成正地、四成補地、長塔等渠地，杭錦旗報墾之河套西巴噶地，並少數之舊墾杭旗糧地。

查本局所有各蒙旗報墾地，先後於前清光緒三十二年（一九〇六）及民國十四年、十五年、十六年、十七年、十九年（一九二五至一九二八，一九三〇）辦理報墾手續。而中間如達拉特旗之四成正地，因庚子教案賠款，所欠甚鉅，幾經籌償，尚餘尾數銀十七萬兩之多。其時綏遠（城）將軍信恪、山西巡撫岑春煊、西盟墾務督辦貽穀，會同籌設墾務公司，規定官商各出股本銀六萬，不敷之數，由山西省籌撥，遂由達拉特旗指報瀕臨黄河生熟地二千頃，抵銀十四萬兩，由貽穀派員查勘，歸公丈放。因報墾之前，地為土默特旗與達拉特公有，時屬薩拉齊廳。嗣經欽差大臣紹祺調解，以六成歸土默特旗，四成歸達拉特旗，而達拉特旗者，因以名四成地。又以開渠工費不足，由達拉特旗再補報淨地一千三百餘頃，遂又改地名曰四成正地與四成補地。

第二節　墾地類别及頃數

（一）噶魯台地　全數計四百八十餘頃。光緒三十二年（一九〇六）報墾，現已完全丈放，地當本局之西北隅，地權屬西公旗。

（二）四成正地　四成補地，全數計二千六百四十餘頃。光緒末年報墾，現已完全丈放，地在本局與五原縣之間，屬本局者約二千頃，地權屬達拉特旗，原係因庚子教案賠款內抵押而放。

（三）小佘太地　全數計一千頃。民國十四年（一九二五）報墾，地在本局與固陽之間，地權屬中公旗，已放者七百餘頃，未放者三百餘頃。

（四）烏蘭以力更地　全數計三千三百餘頃。民國十五年（一九二六）報墾，地在局境之西北，先是由東公旗單獨報墾，中、西兩公旗以地為三公旗共有，不能單獨報墾，加以阻止，幾經墾局派員調解無效，嗣勸令一律盡三旗各有數目報墾，終以藉口界址不明，仍在停止荒棄之中。

（五）佘太召地　全數計一千零五十頃，內有水地一百餘頃。民國十六年（一九二七）報墾，地當噶魯台地之偏東南，為本局境內最優之地，已放者三百一十八頃九十餘畝，未放者七百三十一頃三畝餘，地權屬佘太召所有。

（六）大佘太地　全數計八十頃。民國十七年（一九二八）報墾，地當小佘太地之偏西南，當經墾務第三分局丈放後，仍由中公旗領回私墾。

（七）王幼女子地　全數二百五十餘頃。民國十九年（一九三〇）報墾，地當佘太召之偏東南，已放者二百零二頃餘，未放者四十七頃餘。

（八）八道官渠之永租地　全數計二千頃；又通濟、長濟、塔布諸渠三百零七頃。

以上各項之地畝總計，如噶魯台地、佘太召地、王幼女子地、大佘太地、小佘太地，以及四成正地、四成補地、長塔等渠地，原報墾地一萬零八百零八頃，已放者六千四百餘頃，未放者四千三百餘頃。合永租地及河套西巴噶、杭旗糧地計，其已放地約七千六百餘頃以上，二十年度升科到四千七百三十餘頃。

附　墾地頃數與旗屬調查表

地名	旗別	原報地數	已放地數	未放地數	升科地數	備考
大努氣溝	東公旗	二百四十餘頃	一十三頃	二百二十六頃	無	
佘太召地	西公旗	一千零五十頃	三百十八頃	七百十九頃	無	
合碩中公地	杭錦旗	一百五十餘頃	全數放	無	一百五十餘頃	
大佘太地	中公旗	一百十餘頃	一百十二頃	無	一百十二頃	
王幼女子地	西公旗	二百五十頃	二百二十九頃	十四頃餘	無	
烏梁素地	西公旗	一百餘頃	七十六頃	十九頃	無	
黑沙圖地	西公旗	一百五十頃	二十二頃餘	一百二十七頃	無	
烏蘭板申地	東公旗	九百餘頃	無	無	無	
大小鄂博地	東公旗	一千三百頃	無			
清理小佘太地	中公旗	一千零五十頃	六百九十八頃	四百八十八頃	六百零九頃	
長塔加寺渠地	達拉特旗	二千頃	四十二頃餘			民國十七年報墾，十八年開丈。
莫林河地	中公旗	三百頃	一百二十二頃			
合計		七千七百餘頃	一千五百餘頃	一千四百餘頃	八百餘頃	

第三節　屯墾與移民

吾國墾務，只綏遠有墾務總局，前清而後，每況愈下，益以時局杌隉，墾殖事業，幾瀕停頓。（殆）〔迨〕及蒙古地方自治政務委員會成立，索性禁止放墾，此種辦法，是否影響國計民生，茲不具論。

民國二十年（一九三一）冬，綏晉當局組設墾務計劃委員會，決定兵墾、民墾、蒙墾三種辦法分別推行，其中綏區屯墾隊，於二十一年（一九三二）開始在五原、安北一帶選地試墾；陸軍第四百零九團及四百一十九團，選定本局第二區五加河套內，太良鄉之長濟渠與通濟渠附近。

屯墾部隊，係就原有地方，另行分劃區鄉，土地分配如四百一十九團第九連撥種通興堂淨地一百頃，名占元鄉；第十連與十一連，撥種沙灌召廟地二百頃，名敬生鄉，以其營長之名名之也。四百零九團之第一、三、四連合種新公中淨地三百一十三頃二十畝零三分七厘，名負暄鄉；第九、十連合種沙河渠、西紅〔柳〕圪坦地一百六十八頃五十三畝三分，沙河渠東南牛犋地二十五頃零一畝四分，共計一百九十三頃五十四畝七分，名樂善鄉與子厚鄉；四百零九團第二及十一、十二連合種南牛犋一百七十六頃七十六畝四分，六分子三十二頃九十一畝四分，共計三百零九頃六十七畝八分，名覺民鄉；第五、六、七、八連合種白頭、王又吉地一百八十頃，增盛茂、劉碩圪堵二百三十一頃三十三畝一分，共計四百一十一頃三十五畝一分，名折柱鄉、白頭、王又吉。

附　本局屯墾部隊之土地分配調查表

地名	隊部名稱	屯墾地數	備考
占元鄉	四一九團九連	一百頃	原為通興堂
敬生鄉	四一九團十、丨一連	二百頃	原為沙灌召廟地
負暄鄉	四〇九團一、三、四連	三百十三頃餘	原為新公中
樂善鄉 子厚鄉	四〇九團九、十連	一百九十三頃餘	原為沙河渠西紅柳圪坦及東南牛犋
覺民鄉	四〇九團二、十一、十二連	三百零九頃餘	原為南牛犋、六分子等地
折桂鄉 白頭王又吉	四〇九團五、六、七、八連	四百一十一頃餘	原為白頭、王又吉、增盛茂、劉碩圪堵等地
總計		一千五百二十四頃	

第三節　屯墾與移民

查綏西屯墾舉辦之初，石華嚴等電太原綏靖公署有：「……拙見所及，咸以為試辦屯墾，為此間當務之急。年來內戰不息，失業軍人以及老弱殘疾，觸目皆是。苟能從事屯墾，俾軍人有所歸宿，則不特能增加社會生產，並可減輕人民負擔，且此間萑苻未靖，屯墾以後，實邊可期，而附近居民，亦可藉屯墾部隊，作生活之保障，一舉數善，利莫大焉！……」吾人讀此電，實覺盡情盡理也。今石為屯墾坐辦，並屯墾成績據一、二兩年報告書，頗有可觀，甚願能做到名符其實，尤以附近居民，藉屯墾部隊作生活之保障一層，要能切實表現，言行合一。

本局之太慶鄉、太餘鄉，有山東移民。先是民國十四年（一九二五），山東紳耆王鴻一等發起由山東移民七百五十戶至後套經營開墾，當時就臨河、五原分佈開來，並計劃建設仁、義、禮、智、孝、悌、忠、信新村八個。然是十年於兹，鮮有成效。其原因固多，要不外缺乏組織，移民未經相當訓練，分子良莠不齊，步趨不一致；年來土匪擾害，毫無自衛能力；移民墾殖，流於營業式，渠道管理不周，莊戶澆水毫無次序，缺中心領導，以致着着失敗，今雖倖存，然已煞費苦心矣！（按本局之太慶鄉、太餘鄉，昔固五原地也）。

此外有東三省移民，及原居留於歸綏縣之朝鮮人，男女計三十餘口，在西山嘴一帶墾殖。其人無論男女，均極勤勉儉樸，暇時並為其他漢人莊戶做工。地方當局為顧全國家令譽計，特別對韓人蠲免不少捐稅。凡漢人莊戶應出者，韓人則免之，並予以生活上安全之保障。

第十二章　農　業

第一節　農業之開始

本局原為烏蘭察布盟烏拉特三公旗，及伊克昭盟杭錦、達拉特旗地。清道光、咸豐年間，山西之河曲、保德，陝西之府谷、神木等處人民始來墾荒。當時由地商分向各該旗王公包租土地，然後分租給農民，租時定有年限，到期歸還。惟在達拉特旗主權範圍以內者，多為永租地，租時立有契約，永遠租種。自光緒末年，逐次放墾，農民始取得所有權。然至現在仍有大地主，擁有耕地百餘頃者共五六家，五百餘頃者二家，獨立經營農業，招佃種地，有所謂新牧公司，普通二三十頃者極多。

第二節　土壤與耕地面積

第一區之西北、西南及西部，有渠水灌溉，多黃土及黑土，東南多黃土及砂土，南部多砂土，北部多黃黑砂土。第二區之南東部多紅黃土，南西部多黃土，以紅黃土為最肥。全局以黃土居多，土質微砂，生長性最良。種小麥、豆子、蔴子、高粱為最宜。

耕地面積，較五原、臨河多數倍。凡可耕之地，大部均已墾殖，未耕之地極少。但調查其確實數字甚不容易，即以墾殖論，有已放而未耕種者，有私自耕種而未報墾者；以地畝升科論，有升科而廢棄者，或私墾而未升科者。二十年度，據國民政府主計處統計月報發表，本局耕地面積為一千零四十頃，內中水田六百頃，旱田四百四十頃。同年度據綏遠省通志館調查報告，本局耕地面積總數為四千三百一十頃。

當二十二年度，山西省包臨段經濟調查報告書謂：「據調查隊調查所得，最近實際耕種之地，約一萬四千頃。」以全局總面積二萬五千八百方里核計，耕地所佔僅十分之一耳。

惟此次據該局在余等農業調查表內，關於公私墾地面積填謂：「本治所轄地方，原屬蒙旗蒙地，經歷年開墾，迄今所耕種者約計二百四十五萬六千四百六十公畝。」上開數字，是否係該局實地調查結果，吾人不得而知，姑照原文錄出。

第三節　農民數及其種類

全境農民，自耕農二千三百八十六戶，佃耕農則為數四千三百零四戶。以其人口總數估計，約在二萬二千以上。第一區自耕農佔百分之十，佃農佔百分之五十，僱農百分之四十。第二區自耕農佔百分之六十，半自耕農百分之二十，佃農百分之十，僱農極少。

第四節　農民耕地分配及其所佔社會之地位

農民於土地之分配情形，除已報歸墾務開放之地，准由人民擇定承買，悉照墾局規定辦理，表面上比較公允，不過地面丈量以後，農民絕無便宜可得，總之比內地農田稍微寬鬆而已；其餘屬蒙旗私墾者，完全規定年限，租給較大農民，然後轉租與第二佃農，多半分糧。

一般農戶，除遇天災水旱，應為例外，平常出產，都稱富裕。又以地方偏僻，交通不便，工商事業，俱不發達，其能維持社會局面者，厥為農業，以故農民在本地佔社會之重要地位。

第五節　農作物之種類及年產量

（一）食用作物　本局之主要農產，以糜子、小麥、莜麥、豌豆、高粱為大宗，蕎麥、黑豆、穀子、黍子次之，因氣候乾燥，雨水稀少，頗宜於糜子作物。

（二）特用作物　亞麻（即胡麻），本局境內盛產之，專供榨油、燃燈及烹調之用。近且用途更廣，據一般研究結果，謂此麻可使膠凝而成為有彈性之物質，以代橡皮之用。飾以顏色，可作氈毯而利陳設，並可作防水器及製造油墨，其用之大，於此可見。吾人為道聽途說而得，願有工業專家利用斯土產出之有價值之作物，從事試驗。

（三）菜蔬類　主要菜蔬以馬鈴薯（俗稱山藥蛋）為首位，為一般人日用必需品。芋頭亦產，惟不及馬鈴薯產量之大。其次白菜、韭菜、芹菜、菠菜、蘿蔔、黃瓜、茄子、扁豆、蕃椒、西葫蘆、西瓜等，無一不產，且最普通，就中以白菜栽種者為多。蔓菁出產亦夥。扒子補隆有果樹。

至於農作物之年產量，據綏建設廳之調查，大麥二百一十六石，小麥六百三十八石，莜麥一百零八石，蕎麥一百四十石，穀子三千四百八十石，糜子七千五百六十石，高粱七百四十石，麻子一百七十二石，雜豆八百十六石，黍子一千零六石，胡麻六十石，馬鈴薯一十萬斤。此為二十一年度之情形也。

然而此次該局給吾人所填報者，悉用公斤為單位，尚不知其何所根據，特照錄如次：「每年約產糜子三十九萬一千四百三十萬一千零六十公斤，小麥九萬九千七百七十二萬一千五百六十五公斤，豌豆一萬零七百萬三千六百三十公斤，高粱一萬九千二百萬三千六百零六公斤，穀子三萬五千一百三十七萬六千七百五十一公斤，莜麥二萬九千七百五十五萬五千零四十一公斤，黑豆三千一百六十二萬八百四十一公斤，胡麻六千六百七十五萬七千四百九十二公斤。」

第六節　耕耘與施肥

本局邊地初闢，一切苟簡，加以氣候嚴寒，而農民春來秋去，流動不定，農村因以零散。耕耘方面，好地每年犁、耙各一次，耘二次，亦有犁一次，耘三次者；次地每年犁、耙、耘各一次，亦有隔年犁一次者；

最次地每年耘一次，或隔數年不耘不耙者。同時因地廣人稀之故，地耕數年，則休息一年，是為輪種。其法大致第一年種大小麥，第二年種糜、穀、莜麥等；第三年種豆、麥、高粱等；第四年種其他雜糧。如此週而復始，以舒地力，早成習慣，是亦適應環境之辦法也。

凡新墾‧地，自應規定耕耘次數，耕耘深淺，及施肥種類、分量，逐年試驗，到一定程度，決定地力，預期收穫量之多寡；同時為促進土壤分化作用，殺滅害蟲卵子、蛹兒，則須厲行秋耕；為增加土壤含水能力，必增加耕耘次數；至於增加土壤中之腐植質，亦可利用天然肥料，與壓青等辦法。乃一般農民，根本不知施肥，在本局西南部，靠後套一帶，常有不耕而播種，不耘而收穫者，往往憑渠水澆過一次，就根本不管。收後秋耕，更屬罕見。總之亂用土地，不惜地力，為墾殖之最大毛病。考之一般農作物所用肥料，不外大糞與牛馬羊糞之類。大糞用於菜地，牛馬羊糞用於糧地；其終年不施肥料，任其自生自長者，要亦所在多有。

第七節　播種及收穫

選種為播種前必經之手續，苟種子不良，影響收穫至大。惟一般農民之選種方法，甚為簡單。就經驗與習慣，擇其禾穗顆粒壯實肥大者，用作種子而已。屆播種期，先將種子酒浸，謂可以免去蟲害。亦有適用篩選者，但極不普遍。關於鹽水比重選、溫湯浸種法，多不甚明瞭。

播種時期：大凡小麥、豌豆，俱在清明前；蠶豆、大麻、亞麻，則在穀雨前後；黃豆、高粱、馬鈴薯、莜麥，在立夏前後；穀子（小米）則須在立夏以前；黍子、黑豆，均在小滿前後；蕎麥則在芒種以前。

收穫時期：大麥、小麥、豌豆，均在立秋前後；黃豆、高粱、蠶豆、馬鈴薯、蕎麥、糜子、黍、莜麥、大麻、菜蔬，則在白露前後；黑豆在白露、秋分之間。

至於每畝收穫量，上等地大麥一石五斗，小麥、小米、糜子、大麻均可收穫一石，豌豆七斗，莜麥、蕎麥六斗，亞麻五斗。下等地大麥二斗，小米一斗五升，蕎麥一斗八升，小米、豌豆、糜子、大麻均可收穫三斗，莜麥二斗，亞麻則一斗。此收穫量之大概情形也。

第八節　農具之類別

「工欲善其事，必先利其器！」乃一定不易之原則，故農具之良窳，影響耕作之前途甚大！現在科學發達，機械日益精良，利用有效，必增加生產無疑。惟農具之舊式，中國各地，皆甚為普遍，非獨綏遠為然。而安北局促一隅，一切尚未初具規模，農具更談不到，其今之所慣用者，如東犁、西犁、東鏵、西鏵、耙、鍬之屬，或來自包頭，或出於寧夏，惟求具備形式，可以耕種而已矣。茲試一就現狀，擇其大者要者，表列如下：

安北農具調查表

種類	價格	產地	備考
東犁	六七元	包頭或山西	係鐵質犁轅
西犁	八九元	寧夏	係木質犁轅，較東犁大，宜於開荒。
東鏵	二角	包頭或山西	
西鏵	一元	寧夏	鏵尖係熟鐵質，可以修理，較東鏵大。
犁耳	五角	包頭或山西	又名犁鏡
耙	六七元	包頭或山西	
石輥子	五六元	本局流煙圪壩	有來自寧夏平羅縣

續表

種類	價格	產地	備考
砘子	一元五角	本局流煙圪墕	有來自寧夏平羅縣
磨	十三四元	包頭或寧夏	
碾子	三四十元	包頭或寧夏	
鐵鍬	一元	本局或包頭	

第九節　租佃制度

（一）地主　以地質與佃農，僅納地牌錢及田賦，各項攤款則歸於貸地之農民。每頃上地租貸洋二百元左右，中地每頃租貸洋壹百餘元，下地每頃租貸洋七八十元。除地牌錢以外，地主每頃地將有百餘元之盈餘。

（二）自耕農　此等農民有地一二頃至三四頃，除納地牌錢及田賦以外，凡縣局之攤派，社上（即廟中之區自治會）之一切公費，皆須負擔。其數目無定，一年一次或兩次，每畝攤票洋四五角、穀草五六斤而已。

（三）小農　此等農民本身有地不過數十畝至一頃不等。地牌錢、田賦、攤派，皆須負擔。因此力不能勝，每多營養牲畜或另種園子，此為本局之最普遍者。

（四）佃農　此等農民本身根本無地，向地主租地耕種，須先訂立合同，租期三五年、七八年，或二三十年，概由雙方臨時訂定。租價有銀計者，亦有以糧計者，租銀最好地每畝七元，平常每畝二三元，分春秋兩季繳納。至於押租之有無，均須在合同內訂明；大致限期過長者，須繳押租，時間短者則否；糧租亦名分花，視地之肥瘠而定。最好地四六分糧，田主得四成，租戶留六成（均以十分計之）；中地有對分者，十分之中，田主、租戶各五成；下地二八分與三七分兩種，即十分之中，田主得二得三，租戶留八留七。如遇荒歉，年入不足，可緩俟豐年再行補給之。此都普遍之情形也。但社村攤派，仍由租戶負擔。

（五）僱農　此等農民本身無地，且無力佃耕，常就佃農或小農為之耕作，每年得勞積金五六十元、二三十元不等，純視其技術而定。因係工人性質，村社攤派，均不負擔。

第十節　田地之價值

西北一帶，地廣人稀，尤以本局尚係開發未久之區，田地價格，低廉特甚，決不能與內地各省之地相比。土地之良或劣，純以渠水之灌溉能否便利，為決定之標準。雨量稀少，田畝灌溉，全賴渠水，有水可灌，便是肥田，無水即是石田矣！因之最好土地，每頃不過三四十元，其旱地之最劣者，每頃不過二三十元。而放墾押荒價，最多每頃不過二百元，最低亦僅二十元。如欲變成可耕之地，勢須另行加數倍於荒價之挖渠費，其地乃可得耕，故可耕地荒價，實又不能與荒價一例而論。

第十一節　農民生活

農民以衣食住行而論，極其粗陋。夏秋多穿土布，冬春則衣羊裘。食物以糜為主，小麥、高粱、山藥（馬鈴薯）等物副之。居家多土房，少瓦屋，僅蔽風雨。行則以足或馬騾代之。既不講求衛生，復無可靠之醫藥，疾病死亡，向無所謂。娛樂完全無有，僅豐收時，酬謝龍王、穀神，村中人有集聚之可能，演唱社戲三天已耳。

第十三章　牧　畜

第一節　牧畜業狀況

在表面看，本治地當後套，或以為墾地必多，農事普遍，從事牧畜者少。其實烏拉山之北麓，陰山之南麓，及本治腹地，幾無處不草地，蒙古包歷歷可見，比較上論，漢人多於蒙人，但墾地因就水渠低窪地之關係，極為零落，僅能佔全治面積十分之一二，餘皆為牧地。雖無有組織之牧畜公司，而蒙人專司牧畜之情形，動則牧畜千數百頭，殊與公司之經營，相去未遠。並一般農家，通常亦喜飼養牲畜，藉供肉食、乳食及力役之用。

第二節　主要牲畜之概述

歷年居民，以牧畜為業者，獲利頗厚，故業農者亦多以之為主要副業。現全境第一區蒙漢人，合共有羊八萬餘頭，蒙人佔三分之二而弱，漢人佔三分之一而強。牛二千餘頭，蒙漢各半；駱駝一千餘頭，全為蒙人所有。其次騾驢馬三種，合計共約六七千頭，亦蒙漢各半。其中馬佔十分之七，驢約十分之一，騾佔十分之二。豬三千六百餘隻，全為漢人所有。第二區蒙漢人共有羊五萬餘頭，漢人佔三萬餘頭，蒙人佔一萬餘頭。牛約七百餘頭，蒙人佔四百餘頭，漢人佔三百餘頭。馬四百餘匹，驢三千餘頭，豬四千餘隻，漢人佔絕對多數。各農家均喜雞與豚，畜養者亦極普遍。牲畜價格，山羊每頭三元至四元，綿羊五元至六元，牛四十元，驢十四元，馬三十元，騾六十元，駱駝五十元，豬十五元。牛除自用外，尚有少數運銷包頭、五原兩縣，羊則專銷於包頭，年約萬餘頭。習慣留羔售老，以資孳生。並以小佘太、高頭梁、西水道、烏森太各處，水草最優。全境地勢較高，空氣新鮮，牲畜瘟疫極少。

第三節　絨毛皮張之產銷

全境年產絨毛約四萬餘斤，綿羊毛五萬餘斤，山羊毛三萬餘斤，牛毛五千餘斤，駝毛二千五百餘斤。平均價格：羊絨每斤現洋三角，綿羊毛二角半，山羊毛二角，駝毛五角半。除本地自用少許外，歷年均由皮毛商收買，運往包頭及河北省天津、邢台各地洋商，轉銷海外，作新的原料。

年產綿羊皮七千餘張，綿羊羔皮五千餘張，山羊羔皮二千餘張，山羊皮八千餘張，牛皮一百餘張，狼皮四五十張，狐皮二百餘張。平均價格：綿羊皮每張現洋一元，山羊皮八角，綿羊羔皮每張現洋一元，山羊羔皮六角，牛皮每張五元，狼皮十元，狐皮十五元。除自用少許外，仍由皮毛商運往包頭及河北邢台、天津各地，售予洋商，轉銷海外。

第四節　牧畜方法

牧畜方法，至為簡單。普通羊以五百為一群，牛以五十為一群，馬以一百為一群，駱駝以五十為一群。每群以一二人牧放之，逐水草而牧，牧場一月一易，早出晚歸，飲水則由牧者驅至水次飲之。平時無圈，入冬壘石作圍牆，高二尺餘，聊成範圍，用蔽風雪。惟上無覆蓋，仍不免於雪之積壓耳。牛羊可同牧，而馬則須另放。通常羊一千頭，約須草地二十餘方里，始可牧放自如。牛羊馬每年一產，駱駝每二年一產。牧草除普通自然青草外，一般農家則輔以穀草、糜穰、青燕麥。羊每頭每日吃草約二斤，牛十五斤，馬十斤，駝十二斤。總之北地乃天然之牧場，地勢高亢，水草豐饒，天氣涼爽，固不獨安北為然也。

第五節　牲畜之主要疾病

本局位於綏遠之西北部，完全在蒙境範圍以內，除部分之農墾地外，餘應為牧畜繁盛之區，尤以蒙民之衣食住行，幾皆仰給牲畜之一身。惟對於獸醫一科，不但向乏研究，簡直可以説不知道，偶有治法，均係根據經驗，以是錯誤百出，損失極大。有時求之於喇嘛祈禳而已。茲將牲畜之主要疾病，分述於後，用供獸醫學者之參考：

（一）獸疫：牛之流行性感冒，病初起咳嗽，無顯著之發熱，食欲不振，口内多黏液。此病發生於嚴寒之期，因牛體力衰弱，缺乏抵抗能力，病四五日，即無救而死，傳染極速，往往病牛甚多。其次羊痘，病形發熱，羊之頭部、四肢、胸腹各處毛少部分，發現紅疹，初一二日，食欲不振，越五六日，水泡膨大，惡臭逼人，輕者經三週而愈，重者即不治而死，此病本羊類固有之熱性傳染症也。

（二）牛虻：此為一種寄生蟲，夏季產卵，常孵化於牛之背、腰、肩等處。凡染此病之牛，經宰割後，牛皮多穿孔，即牛虻寄生所致也。故損失皮張之價值極大。又有馬虻，常於春秋兩季，擇馬之前髆膝管為馬之口舌能夠舐噬之部位而下卵焉，孵化成幼蟲後，蠕動表皮，使馬感覺痛癢，以口舌舐之，因以吞蟲入腹，得寄生於胃内，洩出毒素，侵害消化，發生營養不良，遂釀成膿瘍，亦有寄生於子腸者，亦與牛虻無異，會發生意外損失。羊之腸蟲，寄生於羊之腸管内，藏之黏膜下，多者堆積至無孔隙，呈瘤狀，若葡萄之密垂，大小如蠶豆，初發之時，羊即下痢，致令體質漸成衰弱而死。惟此寄生於羊腸之蟲，多見於綿羊，而山羊則甚少。

（三）普通病：普通疾病以消化器病為最多。夏季之腹痛，寒季之凍傷，尤以在寒季時，以飼料缺乏，體力衰弱之故，常致發生四肢各部浮腫為主徵之凍傷，因而致死者，正復不少。其次飛節内腫、管骨瘤等，亦為馬類常有之症。

第十四章　水　利

第一節　渠道概況

河套公有各大幹渠，在本境內者曰：通濟、長濟、塔布、民復。其自五加河流出之支渠曰：公中渠、長五壕渠、拴駒子渠、五份子渠，以及紅門兔村等渠。其自黃河決口引水之私有各小幹渠（一稱人民自修渠）曰：達拉渠，即和碩中公渠；杭蓋渠，即杭錦貝子渠；吳祥渠、王留子壕，其引用山洪及泉水以灌地者，曰東西水道渠、南水泉。

第二節　四大幹渠素描

（一）通濟渠：原名老郭河，於清同治八年（一八六九）開挖。自黃河起，東北行，經德厚成、白家地、燕安和橋一段，長約八九十里，原係郭敏修、史老虎、萬太公、李逵元四家合開，故又謂「四大股」。又東北行，經板旦村而東入長濟渠，長約三四十里，係郭敏修獨開，謂之五股。全渠共長一百四十里。初開時，僅寬一丈八尺，歸公後，其寬改為三丈餘，深四尺，中段寬二丈餘，深三尺餘，梢寬二丈，深二尺餘。主要支渠，凡二十餘道，大約長自一千丈至二千丈不等。年久失修，澆地僅七百餘畝。但本渠上游及渠口，均在五原境內，在本局境者，概為支渠：如三合長渠，即寶爾汗渠；公產渠，即六分子渠；合不太河，即短辦河；和滕渠及其他渠等。

（二）長濟渠：原名長勝渠，係地商侯應奎所開，成於咸豐七年（一八五七），光緒二十九年（一九〇三），渠口淤塞，另開渠口，直衝河流，水勢仍暢。貽穀任內，報效歸公，改名曰長濟。渠口在通濟渠口下二里，此渠上游在五原境，下游在安北境，自渠口東行，經東土城、徐海灘，至吉爾曼太，入安北境，又經萬太公、東槐木、大有公，在恒德永渠橋之西，歧為二支，一支折向東北，經塔拉補隆、小廠汗淖，至依肯補隆之東南，小廠汗淖之東北，與通濟渠之中梢及南梢（即短辮河）會於三岔口，並入五加河，是名北梢。一支向東行，經二小圪旦、二道壩子，至戍亥淖北，亦入五加河，是為南梢（即德恒永退水渠）。渠長一萬九千六百二十八丈，計合一百九十里（或云一百三十里），溉達拉特永租地二百一十二頃，又與通濟、塔布二渠共溉四成補地一千四百二十頃。渠口寬三丈四尺，深七尺，中段有寬至五丈者，深四尺至六尺不等，渠梢寬三丈，深二三尺。渠口填壩，長約五丈，寬五尺，以紅柳黃土砌成。上游二十里無彎曲，兩岸多築丁壩，以防水之沖刷。自西槐木以下，壩身因地勢之高下而曲折極大，決口堪虞，其支渠亦有二十餘道，或存或廢，要亦視幹渠之通暢與否為轉移耳。

（三）塔布渠：原名塔布河，塔布乃由蒙語「五」字之譯音而得也。因地為地商樊之喜等五家合股開鑿而成，故又名「五大股」，原係道光二十三年（一八四三）河水沖決而成，略加人工，為後套諸渠之粗範。渠口有新舊二口，現在長濟渠口下四里。此渠上游在五原境，下游在安北境，自渠口起，東行經馬廠地、同興堂，至十頂帳房，出五原境，入安北境。又東行經蘇達圪旦、三亥淖，過塔布卯獨、葛蛇橋，歧為二支，並東行，經上下打拉兔（一作達拉圖），至柴喇嘛廟、翟邦樹，及君兔等村之東南，並入於五加河，以注於烏梁素海子，計長一萬七千五百九十二丈，合九十七里半（或云長一百二十里），溉達拉特永租地五十頃。渠口寬三丈，深二三尺，梢寬二丈，深一尺。支渠凡二十餘道，幹渠渠身尚稱完好，惟因不知修浚，而淤塞之地，亦復不少，如能全部修浚通暢後，可澆糧地至少八百餘頃，永租地五百餘頃。

（四）民復渠：原名扒子補隆教堂渠，俗名洋人渠。庚子（一九〇〇），因耶穌教堂向達拉特旗索要賠款，地遂歸該堂，乃開渠溉地。民國十九年（一九三〇），當局向教堂給價贖回歸公，始改今名。渠長五十里，寬二丈，深四尺。自黃河起西北行，經布袋口子、教堂堡、義和魁、西河畔等處，會塔布渠南梢，入於五加河，注於烏梁素海子。支渠四五，其可名者，曰瓦窯圪卜西岔渠，曰塔爾河、柴喇嘛河。其灌溉多為塔布渠所及，故水利不甚大，將來如能興修使與塔布渠聯成一氣，則可澆地四百餘頃。

第三節　支渠記略

（一）達拉渠　在民復渠之南，渠長約四十里，灌合碩中公達拉特旗，計百餘頃，故又名合碩中公渠。

（二）杭蓋渠　在達拉渠之南，渠長約二十里，灌鹽淖一帶杭蓋地，計五十餘頃，又稱杭錦貝子渠。

（三）吳祥渠　在佘太召地偏東南，王幼女子地一帶，渠長約二十里，灌地計五十餘頃，距黃河極遠，引用山泉。

（四）王留子壕　在西山嘴一帶，渠長約二十里，灌地計千餘頃。

（五）東西水道渠　此渠所引之水，係本城之北之山溪水，其長凡五十里，經佘太召、二合公、三分子、七分子、八分子、頭分子及西水道等處。溉田用水，分為二類：夏秋二季澆者曰洪水，全年隨時可澆者曰清水。全渠共澆地計二百餘頃，原係佘太召各大小地戶所開。

（六）南水泉　渠長十餘里，灌地十餘頃。

附　支渠情況一覽表

渠名	別名	所在地	長度（里）	平均深度（尺）	平均寬度（丈）	灌溉面積（頃）	備考
達拉渠	合碩中公渠	合碩中公達旗地	四〇	二	二	一〇〇	引用黃河水
杭蓋渠	杭錦貝子渠	鹽淖一帶杭蓋地	二〇	一	二	五〇	
吳祥渠		王幼女子地一帶	二〇	一	二	五〇	
王留子壕		西山嘴一帶	二〇	五	六	一〇〇〇	
東西水道渠		佘太召地一帶	二〇			二〇〇	引用山泉
南水泉					一〇	一〇	

第四節　各渠引水退水與用水

各渠引水，都根據經驗各有一定方法，渠口不直接河身，而係背流東向，俟河水經過迴流一次入渠者曰倒漾水，可免淤填之弊，但遇河水暴漲時，仍不免於閉塞；就水流屈曲成套之處開口，徐徐引河水入渠者曰套水，但以黃河之水遷徙無常，渠口不能永遠適用，且河水低落，引套必至困難；其次有用迎水壩迎阻水流，使擁擠入渠者，不過用壩阻水，雖合於科學，而築壩淤河，殊屬困難，壩後流緩沙沉，易成淤灘。上述三種方法，總之利弊兼而有之，惟管理修浚為何如耳。現長濟渠因水位太低，即設迎水壩，然捨此亦無他法可資利用矣。

退水問題，後套各大渠多靠烏加河（五加河，黃河故道）為尾閭，亦不啻為各渠之總幹。各渠自有退水道者甚少，然五加河近年亦多半淤塞，下游簡直淤斷，不復與黃河通。 如期退水不發生問題，而又迅捷無害，非積極修浚五加河不為功。

各渠用水辦法，向來都有爭執，因河水之漲落，皆有一定季節，青苗缺水則死，故澆水之先後，關係於收穫甚鉅，故常有私自放水，或築壩閘激水，破壞渠工，妨礙他人利益者，層出不鮮。 故包西各渠有水利暫行章程，以資規範，俾昭公允，其條有十，要義如下：

一、各渠澆水辦法，以使各本渠民戶得享平均之水利為原則。

二、各渠向係平口，各民戶不得築閘築壩，倘非有閘壩不能激水澆地者，必須事先察看水勢，商允請準，且以不妨礙他人水利為限度。

三、各渠澆使春、熱、伏、秋、冬等水，應分別按照向章習慣，口輪梢，梢輪口，依次輪灌，不得紊亂。

四、各渠澆水，須先儘青苗地灌溉，俟澆畢，方准依次輪澆其他未種地畝。

五、各渠渠水有餘，照舊例彼此代澆，收互助之益，不得逾越，但絕對禁止私擅賣放。

六、各民戶使水，須依一定之次序及日期，不得逾越，或私自開放渠口。

關於河水高漲季節，普通年分六期計曰： 春水、桃花水、熱水、伏水、秋水、冬水，其高漲時期之久暫，約如下表：

河水高漲季節時間久暫表

河水類別	高漲季節	高漲天數			備考
		最長	中常	最短	
春水	清明節	十天	七天	三天	
桃花水	穀雨前後	十五天	十天	七天	

續表

河水類別	高漲季節	高漲天數			備考
		最長	中常	最短	
熱水	立夏前後	三十天	十五天	十天	
伏水	夏至至立秋	四十五天	三十天	二十天	
秋水	立秋至霜降	六十天	四十天	三十天	
冬水	立冬前後	十天	六天	四天	

水以伏水為最佳，每年伏汛用水澆地，至秋將餘水放出收凍，次年地氣一開，酥如雞糞，不用犁耕，僅犁耙一次。此類地可播種麥籽、莜麥、豌豆等，工力省而獲利多，農民爭租之，其租價最昂。秋水亦可澆地收凍，惟水質較伏水為次，可播種糜、穀、高粱、胡麻、黍子、菜蔬、豌豆、扁豆等。桃花水可種糜、穀；熱水可種小麥、山藥（馬鈴薯）、菜蔬等；至於春水，多無人肯用，因水質帶鹼性之故；冬水亦然；惟冬水上結厚冰，用以拉渠，則勝於修挖。以上為河水功用之大略也。

第十五章　林　業

第一節　林業概況

本局西南部，渠道縱橫，土地肥沃，造林植樹，極其相宜。近十年間有扒子補隆、背水道、打拉兔村一帶耶穌教堂及一般民戶，頗致力於植樹，成效尚屬不惡，計活榆、楊等樹在六七頃地畝以上。現城內亦由建設科設有苗圃，植樹得活者，已有二三千株，惟多屬榆、楊。境內大半童山濯濯，木材極少，木料價格極昂，陰山一帶，亦一樹不見，其西南部在局轄範圍以內者，有烏拉山一部天然林木，乃主權在西公旗，甚至本局建設電桿，亦須以重價向該旗札薩克商買，民衆建築屋舍，亦以之為依賴，需要亦多，而該旗蒙民亦有私伐偷賣者，因之林木之損失，影響森林之培植者極大。茲試就與本局有關之烏拉山天然林木，作一簡要之敘述。

第二節　天然森林之現狀

烏拉山亦陰山山脈之一支，由包頭、固陽交界處，引至安北設治局屬區以內，另生支幹直向西行，至西山嘴為止，西山嘴固本治之轄區也。在此區之行政、土地、人民，要而言之，乃本治之權力範圍所在也。獨以蒙旗至今仍為一特殊組織，似已根深蒂固，不能驟改其積習，更以種族不同，設治雖久，亦不過因應順導而已，由是而龐大之森林區，其權利固在放棄之列。查烏拉山之全面積，南北數十里，東西百餘里，雖外視林木稀少，如至山裏，則滿目蒼翠，固不乏棟樑之材也。其森林面積，當在數千方里，本屬烏拉特三公旗所共有，三旗之官民可以砍伐，此外任何人不能竊伐，有看山之人，非但不能竊伐，即出入山中，如無蒙人引導，亦須受干涉。

據安北齊局長稱：年前山西太原之經濟考察團至包西調查各種經濟情況，事先曾向西公旗札薩克商妥，入烏拉山考察森林，即來安北約齊局長入山。乃去大壩口，殊知看山〔人〕不許入內，謂尚未奉得札薩克命令，乃退回安北。嗣雖再度商妥，得入山中，但所經之地，決非森林極盛之區也。處處隨看山人而走，結果皆不免失望。其原因蒙人深恐外人知其中林木之茂，計議往伐，乃以假意導往林木極少之區，局外人固不知也。實際即西公旗札薩克之狡獪處，但亦無可如何，考查者徒呼負負而已。

吾人此次調查，得幸由西公旗衙署北行，入柏樹灣直穿中溝，越烏拉山絕嶺。自上午十時入山，下午四時出山，共行約六小時。在馬上不易通過，因概係林木遮道，乃下馬步行。在此短時期中，所見樹木，不下十餘種，尤以松、柏、榆、楊為最多。嗣聞於安北設治局長，仍非樹木極多極大之處，於此可以想見烏拉山林木之為何如矣。

惟蒙人對於森林，只知砍伐，不知培植，且習染漢化最深者，往往私伐大木，用以售諸漢商，運銷包頭。近者西公旗札薩克石王亦有此類事情，不問林木之前途何如，每年春季，遇有漢商往請去山伐木者，即可交大洋四十元至六十元不等，由王下一命令，給予砍伐之權，聽其砍伐出售，至年滿為止。乃一般漢商，惟利是圖，其毀損有用之木材，年來固不可以數計矣。

第三節　造林計劃

綏遠省建設廳為遵照部令，實行造林起見，曾先後開闢第一、第二、第三造林區域。因綏區氣候寒冷，為適合環境計，對於極耐風寒，不擇地力之黃榆、美洋槐、側柏、梓、黑槐、椿、楸、黃金松、合歡松、三角楓等，儘量試種，近年已有相當成績。而安北、固陽、武川三縣，為綏區第三造林區域，近在武川設有苗圃一處，其計劃之要點，略如下述：

一、面積：每苗圃一處，暫定為一百畝。

二、區劃：插條育苗面積五十畝，播種暨床替面積五十畝，試驗區面積十畝。

三、育苗：插條育苗，按三年生出山，每畝平均可育成苗木五（十）〔千〕株，第四年春，四十畝面積可出苗木二十萬株。播種育苗，播種床替，計需四年出山，即五年春，除試驗區外，每畝可出苗木六（十）〔千〕株。五十畝即可出苗三十萬株。總計可出苗木五十萬株。

四、樹種：以適於本區內造林地氣候性質之白楊、青楊、柳樹、榆樹等數種，為主林種。其他於本區森林帶相近之樹種，分別試種，以作將來之取捨。

五、組織：每苗圃置技士一人，助手一人，司事一人。

六、經費：

（一）臨時費　每苗圃辦公室及林役等室建築費〔洋〕一千元，苗圃設置費洋一千元，購置費洋五百元，圃地擬佔用國有地畝，未計地價，共需臨時費洋二千五百元。

（二）經常費　技士月支洋六十元，助手月支洋三十元，司事月支洋二十元，工頭二人，月各支洋十二元，林役七人，月共支洋五十六元，辦公費洋二十五元，調查費洋三十元，每月支洋二百四十五元，全年共支洋二千九百四十元。

（三）作業費　計每苗圃一百畝，每年每畝平均須作業費洋十五元，共計全年需作業費洋一千五百元。

第四節　天然森林之副產物

所謂天然森林，固指烏拉山而言也。其中之主要副產物，乃藥材與野畜兩種：藥材以甘草為最多，他如柴胡、蓯蓉、黃耆、黨參，靡不應有盡有，所在皆是。其次在烏拉山著名者，厥為青山羊，皮毛最貴，輕而暖，大有駕狐皮而上之趨勢，出產雖多，惟不易獵取，一件袍料，在綏省本地，亦須三四十元，始能買得好的。但除青山羊而外，藥材方面在本局第一、二兩區，皆盛產者，據本局調查，第一區第二、三、八、九等鄉，及第二區之第二、三、七等鄉暨西山嘴一帶，盛產甘草，大黃產於第一區第一、二、三等鄉，鎖陽產於第二、五、六、七等鄉，柴胡產於第二區第三、四等鄉，蓯蓉產於第一區第三鄉，黨參亦產於第一區第三鄉，山豆根產於第　區第五、六、七、八等鄉。

又據綏遠建〔設〕廳調查安北物產報告及包臨經濟調查報告，則安北各種藥材之年產量應為：甘草十三萬餘斤，鎖陽三萬餘斤，柴胡五千斤，蓯蓉四千六百斤，大黃四千斤，黃芪二千斤，山豆根一千二百斤，黨參九百斤。其實情形與綏省府之各縣出產藥材調查表，數字大致相同，無甚出入，惟與吾人總論章內所採用之建設廳對於安北物產統計表相差較大，今特並存。據吾人經驗，在現階段之邊縣調查，絕對非短時間能將此種農家副業零碎收穫，集成精確之統計數字也。上述各種藥材，皆運包頭，轉銷於河北安國縣。

第十六章　社　會

第一節　種族之分佈

治内居民，以漢人為最多，蒙、回次之，他如法、比、荷之天主教徒，及韓國入籍者又次之。漢族村民以山西省之河曲、代縣人居第一位，河北、山東人佔極少數，分居第一、二兩區及城區經商；天主教徒在城區及鄉村如扒子補隆、賈全村各地，均設堂傳教；韓國人則在西山嘴一帶種地，男女約三十餘人，尚稱相安；蒙民皆居離城較遠之草地。

第二節　宗教述要

本治田野初闢，蒙漢雜居，更以地當後套，庚子（一九〇〇）以前，即有天主教之勢力深入其間，因是習尚不同，信仰各殊，宗教亦自異。蒙族信奉佛教（喇嘛教），由來已久，而其信仰之篤厚、堅深、普遍，稍為留意邊事者，皆悉知也。道教信奉者多漢人，但極有數，從不多見，亦無所謂勢力。回教（清真教）則多過道教數倍，信奉者數十戶，教徒約百餘人。此外教堂數處，信徒最多，從而有操縱我社會、教育、經濟各項之權力者，惟天主教。信奉者亦為多數無知識漢民莊戶，貪圖便宜，而墮其彀中。原因河套一帶，膏腴之地，在很久以前，既由彼輩以賤價租得，然後以重值租於教徒，且為引誘一般入教，便其麻醉計，教外之人，概不能租其地而種。因其擁有廣大之土地，收穫豐富，一般糧價，可以操縱，無形左右地方經濟權力；再一方面，邊省財力不裕，邊縣各種建設，皆無力推行，教育事業自亦不能例外，教堂於是代我而教之，發聾振聵，減少文盲，改善習慣，功固足多，然一般子弟，自受神道麻醉以後，只知有教，而不知有國，其損失究為何如也！ 況教徒間偶有紛爭，教堂皆可干涉，影響地方行政權力，尤為不可忽略之事，允為國人所宜警惕者也。

第三節 禮俗紀實

凡禮俗之普通者，厥為婚喪葬祭。 但本局屬境以內，漢蒙回各有其不同之禮俗，繁複雜異，如非身臨其境，長期深切體驗，不能備述無遺。 茲姑從吾人悉知之點，歷記如後，用備參考：

一、婚姻　普通婚姻，不擇賢淑，惟求門戶崇實。 但寒素之家，雖有淑女，亦不能高攀望族，限於習成貴不親賤之惡俗，有以致之！ 至於嫁娶之儀節，漢蒙回有待媒妁者，有自由者，有以卜卦定之者，當婚姻議定之後，須用金銀、布帛、磚茶、黃釀、哈達為質聘，以杜悔婚。

漢族婚禮，換帖以後，定期納采、下茶，是日須交聘金，通常由七十元至一百元不等。 娶時擇吉選周堂①，忌降日②，娶日既定，為新郎新婦備淨室，是為洞房。 娶之日，婿家備燔肉、煮肉各一方，饅首、米糕各五十至一百枚致女家，名曰「離娘麵」；衣一襲，曰「催裝」；擇女眷中嫻禮而命相無妨者一人乘轎，男子二人乘車，伴郎偕婿乘轎，鼓樂、火把前導，前往女家，謂之「親迎」。 同時男家花堂，或覆棚帳，或翼圍

① 周堂，陰陽家語，指宜於辦理婚喪事的吉日。

② 降日，又作「將日」，分「陽將」「陰將」。 天寶曆曰：「陰將女死，陽將男亡，陰陽俱將，男女俱傷，陰陽不將，乃得吉昌。」故結婚必擇不將日，忌將日。

屏，均視其環境貧富而定。庭中置桌，上設天地神位，前置斗，中盛五穀，斗沿邊粘五色紙，下置剪、尺、戥、鏡等物，左右列花燭。新郎簪金花，披紅娟。新婦轎至門，轎口向喜神平置之，僕役燃爆竹，儐相持五穀、棗、核桃、制錢，口誦吉慶語，向新婦撒之，謂之「撒帳」。婿之母或姊妹，捧麵人、冰糖、脂粉，撒轎簾，取糖納婦口中，並為之施脂粉，謂之「點粉」。一人持紅布或氈，佈地上，擇女眷中非孝服、懷孕者二人，扶新婦出轎，沿紅布上行，至花堂，行拜天地禮，畢，新婦入喜房，嬪相為易笄而釵。雖嚴寒必撕窗紙，謂之「透空氣」。坐少頃，新郎偕新婦拜祖先，祭灶神，謁姑嫜親戚，即夕合巹。洞房床上設喜神燈燭香爐（北方多坑無床，故可設此），夫婦相對坐，整晚不宿，謂之「守喜神」。

結縭之次日，婿偕新婦至岳家，拜見祖先、岳父母，岳家設饌款之，晚偕歸；三日又往，夕又偕歸，謂之「歸寧」。新婦三日入廚下切麵（北方食麵者多，食米者少），曰「試刀」，家人爭嘗之，以覘婦工之優劣焉。至九日，岳家設饌宴婿及女，並請媒妁，名曰「喚九」。至彌月，招女回家住一月，名曰「住對月」。

續娶女人與初婚同。再醮則由男家備穀一斗，中藏首飾，置神位前。婦夕至，婿焚香，偕婦三叩首，令婦自斗中摸索得之，以為笑樂。此其與初嫁不同之點也。

上述漢族婚儀，乃普通新習尚，又與內地不相出入者。惟是一般人民，能按是俗一一舉辦者，在本局邊遠之區，殊不多見，不過大多數人，咸依此為準繩，要亦繁簡異勢，貧富殊形耳。

蒙族婚禮，蒙人多早婚，女了有二三歲至四五歲時，即須定婚，其婚姻概依父母及媒妁之言而定。凡十六歲以上之男子，未成婚者絕少，女子較男子恒長二三歲至四五歲不等。聘禮由雙方商定，以馬二匹、牛二頭、羊二十頭為最普通。婚約既成，女父和其近親，訪於男家，入室禮佛，佛前供羊頭、牛乳、絹、布等物，由男家設宴款待。及到合巹之日，由喇嘛選定吉期，在附近另設一帳（即蒙古包），由新郎家派人迎迓新婦。新婦家族及戚友，鵠候作圓形立幕前，作拒迎之狀。嗣新婦出，即乘馬繞幕三匝（但開拓地方，亦有如漢人新婦乘轎者，不過未能多見），乃引導急趨至新郎家。近鄰及雙方戚友，皆來與宴，並贈新婦以物。於是先見翁姑，次禮佛像，拜灶，喇嘛唪經，新郎父母答親戚禮，新郎亦禮新婦之親戚。禮成，設盛宴款客，有連續至七八日者。其休妻離婚，納妾姘夫，乃經常之事，任何人毫不之怪。離婚無一定形式，若出自夫意，逕達其意於妻家，妻即無條件而大歸；若出自女子，則女家當還其聘禮之一部。離婚以後，或娶或嫁，悉聽個人自由。普通一般男子有室後，可以隨便外遇，不容婦人置喙，正妻以外，得自由納妾。惟家政仍歸正妻處理，其妾不能過問。

回族婚禮，悉依宗教之規定，必須媒妁三人，掌教一人，方能開議，男女主婚人同意，握手為信，不立婚帖，納采、下茶，與汉族略同，不親迎，不用鼓樂，新婦下轎，由新婦之兄弟，抱之入洞房，不見親友，阿訇（掌教）來，誦經贊聖，即夕，新郎入洞房，以八句原根①（阿文）詢新婦，新婦一一如禮答之，否則不能成夫婦。次日，男家戚友及新婦母族，均備禮賀喜，男家設宴款之，郎婦姻婭，握手為禮，不跪拜也。

按之經典，每人得娶四妻，今則一夫一妻為多矣。若娶次妻，節儀，其熱鬧之狀，固不如第一妻也。如占脫輻②而離婚，女子須過一百三十日始得再嫁。偶爾反目，即不離異，亦須獨居一百三十日，始得再與其夫同居，此從俗也。

二、喪葬　漢蒙回各族之婚姻儀節不同，喪葬亦異，故仍有分別記述之必要：

① 八句原根，又稱八項教門原根，係中國穆斯林學者根據有關經典綜合擬定的教義規則，在穆斯林民衆中廣為流傳，影響甚深。其内容為：「認主獨一，知主公道，為聖，為伊瑪目，命人行好，止人幹歹，遠奸，近賢。」

② 脫輻，語出易經第九卦小畜九三：輿脫輻，夫妻反目。

漢族喪葬禮，普通人死後，自含殮及葬則分為：接三①，諷經，開吊，出殯，圓墳②數階級，禮之繁簡，視貧富而定，然其大致與內地固分別也。所不同者，入殮以後，家屬大功以上男女，輿在背上書「昊天罔極」③四字；接三，家屬喪服，隨道士哭城隍廟，鄉村哭五道廟，口呼亡人，使歸，謂之「叫夜」，亦曰告廟；出殯歸來，門前事先設盆水、刀板，投錢水中，置餅板上，孝子脱喪服棄麻，自牆頭置院內，奏刀切餅，食少許，自水中撈錢始入，乃行返主安神禮。

蒙族之喪葬禮，人死後，請喇嘛念經，中資之家，請喇嘛一人，在家或在廟，已念滿四十九日為率；貴族有產階級，可以請喇嘛念經至百日，或斷續念經至三年。無論喪老喪少，家中人在四十九日以內不剃頭，百日以內不參加娛樂，並隨時表示出不樂意之態度。喪葬分三種：最普通者為野葬，葬前由喇嘛指定地點，用大車或其他牛馬將赤裸之死屍載出遺去，三天以後，再行派人往視，如未經野獸剝食，即判定其人有過，再請喇嘛加念改罪經卷，以為祈禳；其次為火葬，多行之喇嘛和貴族階級，當其死後，除照例念經外，將死屍燒毀，以其餘燼，用罐盛着，送往五臺山聖地靈塔貯藏，或藏之旗內大廟中；其三為土葬，人死後，納之於棺，其法概仿之漢人也，但除少數之王公外，並不通行。

回族喪葬禮，凡人病重將死時，即請阿訇誦經懺悔，亡後復請阿訇誦經，以樟腦、麝香、紅花和水沐浴屍體，取白布二三匹，層層包裹置公用棺中，棺形長方，類木櫃，平時置禮拜寺內。墓所亦公用，葬無昭

---

① 接三，舊時民俗：人死三天，其亡靈將赴陰曹地府，被神、佛或神、佛的使者迎去。若在此靈魂離去之時，為其請僧衆做法事超度，可使死者贖罪積德而升天。於神而言，爲迎接死者靈魂，故又稱「迎三」；於死者親友而言，乃送別死者靈魂升天，故又稱「送三」。届時須用紙紮車馬之屬，以供死者上路之用。

② 圓墳，係下葬第三日舉行之祭奠。喪主家屬為墳培土、燒紙錢、上供品等。圓墳後，喪禮基本結束。

③ 昊天罔極，本指天空廣大無邊，後比喻父母之恩德極大。

穆，以死亡之先後，遞次穴壙。亡後即葬，不得逾三日。送葬無鼓樂、冥器之屬，以八人或十六人舁棺。葬後三、五、七日，各請阿訇誦經祈福，是日親友備奠儀、羊酒、香楮來吊，一如漢俗之開吊焉。死者衣服忌子孫服用，佳者送阿訇，次者施之貧人。富貴之家有施多量財產與禮拜寺，為亡人祈冥福者，貧人亦量力為之。同時如係親喪，為子者須於每晨日將出、黃昏日將沒時，必赴所親墓側，向日跪拜，行接送日光之禮。二年半乃止。現此風已不大盛行矣。

三、祭祀　歲時風俗，漢人於春夏秋冬四季，皆有其一定之習尚，其詳細情形，應是同於內地；回族每週有禮拜，蒙人於每年五月初三日，全旗分別舉行祭鄂博，同時附帶開盛大之集會。

四、娛樂　本局偏居邊鄙，一般民衆，惟有歲時季節，照例迎神賽會，藉供娛樂而已。神廟所在，每年擇期演劇酬神，遠近爭趨之。青年男女，皆於是時盛裝來遊，然為期亦不過二三日而已。他如賭博，要亦所在多有。蒙人則有賽馬、摔跤等慣技，亦乃高尚娛樂之一。其次，人民自山西來者，無論男女，都能哼幾句梆子腔。蒙人則有蒙古歌曲，偶於旅行中在草地牧群所在之地聞之，其聲咿唔抑揚，亦至怡情悅性，引為慰藉也。

第四節　生活狀況

人民生活，各地不同，居高原者，多遊牧為業，蕃殖牲畜，以濟日用。但逐漸開拓之地，從事農業者，皆能與內地同樣作普通職業，無論男女，多勤勞耐苦，慾望不奢，日常生活，殊極簡單。衣則粗布及土產皮毛革製；食則糜、麥、蕎、山藥、炒米、牛羊肉、乳酪；住則平頂土房、毳幕；行則徒步或騎馬。居家簡樸，不尚奢華，普通每人約需三四元而足，加之地廣人稀，縱有金錢，亦無所用。醫藥衛生，毫不講求。因是人民之智識，極其落後，尤以蒙人喜於閉關自守，無進取之心。茲就衣食住行，醫藥衛生，敘述大要如後：

一、服飾　服裝形式，漢蒙各有不同，顏色亦因地而異。漢人因係直、魯、晉等省移來者，服式及顏色，都與內地相去不遠，但較內地，尤為簡樸。為適應環境，抵禦嚴寒計，除服普通土織粗細布帛外，並服無面羊裘，間有着絲織物者，俱係由內地販運而來；帽則普通多用氈帽，有精粗、男女之別，近來一般富裕青年，多喜用呢帽，大多數民衆，仍用狐、羊皮等物所製之風帽；靴則多用氈做成者。蒙人服飾，則無論男女，均着長統旗袍，無襟無扣，長過足部一尺有餘，通常均束一布帶。其衣料富者絹帛，貧者棉布；冬用棉衣皮裘，夏服寬衣大袖，是為便服；官服與前清禮服大同小異，惟色尚紅、黃或綠。男子腰間繫以煙袋、餐刀、燧石等物，或長袍不束帶，外加皮棉背心等類，薙頭結辮。又多手撚佛珠，項繫佛像，足着牛皮翻底靴。婦女則蓄辮二條，分垂左右，飾以珊瑚、珍珠或磁料、瓔珞等物，以示美觀，耳懸銀環，手套釧鐲。若已嫁者，則束髮辮為一，頭戴珊瑚鑲銀板，用別處女；又常有綠布罩頭者，其髮不常理。女子概為天足，亦着牛皮翻底靴。男女衣服，無論絲綢布帛，概不洗濯修補，食後揩污，衣襟拂器，愈油膩愈顯示富有，至污垢爛毀時，遂棄而製新。其次為喇嘛服，多因等級而異：呼圖克圖之帽，多呢製，上尖下闊，或以黃色緞類為之；普通帽式有清製之大紅纓帽。衣服內穿長領及背心，外纏紅黃色之布或嗶嘰數丈，交縛上體，光頭皮履，終年赤膊。衣服亦不洗濯，全身油膩，視為通常。

二、飲食　本局普通一般人，以食糜米為主，莜麥、蕎麥亦日常所需，惟白麵價格稍昂，非一般人日常所能食也。菜蔬有白菜、青菜、茄子、葱、韭、山藥等類，尤以山藥出產多，食之者普遍。肉類有羊肉、牛肉、豬肉，以羊肉為普通，中下人家，幾無餐無之。至於蒙人之飲食，不外炒米、奶食、鹽茶、酪漿等物。早食炒米，飲茶，晚吃麵，富者日食麵飯一次，貧者亦仍食炒米、磚茶，數日間乃食麵一次。夏秋之季，牛乳多時，則取牛乳和茶飲之，平常亦無乳可飲，甚至於在待客時，始有乳食及肉食。同時以蒙人崇信佛教，相戒不食魚鱉，且視蛇為神，據云，如有漢人在其境內殺蛇者，必群起而攻之。

其次為燃料，居民炊爨之燃料，因地各別。凡靠近烏拉山山麓附近之住戶，即可入山任意採木柴，灶中生火，晝夜不斷；城區人民，二分之一以上燃拴馬樁所出之煤；餘為城外莊戶遷入居住者，燒各種糧食草桿及牛馬羊糞。蒙人除最少部分靠陰山以北者，有草野天然產生之刺草、老虎球作燃料外，餘則終年燃燒牛馬羊糞，但糞之火力極雄，有勝於木炭。

三、居住　本境地廣人稀，行三五十里，始見一村，約十餘家或二三十家不等。房屋之建築，頗類河北、山東等省之鄉村，壘牆疊土，成前低後高之一種土屋。室內入深由九尺至十尺，起架高十二至十五尺。寢處以坑，係磚石和土為之，寬七八尺，長可及丈，常是三面連牆，另有孔道通火灶，灶內生火，則一坑皆暖，塞外苦寒，亦適應環境之一辦法也。近山住戶，多鑿崖為窑，雖光線較暗，冬溫夏涼，於木材缺乏之區，未始非權宜之計。蒙人因尚係部落性質，逐水草而居，其住房尤為簡陋，普通皆散處於草地，以幕為廬，古人所謂「毳幕」，今人所呼「蒙古包」是也。其狀如軍用之帳篷，而周頂均圓，其建置法，則先就平地畫一直徑兩丈五尺之圓圈，四周插柱十餘根，上以小木桿交叉縱橫架擱，使相銜接，然後覆以牛皮厚（毯）〔氈〕，以大繩束之。其幕之四周，皆不通風，祇正南開一小戶，以便出入，頂中放一小孔，以為通風出煙之路。包內鋪以地毯，小戶每於包之中心，置火爐及乾糞。入戶後，向左轉，係客房，客來必先至此休息，誤入他處，則認為失禮，有時必受非難；向右轉，係火房，食品多儲於此，包內婦女，即以此為休息之所。包之北部（上方），全係寢臥處，男女雜臥，不以為怪；包之左上方供佛，通常置一木櫃，櫃前復設小凳，作為陳設供品之所，每有人不知誤坐，家人必立即唾之，以為有辱佛及其家人也。且直接走佛前過亦不可能，過必以頭朝之。包內無几案桌凳，人皆席地而坐，此即普通之蒙古包，遷移較易。同時又有固定之蒙古包，周圍多以磚砌成，上以葦草製幕，移動困難，堅固則遠過於普通之蒙古包，但惟寺院或兼事耕種之蒙古人有之，蓋仿自於一般漢商也。

四、旅行　邊區交通困難，行旅不便，乃環境所限，平常如非極大莊戶之家，並無大車可用，不徒步以行，即乘馬代之，有時亦以駝為代步之用。惟駝用之於載重物，乃極普遍盛行之事。此種行路問題之解決，獨以蒙人為然。

五、疾病　無論漢蒙人民，對於衛生，毫無常識，衣食住行，皆不講求，因是穢污不堪，幸皆陶醉於自然界中，患病之人，亦極有數。但發生疫病，無醫院及防疫機關，家人偶爾患病，必先作宗教法事，驅逐病魔，或施衣施粥，以求積福延壽。（完）

烏喇特前旗概況

【題解】

烏喇特前旗概況　璧赫瓦爾濟撰。民國二十六年（一九三七）七月二十日發表於邊事研究第六卷第二期第五〇至五五頁。

撰者生平不詳。該文共約四千餘字，分沿革、疆域、山脈、河流、溝谷、土壤、召廟、交通、氣候、水利十項，扼要地介紹了烏喇特前旗的歷史沿革、自然環境、交通和農業等狀況，頗有參考價值。

本次整理印行，據原邊事研究録入。文字改正或補充，取通用之刪補符號：（）號内小字示刪，〔〕號内大字示補；必要時加註説明。明顯的錯字，則逕予改正。

（忒莫勒　撰）

烏喇特前旗概況

壁赫瓦爾濟

一 沿革

烏喇特前旗為內蒙古烏蘭察布盟所屬之一旗，而其沿革與烏蘭察布盟所屬之烏喇特後旗及烏喇特中旗在歷史上有密切連帶關係，故吾人欲明瞭烏喇特前旗之沿革，同時不得不來檢討烏喇特中、後兩旗之沿革。考烏喇特前、後、中三旗原為元太祖弟哈布圖哈薩爾十五世孫布爾海之後裔，當時也成為一個部落，遊牧於呼倫貝爾地方，號所部曰烏喇特。遊牧民族因逐水草而居的原故，烏喇特這個部落後來逐漸的從呼倫貝爾遷移到現在綏遠省西北部的穆尼山前後遊牧。因為此地方水草豐美，成為自然良好的牧場。後來布爾海將所部分為三部，即布爾海長子賴噶之孫鄂木布，幼子巴爾賽之孫圖巴，曾孫色棱。於滿清天聰七年（一六三三），布爾海之各部率領其衆歸屬滿清。順治五年（一六四八），各授以札薩克，世襲罔替。以圖巴掌理中旗，封鎮國公；鄂木布之子鄂班掌理前旗，封鎮國公；色棱之子巴克巴海掌理後旗，封輔國公。同時並將三旗屬於烏蘭察布盟行政區域內。三旗之簡稱，烏喇特前旗又名西公旗，烏喇特後旗又名東公旗，烏喇特中旗又名中公旗。此為三旗之沿革。至於烏喇特前旗，自滿清順治五年

（一六四八）授以札薩克以至現在，已有十四次世襲，只列舉如下：①

二　疆域

烏喇特前旗疆域，向來無確實的調查，過去雖有關心邊疆者，對於烏喇特前旗之疆域略有記載，但大都為烏喇特三旗疆域之總面積，並非烏喇特前旗一旗之面積。查烏喇特前旗之疆域，以歷來行政範圍而論，東以發源於居延山之昆都倫河為界，（接）〔按〕此河在烏喇特前旗東北二百里，蒙古名曰喀喇木倫，西南流，會伊克及博河、齊齊哈納河、惱山河三河之水，入固陽南境。後又流入安北縣，南出石門障（即昆獨倫溝），從此入包頭，流經包頭城西，至召溝之南入於黃河。西接阿拉善旗所屬之磴口，以納令腦包及甲奔河為界。北至狼山（即陰山），與烏喇特中、後兩旗接連，南至伊克昭盟之杭錦旗為界。全旗疆域成長方形，東西長約九百餘華里，南北寬約一百四十餘華里，全旗總面積約有一十二萬四千餘方里。

三　山脈

山脈西從阿拉善旗入境，為崑崙山之支系，在阿拉善旗境内名曰賀蘭山。此山經烏喇特前旗北部，與中、後兩旗交界，東西横貫，長約八百餘里，成弧形狀，山名為陰山，蒙名韓烏喇山，東至烏蘭腦包即止。東南有烏喇山，係陰山之支脈，自昆獨倫溝以東稱大青山，自昆獨倫溝以西稱烏喇山，至西山嘴而止，長約一百五十餘里。全旗境内，山脈之高度平均約六百三十餘尺。

① 原文此處有闕。

四　河流

全旗境内最長之河流有二，一為黃河，一為五喇河（又名五加河）。二河流均由阿拉善之鄂魯特旗以東傅家灣入境，分為二支。一支在旗北，名烏喇河（即古之北河），形如弓背，循狼山之南，迤東北行。至公義恒以東，河水又分二支：南支曰那令河，東行至察汗淖，復合為一，又東行至常秀堂，復流為二支。北支曰哈拉壕，東流至烏蘭腦包以南之六分子橋，折向東南，行至紅門圖，又曲向南，經水泉子（亦名西水泉）附近之日波羈河，又經腳心灘南注入烏梁素泊。又經臥羊台、長雅店、烏拉壕等地，南入黃河，綿亙七百餘華里。河流寬度約一百餘丈至二百丈，水深五尺至一丈不等。一支在旗南，名黃河，原與烏拉河為一支，由傅家灣起，至康四店一帶，循沙山河堤。此處河身被沙積壓，勢如土崖，斷續計長三十餘華里，河水不能流入，遂南遷而為新河流，即今之黃河。黃河自傅家灣起成弧形，北流經楊家河及黃土拉亥河，又東北經查漢庫倫，又東經過馬密兔渡口，河水至此分為南北二支。南支較盛北支，東流至惠德成復合而為一，從此河流偏向東南，經西山嘴，過土城子，此處別生一支，沿烏喇山南麓，向東蜿蜒而流，成抛物線形，名曰三湖河。東南流至毛口窯村之西南、昭君墳之北，復會合於黃河，從此河水一直東流出旗境。此段流長約八百五十餘華里，河寬平均約五六里，水深曰二丈至三丈不等。境内除黃河及五加河外，尚有數條小河，如佘太河、烏爾圖河，均係山溝之水積貯而成，流源在茂明安旗境内之敖（而）〔西〕喜山，佘太、烏爾圖兩河西流，會蘇爾哲河，注入黃河。境内西北並有卜爾洞海子及烏梁素海子，均係五拉河餘水積成，但終年河水乾涸時多。

五　溝谷

從北境陰山（即狼山）什探溝口起，至東境石那干口止，計有溝谷數十處：即大壩兔口，其口正當古時黃河北流折東處，此口為通新疆大道。東行有哈拉納口，在楊家河之西北，可抵哈珀察齊泉。又東行即甲拉圪兔口與何他口，可通陰山後之巴彥善祠伊廟。東行有紅腦包口，在黃羊木頭正北，為直達塔齊勒克圖鄂博之大道。東行為烏蘭柏爾素口，在狼山口西北，為通木納山，亦達哈拉山之大道。由勾形廟起，有小（僅）〔徑〕亦可通山後烏蘭伊爾蓋，至八大廟之大道，即為烏蘭口與西腦蓋口。由廣義成起，向北行，有小徑可通山後狼山口至烏拉海之大道（即柏漢圖口）。又由東北勿蘭壕賴向北行，有小徑可通狼山，即東腦蓋口。又有正道通山後，即狼山口，在陰山正中，山勢險峻。自狼山口以東，有什蘭紀口、葫蘆斯圖口、馬池口、慶達水口（在千里廟之北）、烏蘭布邊口、韓烏拉口、馬櫃口、海流木沁口、烏蘭石太口、烏吉蒙太口、烏補勒口、海流兔口，一直至石那干口為止。南境烏拉山東端有城塔汗溝，迤西有後口子，即昆獨倫溝口之北，又沿畢氣溝、康什壕西至哈德門口子，由此達西山嘴，經南官井、台不拉至大西灘，有路可通山前之梅力更廟、小廟子等處，皆為要溝。

六　土壤

全旗境內之土壤約分三種，有粘土、砂土、砂質壤土之別。按粘土呈赤褐色而性剛，砂土呈灰黑色，其中混雜礫石。論土質則以粘質壤土為佳，但全旗境內而以砂土居多，其次為粘土。然南部靠近黃河沿岸及三湖河灣之土壤，皆因河水沖積而成，土質肥厚，耕種適宜。西部及北部多粘土，東部多黃土及砂土。總之，全境宜種糜子、小麥及豆類、麻子、高粱等為最佳。至於陰山及烏拉山兩側，有殘留土及扇狀沖積土，殘留土乃岩石之風化物，殘積於山坡，其上層薄而粒子粗，多礫質，地勢峻峭，不適農作物之栽培。山上殘積之岩石風化物，由雨水之沖刷，流於山麓，積成斜扇狀之土壤，謂之扇狀沖積土，此種土往往與黃土混合。此為全旗境內土壤之大概情形。

七　召廟

蒙古民族因為篤信喇嘛教的原故，所以喇嘛教在蒙古各地不但盛行，而且握有莫大之威權，由於此，蒙古各地建築宏大巍嚴之召廟，幾不勝數。查烏喇特前旗境内之召廟，以烏拉山前之梅力更廟為最大。此廟位置在梅力更溝内，故名為梅力更廟。其面積東西長約四五里，南北寬約七八里。此廟係滿清光緒年所建築，頗為宏大，内部建有誦經堂、講經堂等，十分莊嚴華麗，其餘廟房共有九百餘家。此廟尚有七個倉，每倉有活佛一人，並有二個甲寺，此輩為喇嘛中有極大之威權者。而其倉一為哥哥倉，其活佛名為哥哥。① 按哥哥為梅力更召之活佛，故亦稱梅力更哥哥。二為巴格細倉，其活佛名為屈爾濟。② 三為鈎錫倉，其活佛名為鈎錫。③ 四為席（速）〔勒〕圖倉，其活佛名為席（速）〔勒〕圖。④ 五為喇嘛亥倉，其活佛名為喇嘛亥。⑤ 六為乃木齊倉，其活佛名為（依）〔乃〕木齊。⑥ 七為達不格什倉，其活佛名為達不格什。⑦

---

① 此哥哥非活佛名字，而是蒙古語「gegen」的音寫，一般多寫作「格根」，意即「智慧者」，俗稱「活佛」。

② 此屈爾濟非活佛名字，而是蒙古語「čorǰi」的音寫，一般多寫作「綽爾濟」或「却爾吉」。源自藏語，意爲「經律兼通者」（即三藏法師），初爲喇嘛學位，後衍生成一種封號。此倉即時輪學部。

③ 此鈎錫非活佛名字，而是蒙古語「güsi」的音寫，一般多寫作「固什」，是一種喇嘛學位名稱，專門從事佛經翻譯工作。此倉即翻譯學部。

④ 此席勒圖非活佛名字，而是蒙古語「siregetü」的音寫，此處意爲「坐寶座的」。此倉即瑜伽學部。

⑤ 此喇嘛亥爲活佛名號，此倉即齋戒學部。

⑥ 此乃木齊非活佛名字，而是蒙古語「emči」的音寫，意爲「醫師」。此倉即醫藥學部。

⑦ 此達不格什非活佛名字，而是蒙古語「da baγsi」的音寫，意爲「大師長」。此倉即密宗學部。

其餘二甲寺①，一為伊克甲寺②，是為喇嘛最高行政機關；一為瑪尼甲寺，是為蒙人來廟拜佛之招待所。至於該廟經費之來源，一方面有佈施之收入，二方面有廟田及附近各處牧場，養有牛羊馬等牲畜，以此可補助廟內一切費用。此外梅力更召並轄有二十四召，(一)賈格爾氣廟，位置在旗署之東南。(二)蘇不爾蓋廟，位置在旗署之西。(三)大不格廟，即在蘇不爾蓋廟西二里。(四)哥哥哈達廟，位置在大不格廟之西。上述四廟均在烏拉山南部。(五)得不生廟，位置在梅力更溝之北口。(六)錫利圪廟，位置在烏拉山北之什那干山溝之內。(七)額爾德尼補洛格廟，位置在烏腰圖河西岸。(八)佘太廟，位在大佘太城西北，依山而建。(九)察汗補洛圪廟，距佘太城西北五十里山谷中。(十)阿洛蘇不爾圪廟，位在狼山南麓那彥溝之內。(十一)木乃圖廟，位亦在狼山，距千里廟八十里之地。(十二)哈留圖廟，位在北小草地，距安北九十里依早木參灘內。(十三)木蓋圖廟，位在烏拉山前昆獨倫溝東北三十里山谷中。(十四)(召)〔刀〕洛圖廟，位在木蓋圖前五里山腰中。(十五)烏特補洛圪廟，在烏喇特後旗境內。(十六)七勞忽得特廟，在烏喇特中旗境內，距昆獨倫溝五十里處。(十七)千里廟，位在臨河北境內千里溝內。(十八)巴勒呼廟，在旗署西北沙漢蘇溝內。(十九)圖默廟，位在台梁北。(二十)阿洛錫利圪廟，在旗署之北。(二十一)昌漢廟，在哈德門溝口南十里。(二十二)貢諾廟，在烏拉山前，距旗署西南九十里。(二十三)黑沙圖廟，在旗署東北黑沙圖灘上。(二十四)瑪呢圖廟。各廟喇嘛共計約二千餘名之多。

八　交通

境內之交通可分為水陸兩路，陸路以合少公中為樞紐，四通八達，甚為便利，交通之工具大都以牛馬

① 甲寺，即蒙古語「ǰisa」的音寫，意爲「廟倉」，即專管廟內庶務的機構。

② 即蒙古語「yeke ǰisa」的音寫，意爲「大廟倉」。

車及牲畜以及汽車來往。只將交通各路線分述於下：可通汽車者，有包寧汽車道，從包頭起西行，沿烏拉山前，經哈少公中、五原、臨河，以達寧夏。此路係民國十四年（一九二五）馮玉祥所統之西北軍所築成，全路共長約一千二百八十里。包五汽車道，由包頭起西行，經安北設治局至五原。此路亦為赴烏蘭腦包通外蒙古之大道，全路長約五百三十餘華里。包烏汽車道，由包頭起西行，可達烏拉河，全路長約六百餘里。包安汽車道，由包頭起西行西山嘴、烏拉山後，可至安北設治局，全路長約二百五十餘華里。上述各路皆由包西長途汽車公司之汽車通行，但汽車路因失修，更加雨水侵蝕，沿路各處除烏拉山麓一段汽車可馳疾無阻外，其餘各處坎坷不平，或流沙塞途，尤以入臨河境內西出到寧夏一帶最難通行。但近來包頭主管機關以軍隊修理該路，交通日漸便利。其他陸路以牲畜來往者，自合少公中南行，渡黃河，可以通達伊克昭盟各旗，全路長約二百餘華里。自合少公中東北行，可直達達爾罕旗之百靈廟，全路長約三百九十餘華里。自合少公中東行至歸化，全路長約四百餘華里。至於水路，大都以黃河為中心，交通工具則有民船往來包頭、寧夏間，以輸運貨物及糧食為最多。來往之民船，可分三種，有七站板船、高梆大船及小筏子，中以七站板船為最多。各船通行時間，每年以四月河水解凍起，至九月底結冰止，中間為船筏通行時期。各船之載重，七站板船下水可載重四萬餘斤，高梆船可載重二萬餘斤，小筏子可載重約八千餘斤。船行速度，如氣候優良，順水船每日可行二百餘華里，逆水船每日僅可行五十餘華里。黃河除通行民船外，尚能通行較小之輪船。其餘烏拉河亦通行民船，交通甚為便利。

九　氣候

烏喇特前旗僻處綏西，地帶在北緯四十度，惟以海拔較高，距海洋甚遠，毗連戈壁沙漠，呈大陸性氣候，故寒熱異常，雨量稀少。夏季溫度甚高，在攝氏表三十四度，但入〔夜〕溫度驟減，每日氣候差在二十度左右，雖伏暑時若遇風雨，則早晚亦寒。霜期極早，時有嚴霜，故農作物春耕秋收，每年收穫一次。自降霜至清明為冰雪期，氣溫多在冰點以下，十一月至二月間，溫度常低在攝氏表零下十餘度，地面積冰，厚在二尺，河水凍結，至清明始解。雨量稀少，大都於五月至九月之間雨量比較多，終年多西北風，尤以春秋兩季，時有狂風。茲將全旗境內各月氣象觀測結果於下：

月份／平均	攝氏溫（度）	雨量（公厘）
一	二·五九	五·三二
二	六·二九	二·九七
三	○·六七	五·八四
四	八·三九	七·五五
五	一五·五一	二七·三一
六	二○·八九	七四·四三
七	二四·八九	八四·二五
八	二二·四○	一○○·四○

續表

月份＼平均	攝氏温(度)	雨量(公厘)
九	一五·九〇	九一·四〇
一〇	八·八九	二五·七八
一一	一·〇九	一四·〇九
一二	三·三七	五〇·〇八
總平均	七·三七	四四二·八五(一七·二七一英寸)

十　水利

全旗境內因雨量甚少，故內地漢民移殖於該旗境內務農者，有「不靠天吃飯」的俗語，農作物差不多全靠渠道灌溉。考漢民於清道光年間初到該旗境內謀生者，僅以打魚為生，以後逐漸試行種植，引黄河之水灌溉田地，大獲其利。於是從內地移往墾殖者，接踵而至，即議開渠，一渠之成，往往需時數十年，費用數十萬元。如甄玉、侯應奎、郭敏修、王同春之輩，父子相代，親友共營，卒開成大大幹渠十一道，其中除楊家河外，餘皆為公有。小幹渠有三十餘道，盡屬私有。又有蒙人三級扎布等所開之山水渠，亦有數道。每年漢民深浚其身，厚培其岸，灌田數千餘頃，功程偉大，經營實非常易事。此後逐年邁進，直至民國成立以來，並設有包西各渠水利管理局，直隸綏遠省建設廳，並需大批經（濟）〔費〕，專為修理各渠用，故各渠近來頗為進步。（完）

原載邊事研究第六卷第二期第五〇至五五頁，民國二十六年（一九三七）七月二十日出版。

烏蘭察布盟烏拉特中公旗調查報告

【題解】

烏蘭察布盟烏拉特中公旗調查報告

鄒煥宇纂。

關於版本　該調查報告係撰者於一九三七年五月十九日至八月二十四日調查中公旗時撰寫的，原稿係逐項完成，平均約一周撰寫一項，並按完稿之先後編號，依次呈次蒙藏委員會調查室，故全文未經統一編排，尚未最後定稿。因日寇侵華，政局突變，蒙藏委員會審查裁定並刊行各調查報告的計畫無法實現，該調查報告便原樣存檔，始終未能最後編定。原稿現存南京中國第二歷史檔案館蒙藏委員會案卷中，已缺第六、九兩號。內蒙古檔案館有復印本。二〇〇七年烏拉特中旗文史第二輯（續編）排印出版。

關於撰者　鄒煥宇字壹寰，江西清江人。一九三五年六月畢業於蒙藏委員會蒙藏政治訓練班蒙文班，隨即奉派為蒙藏委員會調查室駐歸綏調查組見習調查員。一九四二至一九四六年間曾任蒙藏委員會派駐伊克昭盟扎薩克旗協贊專員。一九三七年曾與蔡儒祖合撰有綏蒙政治之考察，交商務印書館準備出版，但因抗日戰爭爆發而未果。

內容　因係未定稿，除保留有例行之沿途情況報告外，該調查報告共十六項，依完稿先後排列。有：教育：學校名稱及地址、沿革、學生人數。司法：監禁罪犯、刑具、蒙人訴訟之解決情形、蒙漢人及漢人訴訟之解決情形、附盟司法之概況。軍事：兵力與編制總類、兵器、軍紀與訓練、兵種之強弱與特長、士兵之給養、綏北護路副司令部、本旗軍事之前途。交通：交通網及道路狀況、距離里程、運輸情形、通信。（缺）。財政：地方稅收、差徭、支配情形。外交：與外蒙之關係、與敵偽之關係、外交之前途。（缺）。衛生：人常患之疾病、畜常患之疾病、醫治與防疫情形。旗政：組織與現狀、人口、治安。歷史：起源、沿革、貴族世系與支派及著名王公之事蹟。地理：地勢概況、軍事要地、旗界、氣候。實業：牧畜、墾殖、農業、林業、礦鹽、工業、商業、墾牧出產品。宗教：沿革、信仰、寺廟、活佛及大喇嘛。社會禮俗：婚禮、喪禮、祭禮、相見禮、冠服、娛樂。其他：王公之學術思想信仰體力性格信譽交際、青年之學術思想信仰體力性格信譽交際等、各王公青年對中央與地方政府之觀感、各王公及青年對於外國之觀感、有無匪患、省旗關係、有無外國人在該旗活動及煽惑。另附有若干反映蒙人生活的照片。

價值及缺點　該調查報告主要記述現狀，除歷史項的起源與歷代沿革利用過蒙古遊牧記外，其餘多本諸旗府檔案與調查採訪，故史料價值頗高。中公旗向無志乘，有關記載亦極罕見，而該調查報告記載頗為全面詳細。現存雖係殘本，亦多達八萬五千字左右，保存了大量第一手資料。實業項為全書重點，篇幅重大，較詳細地記述了中公旗牧畜、農墾、工商諸概況，以及農牧產品與林礦資源等。其中牧畜目有各種牧放形式、一九三五年的雪災、近年皮毛漲價對牧業的影響等。墾殖與農業目除一般狀況外，還記載了蒙人反對放墾的原因，以及放墾對王公的利益、對平民的危害。商業項概述了外蒙古獨立後商業在中公旗的盛衰，還記載了各大字號、買賣類別、經營概況及近年畜產品價格的變化等。教育項概述了本旗教育的發展，詳細記載了旗立小學的創辦經過、經費來源、課程內容、校舍條件、學生情況、扎薩克對教育的認識等。司法項在分析蒙旗司法落後的同時，詳盡記述了本旗的刑罰、審理過程、蒙漢訴訟中的矛盾等。軍事項載有本旗兵士數量及編制、駐地與槍械、作戰能力、給養來源，概括了蒙兵特點，分析了各旗擴兵與中公旗蒙兵獨多的原因。旗政項不僅載有旗內行政組織的設置與作用、主要官佐的能力及其對旗政的影響，還在調查分析的基礎上指出綏遠概況與本旗檔案中的人口數據不確，並推算出較為切近的數據。財政項指出蒙古上層的現代消費欲是各種攤派加重的原因，並詳細記述了王府、旗署的各項收支和差徭，頗能反映王公貴族的不勞而獲與蒙古民衆所受的剝削。其他各項亦多有重要記載。

由於調查較為深入、撰者身份特殊，且原稿未經審查裁定，該調查報告載有不少鮮為人知的史事。

實業項農業目有綏遠省政府單獨免除中公旗與茂明安旗回領地、私墾地的地方攤派的內情。司法項揭露了旗內水草稅與商業稅的徵收員代行司法，營私舞弊。軍事項記述了巴寶多爾濟綏北護路副司令部設置的內幕及其編制、經費等。

作為未經最後編定的稿本，該調查報告的體例自然欠嚴整。有些專案過於瑣碎，或有所重復。有些敘述過於寬泛，如歷史項概述了整個蒙古民族的歷史，地理項大談地理環境對人類的影響等。另外，無輿圖和因為另有專門報告而闕載該旗與外蒙古的關係及昆督斯事件。

本次整理出版，據復印本錄入。文字改正或補充，取通用之刪補符號：（）號內小字示刪，〔〕號內大字示補；必要時加註說明。明顯的錯字，則逕予改正。

（忒莫勒　撰）

編目

烏蘭察布盟烏拉特中公旗調查報告

郗焕宇

一 地理

地理關於整個自然環境，其影響於人生者極大，最為顯著者，乃在決定一民族之生產方式。蓋若土地肥沃，宜於耕種，其民族經過遠古進化之階段後，必然以農業為主要生產，吾國內地各省，即為一例。若地内蘊藏之煤、鐵等工業原料，至為豐富，原則上又利於發展民族工業。至於當東西往來之衝道，握各民族間交通之樞紐地者，又利於發展商務。如地方偏僻，土宜氣候惡劣，甚至有長期停留於牧畜經濟者，吾國邊遠各地，即為一例；如綏蒙各旗之生產方式，固仍以舊式牧業為主。雖曰今兹科學進步，人類克服自然之力量擴大，種種缺憾，不難以偉大之人力而挽救之，然處於地理環境惡劣下之民族，其人之智力、體力，已難獲正當之發展及應用，長期受自然支配之結果，遂使偉大之人力無從表現，於是愈覺自然力之偉大，而其人愈坐待支配矣，故影響所及，由經濟生産而至於政治、宗教、教育、社會、交通等諸端，無不陳腐而落後。人類愈不思克服自然，則自然之魔力益障蔽一切，此所以蒙人至今猶大部安於草地，而厭惡與外間之近代潮流接觸也。

兹將中公旗地理之大概情形，節述於下，俾從此亦可窺得其經濟、政治諸端，而知其人民之故步自封，實有由來。

（一）地勢概況

本旗地勢，雖有山前山後之分，但除氣候有顯著之差別外，四境大都沙丘、沙梁起伏，老虎丘之土堆縱橫，驟視之雖覺平坦，實則除沙窩等較低窪之處外，不易常見平地；但若以地理上平原之定律繩之，則本旗除少許山脈地帶外，仍不失為蒙古高原中之平原。

本旗北接內外蒙間之瀚海，西鄰阿、額各旗之戈壁，故境內普遍為沙漠地帶，殆無所謂膏腴之土壤；沙梁沙丘，固極普遍，沙河之數目亦多。不過沙梁沙丘常有植物，沙河亦間生牧草，自均不能視之為沙漠。真正之沙漠區域，其最著名者有二：一在旗境西南，與阿拉善①西，與外蒙土謝圖汗部接界，曰果勒炳戈壁；兩處戈壁，均佔廣大面積。

河流與湖泊，實無甚可誌者。海溜圖河東南距黑沙圖一百四十里，自北部向南流，在海溜圖附近，雖常有少許之水流，但未至烏蘭腦包，其水即已滲入沙內，實無可資利用者。像洪果爾河（東南距黑沙圖七十里）與博爾罕圖郭勒（在旗政府與王府中間）等沙河，只夏季發雨時有水，雨過後水即逐漸滲入沙中，不久依然滴水無存。狼山北麓之錫喇木倫（按錫喇木倫有二，另一在四子王旗境），常有少許之山水存流，其下瀦為錫喇木倫泊，此外別無有水之河流。至於湖泊，雖為西北高原地帶，內陸流域特有之產物，但本旗因滿水河流極少之故，以致湖泊亦成稀罕，除錫喇木倫泊外，善丹廟西北約百（百）〔里〕，有奔巴圖鹽池（其詳見本旗實業報告礦鹽節）；狼山西北麓有泊曰恩格里；其他即無可記者。

陰山正幹自賀蘭山北端入綏蒙境，轉向東行，其間在本旗與西公旗境內，與本旗之關係密切者，首推狼山，亦曰狼居胥山，最高處亦不過數千尺，當旗政府西南，在臨河縣之北境。一般談地理者，累誤以該山產肉蓯蓉著名，實則蓯蓉之產地，遠在其西北二三百里之沙漠中。狼山以東，山脈若斷若續，比較稍有

① 此處闕文一行。

高度者，為旗政府南約九十里之旱烏拉，在五原縣北部。再向西則山脈益隱顯不定，直入東公與茂明安等旗。除著名之狼山、旱烏拉而外，陰山支脈之烏拉山，仍為三公旗所共有（其詳見西公旗調查報告）。至於境內之小大沙梁等，為數甚多，但高度均極有限，一一從略。與山脈有毗連關係之要隘，為通五、臨各縣之溝谷，自臨河縣西北以至五原縣東北，其間大小口子不下數十，以臨河縣東北之狼山口子及五原縣西北之旱烏拉口子最為重要，亦惟此二口子有大道可通本旗草地。

水井及飲水地，本旗比較缺乏，旅行者若不知水井所在，即感特殊困難。在四境之交通路線上，每一停留住宿之地，均有水井（其詳見本旗交通報告）；其他各地，水井之數目亦多，但只土著蒙民熟（習）〔悉〕，外人知者較少。

（二）軍事要地

軍事要地未經勘察，比較明瞭者，如通五、臨各縣之旱烏拉、狼山等口子，均極重要。民國二年（一九一三）外蒙赤黨南下至本旗以後，即分三路前進，一由狼山口子往臨河，一由旱烏拉口子赴五原，一經現有安北、黑沙圖間之汽車道而取安北；不過黑沙圖非軍事要地，只其南數十里之伊瑪圖山勉強可守。其次本旗與外蒙接界之邊境，不乏小山沙梁，亦當有可利於設防者，惟在未經詳細勘察前，不易知之。

（三）旗界

三公旗牧地，原未分界，若與三旗之外鄰言之，則東、南二部分，接連茂明安、歸化土默特及達拉特、杭錦等旗；若僅以本旗之旗界而論，除東、南為其他二公旗之牧地外，北接外蒙，西鄰阿拉善旗，東北與西北，亦與外蒙為界，西南毗連阿拉善與杭錦二旗，全境東西斜長六七百里（昆督斯除外），南北寬約三百里，牧地之廣，為烏盟各旗冠。

（四）氣候

全境氣候，亦有前山、後山之差異，前山與各縣局接近，或已開墾，氣候比較溫和，雨量亦多，雨雪之季節較晚。後山地鄰瀚海，風沙極大，且幾日日有之，少見間斷，尤以夏冬為最。夏季五、六月間，勉可稱為雨季，但所下雨量不多。空氣新鮮乾燥，各種病菌不易傳播，夏季室內氣溫最高時亦不過華氏表八十二度①，低時在七十二三度②左右；室外氣溫，有時高至百度③，但早晚之變化較大，往往相差二三十度④。雨雪之季節極早，舊曆中秋前後，地面可見積雪，氣溫之低，能至零下五十度⑤，為綏蒙各旗中之最寒地帶，冬季之長，幾達六月，實為本旗氣候之特點。

二　歷史

蒙古族乃我國史書北方諸民族之一，相傳出自突厥，由西東漸，常為漢族邊患。然其本族之輝煌騰達，則起於有元。元初發祥於外蒙之斡難河流域，其先勢微，累為附近各部落所欺淩，也速該之死，即為塔塔兒部所陷害；元太祖鐵木真亦常被困於泰赤烏、喀喇亦等部，太祖之不死者，其間不能容髮，殆亦危矣。

元太祖兄弟五人，承其父也速該之遺業，幼時得良母額訶侖夫人之教訓，長能協力同心，剪滅異己，肅清北鄙諸部落後，並向西征花剌子謨等國，南下圖金、夏，東討高麗、日本。太祖利用其天賦之軍事學識，發揮蒙古驍勇剽悍之精神，滅國屠城，不知凡幾，戰禍之慘，雖遍亞歐，而武功之盛，實屬空前，洵足為

① 即攝氏二十七、七度。
② 即攝氏二十二、二至二十二、七度。
③ 即攝氏三十七、七度。
④ 即攝氏十一至十六度。
⑤ 即攝氏零下二十七、七度。

我東亞弱小民族吐氣。

太祖逝世後，子孫克繼先業，陸續征服各異族，並得耶律楚材、廉希憲等箸籌國務，於是統一中原，成立汗國。雖因領域過廣，無足資統馭之交通路線，終不免於國情隔閡，誤會滋生，以致醞釀内亂，復為異族所乘，有元建國，不到百年而瓦解，但其足使人景仰憑弔者，固至今不能忘。

元順帝退還塞上後，明將常遇春、徐達等，跟蹤追擊，然明初之勢力，亦僅止於雁北之大同，未能深入塞外，故蒙古民族仍為中原之邊患如故。迨小王子（奄）〔俺〕答①起自插漢兒（即察哈爾），盛於大青山麓，為明朝之邊患益劇，當時漢族死人無算，財帛婦女，更常被掠，明室無可奈何。嗣以（奄）〔俺〕答晚年好佛，迎奉達賴三世於青海，虔誠信奉，始戒殺戮而受明封，名其城曰歸化，即今綏遠省會舊城。

清代崛起關外，向賴蒙族為聲援，因征討林丹汗之故，大軍西進，先招降（奄）〔俺〕答後裔，後山河西之蒙人，亦陸續歸順，清室一一受降，並從事優渥羈縻，確定盟旗界線，王公制度及獎勵喇嘛教等百年大計，而使此勇武倔強之蒙古民族，在其獎勵羈縻政策之下，竟逐漸改變其特質，終有清而相安無變。實則在滿清統治蒙古之二百餘年中，蒙古民族生齒日減，智慧日退，優遊苟安、得過且過之醜態畢露，以致曩昔雄飛歐亞之蒙人，今一變馴犬羔羊矣。

民國成立後，漢、滿、蒙、回、藏五族共和，平等互助，一切政治、經濟等之發展，原則上各族平等。然以蒙人被治，向化已久，有自由權而不知行使應用，而民國成立以後，國内又戰禍相繼，厥狀極慘，非獨政府不暇籌邊，即人民欲輸其互助之誠者，亦常多方受阻。幸邇年在外患堅逼，強鄰暴虐蹂躪之下，促成舉國之統一，從此一民寸地，均國力所關顧，對於實現扶助蒙人之政策，亦有力行之矣。茲再將中公旗之歷史情形，簡略述之如下：

① 俺答，又譯作阿拉坦汗。

（一）起源

元太祖弟哈布圖哈薩爾，勇敢善戰，為太祖所器重，故除太祖之子孫外，太祖兄弟中，其子孫得傳者，以哈布圖哈薩爾一系獨多，本旗即為其後裔之徙諸大青山後者。

哈布圖哈薩爾十五世孫布爾海，遊牧於呼倫貝爾，號所部曰烏拉特；後分為三部，長子賴噶之孫鄂木布，幼子巴爾賽之孫圖巴，曾孫色棱，分領其衆。清天聰七年（一六三三），率衆來歸。順治（七）〔五〕年（一六四八），敘從征有功，以圖巴掌（中）〔後〕旗，封鎮國公；鄂木布之子諤班掌前旗，亦封鎮國公；色棱之子巴克巴海掌（後）〔中〕旗，封輔國公，各受以札薩克之職，世襲罔替。所謂中旗，即中公旗，故（圖巴）〔巴克巴海〕之受封，乃為本旗之起源。① 至若索源其人種，則須考究整個蒙古民族之出處，此在敘言中早略加道及矣。

（二）沿革

烏拉特三公旗之牧地，在秦為九原郡，漢為五原郡，後魏為懷朔鎮，唐為中、西二受降城地，遼、金時為雲内州，元屬大同路，明入蒙古，相沿至今。三旗共同遊牧，不分旗界；然因其後三札薩克各自分駐之故（最初同駐哈達瑪爾），轄地即稍有區別，如報放墾地，除少許不免糾紛者外，大都分別丈放及收款，即為明證。本旗已報之墾地甚少，劃歸包、五、臨、安②等縣局管轄，尤以安北設治局所轄者為多。現有牧地，除一部分插花於陰山正幹以南各縣局中間外，大都在海溜圖西北、旱烏拉與狼山之北，遠至阿拉善邊境及外蒙以内（如昆督斯牧地），面積至為廣泛，故本旗之自然與人事，依然不脫中古牧畜經濟之窠臼，殊

---

① 此段所述中、後兩旗之初封札薩克，因沿欽定外藩蒙古回部王公表傳之誤而相互顛倒，實則圖巴掌後旗，巴克巴海掌中旗。

② 即包頭、五原、臨河、安北。

無近代景象。

（三）貴族世系與支派及著名王公之事蹟

自（圖巴）〔巴克巴海〕受封以至現任札薩克林慶僧格為止，本旗貴族世系已共傳十三代。據事官等云：該旗於光緒年間遭火，旗譜為之焚去，其後尚未重修，而遇民國改制，一切有關譜系之比丁制等廢除，故旗譜不再重修。惟各蘇木與王府等，必仍存有之，不過旗政府平時既無用處，自無人取來。前任札薩克現任烏盟盟長巴寶多爾濟，有兄弟三人，巴排行第二，原為喇嘛，其兄死後始繼任札薩克貝子；其弟尚在，與巴氏年相若，現分居。此為巴氏父子之一系，支派中無最親者。王公之事蹟，遠者尚未調查清楚；惟巴寶多爾濟已由副盟長陞為正盟長，但其人穩健持重，尚保守而輕興革，故至今無若何特殊之事蹟表現。林貝子在一般守舊之蒙人中，乃一聰慧有為之壯年，然亦習於草地之僻靜悠閒生活，無進取心，目前仍坐待環境支配，無求改進之意念；惟其人在名實兩方，均為綏遠之蒙漢人所重視，其事蹟猶待日後創造。

三　實業（上）

實業為國家民族之生命，實業之進步與否，國家民族之強弱繫焉。彼西人幾經產業革命，生產突飛猛進，乃有今日之強盛。反之世界弱小民族之被奴〔役〕，弱小國家之被列強侵掠，乃由實業不興，生產之方法窳敗，不能保持自給自足之國際經濟，不能有其民族工業耳。

蒙人之實業狀況，恰與列強之猛進生產事業相反，列強幾經產業革命，而蒙人之經濟，至今猶停留於舊牧畜時代，相距誠有天淵。夫實業既為國家民族之生命，故凡百事業，俱以之為基礎，實業長期停滯於舊領域中，毫無進步，其他各種事業，自亦不能望其合乎潮流，適應需要。有此種種因果關係，遂造成蒙人一切皆不免落後之狀態。故欲使蒙人漸登於近代之林，對於為百業基礎之實業，自非先促其進步不可。

本旗實業所關之範圍，有牧畜、墾殖、農、林、工、商，以及礦產、鹽業等種種，但為蒙人經濟之基礎者，仍僅為牧畜，捨此以外，關係俱鮮。蓋本旗蒙人從墾者極少，而因墾殖所發生之利益，多為王府及一部分蒙人所佔，真能及於大多數蒙人之利澤，有若鳳毛麟角之稀罕；至其害處雖多，但時過境遷，而牧畜猶有其地，故已不再思痛矣。

農林之利，亦僅少數人知之，少數人獲之，與佔絕大多數之牧民，無甚痛癢。工商二業，誠為蒙人所需要；但蒙旗草地之工商範圍，亦殊狹窄，蒙人不但機械工業無所知，即手工業亦無甚可資稱道者，製革揉皮、製奶食等，原為蒙人故有之手工業，姑不論其良窳如何，而其為手工業則一；但至今製革揉皮，常僱漢人，即此等極簡單之手工業，蒙人亦似乎厭倦！至於商務，理應為蒙人重視，蓋其日常所消耗之煙茶糧布等，實非自外運來不可；但經營草地商務者，仍盡為漢人，販買販賣，均出自彼等之手，蒙人成為純粹之主顧而已；是故稍知商業與蒙人關係重要之蒙旗領袖，乃下令保護草地貿易，對商人不作意外加徵或無理侵擾；其蹣跚從事，惟捐是圖者，除聽從事官、兵丁等壓迫商人外，歷年加重商業捐並其他地域等範圍之限制，以增商人負擔；彼輩不知商人之目的，自在營利，增重其捐稅後，輾轉乃仍（駕）〔嫁〕諸蒙民矣；若夫對草地貿易，加以獎勵監督，而力促成互利與發展者，則今日各旗尚無此種遠大眼光之領袖。礦產之開採，原為蒙人所反對，故目前各旗之礦藏如何，大都諱莫如深，不肯為外人道。本旗之礦產，更未經詳細調查，亦絕對禁止開採。即其他附產之藥材等，同樣聽其毀去，不加珍重，言之殊為可惜。獨對鹽業則尚不迷信，自採自用，無求於漢商搬運，實可省若干消費。

實業與本旗多數蒙人之關係，既有如上述，而窳舊落後之情形，實亦不難窺得，發展和改進蒙旗之實業，已成公認之急需。但就本旗而言，自應權衡輕重，先後進行。所謂權衡輕重者，實應着眼於大多數人之利益，一言以蔽之，宜先求牧畜事業之改良耳。然蒙人受治已久，凡事坐聽支配，猶慮隕越，若令其自動改良牲畜，殆不可能，故此種繁難工作，惟有中央與地方之主管機關與蒙旗當局聯絡進行，始有效果。墾殖農業暫時與本旗之直接關係太少，而本旗未放之地，多不能墾，故就本旗而言，其改良與發展等，似可較緩。至於林、礦、工、商等，自應同時改進，逐步求效。

夫實業與國家民族之關係，既如是其重要；而蒙旗保守衰弱之最大原因，又為實業停滯於舊生產時代，不能隨時代潮流以求進步所致，故改良與發展蒙旗實業，自刻不容緩。今後若干時日內，賢明之蒙旗領袖，實應與當局傾誠合作，而為多數蒙人之經濟生產，求得相當之進步，庶幾蒙旗幸甚，國家幸甚！

茲調查本旗之實業情形，並略誌管見如下：

（一）牧畜

牧畜事業之基本條件，在於有廣大之牧區與優美之水草，此在蒙人之舊式牧業生產，尤顯示其特殊之重要性，捨此牲畜經濟即難維持現狀，至於欲期繁榮，則相去愈遠。

本旗因自然與人事等關係交相為用之故，迄今仍保持廣大之牧區，較之其他二公旗，誠不可同日而語。但自然關係之阻礙墾務，其對於牧畜事業，亦非良好現象。蓋凡不能墾之地，供諸牲畜之用，亦自遜色，故本旗牧區之面積雖廣，而水草之情形，則殊難令人滿意。查牧區水草情形，大概可別為二：旗政府西北一帶之廣袤地段，沙丘甚多，氣候略寒，即普通稀疏短細之牧草，亦不易生長；在此種區域內之植物，老虎丘（即所謂「駱駝刺」，或曰「白草」，蒙人稱之為「布達」）與加干①佔絕大多數，生長老虎丘之地，尚雜生少許細草，生長加干者，乃為近乎「明沙」之地帶，除雜生少許老虎丘外，其他普通牧草，極不易見。在旗政府東南牧區內，雖亦多沙丘沙梁，除老虎丘仍佔相當勢力，低窪之地，盛產織箕外，一望概為稀疏之普通牧草，加干則告絕跡。旗政府南北一帶，為此二種牧區之交流地，其間無加干，以老虎丘沙堆最

① 加干，即梭梭樹。

多，普通之牧草亦有。

水草之情形，既如上述，故本旗各種牲畜牧放，大抵因水草環境而有顯明之區分： 西北一帶之住戶，以養駱駝為主，因駱駝嗜吃老虎丘，亦可吃加干之葉，此等草類，俱成為駱駝之獨特食物，其他各種牲畜，有的嗜好不同，有的根本不吃老虎丘和加干葉，加以駱駝耐寒，故對適應氣候，亦比較他畜為優，是以成為本旗西北一帶之主要家畜。 至馬、牛、羊等雖亦牧之，為數甚少，不過藉之供生活之需要，為輔佐耳。旗政府南北地段，為各種牲畜混牧之區，而大致又以馬、牛較多，駱駝次之，山、綿羊較少。 東南與烏拉山等地之放牧者，又專以養羊群為主，馬、牛次之，駱駝則甚稀少，有者亦不過數頭。 因受水草環境之左右，而牲畜之蕃殖地帶，遂判然有別，此殆為本旗之牧業一特徵。

自民國二十四年（一九三五）冬之大雪成災，至去春之風雪繼續肆虐後，蒙人之牧畜經濟，大受打擊，尤以牧羊為主者，損失愈大。 當時咸認為綏蒙各旗欲恢復前此牧業之概況，誠非易易，初不料有去冬皮毛之價格突漲，以甦此劫後餘生也。 查去冬以前數年間，皮毛之價格甚賤，不但以牧畜業為生之蒙人，深感痛苦，即經營草地買賣之漢商，亦莫不長籲短歎，大有不能支持之勢。 不料去冬之皮毛價格，突然猛漲，皮價較前增約二倍，而毛價且漲至四倍以上，破近年未有之記錄！ 雖然此次皮毛之漲價，乃突而其來，草地交通不便，商情閉塞，以致大部分利益，俱盡為漢商所獨佔，蒙人能受實惠者，僅為少數； 但放牧者受此一番刺激後，一種興奮之情，自不可遏，而實際亦已保證今歲皮毛之高價格也。 本旗西北部一帶之蒙人，因以養駱駝為主，在去春以前，所受雪災之損失，原比較輕微，而駱駝又能產大批駝毛，故受毛價上漲之實惠甚大； 且今歲駱駝本身之價格，亦增二倍有餘，目下優良騸駝，每頭值三四百元，實前此所未有。 至於其他各地之放畜者，其情形雖一般較西北部之住戶稍差，然若現有皮毛之價格，倘繼續能維持三年，亦各恢復元氣而有餘。 此種皮毛起價之因素，實為繁榮牧畜事業之良劑。

牧民之生活，約別為自牧與雇傭牧兩種。 自牧乃經營自己牲口，或向富戶領來牲畜放牧，牧民對於牲畜之出產，仍握有支配權者。此種牧民之生活，與一般蒙人無異，蓋不外一種隨家庭經濟為轉移之自主生活也。至若雇傭牧，乃出薪招雇牧丁，或為差徭性質之賦役牧。此等牧丁，或接受一月三四元之薪金，另由牧丰管飲食；或純為義務性質，只於放牧時取得飲食及少許之帽鞋衣料等。一般牲畜過多，不能自牧者，常雇人牧之。王府所有之牲畜，即為賦役牧，而歸其直屬奴才與各蘇木輪派之人所牧放。

在自牧中有領人牲口放牧者，此種被領之牲口，幾概為山、綿羊，其辦法牧民代畜主放羊，而取得其全部之毛產量與一部分奶產量，若羊每年生兩羔，放牧者與畜主平分，但每羊年產一羔時，仍歸畜主，故其結果放牧者利羊毛、羊奶等產量，而畜主則利羊之蕃殖，在此交相為用之下，代牧之辦法，遂告產生。毛價甚賤時，放牧者所取之值，極為有限，但此亦係救濟窮苦失業蒙人之辦法，實亦不可漠視。

由遊牧而趨於定牧，乃為遊牧事業之初次進步，曾有人主張特加獎勵。不過本旗牧區之範圍甚廣，人口稀少，水草亦甚平淡，故除居於烏拉山左右之一部分牧民已改定牧，且多建土房居住外，山後之全部牧民，仍為遊牧性質，但此種遊牧，無形中亦常有範圍，蓋某戶冬住某地，夏遷某地，彼蒙人類能道之，非如一般意想逐水草隨牛羊而遷徙之甚也。

蒙人放牧牲畜，大致自由，旗政府不加管理，亦毫不干涉，惟對於旗政府與王府，負有攤派義務，此在差徭一節中詳述，斯不另誌。除一切攤派而外，即無任何牲畜捐，亦不須出水草銀，較之漢商之附牧者，少此一層負擔。

但本旗之舊式牧畜事業，概聽自然環境之支配，實乏善可敘，若遇水旱風雪等為災，惟有坐受其殃，此種過於依藉自然環境之牧業，實有亟需改良之必要。改良之法，簡而言之，不外先自防疫選種與改善飼養及管理等之方法入手，防疫必採新式方法，可由旗政府與蒙綏防疫處聯合辦理，俾先鞏固現有牧畜之基礎；選種乃為改良種畜之初步，蓋以牧畜之範圍過大，改種一時不易收效，故惟有先自選種入手，較易普及；改善飼養及管理等之方法，仍不外為牧畜事業添一層保障，而減少牲畜不必要之死亡，譬如貯存乾草以救饑，培植森林、畜舍以禦寒暑，盡可能地使牲畜保持清潔，以減少其疾病而增優畜產物之質料等，均為目前可以進行之事。至於改善牧草，附營農工業等，乃係初步改良收效後之事也。

（二）墾殖

由牧畜而實行開墾，進至農業時代，為任何民族之進步表示，蓋其經濟形態，已得着一種變革也。但若以不事耕作之本旗蒙人論之，則非但不因開墾而求得經濟之進步，反因此影響牧畜，此殆由於蒙人僅報墾而不自墾之過也。

茲先將本旗歷來已報墾地及已放、未放等之情形列表如下，然後再逐一說明墾殖之自然環境與人事等，庶有所憑藉，俾易解釋：

地名	轄縣	原報地數	已放地數	未放地數	備考
干支汗葛魯台地		九百三十餘頃	九百三十餘頃	無	清末所放之地，為本旗最初之報墾行動。
西界牌地	包頭	五百餘頃	二百八十三頃	二百餘頃	已放地為民國二十年以前之原報地
佘太地	安北	一百一十餘頃	一百一十二頃	無	亦爲二十年以前之原報地
小佘太地	安北	一千零五十頃	六百九十八頃九十一畝六分	三百餘頃	

續表

地名	轄縣	原報地數	已放地數	未放地數	備考
莫林河	安北	三百頃	一百二十二頃二十一畝四分	一百七十七頃七十八畝六分	十九年九月報墾，二十一年九月開丈，餘因地劣無人領。
狼山灣、圖密淖等地	臨河	一千三百餘頃	一千九百餘頃	無	該地為中、西兩公旗共有，除放足原報地數後，又續放六百餘頃。
總計		約四千八百頃	約四千一百頃	約七百頃	

上表總計報墾地數為四千八百頃左右，已放者約四千一百頃，未放者約七百頃，其中狼山灣、圖密淖等地，為本旗與西公旗所共有，故實際應於已放地數中，減去九百餘頃，結果本旗已放地頃數，約為三千一百〔頃〕。在此三千一百頃已放之墾地中，由本旗王府及前山蒙戶向墾務總局出資領回者，亦有四百餘頃；加以壓青、荒蕪等之結果，本旗每年能收歲租之地，實不過二千頃。

民國十幾年間，東公旗報墾烏蘭以力更地三千三百餘頃，本旗以該地乃為三公旗所共有，遂聯絡西公旗起而反對，雖經墾務局派員勸令本旗與西公旗共同備文報墾，終以界址不清為辭，推諉已久，因之無形停頓。

未經報墾之地，有王府之私墾地，有本旗居於前山蒙民之戶口地，合計約為三百頃；其有靠近墾區範圍或報而未墾者，近年本旗亦曾自動開墾，但以土質不佳，並無成績。所有海溜圖河以西之本旗大部轄地面積，均多沙梁沙丘，氣候亦較寒冷，故迄今仍為純粹之牧區，似無開墾希望，將來縱欲勉強開墾，亦宜先擇地試辦，若冒昧從事，恐多失敗成分。

已報墾升科之地，完全歸各縣局管轄，未設管墾機關；王府之回領地與私墾地，則由林貝子委老事官智光常駐安北經理，在安組織運糧局，每屆收穫之期，由王府遣派汽車、駱駝等前去運糧；運糧局純為經營王府私產之機關，與旗政府毫無關係。旗政府只派人徵收歲租銀，而無可資管轄之墾地。

本旗轄地面積之大，冠於烏盟各旗，但考查其墾殖情形，將所有放墾地、回領地與私墾地等合計之，亦不過三千四百頃，而近年可資耕種者，更遠遜於此數，故綏墾在本旗之成績，並不算佳。考其不能發達之原因，不外受自然環境與人事等之限制。三公旗之牧地，在昔雖未明白劃分，但因各據前、中、後之地段，無形中遂將領土主權大致確定，除無一定之旗界，故不免有少許土地如烏蘭以力更等地權不能釐定，報墾時難免引起糾紛外，其他經歷年所者，由各旗分別報墾，進行均甚順利。在此地權大致確定下，本旗所據有之土地，確有開墾價值者，僅為靠近西公旗之一段，故或與西公旗聯合報墾（如狼山灣、圖密淖等地），或單獨報墾後，劃歸包、安等縣管轄，已報之墾地中，水地佔極少數；可以利用渠水者，較水地為多；可以利用山水者，則更多於渠水地，如著名之小佘太墾區，即利用山水灌溉；但純粹之旱地，或為渠水、山水等灌溉所難及者，仍佔大半數。墾區之氣候，雖比較溫和；然除水地而外，土質亦均中下，灌溉所及者，每畝能產食糧五六斗以上、一石以下，但純粹旱地，常成不收現象，豐年不過畝地三四斗。目下因地方安定，墾區之情形，可謂良好；只以差徭繁重，農民亦多呻吟叫苦者。

至於未墾區之土質，氣候與水利等，可云一無所長，境內長期存水之河流與湖泊，極為稀罕，偶然發現，亦在本旗西北部之荒寒沙漠區，絕無可資水利應用。本旗草地氣候之寒冷，被列為綏蒙各旗之冠，利於植物生長之季節甚短；而因雨水稀少之故，即本地原有之牧草，亦常不能有滿意之茂盛，何況更無耐性之五穀。土質既淺且劣，除老虎丘、織箕等之根莖入地稍深，能固着若干細沙成堆外，其他普通牧草，均入土甚淺，往往被大風刮起。以如此之自然環境，而繩之以耕作之條件，似本旗未來之墾殖，仍只有側重已放之地與墾區附近之插①可墾之希望殊少，此為本旗墾務不發達之第一原因。

當清末實行由國家辦理綏蒙墾務時，蒙人即持反對態度；貽穀開始勸墾，原擬由烏盟入手，而烏盟各旗王公，竟聯合反抗；及伊盟報墾丈地已趨熱鬧，烏盟各旗，猶固執不稍聽勸。其後清廷乃派肅親王前往各旗逐一開導，並動以利害，說以威信，各旗當局始勉強就範，開始報地，此為辦墾初期人事上之障礙。本旗因環境關係，風氣原較烏盟其他各旗尤為落後，不但初期反墾時，成為主角，嗣後行文報地，仍不痛快。巴王父子，至今亦反對開墾，對蒙人之易牧為農者，從無良好印象。旗政府最高當局對於墾務之態度如此，自能阻礙其進行，此為本旗墾務不發達之第二原因。

實則放墾對於各旗札薩克較為有益，對於一般蒙人，則害多利少。蓋蒙旗之領土主權，已成為札薩克一人一家之私產，凡因墾務上所收入之利益，歸於王府者大半，歸於旗政府者極少。且旗政府縱有新收入，亦只足供事官以下應差人員比較舒適之生活，其攤派於民間者，因此減少有限，甚或因墾務上之收入，致誘導新式消費，旗政府不能似過去之守窮，於是向民間攤派者反增。每放墾一地，即驅走此地之蒙民，使之失去良好牧地，不得不向較荒寒之地遷徙；當時雖有劃留膳召地與戶口地之規定，除膳召地確經劃分，以後仍經勸令報墾，至今各召廟之墾地，甚為有限外，至於劃留戶口地，或因蒙人不習耕種，自動棄權，甘願另徙，或因放墾時言行相違，戶口地成為有名無實，故蒙人知地利益者，仍向墾局領取，所謂戶口地，並未按戶保留。在此情形之下，蒙人所感受者，除被迫遠遷，牧地日促外，既不能分絲毫荒價，亦無長期之歲租，事之不平，無過於此。

夫滿清之優遇王公，原不惜囊括內地民脂民膏，以做收買少數蒙人之用；一旦能自蒙地取得收入，

① 此處闕文一行。

自惟有仍撥歸札薩克、王公等享受，何愛於民？如牛如馬之一般蒙人，只受墾務之害，而不知興墾之利，無怪其視墾務如毒蛇猛獸，非反對何如？然札薩克王公之流，本身已享受放墾利益，而仍持反墾態度者，則因習慣既不相容，而又認為報墾以後，地歸漢人，減少自己之轄境，故不如保持牧畜之為愈也。倘於最初辦墾時，即立有完善之放墾章程，而能嚴令執行，不稍漢視，代蒙人保有優良而足資生活之戶口地，逐漸奬勵和誘導從事牧畜之蒙人，自動耕種，則今日綏遠之墾務，必較現狀有異；而本旗之放墾成績與墾區情形，亦不如是之暗淡矣！

（三）農業

蒙人久習遊牧，厭惡農業。遊牧之生産，乃自給經濟中之最簡單者，婦兒亦能操持自如，不感吃力，故蒙旗之丁壯，皆閑遊成性，在家亦惟坐臥，勞動之時極少。若改習農業，則既耕既種，必依時令，稍事延緩，即致歉收；若仍不勞動，必永無生産。雖曰舊式農業，其收成仍靠天時為斷，但勞動力與生産量，實有相當比例。蒙人既有不勞而獲之牧畜生産，可以維持生計，可以苟延歲月，此乃歷代相傳，養成多年之習慣，除非受環境特殊限制外，彼等決不輕易改業。故至今除雜居墾區之蒙人外，實際從事耕種者極少；即有戶口地，亦佃與漢人或雇漢農經營之，仍坐收其不勞而獲之利益而已。

本旗與農業發生關係之蒙人，除王府而外，概居於前山，共計不過數十戶，亦分自耕、佃耕與雇耕等種種。自耕者雖有之，但甚為稀罕，殊不足稱道，只表示本旗之蒙人，亦有懂耕種者耳。雇耕較自耕為多，但以連年收成不佳，雇農花銷甚大，而攤派亦重，故凡雇耕者，概為保持産權，不僅靠農業收入者為之，否則雇耕之收入，反不如佃耕可靠，有賠本之虞；佃耕雖收入仍不可期，但可免雇農費用及減少一部分攤派，故出之此法者為多；然自綏遠省政府免去本旗蒙人耕地對於縣局之攤派後，則雇耕之情形一變，收入較佃耕為大；不過如干府等保有大批土地者，則仍非佃耕不可。

凡係本旗保有土地之蒙戶，均有耕地一頃以上，但①耕，則與自耕之漢農近似，除極少之戶口地外，依然負有縣局之地方攤派，每頃年約出各種捐稅五六十元，戶口地則蠲免。雇耕除攤派照出，每年雇一農夫，約需工資六十元，連飲食、煙、鞋錢等，每農夫之開銷，當有百元，故地主之負擔較重，荒年往往賠本。佃耕又可分種種，普通常採取分收農產品辦法，地主得三成或四成，下地亦有得一二成者，餘歸佃農；而對於縣局之攤款，是否盡歸地主或佃農，或主佃各半，則在佃租時規定之；大抵主佃各半者，即採對分農產品辦法，但必須為上地；餘多按成分擔。另有佃耕方法，規定佃農每種地一頃，年出銀若干與地主，而攤派概歸佃農，此種佃租之價，上地每頃約須二百元，地之等則愈下，佃租之價愈低，此在漢人中行之者較多，因漢戶地主土地廣大者，利於收入現銀；蒙人俱需要農產品之收入，故常採分收農產品辦法。

本旗蒙人之土地，多有向墾務局領回者，戶口地極少，私墾地亦只王府有之，但回領地與私墾地，均須出縣局之地方攤派。在民國二十五年（一九三六）以前，本旗除少數戶口地外，所有王府與蒙民之回領地、私墾地等，均按各縣局之徵收辦法，繳納捐稅。巴王父子及有地之蒙人，感覺此種擔負可厭，認為土地原為蒙人所有，而回領地且經過一度出資領回，似更為蒙人之地，殊不應再對縣局繳納負擔云。彼等將墾地已成公地之意念拋去，墾地對於省稅、地方稅之負擔，亦置之不理，故頗示不平，常要求綏遠省政府蠲免其土地之負擔。民國二十四年（一九三五）冬，林貝子又在綏垣面謁傅主席②，申述蒙人之種種痛苦，請求免去回領地與私墾地之攤派云。當時茂明安旗亦同樣有此要求，省政府秉優待蒙人之對策，遂於當時下令免去該兩旗回領地與私墾地之地方攤派，交各縣局執行。安北設治局長陳國禎奉令後，以為蒙人之回領地與私墾地甚多，若籠統令行蠲免二種土地之攤派，若他旗起而效尤，則各縣局之地方財政，

① 此處闕文一行。

② 傅主席，即時任綏遠省政府主席傅作義。

一時必不堪設想，故呈請省府收回該項命令。省府已令文既下，威信有關；但對安北局長所陳意見，亦認為頗堪注意，後乃設一轉圜辦法，謂蠲免中公、茂明安二旗回領地與私墾地之攤派，乃為獎勵林、齊二札薩克贊助某項事件有功云。其後果無他旗再事要求，不過本旗之蒙地，則從此無任何攤派矣。

蒙地之農產物，有糜、穀、莜麥、小麥、蕎麥、大麥、豆類、麻子等種種，以糜、穀兩類佔大多數，莜麥、小麥次之，其他各類又次之。大抵能過水之地，種麥者較多，種其他各類，生產量亦多；旱地則以種糜、穀為主，種麥、豆不易生產。

烏拉山前包頭縣附近之土地，或利用山水，或開渠灌溉，水利尚較方便；安北設治局所屬佘太與小佘太等墾區，一部分土地可利用山水灌溉；除此以外，即多旱地。至於其他之報墾地，如臨河縣屬之狼山灣、圖密淖等地，水利雖便，但均歸墾，與本旗農業無關，故不涉及。

農民所用之農具，普通不外犁耙、耕鋤、鐵鍬等幾種，俱係舊式，至為簡單，構造粗笨，工作力小，對於堅實之土壤，根本無能為力。通常利用輪耕種法，極少施用肥料者。其他選種防害等之設備，更有所不知。

（四）林業

森林之於蒙旗，乃為極稀罕之物，除墾區各蒙旗，晚年已漸開始培植柳、榆等樹種外，若後山草地或河西之沙漠地帶，迄今一望無際，從無林木觸入眼簾；各旗召廟或王府所在地，亦有既成之一二株樹苗，或開始培植風緻林者，但因氣候特殊，培養者亦不得法，故尚少成功之望。

其實牧畜事業所依藉於森林者至大，不但森林可以調劑氣候，吸收和蒸發水份；夏季牧區炎熱，牲畜溽暑熏蒸，最易罹病，若有林木之樹蔭以資躲避，則牲畜之腦充血、肺充血等病症，必能減少，如此庶可補救無牲舍之弊。然而蒙人不知其利，而蒙地氣候，亦不宜普通林木之生長，即有野生者，又常為附近居民所摧殘，故如陰山正幹一帶，據聞在昔曾有森林，今則童山濯濯，一二株以資點綴者，亦不易覯。

本旗與其他二公旗所共有之烏拉山，獨以產天然混交林著名，雖曰烏拉山在安、包等縣局境，與本旗之後地，相去甚遠，但因該山並未明白劃分，至今仍為三公旗所共有，故實際上本旗仍可支配。除烏拉山而外，其西面之旱烏拉，亦產野生松榆，王府常取來燃燒，不過所產林木之數量，不及烏拉山之衆，故外人頗少知者。西南境之狼居胥山，亦名狼山，遠看童山濯濯，難見一樹，但若入其溝壑之內，亦能發現榆樹，但為數更少。善丹廟西北一帶之沙漠之中，盛產一樹沙漠植物，蒙名「加干」，所佔面積甚大。此種沙漠植物，西北一帶之沙漠中甚多，並非本旗獨產，新綏汽車道兩旁，自本旗善丹廟附近伊始，所經本旗及阿拉善、額濟納二旗，與新疆東部各地皆產加干。不過在綏蒙各旗中，實可云本旗之特有林木。在昔未開墾以前，沿五、臨一帶之後套區域，亦產紅柳，報墾以後，紅柳漸被消滅，至今所存無幾。

可資敘述之森林地帶，只烏拉山與善丹廟西部之加干區兩處，其他旱烏拉、狼山與後套殘餘之紅柳，除將來再行培植外，現無注意之價值，故從略。烏拉山之森林，有榆樺松柏等種種，原則上禁止採伐，但因附近居民漸有增加，燃料未免缺乏，故以採取枯枝為名，常可藉故濫伐。而近年其他二公旗，且有圖以森林取利者。① 公然砍取，至今使此綏蒙惟一之天然林區，亦已摧殘大半，除溝谷間常可發現成林之樹木外，其他各地，依然童山濯濯，或殘餘痕跡而已。旅行包五路②時，順烏拉山南麓西去，若無人提醒，幾不知屏障路北者，即為天然林區之烏拉山，人為摧殘之力量，實大可畏。若復維持現狀數十年，有採伐而無培植，則烏拉山亦將與綏蒙其他各山脈類似，連點綴之林種，亦恐不易見也。

善丹廟西北之加干，僅此一種，並無他樹。加干成林非易，年長至為有限，但已經長成者，高約一丈至三丈，幹圍之圓徑，自四五寸以至尺二三，如此高大肥碩之森林，宜乎大有用處，實則加干之木質太脆，

① 此處闕文一行。

② 包五路，即包頭至五原之路。

不宜製任何器具，除其樹葉可以餵駝外，惟一作用，只有燃燒。加干供做燃料，則有種種優點：無煙、無臭、無灰，而火焰則大而猛，故巴王父子在西面王府過冬時之燃料，特派人遠至二百餘里駝運加干，蓋利其燃燒之長處也。本旗對於加干，不加管理，因本無甚用，聽人採取燃燒。此種高大之樹木，以生長沙漠之故，樹根著地無力，故常被大風吹倒；人若以兩手搖動，不久著根之沙已鬆，即應手而倒矣。

於此有一足資敘述者，即肉蓯蓉藥材是。一般談地理書籍，均云狼山以產肉蓯蓉著名；今日報章新聞，偶有記載此出產者，仍云狼山。實則蓯蓉之產地，亦在善丹廟西北各六七十里，與加干伴生，無加干處即無蓯蓉，距狼山約有二三百里。蓯蓉有紅白兩種，白者較貴重，而產量亦富。暮春長自加干區域（與加干究有若何關係，須待植物專家考證），大者連底下一半，長約三尺，圓徑二三寸，著沙土之部分愈大，夏季開鱗甲狀之白色或粉紅色花後，即逐漸自動乾枯，不結實；明年又在乾枯之蓯蓉附近，另事生長，而此已乾枯者，並不發芽。查此類植物，乃為一種熱性大補藥，能止咳嗽。民國八、九年（一九一九、一九二〇），曾由中公旗政府包給漢商魏某開採，二年以內，採掘百餘萬斤，中公旗所收包銀，年雖不過二百兩，因當時蓯蓉價格，每百斤僅值銀十五六兩，故魏某除開銷工人費用外，並無若干剩餘。嗣後中公旗當局據報善丹廟一帶風沙甚大，駱駝常有死亡，誤被喇嘛指為開採蓯蓉之過，巴札薩克遂下令取消魏某之包採權，聽其產品乾枯，不再讓人採掘。民國二十年（一九三一），蓯蓉價格，每百斤值洋二百元，當時漢商垂涎此利者甚多，奈中公旗當局迷信風水之故，寧願貨棄於地，終未允任何人開採。目下蓯蓉市價，每百斤值五六十元，倘能開禁，實為　大收入；否則聽其乾枯，至覺可惜！

四　實業（下）

（五）礦鹽

本旗之礦產，未經專家考察測量，種類若何，藏量若何，均無從知之。但寧信其有，不虞缺之。狼山、烏拉山之煤礦，久已膾炙人口，惟無詳細之調查與統計，故究有可供採掘之煤若干，實難估計。五原縣城以北四十里之海氣口子山中，據煤工目察，謂藴有煤層，但開掘二十餘丈，亦未開出。後經他人復測，亦謂有煤，又繼續開採，因見水而止，終未得煤。本可再作試驗，因事聞於本旗當局後，仍以迷信風水之故，遂禁止試探。

旗政府西北二三里與東南十來里，均有小山，俱名博爾罕圖阿拉，有黑色礦質露頭，似可相信為煤礦，但表面所見者，絕不能燒，只不過與煤質相近耳。山内是否藴藏煤礦，非經試掘，不能斷定。查蒙文「博爾罕」意指神聖，而「圖」乃漢文之「有」字，「阿拉」即為漢文之「山」字，故所謂博爾罕圖阿拉也者，乃為藏有神聖之靈山，絕不准人侵犯，雖取一大塊石頭，亦有被干涉之可能。該二處是否有煤，觀察既不足為憑，而試掘又被禁止，只有待諸異日考證。

除狼山、旱烏拉及烏拉山等地外，本旗如博爾罕圖阿拉之丘陵甚多，是否有礦產藴藏，均不得知。但除煤礦外，其他各類礦產，連傳聞亦無。

至於鹽池，本為西北各地之普通現象，蒙旗有之者甚多。本旗善丹廟西北約百里之地，有奔巴圖鹽池，為十餘大小鹽池所合成，最遠者亦只相隔二三里。該鹽池四季有水，鹽質沉澱水底，結成小塊，取鹽時，用器具將鹽撈取，置於池旁曬乾水分，即可運去。本旗蒙人，除居於前山一小部分外，均食此池之鹽；尤以旗政府與王府所消耗者，每年歸各蘇木派人趕駱駝載運，省去一筆大消費。該鹽池曩日無人管理，由蒙人自取自用，附近之漢商，則常以少許商品換之備用；自本歲以後，由札薩克指定旗政府打瑪①兼筆帖式長及小學校教員阿卑咀管理，以後取鹽者，得先通知阿氏。蓋阿卑咀在善丹廟附近住家，其兒

① 打瑪，即蒙古語「dayamal」，意為「主事者」。

又為善丹廟之呼畢勒罕，故在一方頗有聲望，以之管此鹽池，甚為相當。

（六）工業

機器工業，在蒙旗尚未萌芽，蒙人之工業，可資敘述者，只有手工。在手工業內，又可分出產品製造與少許之金屬手工業，其他之範圍更小。所謂出產品製造，即為揉皮、製氈及製各種奶食等，乃蒙人固有之手工業，不過迄今亦漸為漢人所代替，除奶物食品外，各旗蒙人多雇逗留草地之漢人為之。所謂金屬手工業，又分銀、銅、鐵等種種，銀工業更多，操持此種手工業者，僅為極少數之喇嘛和黑人；然究其實際，不過謂有金屬手工業之沾染耳。如他泥匠、畫匠等，皆雇漢人。

揉皮即將蒙人每年出產之生羊皮，加以製造，以成熟皮。蓋蒙人平時宰羊之後，僅將皮陰乾或曬乾，以俟大批硝製；但若進一步製皮，即有所不知。揉皮時利用小米（即穀米）與食鹽為原料，二者之分量，約三與一之比，共置於鍋中煮之，俟小米煮開後，即連湯質盛入大缸桶中，將已浸濕洗淨之乾羊皮，放入缸桶內，聽其相互作用。約十餘日，即取出被揉之皮，洗淨去水，趁皮質柔軟時，將高低不平之底皮鏟平後，再用清水洗淨，利用日光曬乾，皮即揉成。此種揉皮所用之原料與方法，雖甚陳舊，仍不免傷及皮質，但已經一度改良；在昔蒙人僅用酸奶揉皮，其對於皮質之損失更大，往往不能出售；今則除極少數蒙人揉自用之皮，依然採取酸奶為原料外，大多數蒙人，均採取已較改良之揉皮方法；此種揉皮方法之操作，本旗蒙人雖亦能之，但因設製缸桶等不便，故仍雇漢人為之；漢人則常寄居王府或召廟，器具由王府與召廟預備，原料亦出自蒙人，並供給米麪磚茶等食品，每揉皮一張，給工資一角左右。

製氈即將羊身剪下之羊毛，製成氈墊，此則本旗蒙人多自動操作，亦有雇漢人製造者。其法先將羊毛分別顏色，用彈弓彈開，使成撮之羊毛，互成一種物理的結合性，再利用舊氈，將彈好之羊毛鋪上使平，噴以少許水分，然後中置一軸，將舊氈捲起，使新氈被包在內，用繩索捆緊，軸端各再繫繩，此繩之另一端，各縛於二馬之腰肚，二人上馬，驅馬拖此氈卷在平地往來跑動，約經半小時，卷內之新氈，已被壓緊，再打開氈卷，用剪切邊，使大小適合，新氈即成。亦有再在新氈上，用羊毛線縫成種種花紋，如此既較美麗，又能耐久。

製造奶食，蒙旗男、婦均知操作，但主其事者多為婦人。此本主中饋之事，不能算為手工業，然有將奶食製成種種美觀樣式者，故勉可稱為手工。奶食有奶皮、奶油（即黃油）、奶餅、（老彈）〔酪蛋〕子、奶酒、奶茶及酸奶等種種，內中以製奶餅之法最為麻煩，敘述如下：置鮮奶於缸桶中，令其自酸（不酸者亦可，使酸為蒙人之習慣），視室內溫度高低，約三五日可得酸奶；取木棒入酸奶中攪動，約繼續攪動五六小時，使其中含有之油分，與奶分開，浮於液面，以手或器具撈出之（此即奶油，時已凝聚成薄塊）；將剩下之酸奶，傾入鍋中煮沸，使奶中含著之水分，與奶質分開；再取布袋或其他濾器，將水分濾去，袋內僅剩軟體狀之奶質（若加以糖質等物，即於此時混入拌勻）；取製奶餅之模型（樣式有種種不同），將柔軟體之奶質納入模型內，使型蓋壓緊，不久即出之，置於案板等器上，俟全部奶餅模型做就，即暴曬於日光中，勿使相連，約二三日，餅質硬化，再收入室內，漸漸陰乾，奶餅之製造手續，至此完畢。其他奶食之製造法，俱甚簡單，故從略。

蒙人日常所用之器具，多與金屬發生關係，隨身所帶之刀，自係金屬，即碗筷等等，亦皆銀物鑲邊，婦女所用之頭戴，更不外由金屬與珠飾合成，故有金屬手工業。金屬手工業之原料，概來自附近各縣局；其火力則不外利用羊磚，因所有各種畜糞，只羊糞結成之羊磚，火力最強。蒙人之思考，雖較單純，但因思想之範圍甚窄，故往往注意一項手工時，頗能竭盡心力，做到技巧，可資代表者，首推銀器。如婦女頭戴及碗筷鑲銀時，常刻花紋，不亞於一般銀匠之出品。其次召廟所用之銅鐵器，製造亦有精緻者。不過近年業金屬手工之漢人，亦常深入草地工作，王府與各大召廟，常有銀鐵匠逗留，故蒙人懂金屬手工者漸少。自從汽車行駛於各蒙旗後，本旗早已購有此物，至今蒙人中，卻不少善駕汽車之工人，亦有稍懂修理機件者；此為一種畸形現象，本與工業無大關係，不過附帶提及耳。蒙古婦女，稍懂女縫，但出口甚粗糙。製靴或補靴，亦有能之者，不過為數甚少。

另有泥匠、木匠、畫匠等，仟之者皆為漢人。凡漢人在草地業工者，往往春夏入旗，秋冬返回口裏，在本旗往來之漢工，多晉北代縣、定襄縣等籍，出口一次，普通俱不過賺三五十元，其生活情形至苦。

（七）商業

蒙人與牧畜為業，牧畜經濟生產之馬牛羊駝以及皮毛肉奶等，雖可以供人之衣食住行，形成一種簡單之自給自足經濟，但究以時代進化，社會變遷之故，人類之生活，逐漸提高，人類之物質享受，日益要求擴展更易，雖曰蒙人生長草地，與近代之社會潮流，與近代之物質享受，相距甚遠，不過無論如何，久已非其簡單之自給（自足）經濟，能維持其人族之生活也。在昔滿清禁絕蒙漢人之往來，獨漢商准許領票入境，自由貿易，已深感蒙人自身之出產，不足以維持其日常之生活，對於煙茶糧布及金屬器具裝飾等，自非仰給於外來不可，而牧畜經濟之出產品，亦有賴漢商轉運銷售，既不讓蒙人自由往來於省縣，庶免薰陶漢族文化，以動搖王公制度之基礎，遂不得不允許少數漢商入境，以解決事實上之困難。不過當時漢人之營業範圍及行動等，均有限度，尤以不得與蒙人發生買賣以外之關係，否則嚴加處罰及限令出境等規定，更為苛刻。

遜清末年，蒙漢兩族之關係，日趨密切，種種禁例，逐漸失效，對於往來蒙旗之漢商的稽查，更見鬆懈，而漢商在蒙旗之人數，亦大有增加。清室退位以後，民國宣告成立，所有前朝之種種禁令，當然概歸無效，於是蒙旗商業，曾得一度活躍。其後因外蒙累演政變，終至形成獨立狀態，更從事根本之排漢運動，此種運動在蘇聯煽惑鼓動之下，採取強硬殘暴手段，短時內即告成功，遂使漢人在外蒙各地經營數百年之商業基礎，一旦盡遭滅絕，而蒙漢間之貿易，至此遭受絕大打擊，其損失與影響，殆不可勝計！不過綏蒙各旗之商業情形，則反因此轉趨活躍，商號之數目陡增，交換之物品，自亦隨之增加。尤以本旗毗連外蒙之故，是時遭赤黨殘害歧視之蒙人、漢商，接踵徙入境內，其來也若潮，一時旗政府西北各地，頗成熱鬧之區。當局且驚且喜，且憐且怒，卒之順應逃難蒙人、漢商之要求，聽其在境棲身，未頒逐客之令；又因內、外蒙當局鎖境嚴緊之故，亦未引起甚大衝突，此至少在本旗商業上，值得特加敘述者。

然自外蒙赤黨政府漸漸改變態度後，所有寄居境內之外蒙人，已陸續遷回，至今所餘無幾，此為本旗商業上之打擊一。外蒙赤黨政府在蘇聯卵翼扶助之下，安內工作，已大見效，赤黨之統治基礎，實不易動搖。故一般仍思乘變而回外蒙之漢商，因戀戀不忘其外蒙之產業與經紀而逗留本旗者，今已宣告絕望。而本旗境內之人口，既漸減少，貿易情形，遂一變而成粥少僧多，自然難期發展。故有不少商人，偃旗息鼓而歸，另作良圖或另徙他處，此為本旗商業上之打擊二。去冬以前，皮毛之價格極賤，因蒙地交通閉塞，蒙人頭腦守舊，對於皮毛賤價及滯銷等情形，不易知之，亦不甚相信，故草地皮毛、牲畜等價格，一時不得如海關報告之漲低，在此種情形之下，漢商惟一避免虧本之法，只有相對提高其貨價，以圖彼此高價相抵，而從中取利；但以草地商號，並無聯合之團體組織，既成粥少僧多之狀，自由競爭，遂不免熱烈；於是累有商號，往往因虧本而倒閉，此為本旗商業上之打擊三。有此三種原因，乃致本旗商業情形若江河之日下，若順水而推舟，較之十年以前，則大見遜色矣。然以本旗草地之範圍廣大，土著原有之人口較多，而牧畜事業亦比較發達，加以距各縣局市區又遠之故，迄今商業狀況，比諸十年以前，雖大見遜色，如比諸綏蒙其他各旗，則仍有可觀，茲詳述之如下：

本旗經營貿易者，概為晉北代縣等地之漢人；全旗蒙民，除有投資參加營業外，無一實際參預其事者。全旗商號之據點，以西北部之善丹廟，東南部之黑沙圖，最為有名，實則除善丹廟北約二里之卻列烏蘭伊力更買賣區，有同興西、天義長、福聚長、廣義祥、天義厚等買賣十餘家外，黑沙圖只有公義德與福興堂買賣兩家，且均近年所設，即連其附近四五里之義生泰等三家，共計亦只五家，故黑沙圖不過以其他稅卡駐軍機關等著名，若論商業，實不足道。

本旗行商之據點，現依調查所及，約有善丹廟、黑沙圖各地，茲列表略誌其情形如下：

地名	位置	商號數	備考
善丹廟	在旗政府西北約三百里	十餘	買賣區在廟北二里許，名卻列烏蘭伊力更
黑沙圖	旗政府東南三十里	五	
姆爾固欽	東距黑沙圖六十五里	三	在西路商道上
色多棒多喀	東距黑沙圖一百五十五里	三	在西路商道上
順德里烏蘭伊力更	東距黑沙圖二百一十五里	三	在西路商道上
烏尼烏蘇	東距黑沙圖一百一十里	數	在西路汽車道上
惱包泉	東距黑沙圖一百八十里	數	在西路汽車道上
小泉	東距黑沙圖二百五十里	數	在西路汽車道上
那楞	東南距黑沙圖四百四十里	數	在西路汽車道上
荷雅阿瑪圖	東南距黑沙圖五百二十餘里	數	在西路汽車道上
烏布勒格	西南距善丹廟十餘里	三	在横貫本旗西北之通外蒙大道上
溪奇勒格	西南距善丹廟五十餘里	三	在横貫本旗西北之通外蒙大道上
烏勒圖格紹	西南距善丹廟一百一十餘里	四	在横貫本旗西北之通外蒙大道上
巴顔奴弩	在旗政府西北二百餘里	七	以志遠昌、忠厚和等較大
阿波爾呼	在旗政府北偏西約一百八十里	五	以福義堂開設年代較久
海溜圖	在旗政府東南一百七十里	二	

上表所列之行商據點，共有十六處，在旗政府西北尚有德成西等大買賣，不知設於何地；而旗政府東北各地及其他區域，是否亦有行商據點，尚未調查明白。然以此亦足證明本旗行商據點之多，遠非綏蒙任何旗所能及，商業興旺之情形，由此即知梗概。表中所列之商號共約七十家；但此不過為具永久性之商業區域而已，實則各商號除就近營業之外，每屆皮毛收穫期或其他節令，常派出帳篷，輾轉兜攬買賣。以同興西、德成西等商號而論，其派出之帳篷，多時達十餘頂，掌櫃者與夥友等，各約百人；其他寄居召廟與流動境內之買賣，為數亦多，故不能以設於行商據點之商號，而據為本旗全部買賣之數目。若以帳篷計算，小自一二人以上，大至十餘人之買賣，其總數不下五百家（王府收商票捐，即以帳篷數目為憑據）；漢商人數，約在一千五百以上。

本旗境內之買賣，其開設之年代不一，若黑沙圖附近之義生泰，設立已有二百年，昔日在平、津一帶，均負盛名；今則內部人事儘管變遷，商務亦衰弱到只能維持現狀，但對此一塊舊招牌，則永不放棄。同興西、德成西等字號，開設之年代亦久，且均經過極盛時期，財產各上過百萬。現同興西保有之資財，仍在十萬以上；德成西稍遜。其他各大小買賣，亦均有三五年以上歷史。各字號之資金，本無一定，年久者已不能詳考，即以晚近所設之買賣而論，大約在銀千元以上，熟手掌櫃三人，即可成一設於行商據點之普通買賣。至於流動營業與肩擔小販，其資本與人數，更不足論。

買賣之類別，大致就其出售之貨物，可別之為二：一為雜貨行，佔買賣中之大多數；一為糧食行，開設者較少。兩種買賣之收入貨物，則大致相同，不過經營糧食行者，常多附帶抓羊絨。

買賣之內部組織，亦為股份制，分財股與身股兩種，擔任財股者，出資而不出力，近年王府與事官等之有資者，常參加各買賣之財股；又如海溜圖之公義合，乃以收水草銀、商票捐致富之三馱子佔大部分財股。普通之掌櫃與成績較優之夥計，皆領身股，每人幾厘或一股（十厘為一股），最好之掌櫃，能領一股二厘，但此種人材極少。一般大小夥友，每年工資以十二兩紋銀為起點（無學徒），多者可至百兩（紋銀折洋照時價，目下紋銀六錢五合鈔票一元）；而掌櫃等審察某夥友成績優良，而其人亦甚可靠，乃給若干身股，夥友已得身股者，謂之「領生意」，從此不再支薪，直接與買賣發生關係。故商號之組織，乃由財股、身股與新雇之夥友結合而成。財股、身股之分利權一致；不過買賣若經〔營〕虧本，則歸財股彌補，身股不負責任。各字號之身股，往往多於財股。亦有掌櫃出資，而取得身股兼財股者。號內盈虧情形，如無意外，每三年結算一次。

雜貨行出售之貨物，不外綢緞、布匹、生煙、糖味、磚茶、哈噠、皮靴、飾器以及珊瑚飾品等，舉凡為蒙人日常生活所需要者，雜貨行視其銷售量之多寡，無不齊備；滯銷之物，亦可附帶代購，仍從中牟利。糧食行以出售白麪、炒米、小米等為主。二者之收入，俱不外為皮毛及牲口，有時亦收少許之黃油、奶食等。

草地營業情形，頗不公平，所有各種雜貨、糧食之價格，均較各縣局高出一二倍以上；皮毛、牲畜等之價，亦常較縣局為高。蓋蒙漢人之商業往來，仍多採物物交易辦法，互抬價格，原則上兩不受損，若以現金在草地收集畜產品，反易吃虧（本旗境內綏遠票及法幣雖均通用，但如各軍入境購買大批馬匹者，仍非銀洋不可，鈔票購馬，價高三分之一，反不易購好馬）。不過在去冬以前，皮毛、牲畜之價格甚賤，結果蒙漢人間於買賣上之鈎心鬥角者愈烈，漢商比較容易知外間行情之變化，故容易取利，然亦累遭失敗，常有敗後一蹶不振者。去冬毛價陡漲，蒙人不知，一般漢商，初亦茫然，故當時草地毛價照舊，如駝毛一種，每斤僅值五角，運至包頭後，賣至二元餘，故去冬皮毛漲價之大部分利益，均歸之漢商，蒙人所佔之潤澤較少。但今歲一般商人因受去冬之刺激後，根據原有行情，努力在草地收買皮毛，不料最近每百斤「淨底」（不摻沙土者為「淨底」）山羊絨，僅值價一百九十元，駝絨約一百四十元，羊毛約八十元，較之去冬以前之價格，雖仍約高出一倍，但較去冬之價格，則已各疲數十元，最近將來之變化，尚不可知。故漢商又逐漸恐懼，斯時正為蒙人之報復時期也。目下山羊皮每張值價三元，綿羊皮約為二元，比去冬行情，尚未少減。至於牲畜，價格上漲最速者，惟有駱駝，最近優良騸駝，其價每頭在三百元以上，較去冬以前，幾漲三倍。山、綿羊之價，較前約漲三分之一。馬、牛價格，所漲有限。

商人藉以運輸者，俱全為駱駝，用大車者極少。近年黑沙圖有利民汽車行與王府之汽車往來，當皮毛價緊時，亦有雇汽車裝運者。不過駝用價格，遠省於汽車，所以即黑沙圖附近之商人，亦以駱駝運貨為主，其他根本不知雇用汽車、不能雇用汽車者，更不足論。

商號出與本旗王府之商票捐，自今歲以後，改為五十元、二十五元與十三元者三種，領票以帳篷為單位，六人以上之買賣，限令領頭等票，三人以上者為二等，一二人者為三等，其詳見本旗之財政報告王府收入項目中，此處從略。綏遠塞北關所徵之稅則，大致如下：駱駝每頭徵稅二元，馬、牛各一元，羊二角；羊絨、駝絨每百斤徵稅一元八角，羊毛每百斤徵收一元二角，羊皮估價，每值價一元，納稅洋三分。此外尚有蒙古行之攤派及住店費、牙稅等種種。

（八）墾牧出產品

蒙旗行政範圍，甚為簡單，凡有稽查，比較容易，故若對於一旗之墾牧現狀，倘旗政府嚴格限令各蘇木調查，實不難取得較確之統計數字，如在昔比丁制未廢時之調查丁壯然。但以旗政府對於墾牧出產品，均聽其自然，對於墾牧出產品之數量，更不圖知悉，每年對各蘇木實行攤派時，僅以蘇木為單位，略加考慮，支配某蘇木派牲畜或現款若干後，即交由該蘇木章蓋辦理。蒙戶之實際負擔，又由蘇木章蓋全權詳細分派。蘇木章蓋對於其本蘇木墾牧出產品之情形，自然大致明瞭，但因各家究有墾地、牲口若干，不必向旗政府具報之故，亦不必一一考察，列為統計。且墾牧出產品之數量，原係年有變更，即加統計，亦有所困難，何況更不統計乎？此所以致調查墾牧者，有無從入手之感；勉強為之，亦惟有詳查各種不同之情形後，再加縝密估計，使適合於代表調查法而已。

本旗王府與蒙人所有之回領地與私墾地等，共約為四百五十頃，此等墾地中，旱地佔絕大多數，但因墾地採輪回壓青耕種者為多，水地只須能經澆灌，即年年下種，故結果水地耕種之比數，較旱地耕種之比數為大。在四百五十頃墾地中，每年能夠耕種者，最多不過一百五十頃，在此耕種之墾地數量內，旱地約佔三分之二，水地佔三分之一。水地之產糧數量，每頃平均約為六十石（每畝六斗），五十頃水地，年產雜糧約有三千石；旱地每頃平均約產糧二十石，則一百頃旱地，可產雜糧二千石；水旱耕地共一百五十頃，約計年產糧五千石。此種估計數量，乃就一般之水旱地出產而言，除卻旱災、冰雹等災不計外，在安北、包頭一帶之土地，其出產情形，大致如此。

至於牧畜出產品，乃本旗大多數蒙民最重要之生產品，亦即本旗大多數蒙人最重要之資財，故其關係本旗之民間經濟，極為重要。但近數十年來，比較不易產生「貧富不均」之牧畜經濟，亦因種種關係，而有貧富懸殊之現象。富者畜群萬頭，貧者不過數十，甚至連數十牛羊亦無，專靠經營富人之牲畜為活者，亦大有人在。草地之富戶，最顯明者為王府與召廟，各能保持種種混合牲畜數萬或數千頭以上；其次一部分事官和富人，亦有牲畜近萬。不過保有大批牲畜者，為數究少；而貧至只數頭牛羊者，為數亦較少。茲誌本旗四〔戶〕中產蒙人家庭之牲畜數量，及每人所得之平均數如下表：

	人口	馬	牛	羊	駝
甲	五	三		五七四	
乙	六	一二五	六三	三四二	八
丙	一一	八	一六		一六五
丁	四	二	二七		六五
總計	二六	一三八	一〇六	九一六	二三八
每人所得之平均數		五・三	四・一	三五・二	九・一五

上表所列四〔戶〕中產家庭所恃為活之牲畜，有以羊為主者，有以駱駝為主者，亦有恃各種混合牲畜者，此因本旗各地水草之環境有所不同，於牲畜段中已詳述之矣。若將表中每人所得各種牲畜之平均數，以本旗之人口數目七千四百乘之，則本旗共約有馬三萬九千二百二十頭，牛三萬零三百四十頭，羊二十六萬零四百八十頭，駱駝六萬七千七百一十頭，四種牲畜之總數，共計為三十九萬七千七百五十頭。此種代表調查所得之數量，是否近符實際，殊不敢斷定，不過於無法調查中，惟取此代表調查所得之結果耳。

皮革之產量，除災疫死亡不計外，平時專靠宰食，故〔與〕〔以〕羊皮為主。本旗所產各種山、綿羊，其皮革均極平淡，以致無專為皮牧放之羊。所出產之皮革，以老羊皮為多，其次為少許之羔子皮，二者合計年產四五萬張。此外馬皮、牛皮等，亦各年產數百張。絨毛方面，大駝每年能產絨八斤（駝毛產量極少，多混入駝絨中，故不另誌），小駝每年能產絨五斤，但因取絨時，為顧著駱駝受寒，只好聽其自脫，故平均每駝只以年產駝絨五斤計算，全部駝絨之數量，共約為三十三萬八千九百五十斤。大綿羊每年兩次約剪毛二斤，小綿羊可得一斤，茲以綿羊一頭，年產羊毛一斤半計算，全部羊數中，除去山羊約五萬頭外，年產羊毛約三十一萬五千七百二十斤。山羊大者年取絨十兩，小者可得四兩，現平均每頭山羊以年產絨六兩計，全部羊絨約為二萬斤。

至於牲畜之孳生，羊年可得總數十分之四，約為十萬頭；馬可得總數十分之二，約為八千頭；牛亦可得總數十分之二，約為六千頭；駱駝可得總數十分之一，約為六七千頭。其他肉奶之產量，無從估計，概從略。

五　旗政

現行蒙旗地方政治，乃成立於清初之王公制度，此種制度之精髓，在於以一札薩克之地位和力量，統一其所轄之全境，而一般事官等，有類其雇傭性質；一般平民，則均不啻為其奴才。所有全旗大小事項，均由札薩克一人主宰，成為一旗之絕對獨裁者。然因各旗之行政事務，比較簡單，其下又有事官與其他各種事務人材為輔，故縱遇昏庸懦弱之札薩克，亦可勉強支持。此種王公制度，在昔確已克盡其使命，曾令蒙旗長治久安，而使滿清坐收其成效。時至今日，崇尚競爭，適者生存，各族集全力而奮鬥，猶慮不足；而此一人專制，置大多數人之聰明才智以不顧，坐使其競爭力量減少，而自弱其民族之政治形態，實應加力改善，使有以順應潮流而後可。環觀綏蒙各旗之政治，除實行總管制者不論外，無不率由舊章，未稍變革；而所謂旗政小康，未經內部糾紛者，更為保守勢大，王公之尊嚴，未稍墜落者。在昔前清理藩院管轄蒙旗時，對其行政之監督，甚為嚴謹，而各旗事官之陞遷、人民犯刑事者之受處罰等，尚須直接請命於理藩院，轉奏奉旨定(脫)〔奪〕。故札薩克王公之權力，無形中大受限制，名為優待，實則束縛綦嚴，動輒干禁，責罰從不姑寬。延至今日，各蒙旗應請示中央辦理之事項，雖有中央主管機關管轄，而因中央政府在組織中，對於管理邊務之政治機構，獨嫌鬆懈；益以國內自改制以來，連年內亂，無力籌邊，以致一切大多放任。地方政府，原亦有監督蒙旗政治之權限，而應糾正其軌外行動，或向中央主管機關報告，以便由中央主管機關裁處者，今亦不稍注意。綏遠省政府對各蒙旗之行文，採用照會，而對其內部行政，則從不過問，對於各旗之札薩克、事官等，孤意優遇，雖寄居各旗之漢農漢商等，因不堪當地土著之壓迫，而有力竭聲嘶者，亦僞為不知。地方政府與中央主管邊事機關，在平日既缺乏密切之聯絡，甚至不相往來，一旦各旗政治發生重大之糾紛，事實上中央主管機關又不得不告請地方政府代為解決。在互相謙讓與互相因循之下，而大都側重於優待，不能實行法律之尊嚴，於是造成今日各旗札薩克在其轄境內之無尚權威，事官之陞遷、人民之生殺予奪等，絕少事先向中央主管機關或地方政府請示辦法者。各旗王公札薩克等之權威，至今可謂登峰造極，所以未亟造亂者，一由於蒙人服從成性，二由於蒙旗新勢力未經養成，三由於中央與地方當局力為王公制度撐腰。然以蒙旗政治退步之情形而論，此種王公制度縱無外力以摧毀之，久之必受自然淘汰，甚或馴至整個內蒙民族，終因保持此種制度之故而滅亡，其結果實有不堪想象之慘狀。所幸晚年中央當局已漸注意及內蒙整個蒙人之存亡問題，而在優待各旗王公之辦法下，漸圖啟發其民智，改善其衛生，保障其經濟生命等，如蒙旗教育之推進，蒙古衛生院之設立，以及明令停止放墾及成立蒙綏防疫處等，皆為改進蒙旗教育、衛生、經濟等之具體表示，而優待王公之自治設施，亦期王公本身有所了然與覺悟，然後使此神聖之自治事業，逐漸推入各旗，則挽救衰弱危殆之蒙旗，庶幾有豸①。

中公旗在烏伊兩盟十三旗中，雖因毗連外蒙，有被赤化之危險，卒以巴王父子穩健自固，謹守陳規，不稍隕越，對內力持保守，嚴禁人民自由行動及接受新文化之洗禮，對外八面圓通，而又拒絕同流；加以其境內土地廣大，牲畜經濟堪維現狀，而人口亦無甚增加，故上下能安居樂業，保持中庸之道，不思進步之方。若以地方秩序之安定，旗政府辦事之井井有條及從未演任何內部糾紛而言，本旗之政治，實較他旗為優。不過凡善於守舊者，即常具較大反對新潮流之勢力，如教育、衛生及郵電等交通事業，本旗均為落後，此乃有名之例證；其他如與外界往來及接受自治思想等，本旗更常表示其不樂為之態度，亦乃習於保守使然也。

（一）組織與現狀

烏伊兩盟十三旗政治之組織，大體千篇一律，無甚差異，只旗政府所轄之蘇木有多寡及若干小節目稍有差別耳。茲分述如下：

旗政府之最高領袖為札薩克，此等領袖表現之方式特殊，平時居於王府，一切大小公事，由旗政府派人隨時前往請示，俾彼作最後決定，如對於公文批定辦法，閱稿及蓋印等，均在王府舉行，其所決定之事

① 豸(zhì)，意為「制止」「解決」。

項，任何事官不能更改，未經彼決定者，無論衆意或高級事官，亦不得擅為執行；所謂旗政府者，乃辦事人之公所，札薩克只於每年舉行旗務大會時來巡視一二次而已，不但札薩克不在旗政府執公，即所有王府之貴族，如札薩克之父母妻子等，亦從不來旗政府顧盼。此種領袖之獨裁方式，有一特點存在，即嚴將政務與事務劃分，絲毫不稍侵越；不過所謂蒙旗之政務官，只札薩克一人足以當之，若東西協理等，只有時輔佐政務之進行而已，而實際仍為事務官。

札薩克以下，有東西協理二人，為旗政府主管事務之首腦，其地位至尊，非台吉以上之貴族不能充任（無台吉之旗由塔布囊等充任之），蒙旗貴族在旗政府可能取得之最高官職，即為協理；實則擔任協理者，往往一二十年而不更，幾成終身職守，而蒙人又推崇位隆年長之人，不管其有材與否，絕對服從，故擔任此種職務之貴族，人數極少。協理亦少留旗政府，遇有重大事項，隨時派人迎接到府主宰，平時閒居，甚為清靜，故老年人任之，亦無不勝繁劇之苦。

實際執行蒙旗之事務者，名為一旗之管旗章京，彼秉承札薩克及協理等之命，推動全旗事務，為各旗之中堅人物；但因上有東西二協理，下有梅楞等之故，其事亦不甚繁，而任此職者，仍以資望取捨，不必定取其材。管旗章京貴族、平民均可擔任，在昔規定其缺先在貴族中選人替補，貴族中無適當人選，始及平民，故今日在各旗擔任此職者，仍以台吉等佔多數。不過蒙旗平民在旗政府可能取得之最高官職，即為管旗章京，故其地位亦甚隆重，擔任斯職者，亦多為久經公事場合，鬚眉皆白之老者，而一般蒙人任此之希望更少。

輔佐管旗章京主持旗政府事務者，有梅楞章京一人；大旗二人，亦分東西，小旗一人，在旗政府主事時間較多，台吉、平民均可擔任，地位僅次於管旗章京，能任此職之人數亦不多。

自協理以至梅楞章京，蒙名稱之為五「金肯」，即五「事官」之意，旗政府之重大事務，大抵常由此五人先加商討，然後呈請札薩克作最後決定。

梅楞章京以下，有札蘭章京，其人數無定，視各旗所轄蘇木之多寡為增減。本旗僅有二人，亦分東、西，平時秉承五金肯之命，常來旗政府（負）〔服〕務，而另一種責任，則為管轄各蘇木。蓋蒙旗之蘇木，乃為蒙旗之地方組織，與旗政府缺乏連繫，而此札蘭章京之設置，即負有連繫任務，各蘇木所發生之事項，照例先報告其被統轄之札蘭章京，然後由該札蘭章京率同關係方面呈報旗政府，聽候核辦；遇不關緊要之事，札蘭章京亦有權處理。

本旗在旗政府另設有打瑪二人，輪流長期住於旗政府，管理日常公事或飲食等物品之購製與支配，如同旗政府之「總管」，其地位在札蘭章京以下，較其他事務人員為高。

辦理旗政府公文者，有筆帖式，人數無定，多到數十百人，其中有「筆帖式長」，任公文之主稿及審核事項，地位在一般筆帖式之上；其下又分「輔佐筆帖式」「正式筆帖式」及「學習筆帖式」三種，總之皆為辦理文字上之任務者而已。

與普通筆帖式地位類似者，另有「愛拉特拉」八人，譯為「承啟官」，如同內地各機關之「傳達長」，不過在蒙旗則因彼等能識蒙文之故，猶列為上差，其任務專司向札薩克或高級事官等報告及請示之責，較塔哈拉①之傳送公事而不能當面達某種公事之內容者，微有不同。

管理差役及支配食物等事項者，稱為「德木齊」或「衙門章蓋」，亦稱之為旗政府之「管家」，實則不過為差頭耳。本旗執行此種任務者，亦設有二人，輪流長期在旗政府服務。

自協理以至德木齊，又可通稱之為「上差」，因蒙旗行政之慣例，即位隆如協理，亦係當差性質，故勉強列之於上差內。上差之特點，除在事務上不任勞役外，另有其不同之頂戴，以表示地位之高低。查蒙人之頂戴，原由滿清所規定，除親王、郡王等王公頂戴不論外，其餘各旗事官中所常見者，共有七級，第一

---

① 塔哈拉，即蒙古語「taqar」，意為「差夫」。

級為甲克爾齊，頂乃紅色，無翎；第二級為梅楞，亮藍頂，亦無翎；第三級為札蘭，頂暗藍色，亦無翎；第四級為哈棒，頂與札蘭頂同，有翎；第五級為章蓋，白水晶頂，無翎；第六級為哈，頂與章蓋頂同，有翎；第七級為昆都，頂為不透明之白色，無翎。現時各種頂戴，由各旗札薩克於每年正月舉行開印會時，論其觀察所得之勞績，著加賞賜，各人頂戴之種種，其品級往往較擔任之職務為高，如現任梅楞者，多戴甲克爾齊頂；現任札蘭職者，亦常戴甲克爾齊頂或梅楞頂；至於戴梅楞頂和札蘭頂，在旗政府應筆帖式者尤多。

除上述之種種人員外，旗政府尚有應下差者，由普通之兵丁擔任，如塔哈拉、廚夫、差役等，概無頂戴（亦有廚夫之任務相當於德木齊者，仍有頂戴，如西公旗現任廚夫，為舊日之蘇木章蓋，故戴哈棒頂子）。下差之人數，並無一定，通常有塔哈拉八人，廚夫和差役共五六人，遇事繁亦可增加。

至於蘇木之組織，頗為簡單，有蘇木章蓋一人，秉承旗政府命令，辦理本蘇木之事務，如支配攤派，調動本蘇木往旗政府服役之差人，稽查民間糾紛、地方事件等，皆為蘇木章蓋之責任。其人選常多調動，蓋有辦事馬虎者，不得札薩克之信任，則彼隨時撤差另委；或蘇木章蓋因任職較久，亦可自動請假不幹。蘇木章蓋以下，有昆都一人，幫助蘇木章蓋辦理該蘇木事務，為蒙旗之七品小官。昆都以下，有博索呼若干人，視蘇木所轄戶口之大小而定，則為不列品級之下差，專司跑腿任務者。蘇木無筆帖式，若遇文字上之工作，由蘇木章蓋①

本旗共有六蘇木，亦分東、西。郭勒、咪爾、旨棍等蘇木，即為東三蘇木；阿諾郝爾欽、烏伯爾郝爾欽、梅勒多爾等蘇木，又稱西三蘇木；分別被轄於東、西二札蘭，其內部之組織相同。

茲將本旗旗政組織之主要系統，列表如下：

① 此處闕文一行。

旗政府——札薩克——{東協理、西協理}——管旗章京——{東梅楞、西梅楞}——札蘭章京

{打瑪、筆帖式長}——{愛拉特拉、筆帖式、德木齊}——蘇木——蘇木章蓋——昆都——博索呼——兵丁

本旗前任札薩克巴寶多爾濟，極端保守，治下甚嚴，迄今本旗蒙人，既無新進之特殊人物，亦無甚不法之事件發生。現任札薩克林貝子馭下雖較寬，但當巴氏嚴刑峻法之後，人民對上仍莫敢稍示不敬，而巴氏今猶健在，種種旗政，林貝子受其影響不淺。故若在承認王公制度之原則下而考察其政治之現狀，可云較任何旗為優。巴氏父子相繼，内部毫無糾紛，即對於整個烏盟而言，亦居領導地位。因東西兩公旗之札薩克先後夭折，故在三公旗中，將長久藉本旗撐持門面，庶不致稍遜於四子王及達爾罕等旗也。即對於新興事業各方面，因林貝子較乃父明達遠見，及時代潮流激蕩之故，亦可循次以①。今旗政府之下差中，喇嘛負役者甚多，蓋其他平民丁壯，均多撥充軍役，故旗政府執役者，自以喇嘛為得宜，此種向日為旗府政令所不及之上等神聖階層，今亦被揭穿其本來面目，而打倒一部分只知消費，不事生產者之地位矣。蒙旗向多喇嘛，希冀逃避差役，為其原因之一。今則喇嘛仍須執勞役（精通經典者除外），而所謂「至上」之虛偽，亦已被摧殘，故當喇嘛者從此漸少。又如林貝子對於教育之推進，亦甚具熱忱，願為履行中央當局之希望；不過本旗缺乏教師人材，及懂教育利益之父老等，此則為他日教育進步遲緩之原因耳。總之，本旗若無帝國主義者之勢力侵入，從事煽惑破壞等工作，則一種漸進之形態，已告養成，將跟隨綏蒙其他各旗之後，而有種種進步，此則可以樂觀者。

① 此處闕文一行。

至於旗政府目前之人數方面，札薩克林慶僧格，現年四十二三，因環境及乃父之影響，以致其人之思想，仍多含守舊因素。不過林氏對事圓滑，不敢得罪任何方面，故對於中央與地方當局之願望等，仍可實現五六分，倘國軍能固守綏東、綏北之防務，不使任何帝國主義者侵入，則中央與地方當局欲在本旗推動新事業，殊無甚困難。

東協理補林巴德虎，現年六十餘，為保守派中之中①，年近五十，任職不過數年，但為巴氏父子所信任，去冬調解西公旗之護印糾紛，即由巴盟長派那氏代表辦理；平時常在王府伴隨林王父子閒居，亦不時代理各項事務。其人內臟有病，故精神不甚佳。管旗章京呼赫，去歲始經任職；前任之諾憲已告老歸家。梅楞章京齊波克札布、孟克那森，札蘭章京那隆、諾爾布巴拉等，年皆在四十以上，內中梅楞齊波克札布因家居離旗政府不遠，又以從公多年，為巴氏父子所深信，故所負之責任較重，平時遇事即就近請彼前來主持。現任各事官中，有　共同現象，即均不懂漢話，故除照舊辦理旗政府之事務外，對其他一切之應酬活動等，俱非所長，亦殊不欲為之，可謂集守舊分子之大成矣。

本旗行政，猶在人治時代，知其人而對其事之認識實已過半。推動政務者，每年有三次大會，即開印會，封印會與行政大會是也。開印會舉行於每年正月，封印會舉行於每年十二月，兩次會議均為隆盛之儀式，開印會較封印會尤為熱鬧。行政大會通常於每年七月舉行之，本年（一九三七年）因七月為林貝子之兒完婚，故提前於六月舉行。三次大會出席人數，自東西協理以至蘇木章蓋，不下數十；札薩克則僅於開會之第一日到旗政府巡視，旋即返王府，待核大會之議案。開會時無所謂主席，群聚一蒙古包內，隨便發言；不過事實上講話最多者，仍為各重要事官，至於蘇木章蓋等，只接受命令而已。所有大會討論之案件，均隨時呈札薩克作最後決定，其有認為不妥者，須另為討論，故名為會議，而實權仍在札薩克一

① 此處闕文一行。

人之手。討論事項之內容，不外例行公事。開印會重在儀式，封印會偏重報告，獨行政大會討論旗政府之開銷、各蘇木之攤派，以及司法案件等，較為重要。

旗政府之平時行政，負責人採輪班辦法，每年十二〔個〕月，東西協理各輪班一〔個〕月，管旗章京、梅楞章京、札蘭章京等五人，每人各輪班二〔個〕月；實則旗政府平日之負責人，乃為打瑪，其他各事官遇事始來。辦理公文之筆帖式與應下差之廚夫等，共分四班輪流任職，每人年輪三〔個〕月，有時亦可請假。平時握旗政府之大權者，仍為札薩克，遇事由旗政府派愛拉特拉前往請示，聽候核辦。

因現任事官中無懂漢話者，對於和漢人接洽事項與札薩克對外交際等，另有一班與外差人員類似之事官，此等事官多為本旗前山人，居家於包頭、安北附近，故漢話尚佳，外情亦較為熟（習）〔悉〕。此種外差人員受札薩克之委托，辦理種種對外事宜，其與王府之關係，較之與旗政府更為密切，且十九為台吉，以額爾肯巴雅爾為首。額氏曾任本旗之管旗章京，現為王府伯通打之一，掌王府財政大權，並兼綏北護路副司令部副官、中公旗保安總隊長等職，頗為林氏父子所信任。其次為包頭本旗辦公處處長德力格森，常充任林貝子之翻譯，負對外交際責任。另有管理王府在安北糧地事務之智光，與專收地租銀之圖木爾濟，亦為札薩克所倚重。青年中有巴圖畢力格、韓葆、色爾固令等，亦皆漸露頭角。關於徵收商票捐與水草銀等之沙姆楞（綽號三駄子）、森興補等，乃林氏父子聚斂之臣，自亦受另眼之優待。此等外差人員所影響於蒙漢關係者極大，既可左右林氏父子之對外舉動，又操本旗關涉漢人事項之大權。去歲（一九三六年）本旗與安北設治局武力競徵大煙罰款，為此等人士所鼓動；而在本旗境內之漢農漢商等，亦已吃虧不淺。此一班對外人員，俱無成事之材，而有作梗之力，故本旗與漢人關係之良否，與此種外差人員息息相通，在林氏本人未脫離衆人之漩渦前，對外交際，仍大受其影響。

（二）人口

自比丁制度廢棄後，蒙旗人口，即難有詳①。旗政府對於攤派抽役事項，委諸各蘇木辦理，故對全旗人口之出生死亡等，不甚注意，若干年調查一次，調查既不求十分精確，而對外報告，則又隱匿真相，往往以多報少。因蒙旗有地廣人稀之特殊現象，外人入境調查者，無從措手，即欲估計，亦難得其近似值。今後若非另想調查蒙旗人口之辦法，積久而益不可收拾。

本旗之人口數目，即已成迷，入境調查者，其所得之結果互異，綏遠省政府之調查報告，簡記本旗有蒙人二萬餘，漢人五百餘，此實不能認為可靠；即旗政府之檔案所記，亦多致疑之點。茲錄其檔案上之戶口與人丁數目如下表：

蘇木名稱	戶口數(户)	人口數(人)
郭勒	一〇七	一四七
咪爾	八二	四一〇
旨棍	六七	三四七
阿諾郝爾欽	一四五	七二六
烏伯爾郝爾欽	四四	二四七
梅勒多爾	五八	三八〇
總計	五〇三	二二五七

① 此處闕失四字。

上表共有戶口數五零三，丁數二二五七，姑無論其數目確否，而本身即有致疑之處：郭勒蘇木戶口數為一零七，丁數為一四七，此以常理推之，較為相近；但梅勒多爾蘇木戶口數為五八，而丁數為三八零，平均每戶六丁強，無論生齒如何繁盛之民族，當無每戶平均有六丁強者，矧蒙古民族之生齒，原極落後，往往一人娶二三妻而不養一男者有之，何來平均每戶六丁？再查咪爾、旨棍、阿諾郝爾欽、烏伯爾郝爾欽等四蘇木，其每戶之平均丁數，亦均為五強，以同樣理由，而可揭發其謬誤。實則上表中除郭勒蘇木外，其他各蘇木之丁數，必均為其人口數，蓋每戶之丁數，平均決不能多至五六，而每戶平均之人口數為五或六，則以事實相近。故若假定郭勒蘇木每戶為五人，而其他各蘇木之丁數均認為人口數，則得本旗之戶口與人口數如下表：

蘇木名稱	戶口數（户）	人口數（人）
郭勒	一〇七	五三五
咪爾	八二	四一〇
旨棍	六七	三四七
阿爾郝爾欽	一四五	七二六
烏伯爾郝爾欽	四四	二四七
梅勒多爾	五八	三八〇
總計	五〇三	二六四五

上表共計戶口數五零三，人口數二六四五，再就表之本身觀察，可云無大錯誤。但若追源事實，則仍

大可致疑。蓋此數僅及綏遠省政府所調查之蒙人數十分之一，縱然因喇嘛人口尚未計入，致覺其數微，然即加入約二千之喇嘛人口數（喇嘛人口數調查，詳喇嘛教），全旗之總人口，仍不上五千，猶不過為省政府所調查者之五分〔之〕一。固然綏遠省政府之統計數字，用何方法調查所得，未見登錄，而其統計恐不無粗製濫造之嫌；但用以下二事證明，亦覺本旗之戶口數與人口數，較上述大相〔徑庭〕。

去歲（一九三六）因綏北事件①之威脅，本旗為鞏固地方防務，擴充軍隊至九百餘人。此九百餘人，自然概為丁壯，其中並無喇嘛，而漢人在本旗當兵者，僅前山極少數之護路隊，合計亦不過十餘人。故此九百餘軍隊，即可云為本旗九百餘之丁數；加上旗政府與王府應上下差之丁數（喇嘛差人除外）及不執賤役之貴族等，共約三四百人，則本旗實有之丁數，至少有一千三百；平均每丁以四口計算，當有人口數五千二百（按以戶口數計算人口數，普通常假定每户平均爲五口；今以丁數推計人口數，則平均只宜以四口計算，蓋每戶亦有二丁或三丁者）；再加上喇嘛人口，而計全旗之總人口數，至少亦為七千餘。此足知檔案記載之數目不確者一。

在本旗經商之漢人，根據去歲已領頭等票之商號數目而論，共計一百三十餘家；今歲將商票改為上中下三等，現已領票者，約近二百家，而各地小商號尚未領票者甚多。據曾在本旗西北部經商三十年之崔恒山掌櫃云：僅本旗西北部一帶，所有大小買賣，共亦不下四百家；在本旗其他各地經商者，縱遠不及西北之衆，但至少亦有買賣百家；全旗所有之漢人買賣，總計大小當在五百家以上。此等漢商貿易之對象，自俱為蒙人，吾人假定半數買賣之對象為外蒙人及本旗之喇嘛，其餘約二百五十家買賣貿易之對象，必為本旗蒙人而無疑，每家買賣非與四五戶以上之蒙人交易，決難維持其營業，若每家買賣平均以擁有四戶蒙人計算，二百五十家買賣所擁有之蒙戶，即有千家數，每戶平均以五口計之，其人口數即有五

① 指一九三六年十一月至十二月間晉綏等軍隊攻克百靈廟的戰事。

千；何況實際像王府及居於前山之一部分蒙人，其交易與消費等之物品，皆不經過本旗境內商人之輾轉作用，而直接與安北、包頭等縣局商號為貿易對象。此足知檔案數目不確者二。

夫本旗之舊檔案，不知何日所查，其統計數字原不甚可靠，而對外報告，又常以多報少，敷衍塞責，若靠其所填檔案上之記載，即以為千真萬確，則誤矣。

去春（一九三六）各旗大雪為災，其後由地方當局合同綏境蒙政會放賑，據查本旗請領賑款之蒙人數，共為五千二百零一人，此等數目中，喇嘛人口，不在其內，王府與事官家庭之人口，亦不在其內；若從五千二百零一人中，加上約二千之喇嘛人口及王府與事官等之人口百餘，共得本旗蒙人之總數，約為七千四百，庶與事實相近。

至於本旗境內之漢人，除去種地農民歸各縣局管轄者不計外，僅有工、商二種。漢商有商號、帳房及肩販等種種區別，其人數極無一定，若平均每家以三人估計之，約有商人一千五百名；工人逗留本旗境內者，多為皮匠、泥木匠、氈匠及鐵匠、畫匠等，最近王府正興土木，僅該處亦有各匠五十餘人，全部工人之數目，約為二百以上；加上黑沙圖之駐軍百餘，黑沙圖、太陽廟等地之關卡人員數十，全旗共有漢人數目，約為二千。

（三）治安

中公旗偏僻於綏蒙西北，遠在陰山正幹以後，除毗連各縣局之區域外，餘則純為草地，環境使然，不易藏匿盜匪；而本旗蒙民，又皆樸素自守，不知豪華與浪費，並善於守窮，不感經濟之重大壓迫；且怵於前任札薩克巴寶多爾濟之峻法嚴刑，大都不敢觸犯刑章；蒙人彼此間之感情，亦至為融洽，從少滋生事端，故牧區安謐，無何騷動。在本旗境內之漢人，又皆各有生計，寄治於人，更不致為非。旗政府在各要隘及重要地帶，向來駐軍把守，稽查雖懈，鎮懾有餘，所以本旗治安，目下尚稱良好，倘無外來之煽惑欺壓，則此種平淡現象，可望長期保持。

六　司法

一國家或一部落司法之良窳，必視該國家、部落文化之高低；而文化之高低，又須視教育之發達與否。故司法、教育，息息相通，決未有在教育落後之區，而其司法可以突飛猛進者也。蒙旗文化之閉塞，教育之廢弛，乃為鐵一般之事實，在此等地方，對於司法，縱客觀潮流需要其進步，而主觀上之法律條文，或辦理司法者，以及一般之風俗習慣，亦不能使其司法合於近世潮流，帶有進步色彩；而事實上，仍必為行諸遊牧部落之舊式司法，惟間或有一二畸形之變態耳。

各旗行政與司法，夙所未分，辦理地方事務及旗府行政之事官，亦即為司法上之檢查及審判者；尤以蒙旗百務，尚在「人治」時代，一切均為「人」之關係所左右，札薩克、事官之言行，人民奉敬之惟謹，而其口頭告誡，亦可視之為玉律；加以自民國成立以來，從無適合蒙旗訴訟之單行法規，須令各旗嚴格遵守，故事實上民國以來之訟案，仍不得不遵照遜清時之解決方法辦理，雖時代潮流日有進步，而進步之法律條文未備，豈獨能責蒙旗辦理司法者之頭腦守舊乎？

且夫今日各旗之經濟形態，仍以牧畜為主要；而其整個社會之習氣，更不外為一種遊牧之部落社會，故人民之野性未除，犯罪之行為，頗易發生，尤以酒後為甚，有時非嚴行峻法，不足以警遏凶頑，故大鏈、木枷等刑具，遊行示衆之懲罰，在蒙旗仍慣用之。蓋若採顧及犯人之體膚及名譽等進步之處分法，其在蒙疆草地，殆將失其效用，而必使犯罪者因褻玩而加多矣。

當此新舊潮流交替之時，蒙旗司法之窳舊，殆事實使然，無足怪異；若必欲抄襲外來之進步條文，強令蒙旗執行，將見戛戛不入，反易滋生事端。惟有從提高整個之蒙旗文化，及訓練蒙旗司法人材人手，則為時雖久，而收效甚易，且可免出意外。

至於蒙漢人間之畸形事件，如足破壞兩民族之感情者，或軍人干涉司法之荒謬舉措，則宜急切下令禁止之，庶不致使其禍蔓延，以致招收意外影響。

本旗偏處於綏蒙西北，文化較他旗落後，教育晚近始加創辦，距收效之期尚遠，故司法上所表現者，尤為窳舊。不過本旗與漢人之關係較少，即有糾紛，亦比較容易解決，醞釀兩民族間惡感之事態，不易發生；又以本旗蒙兵尚未至跋扈程度，故軍人干涉司法之事，不易發生，確為一種良好現象。而前任札薩克巴寶多爾濟，對於懲罰奸民，非常嚴厲，其餘威猶在，故蒙人亦不敢輕舉妄動，以故全旗地面雖廣，匪盜絕跡，至今所有之訟案，惟小偷等瑣事及債務糾紛而已。茲詳為探討，敘述如下：

（一）監禁罪犯

本旗無土牢及黑房等之設施，其監禁罪犯，惟採蒙旗舊法，分「遊蘇木」與「遊全旗」兩種，其不及「遊蘇木」之罪者，則往往於罪案審判後，加以鞭撻了事。倘於犯人未經定讞①，而一時又不及審問，必須看管者，仍交各蘇木百姓看管之，何時圓案，即派人前往提取，或由該看管人送來。

所謂「遊蘇木」者，乃將罪犯審判完畢，定以「遊蘇木」之罪，則即帶上鐵鏈等刑具，由旗政府派人押解歸該罪犯所轄之蘇木，或該罪犯犯罪之蘇木懲罰（有時罪犯仍由送來之人帶交往遊之蘇木，則旗政府連派解差之手續亦省去），由該蘇木全體戶口，輪流看管犯人，解差轉回，凡被輪之往戶，除負責供給犯人之飲食外，並須嚴予監視，倘犯人乘機逃逸，該住戶須負完全責任。直至遊完該蘇木之全體住戶時，始由最後一戶，將犯人送回旗政府，再由旗政府事官釋放。

至於「遊全旗」之意義與辦法，完全與「遊蘇木」相同，只是犯人所犯之罪更大，非遊經全旗示衆不可，故特定「遊全旗」之處分辦法。

① 讞（yàn），審判定罪。

蒙旗地面遼闊，人煙稀少，各戶住地，每不相鄰，故遇「遊蘇木」之案，往往非經年難了；若被罰「遊全旗」，則更積年累月，結案遙遙無期，甚至有終身拖死於案內者，此殆類似省縣司法之無期徒刑也。不過事實上判「遊全旗」之案極少，蓋遇匪盜等特殊重大之罪犯，亦有時判為槍斃，而不取此久經時日之辦法。但判「遊蘇木」者，本旗則甚多，年必數見。此種監禁罪犯之方式，即置暴露犯人之惡名譽以不顧，而其辦法之笨重，亦甚可訾議，何況因懲一罪犯，即能擾及全蘇木或全旗之蒙人，自更有未妥。然對於警惕一般民衆，確能收相當效果，在此蒙旗尚未成立監獄以前，「遊蘇木」或「遊全旗」之監禁罪犯，亦無辦法中之辦法也。

（二）刑具

懲罰罪犯之刑具，各旗大致類似，本旗所有者，亦為鐵鏈、皮鞭、皮掌子、手銬、足鐐種種。鐵鏈大小共三副，大鐵鏈重量約有百斤，不過用以警惕衆人耳，實際甚少戴之者；中、小之二副鐵鏈，各重三四十斤或二十餘斤，則不時取用。皮鞭一對，長五六尺；皮掌子一對，形似平鞋底，此二物置於旗政府辦公之蒙古包門首，取用時歸達哈拉負責執行（按西公旗歸拖郭齊負責執行），用畢仍置原處。手銬、足鐐各有數副，在犯人定讞後，隨同鐵鏈，於「遊蘇木」或「遊全旗」時擇用之。此種刑具，除粗大之鐵鏈外，亦省縣各司法機關所常有，其作用自亦普遍，無須詳述。

惟本旗尚有一種不常慣用之鞍刑，刑具之外像似馬鞍，施用此刑時，先使犯人跪下，再逼令兩肘骨著地，將刑具置於罪犯之背部，用細繩縛住犯人之兩拇指與兩大足趾，使反繫於鞍刑上，然後用泥土壓刑具，使縛住指趾之細繩逐漸緊張，而犯人之痛苦亦逐漸加大，以達其施刑之目的。此種刑具，可稱特殊，亦可稱之為非刑，實足為窳舊司法之代表。

（三）蒙人訴訟之解決情形

蒙人彼此間發生爭執或訴訟案件，可先至被管轄之蘇木章蓋處受審，蘇木章蓋若認為事態不甚嚴重，即為之進行調解或審判，往往能代謀解決；若判斷為雙方所聽命，而一方必須受鞭責等刑罰者，則因蘇木無此種刑具，乃將該罪犯移至附近之駐軍處，由駐軍按照蘇木章蓋所判之刑，加以實施，訟案即告解決。

但遇蒙人兩造糾紛事件甚為重大，非蘇木章蓋之權限所能代謀解決者，或兩造經過蘇木章蓋一度審訊，仍有不服者，則蘇木章蓋立將此種案件移送旗政府，由旗政府值班之事官如管旗章京、梅楞章京或札蘭章京等，呈明札薩克，奉命再為審判。大抵各種蒙人間之糾紛，經過此次判斷後，可得滿足解決，屆時被處分之一方，或打或罰，或送「遊蘇木」，立即執行，而案情遂亦告終。

至於特殊訟案，或當時旗政府值班事官不及奉命審判，或審判後仍未能結案者，則統由每年七月、十二月，或正月之各次旗務大會上解決之，舉凡本旗間之蒙人爭訟，至是無論其案情如何重大與複雜，必能謀得解決，蓋除此之外，本旗已無職權更高之機關或會議，而能謀訟案之解決者。

本旗司法情形，亦有不經上述之程序，而逕由旗政府值班事官解決者，如日前看守舊王府之喇嘛，曾私將蒙人之逸馬捉來乘騎，被人告發，由旗政府派人傳該喇嘛到案，罰受皮鞭一百，當即執行結案。但大致言之，蒙人彼此間訴訟之解決程序，以蘇木章蓋之受理為第一審，旗政府之值班事官奉命解決為第二審，各次旗務大會之結案為第三審，此種程序非必欲遵之，不過實為蒙旗司法上之層次也。

（四）蒙漢人及漢人訴訟之解決情形

蒙漢人在本旗之爭訟案，以買賣發生者為最多；其次則為竊盜。凡遇有關蒙漢人之訟案，亦可按照解決蒙人間之訟案程序辦理；但以直來旗政府告發者為多。此種案件，因涉及兩民族間之爭執，平心而論，審案之事官等，確不免徇私，漢人有十分理由者，最多能判個八分；反之則蒙人只有七八分理由，即不難判成十分。此種案件之原告，亦有漢人，彼等何不於就近之臨河、五原或安北等縣局控告蒙人歟？據云在縣局起訴，雖可得公平之解決，但各縣局離被告之居處地甚遠，縣局縱然准狀，而派差傳人等等，非常麻煩，其結果所耗之訴訟費極大，每成得不償失；且近年省縣優待蒙旗，對於蒙人壓迫漢人情事，常偽作不知，即知之亦常代為包涵，故使漢人之含冤者，仍難望如律昭雪。以此之故，漢人自問有十足理由者，惟有至旗政府控告蒙人，既可省點訴訟費，終能雪幾許冤情；否則除忍受外，別無他法。

蒙漢人爭訟結果，蒙人須受處罰者，旗政府當局即按照處罰蒙人間訴訟之方法辦理之，仍不外打、罰與「遊蘇木」等項。至於漢人須受處罰者，除鞭撻立即執行外，其有必須監禁者，則由旗政府備文送往附近各縣局，要求如審辦理，各縣局審察案情屬實，亦能代為執行；「遊蘇木」等之監禁方法，不適用於漢人。

關於蒙漢人間之爭訟，尚有一種畸形現象，即旗政府派出收水草銀及商票稅之徵收員，在善丹廟一帶之商業區，常常受理商人與蒙人之訟案，其受理之後，判案之標準，常視賄賂大小而定，商人所進之賄賂大者，即虧理亦能勝訴；若不先進賄賂，則勝訴者定為蒙人。善丹廟距旗政府約近三百里，故該地之蒙漢人，因買賣上之糾紛，常為節省跋涉計，就近告到每年由旗政府派往收水草銀及商票稅者之臨時住處。此種徵收員，在蒙人中，原係比較熟（習）〔悉〕商場情形者，因此遂逐漸干預司法，旗政府之札薩克與事官等，不知彼之受賄賂情形，以為關於商界事務，原係委派彼等辦理，自有權過問其糾紛；而各地之商人及有商務上糾紛之蒙人，遂誤認此種徵收員為旗政府之特使，專爲審問訟案而來，故常請彼等解決一切。久之，此種徵收員遂藉其事以報私怨、飽私囊，不但每年因此之收入，甚有可觀，而自己在一方幾成為霸主，即旗政府之事官等，亦不及其權威。此種事件在他旗極少，即有之亦不顯明，惟獨本旗因地廣人稀，而札薩克、事官等又比較守舊，信賴此種徵收員斂財，故縱有人控告彼等者，亦常為之遮掩，於是其行動逐漸跋扈，亦無人敢再向旗政府或面向札薩克控告者（按此種徵收員，皆為本旗前山人，能講漢話，習有澆薄之惡漢習，欺蒙詭詐等術甚佳，故札薩克與事官等能信任之，蓋利其多斂錢也。有號三駄子者，在善丹廟一帶之威力極大，漢人受其壓迫者，均敢怒而不敢言）。

又蒙漢人間之重大爭訟案件，亦有不經過附近之縣局，逕由本旗旗政府移往綏遠省政府辦理者，此乃為晉綏當局優遇蒙旗對策下之畸形現象，惟實例不多。

至於純粹漢人間之案件，旗政府亦常受理，如漢商競爭買賣之糾紛，及包定本旗各區域抓羊毛等等，亦常發生爭執，就近告到旗政府，旗府頗能秉公代為解決。不過若落入上述各徵收員手者，則往往因賄賂等情，反易使事態擴大。

（五）附盟司法之概況

本旗前札薩克巴寶多爾濟，現任烏蘭察布盟正盟長，故對於全盟之司法案件，亦歸本旗辦理。按盟政府不但為一盟政務之最高機關，同時亦握全盟司法之最後決定權，舉凡本盟所轄各旗，其內部有甚不能解決之爭執，以及兩旗以上所發生之糾紛案件，為任何一旗權力所不能達到者，照例均由盟政府辦理。但以今日之事實而論，則盟政府殊少受理司法案件，如去冬西公旗因護印糾紛，事官一方告到盟政府，要求代為解決。此種事件，雖似為司法案件，實則係政治糾紛，不能盡由司法之觀點論列之。但除此種事件以外，自巴前札薩克就任盟長後，即未發生甚上告盟政府之司法爭執。

不過盟政府既為一盟之高級機關，在蒙旗庶政頗為紊亂之今日，其有來盟政府起訴之司法案件，盟政府必然受理，而視事件之輕重，由盟長委任本旗事官及札薩克等辦理之，然最後之決定權，仍在盟長耳。

至於盟司法上之設備，則因盟政府原未成立正式之辦公地點，一切均附屬本旗旗政府辦理之，故關於司法上倘有甚需要，當然仍由本旗旗政府供給，但現事實上並未至需要之時也。

七　軍事

蒙旗之經濟、政治等諸端，及今俱無甚顯著進步，若持之與外界比擬，不逮遠甚。獨軍事一項，各旗不但因軍隊之數目，均有可觀，即論其兵力，若稍加訓練與整頓，即頗不弱。此殆由於蒙旗向重武力，而人民又能成天然騎兵之故；益以晚近十餘年來，各旗對於羅致各種槍械，增加常備兵數目，幾成一致之風尚，而蒙兵雖少加訓練，第以打牲狩獵等遊戲，乃為練習射擊之最良方法，是以既經取得新式武器後，即能應用自如，不特其騎術較普通騎兵為優，即瞄準等技術，有時亦能過之。以故各旗之自衛力量，殊不可侮，惟如何利之以固國防，則尚待實行整理與訓練耳。

考各旗之所以擴充蒙兵，不僅居於向日之尚武精神，而以下三種原因，殆有所致之也：（一）地方不靖，宵小橫行，省縣當局之保衛力量，不能深入蒙旗，故蒙人需要軍隊自衛。（二）蒙旗除自衛之外，對於往來旗境之漢商，亦需要保護，此護路保商隊之所以成立也。（三）軍事力量左右政局，乃為國內軍閥二十餘年來之一貫方法，故擴軍之風，盛極一時；蒙人亦略知此中奧妙，以為保持強大軍隊，尚可望意外收穫，故近數年來，綏蒙各旗雖已安靖，而各旗蒙兵與武器之數量，猶年有增加也。

且蒙兵雖為義務應差性質，充當者容有不願，然因藉護路保商等之名，或藉水草捐之收入及漢農之攤派等，不但旗政府無須另籌養兵之費，而蒙兵且有時能斂私財，其一年之收入，有較晉綏軍一正式兵丁為多者。於是札薩克、事官等，固樂保持較多之軍隊，以資炫耀；而士兵又或為差役之習慣所範圍，以為當差服役，乃彼等之天職；而熟稔斂財之法者，更可藉當兵以謀收入，較諸在家閒居，豈不益多便利，此所以各旗之蒙兵雖多，而上猶有擴充之興趣，下亦無怨懟之言詞也。惟漢商漢農，則已不堪其苦。

本旗土地廣闊，西北與外蒙為鄰，因政治、社會等內幕異趣，故旗府當局，常視外蒙如蛇蠍，而又畏外蒙若虎狼，備邊不可不緊，軍隊不可不多；又因西來商路，首經本旗境內，故對於護路保商，亦較重要。旗政府之最高當局林貝子父子及其下之親信事官等，即按此二種需要，編制本旗蒙兵。且本旗在烏蘭察布盟之範圍內，向來人口較他旗略多，而財產等亦較他旗略富；尤以在烏盟之蒙政上，久居領導地位；凡此種種，均為本旗蒙兵增多之原因，迄今不但人數為烏盟各旗之冠，即槍械數目，恐亦非四子王等旗所可及，只尚無各種機槍、大砲，故實力猶不免遜色。茲分別敘述如下：

（一）兵力與編制種類

本旗平時有衛戍軍隊及護路保商隊共約四百名；去冬（一九三六年冬）因綏東、綏北之挺戰事件，本旗事先常受百靈廟蒙政會及某方之威脅，曾將全部軍隊集中，把守山口及鞏固王府與旗政府者，共計有九百餘人，可謂開本旗軍隊數量之先例，而亦幾達目前擴充軍隊之極限也。百靈廟、大廟相繼克復以後，挺戰之役勝利，本旗被召集之蒙兵，遂仍逐漸解散，迄今恢復舊觀，名義雖有六百名，實際仍只四百名上下，即此四百名以內，亦仍多請假者，故目下之兵力，並不雄厚。

因軍隊之任務，略有不同，其編制，遂大別分為二種：一為護路保商隊，長期服務，名額定為三百，分編五隊，每隊最初均定為五十名，後以各地之需要不同，而士兵中亦有請長假者，故迄今各隊士兵之人數，頗不一致，大抵在四十至六十之間，除請短假者外，平時駐於商道通路，負保商之責任者，約為二百名。每隊設隊長一人，分一二三四五順次編制，其名曰「中公旗護路保商隊第某隊隊長」。現任五隊長之名如下：額爾肯巴雅爾、韓葆、巴爾檔、那木色楞、薩丹巴，而額爾肯巴雅爾為王府伯通打之一（按王府有兩伯〔通〕打），曾任旗政府管旗章京，且係台吉，頗得林王父子信任，不但護路事宜由彼一人總管，即本旗徵收大煙過境稅及駱駝捐等，亦由彼負責，故除兼任綏北護路副司令部之副官外，並兼本旗保安隊總隊長，名義上所有本旗之護路保商隊及各邊區之衛戍軍隊，均由彼一人掌管，實則五個護路保商隊隊長，權限不相上下，只款項等由彼負責經理。至於其他各地之衛戍軍隊，事實上彼更不過問，由旗政府直交各蘇木章蓋負責。

另一種編制，即為本旗各邊區之衛戍兵，以及拱衛旗政府及王府者，輪班服務性質，每人年任役四〔個〕月，其人數平時亦定額為三百兵，分成十餘個單位，每單位為兩班，共二十人，除西倉（即林王等居住之王府）駐兩單位，旗政府和旗政府旁之王府共駐兩單位外，其他各單位，多派駐於本旗之北部及西北一帶。士兵之人選，由各蘇木分別派定，平時即由各蘇木章蓋按照旗政府規定，輪流調動，每處駐二（個）月一換班，故除有班長外，上面並無負責人。此三百名士兵，平時亦多請假者，實際留戍人數，恐不上二百；但若遇警，由統轄之蘇木章蓋隨時下令，即可傳到；且因交通不便之故，旗政府另付各蘇木章蓋以便宜行事之使命，隨時俱可增調。

現有全部護路保商隊，分駐於至包頭經安北、黑沙圖以至太陽廟一線，其駐地共有六處，即為楊家台、南官井、西水泉、黑沙圖、柳樹泉及太陽廟六地，另有少許人數留於包頭綏北護路副司令部。楊家台在烏拉山前，離包頭甚近，額爾肯巴雅爾之家庭住於斯，常停留王府專供運大煙及商貨之汽車，不啻為護路保商隊之大本營；此外黑沙圖亦常留較多之士兵，並雇漢人充司書；其他四處，所留士兵較少。擔負衛戍責任之蒙兵，駐於烏蘭奇嘐、察罕瓦丹拉及善丹廟等地，其駐地常因情形調動，凡劃歸某蘇木章蓋管轄者，只須在該蘇木附近，可以隨便遷調。

至於士兵所用之馬匹，以自備為原則，大抵任護路保商之責者，其兵丁半為抽派，半為自願，故漢人當兵者亦有之。自願兵之馬概出自備，而抽派者則可由各蘇木供給，但必須其自身確為無馬，經調查屬實者而後可。至於服衛戍兵役者，無一漢人，其馬匹大部自備，少數無馬者，由蘇木抽調有馬群蒙人之逸馬供給，限士兵妥為保護，規定之期間滿後，仍由蘇木代為更換；倘因病死亡，由士兵負責賠償。

（二）兵器

本旗所有兵器，概為各種雜色之步槍，另有少許馬槍與手槍，共百枝左右。至步槍數目，在昔外人頗少知者，至去歲集中九百多蒙兵，每人槍械俱全，故由此知其步槍數目，約在一千上下。此種槍械之來源，多為買之匪類及剿匪時獲得者，蓋過去十餘年間，綏西之匪氛甚熾，西北軍離綏時，遺失在民間之槍械亦甚多，故本旗能有機會從事收買與搜集也。槍械之另一種來源，即為晉綏軍事當局之贈予。民國二十四年（一九三五年）冬，林王赴太原時，一次即領到步槍百枝，子彈一萬發；此外陸續贈給者，當亦不在少數。子彈之來源，則可購者不多，尤靠晉綏當局贈予。迄今本旗尚無機槍與迫擊砲等物，而步槍數目雖衆，子彈頗感缺乏，故兵器力量之發揮，亦甚有限也。

（三）軍紀與訓練

軍紀與訓練，一般之蒙旗軍隊，本不足道，蓋蒙兵根本未受訓練，未習軍紀，故對於一切淺近之軍事常識與禮節，自均茫然不知，亦無足怪異。本旗蒙兵，關於護路保商隊一部分，因常往來包頭、安北等縣局，觀摩習慣之結果，尚有普通軍服，望之知為軍人，而簡單之舉手禮等，多數能知，但亦不習用；後山之衛戍蒙兵，則除多一槍桿，或腰纏數十粒子彈外，其一切情形，與普通之蒙人無異。此兩種士兵，均無訓練，對於射擊瞄準等，專恃馬上打牲，作動的演習，故精於打牲者，必精於射擊，尤以在馬上打槍之本領，可云較一般久經訓練之騎兵為佳。至於軍紀，一般士兵尚不知之為何物，第以服從長官命令，嚴守服役範圍，盡忠個人職責而論，則雖國軍之經長期訓練者，其較之本旗衛戍之蒙古兵，亦未必更優也。此殆由於蒙人善服從及負責任之美德所致，故雖不經訓練，亦仍能保守其原有之美德，而恰與訓練後之軍紀，不謀而合。

（四）兵種之強弱與特長

本旗蒙兵，概為精騎射之民衆，故若施以正當之訓練，實不難成為強有力之騎兵。惟現因未受訓練，毫無軍事知識之故，論其力量，並不算強，若與久經訓練，而又富於軍事知識之軍隊相遇，則此種烏合之衆，勢必敗北；且一經受挫，即能自相踐踏，潰不成軍，故雖數衆，亦絕不可恃。但蒙兵之強力，另有一種表現方式，即保旗剿匪是也。蒙兵剿匪，能不顧生死，雖一人遇數十匪衆，亦能憑險頑抗；若蒙兵與土匪之人數相埒，則土匪必敗無疑。蓋蒙兵非似各縣局之保安隊貪生怕死者，彼等為保護本旗而戰，則毫無懼色；加以土匪亦為烏合之衆，其所好所貪，不過貨財耳，誰不願保存生命，俾享受其所劫取之貨財？而蒙兵則不然，彼雖同為烏合之衆，但熟（習）〔悉〕地勢，能明道里之遠近，增援因此利便；同時蒙兵為保護本旗之一切而戰，乃視為神聖義務，雖死不悔。凡此種種，皆土匪之所不逮，故歷來綏西一帶土匪，不懼駐軍與縣局保安隊，而獨畏蒙兵者，此等原因所致也。

若夫蒙兵之特長，亦不外下述種種：1.本其善服從與守責任之美德，容易克盡軍人之天職。2.能耐勞苦，給養極易，遇警亦不避。3.習於騎射，可成自然騎兵。4.因護鄉土與衛長官而戰，能奮不顧身。此外本旗留戍後山之駐軍，一般之身體，均比較健強，而無大煙嗜好；即痛飲各種酒質，亦被禁止，如是又較綏蒙其他各旗之蒙兵為佳。至任護路保商職務者，則因往來各縣局之故，嗜大煙者不少，身體逐漸摧殘，遂改其本來面目矣。

（五）士兵之給養

全旗士兵之給養，亦依編制而有差別，在後山擔任衛戍之責者，仍按蒙旗當差慣例，在被輪服役時，人與馬均由旗政府維持生活，士兵之飲食不外炒米、磚茶、羊肉，尤以炒米、磚茶為主，羊肉每班按月發給二頭〔羊〕；馬冬季由旗政府供給馬料，其他可以放牧時，均由士兵自動放牧。此項衛戍兵之費用，概由旗政府於每年所入之水草銀、駱駝捐內開支，發交各蘇木章蓋等分配，不足時於旗務大會上，由各蘇木分攤。

護路保商隊之給養，完全仰給於保商費用，緣包頭綏西保安司令部，附設有綏西各蒙旗護路保商隊辦公處，藉收統一徵稅之效，以免各旗分別設卡，使商人有到處捐稅之感。凡駝隊所經過之各旗，均歸護路保商隊辦公處徵收護路費，給以票據，至各旗經過時，只須驗票而不必納稅。辦公處則將所收護路費，除提四成充辦公費用外，仍按商人所走之道路，發還各旗。所有辦公處之辦公人員，除綏西保安司令部撥充一部分外，餘俱為各旗所派。各旗即將收回之護路費以養護路保商隊，多則多給，少則少發，故實際上與旗政府之財政，不發生若何關係。護路保商隊之給養，較衛戍之蒙兵優裕，食品白麵、炒米、羊肉等均有；活動之士兵，且能另向商人徵取賞銀等。

關於士兵服裝，亦由公家發給，衛戍兵年只一套大布裌長袍，與蒙人平日所穿者無異，其費用仍出自旗政府收入之水草銀、駱駝捐及攤派；護路保商隊則年發單棉兩套，俱為灰色軍服，撥護路費製之，蓋以應往來縣局環境上之需要也。

（六）綏北護路副司令部

綏北護路副司令部產生於民國二十四年（一九三五年）冬季，當時百靈廟蒙政會漸有異動，綏北局面混沌，太原綏靖公署乃加派綏省府主席傅作義為綏北護路司令，烏盟副盟長、中公旗前任札薩克巴寶多爾濟（當時巴尚未陞正盟長）為綏北護路副司令。其產生之動機，雖發軔於綏北之特殊關係，而其產生之原因，則不外因人設官。蓋巴副盟長既非綏遠省政府委員，亦非太原或綏遠各機關之高等顧問，而前此綏遠省政府委之為烏伊兩盟十三旗駐綏聯合辦事處（今改為綏遠蒙旗辦事處）副處長亦不就（後改委沙貝子），故乃不得不另想名義範圍之。即從事實立論，亦可證明之為因人設官。蓋當時商隊改走黑沙圖包頭線，綏北固無路可護，即今日中公旗商路，亦仍歸綏西護路司令部（司令王靖國，副司令阿寶珍）管轄，故傅作義氏之綏北護路司令部，自始即未打算成立，即已成立之綏北護路副司令部，亦無事可做。

民國二十四年（一九三五年）冬，太原綏靖公署派定巴寶多爾濟為綏北護路副司令後，巴氏即派其子林慶僧格代表赴太原謝委，並同時要求槍枝及經費等項。林氏在太原逗留甚久，並曾繞道赴平。在太原交涉結果，一次領到步槍百枝，子彈萬發，規定副司令部地址設於包頭，每月經費為八百元，由綏靖公署發給，副司令以下設參謀、副官、翻譯及辦事員四人。林氏返旗路過包頭時，即代乃父成立司令部於口袋房巷本旗駐包辦公處，與乃父商議結果：確定副司令月薪為四百元；其下改設參謀長一人，由旗政府西協理那僧敖齊兼任，月薪一百二十元；副官長一人，由管旗章京諾憲兼任，月薪八十元；翻譯一人，由駐包辦公處處長德力格森兼任，月薪三十元；書記一人，聘漢人倪秉鈞擔任，月薪二十元；以上共開支經費六百五十元，其餘一百五十元，算作辦公及衛兵、差役等之費用。

去秋又以經費不足開支為辭，要求太原綏署增加，後被核准再按月增三百元，現副司令部每月經費為一千一百元，除副官長改由額爾肯巴雅爾擔任，其他舊員無變動外，另添參謀二人，副官二人，衛隊長一人，每人月薪均為二十元；衛隊人數，亦略有增加，故部內尚稱熱鬧。

（七）本旗軍事之前途

自太原當局委派巴寶多爾濟為綏北護路副司令以後，不久巴氏父子復兼綏境蒙政會委員及副委員長、民治處長等，巴氏嗣更陞為烏蘭察布盟盟長。而其屬下之親信、事官及書記等，或成為綏境蒙政會職員，或在副司令部支薪，俱各求仁得仁，暫告滿足。現彼等所認為遺憾者，除護路保商隊有護路費收入，可資挹注外，另有長期衛戍後山之數百蒙兵，其費用雖有水草銀及駱駝捐等收入補助，尚嫌不足；而護路費之收入，近亦見動搖（西路商旅因感綏蒙地方平靜，無須護路蒙兵，已在向地方當局請願取消中），故頗思取得一筆養兵大費，去歲與安北當局爭徵大煙罰款，其動機即在此；其後未能如願，一部分事官，復盼林慶僧格能入京向中央請求，仿照綏蒙各種司令部之補助辦法，由中央按月補助數千元，庶蒙兵除給養不須仰賴旗政府外，每人且有數元月餉，則上下滿足矣。

查中公旗位於綏蒙由後山入我西北各省之孔道，其地位遠較四子王、達爾罕等旗為重要。蓋即以敵人侵我西北之路線而論，萬一大廟、百靈廟等處有失，國軍如能在綏東、綏北固守陰山一線，再以大兵扼守中公旗，則敵人西進之目的，仍不能實現。故中公旗在平時為四子王、達爾罕等旗有力之後援，騎兵可以順後山草地前進；在萬分危急時，仍可作西北各省最後之屏藩，若捨中公旗而不守，則欲保守寧、甘、青一帶，必更為困難矣。且中公旗與外蒙毗連之界線甚長，最近外蒙對於昆督斯之強迫收回（其事將另為報告），以啟其內侵之漸，若中公旗之防務空虛，不幸外蒙赤黨南下與敵偽爭奪內蒙，則仍沿民國二年（一九一三）之路線，越狼山、烏拉山而下，屆時綏西恐非我有矣！綏西若失，豈特綏遠不保，而晉、陝、甘、寧亦大受威脅，必接踵以被敵人所攫取也。明乎此，則知中公旗有防禦敵偽與外蒙兩種作用，其所處地勢之重要，遠非四子王、達爾罕等旗所可比擬。

夫中公旗當局，在目前已有相當滿足；即其兵費一層，他日亦不難達到願望。所最宜注意者，乃中公旗今後之真正防務耳！若欲用中公旗本身以固其防地，而為西北各省作最後之保障，則宜詳為開導，以促中公旗當局明白其利害，而自求努力。若認為其蹣跚必然誤事，則宜以國家之力量，建築中公旗之整個邊防，以為保守西北之張本。今就目前之情形觀之，此種重要工作，仍似用政府和蒙旗之合力為可靠。換言之，在已滿足中公旗當局之願望下，而由中央軍事當局派員來旗訓練蒙兵，勘察防地，並供給種種費用，而作到蒙兵可由中央隨時調動，防務可由中央軍與蒙兵共守，誠能如是，始足收防敵偽與外蒙而鞏固我西北邊防之效果。否則若僅在滿足中公旗當局之願望，使其能作到表面上之服從，不致有擾亂後防之憂而止；則一旦敵偽與外蒙侵來，中公旗當局之態度，隨時可以轉變，而其結果受影響者為整個華北與西北，受損失者乃為整個國家，屆時後悔無及矣！

八　財政

財政為行政、建設等之母，無財政而談行政，未免空虛；無財政而談建設，類似望梅止渴，或因此減其實效，或因此成為妄想。蒙旗向行攤派與差役制度，從公者無俸給之收入，為民者有派牲之義務，其結果雖能使行政不因無財政收入而停頓，然足以減輕人民對政治之興趣，固不待言；流弊所及，一般蒙民以為設立旗政府，不過為由彼等供養少數人之生活而已，甚麼「政乃衆人之事」，政應由「衆人管理」等，距蒙民所瞭解之程度極遠，致此之由雖多，無正當之財政收支，要為其一也。至於蒙旗無建設，亦從少聞其人談建設，更因無財政所致耳。

值茲金錢萬能之今日，誘人之社會，處處發揮金錢之魔力，而其勢焰更無孔不入，足能衝破一切境界。故向衣粗布、羊皮之蒙人，今亦有非洋貨不可者；向食炒米、羊肉、磚茶、奶食者，今亦有日嘗海味者矣；洋房雖尚未發現於蒙旗，而王公、事官等屋內之陳設，已不少舶來之物；尤以汽車代步，行於各旗之普遍，使人不禁有數十百年後，蒙人亦不習騎術之感！在此近代消費之狂瀾，波及蒙旗草地以後，曩日實行攤派與差役財政制度之旗政府及王府等，至今雖仍維持向有之攤派，擴大向有之攤派，而事實上自仍供不應求，消費者難期滿足。於是種種新的攤派，新的徵收，遂適應而生：舉凡商票捐、水草銀、護路費、大煙款、地皮錢、林礦稅等等，名目繁多，種類不一，或一旗兼而有之，或各旗巧立稅名，要之在綏蒙各旗中，無不具備。至於歲租分產等正當收入，猶其次者也。為辦理此種新式財政收入，各旗常於旗政府附設專管財政機關，或劃某項收入歸某某管轄等，所謂有既已盡開源之道，自無須講節流之方，而源遠流長，彼消費者遂於是滿足。

本旗人口較多，牧業較盛，曩日攤派，常冠他旗。自從種種新稅收名目成立後，本旗得天獨厚，對於新稅之收入，依然可望名列前茅，不稍示弱；而居於前山之本旗蒙人，亦善能應用其特有知識與習慣，講聚斂致富之道，至今不但王府和旗政府之收入銳增，即此等主持聚斂之私人，亦各皆大腹便便矣。茲容詳誌於下：

(一)地方稅收

地方稅收，因其主管有所不同，大致可分別為王府收入與旗政府收入兩種。歸於王府者，有商票捐、大煙過境稅，與大煙罰款等。歸於旗政府者，有水草銀、護路費與駱駝捐，及歲租等。此外王府與旗政府同向各蘇木取給供養料之一部分或全部及特殊之攤派等，亦勉強可列之為地方稅收；而王府復另有回領地及私墾地之分收糧食，此則史近於王府之私產。至於曩昔之比丁銀及荒價等，則因比丁制度早經廢除，放墾事亦由中央明令停止，而已不能算作財政上之收入。綏遠墾務總局過去拖欠本旗之荒價及歲租等，迄今未清者，雖仍有數萬，但究能否歸還，以及何時歸還等，未有所定，故亦不能列作一定之收入。茲將王府與旗政府每年大致固定之稅收，一一詳述之如下：

1. 王府之收入：

商票捐　關於買賣詳情，將於本報告實業中說明之。茲就商票捐一項言，在去歲以前，本旗之商票捐，僅有一種，即規定凡大買賣年出商票銀五十元，收票銀之差員，另收手續費四元，由王府發給繕寫成之商票一張，票上除規定票價為五十四元外，並寫明在何處經商，地域範圍，略加限制；商票為蒙文，自領票之日起，有效期間為一年，後蓋王府特備之關防。嗣經收票銀之徵收員，擅收票價五十九元，謂五十元為正捐，八元為附加之兵費，其餘一元為手續費云。商人即按此出之，並無異言。至於較小買賣，王府原恩寬蠲免其稅，但徵收員則於此中取利不少，有時將已進賄賂之大買賣，亦向王府報成小買賣，結果王府無從查考。按本旗有號三馱子者，以徵收商票捐與水草銀致富，現有資財七八萬，皆因受賄而來。林王父子明知其奸，而因彼善聚斂之故，迄今仍用為徵收員。

去歲在王府領取商票之買賣，共計一百三十餘家，王府收入，每張以五十元計算，可入六千七八百元。今歲復將商票捐改為三等，除頭等之票價維持原狀外，二等票價為二十五元，三等票價為十三元，並定明六人以上之買賣為頭等，三人以上者為二等，一二人者為三等，而將附加取消，商票亦改成石印。察王府之目的，不過為欲擴充收入，使昔日不及頭等票之買賣，今亦有領二三等票之束縛，以為頭等票價收入仍舊，而二三等票之收入，則為新增者矣；一面又將附加四元取消，以為商人可因此減輕負擔。誰知徵收員既仍舊，彼輩自有方法受賄。迄今為止，已來旗政府領票之大小買賣（商票由旗政府代王府辦理），仍不上二百家，而實際之稅收，則增加無幾。據曾在善丹廟經商三十年之崔恒山掌櫃云，即本旗西北部一帶，所有之大小買賣，共亦不下四百家（按領票買賣依帳房計算，每頂帳房領一票，如大字號派出十餘頂帳房兜攬買賣者，即須領十餘張票）。現雖仍有來旗政府領票及徵收員帶票前往發給者，但決難如買賣之數目給票，則可斷言。本年度之商票捐，最多亦不過較往年增收二千元。由此即知徵收員受賄之途徑矣（按商票捐在前數年每張為現銀十二兩，於民國二十年左右，由三馱子等獻計增加）。

大煙過境稅　前任旗政府管旗章京額爾肯巴雅爾，後被任為王府伯通打之一，於數年前獻計於黑沙圖設卡，徵收大煙過境稅，初未為晉綏當局所許可；嗣以蒙綏稅收糾紛掀起（按即前百靈廟蒙政會與晉綏當局之稅務糾紛），晉綏當局遂利之以抗廟蒙會①，其事乃成，規定每過一大煙駝，不論載煙多寡，由中公旗當局收過境稅十元。林王父子遂委額爾肯巴雅爾辦理，並為酬勞計，除由收入所購之汽車等歸王府外，以其他所得之三分之一，撥歸額氏私人。此項稅捐，其數無定，須視西路大煙駝入境之多寡為斷，大抵每年能收入萬元左右，而實歸王府者約六千元。今歲至目前為止，已入境之煙駝為六百餘，六、七、八等月無煙駝東來，即有亦為極少數；九月以後漸多，十月至次年三月為旺月，煙駝來者最為踴躍。聞去歲林貝子之叔（按巴王弟兄三人，巴排行第二，尚有一弟在），爭分大煙過境稅，當時曾給予五百元云。

大煙罰款　凡屬本旗已墾之私墾地與回領地，每年種植大煙者，由臨河、五原、安北各縣局徵收大煙罰款，劈全數四成與本旗王府，每年收入約二千元。查私墾地乃未經報墾之地，蒙人認為私地，自應有其主權；回領地乃報墾之後，仍由蒙人向墾務局出錢領回者；此二種土地，常易發生爭執。去歲當伊大喇嘛與石王在前山械鬥時，本旗一部分事官向林王父子獻計，主張將本旗之私墾地與回領地（幾全部為王府所有，一部分歸本旗居於前山之蒙人）所有之大煙罰款全部收回（此等種大煙之地，大部在安北境內之小佘太），以供本旗衛戍兵之餉需。林王父子從之，遂派蒙兵進駐小佘太，直接向煙農強徵，幾釀成昂然鉅波。幸當時安北設治局讓步，未與力爭；及西公旗事件解決，伊大喇嘛叔侄授首，林王父子有所戒懼，乃自動撤回蒙兵，並將已徵之大煙罰款千餘元退還安北當局，仍遵照劈全數四成之規定辦理。

回領地與私墾地之分收糧食　王府所有之回領地與私墾地，共約四百餘頃，其中水旱地均有，旱地

① 廟蒙會，指設於百靈廟之蒙古地方自治政務委員會，簡稱百靈廟蒙政會。

按二八或三七分糧，因土質不佳，出產比較有限；水地則須視過水多寡之情形而論，於每年丈青時決定之。此種水地，王府與耕農三七或四六分糧，以客歲之情形而言，丈青地共有四十餘頃，此等土地之出產，平均每畝以六斗計，每頃可產六十石，四十餘頃，可收糧二千六七百石，即全部按三七分收，王府可能分得者，約為八百石，但因種種關係，王府去年之實在收數，連其他之旱地亦在內，共五百餘石。倘在去歲以前，如遇去歲之情形，收入不過四百餘石，蓋尚有對地方之攤派也。自去歲以後，所有本旗回領地之一切攤派，均經綏遠省政府下令蠲免矣（按省令為民國二十四年冬季所頒）。

各蘇木之攤派　蒙人之牲畜財產，對於其隸屬之王府與旗政府，均負有無限制之義務，旗政府之財政有所不足時，由各蘇木攤派之，自不待言。即王府有所需求，各蘇木亦得同樣負擔。如西公旗前石王在世時購買汽車，其經費即由蒙人攤派。惟本旗之王府，向稱富裕，現時所有本旗之各種大宗收入，又皆劃歸王府，故除遇婚喪及大興土木等時期外，殊少向各蘇木攤款。但各蘇木每日須供給王府一羊，以備札薩克及其家人宰食，故各蘇木平時每年向王府攤羊三百六十頭，其數亦甚有可觀。

凡上所述，本旗王府一年之收入，約有商票捐八千元，大煙過境稅六千元，大煙罰款二千元，雜糧五百餘石，各蘇木所供之羊三百六十頭；而王府原有之私產，積蓄生利，及林王父子之薪俸收入，與向各蘇木之特別攤派，尚不在內。查王府在去春之大雪災以前，僅羊隻亦上三萬頭；經過雪災損失後，現有山綿羊約一萬八千頭，馬八百餘匹，駱駝五六百頭，牛三百餘頭；其積蓄生利者，有在黑沙圖等地出資經營之買賣；而林王父子現有之年俸收入，亦上萬元（指綏境蒙政會與綏北護路副司令部兩處）；其餘各蘇木之特別攤派與盟長札薩克收入之禮品，尚無從計及。由此可知王府收入之富裕，而明白蒙漢人對林王父子之負擔矣！

2. 旗政府之收入：

水草銀　綏蒙各旗，對於水草銀一項，多劃為王府之收入，獨本旗歸旗政府取用，亦所以補助旗政府之窮也。查水草銀乃漢人所有牲口在蒙旗放牧或經過蒙地之一種特別負擔，其內容約可別為二類：一為在蒙地長期放牧者，規定每駝年出水草銀一元，馬牛一頭各年納五角，羊則每頭年納五分；出此種水草銀者，多為商人，因商人以常收買牲口關係，故大都兼營附牧；此種水草銀，由派出收商票捐之徵收員兼辦，亦常以多報少，藉此以肥私囊。另一種為駱駝過境之水草銀，即還經過本旗地界，往來東西商路之駱駝，無論是否載貨，每次每駝徵水草銀二角，由旗政府派人常駐黑沙圖、善丹廟、太陽廟一帶徵收之（按太陽廟亦有西公旗之駝捐卡，兩旗憑商人所走之路線，分別徵收水草銀，並無衝突）；倘西路駱駝在黑沙圖卸貨之後（多為大煙馱子），在本旗境內擇地放場者，不論一二個月，每駝另收保場捐三角（按即由蒙人保護場內駱駝，不使走失，故特收保場捐；實則駱駝由駝夫自放，並無走失之虞，故此保場捐仍為水草費）。至於由包頭運貨至本旗之駱駝，若為商人雇來者，來回一次，亦納水草銀二角。

商人附牧之水草銀，每年約收入千餘元（若認真徵收，可得數千元）。過往駱駝及保場捐等，收入旺時，年近千元，平均年僅五六百元。旗政府全部水草銀之收入，年約二千元。

護路費與駱駝捐　護路費與駱駝捐，其名稱雖有差別，而實際則一，蓋同為徵收經過本旗商貨之捐稅也。不過護路費乃指本旗每年從包頭護路保商隊辦公處（其情形見本旗軍事報告）所分得之經費而言，因自本旗往來西路之商駝較多，本旗每年約可分護路費萬元左右。至於駱駝捐，乃本旗直接向商人徵收之捐款，凡零細小商，未在包頭護路保商隊辦公處繳納護路費，領有票據者，經過本旗時，每貨駝收駝捐四角（大煙駝除外），歸收水草銀者同時徵收，每年可入五六百元（其用途與護路費略異，下文詳之）。

歲租　本旗土地面積雖大，而已放墾之地，則實不多，嗣後又經王府領回數百頃，實際能收歲租之地，不上二千頃。所謂歲租者，乃與官租對稱，原為一種優待蒙人辦法，即凡蒙旗放墾地，除當時收三成五之荒價外，並規定自墾地升科以後，地方政府徵收官租，而蒙旗亦得徵收歲租，只不過歲租之數額，遠較官租(包括地方政府自墾地取得之一切而言,若僅指田賦,則其數額反不及歲租)為少耳。歲租之高低,視土地之優劣而定,大抵自上水地以至次旱地,每頃年納地租三元以下,以至四至五角為止,平均以一元左右者,較為普遍。本旗年可收歲租銀一千三四百元,歸旗政府派員長駐前山經理之,所收歲租銀,隨時解交旗政府。

各蘇木之攤派 旗政府之一切費用,在曩昔無新稅收入時,原完全取給於全旗六蘇木,攤派之多寡,視旗政府之消費以為衡,並無定數;但除特殊費用外,大概之數目,每年相差無幾。茲分述其種類如下:

(1)旗政府之飲食費用: 每一蘇木,年供兩月,每月應攤綿羊八頭,山羊兩頭,磚茶五塊,炒米、白麵視各月之消耗而定,每月所需白麵約二百斤,炒米約一石;並由輪班蘇木派人至本旗鹽海子取鹽;平日雖吃羊油,但點燈仍需少許之胡麻油。若以目前時價計算,旗政府每月之飲食等費用,約為百元。

(2)小學之飲食費: 在昔未有中央之教育補助費以前,本旗自辦小學,所予各蘇木之負擔,年為二千餘元。今則各蘇木雖仍供給小學師生之飲食費用,但每月除撥教育補助費一百元,以作師生膳食外,而教員薪金等,已可不再擔負。故各蘇木現下對於小學之負擔,全年約為千餘元。

(3)養兵費: 全旗之護路保商隊,靠每年所收之護路費養之,可不擾及各蘇木。但衛戍各地之蒙兵,則雖有水草銀與駱駝捐之收入,仍嫌不足,其每年須各蘇木攤派者,多則五六千元,少亦二三千元,此為本旗蒙民較大之經常負擔,而為事官等亟思設法解除者。

(4)特殊攤派: 旗政府之經常費用,今本可取給於歲租之收入,但若遇特殊事項,其消耗超出歲租之收入額者,或多或少,均向各蘇木攤派之。其事殊無一定,且為一種不定期之攤派,故難加以估計。

總計旗政府之常年收入,有水草銀約二千元,護路費約萬元,駱駝捐約五六百元,歲租約一千三四百元,共約為一萬四千元;另有各蘇木之種種攤派,就其可以估計者而言,年約為六七千元。惟特殊之攤派除外。

（二）差徭

差徭之實行於蒙旗，歷史最悠久，而其實行辦法之周嚴，人民凜遵之精神，以及實行差徭制度之效果等，一一彌足稱道，較之內地所倡之人民服役，則大相徑庭。蓋因蒙旗經濟猶滯留於牧畜時代，所有放牧等生產事宜，婦兒即能經營，男子在家，本無所事事，故有長期時間，在旗政府、王府等應種種差役。又以蒙人服從成性，習慣差徭已久，故幾視應差為當然，亦不覺其可憎；少數知之而厭惡者，苦無法擺脫，自惟跟着履行。

蒙旗差徭，大概可別之為二類：一為上差，辦理旗政府與王府之文字事項，按月輪班，此卸彼來，不致間斷。一為下差，如旗政府之廚役、走卒、差人等，王府之車夫、羊倌等，以及應兵役者皆屬之。此種下差，有按月輪班者，有數月或半年一更者，亦有長期執役者，其人數最多，其情形最苦，而其阻礙於蒙旗經濟之改革，使生產分子不能發揮其力量者亦至大。故苟不圖蒙旗經濟之改進及生產樣式之變革則已，否則對此廢置生產力之差徭制度，首宜加以改善。

本旗之差徭，亦有王府與旗政府之分，在王府應差役者，原則上應為王爺倉所轄之平民（慣例稱奴才），但事實上往往例外，除辦理公文及抄寫賬目等之筆帖式，隨時由札薩克抽調，歸各蘇木派送外，王府散放各地之畜群，一部分由蘇木輪派十餘人代牧，每季一換班，牧丁張幕而居，隨水草遷徙，飲食由王府供給，並按季發給衣服及帽靴等；王府所用之燃料，為本旗西北部特產之「加干」（其詳細見林礦），亦歸各蘇木派人搬運。最近王府建築房屋，除泥木匠雇用漢人外，其他執役者，概為派差；平民婦女，善於女縫者，亦常由王府徵調執役；其平時差役不足使喚，以及駕駛汽車之蒙人等，均為差徭性質。總之，王府之一切享受，雖僅為少數人所有，而其一切事務，則為各蘇木衆人之事，凡有差遣，隨派隨到。

至於旗政府之差徭，較有秩序：主持公事者，東西協理年各坐班二〔個〕月，且少來府，不過平時遇有要事及開旗務大會等，則隨請隨應。自管旗章京以至東西梅倫及東西札蘭等五人，每年各坐班二〔個〕月。辦理公文之筆帖式，共分四班，每班二十餘人，每人年服務三〔個〕月，惟平時請假者甚多。愛拉特拉八人，亦與四班輪流服務。本旗另有打瑪二人（即旗政府之管家），衙門章蓋二人（即差役頭），輪流值班，每人年服務六〔個〕月。以上種種，可稱為上差。下差中以服兵役之人數最多，護路保商隊與衛戍蒙兵，平時共約四百人，視環境之需要，常有增減；在旗政府執役者，有廚役，有塔哈拉，有取柴工人，有擔水夫，除塔哈拉八人為長期服役外，其餘或每月一更，或每季一更，共約十餘人。小學之事務，與旗政府分開，按月由各蘇木供給三人執役。本旗在旗政府應廚役、取柴、擔水之責者，多為各召廟之喇嘛。據云喇嘛應差發軔於前二年，當時林王父子因感旗內壯丁多派執兵役，人數不敷分配，乃下令凡各召廟不懂經文之喇嘛，均得輪流在王府與旗政府服役。此舉大損喇嘛教之尊嚴，故本旗當喇嘛者，應因此漸減。

此外派充護路保商隊隊長，管理護路等事宜，以及在包頭本旗辦公處服務，綏北護路副司令部掛名，安北運糧局收糧，五、臨、安等縣局徵收歲租，關卡及商業區徵收水草銀、商票捐等者，大多為在旗政府應過上差，現告長假者。或雖不懂蒙文，而能説漢語，爲林王父子所信任者。此種人員，均有收入，或為明白規定，或暗中自動聚斂，故不得視之為差徭。

除蒙人均各在旗政府或王府有差徭義務外，蒙人所養之牲畜，同樣有差役義務：如搬運「加干」及食鹽或其他物品時，需要駱駝；旗政府人士因公往來，須要坐騎等是。旗政府按月有三匹逸馬應差，由各蘇木輪流供給，每半月一換，蒙名「阿耶木日」①，勉強可譯之為「拴馬」，其意即指拴於繩索上之馬，等候騎坐者（按草地缺乏林木，拴馬之處，常相隔二三丈，各插木樁，中縛以繩，馬即拴於繩上。本旗府旁，

① 阿耶木日，似即蒙古語「aya mori」，意為「役馬」。

此種木樁繩索，幾長半里，同時可拴馬百餘匹）。除派定之駱駝及馬匹外，塔哈拉持烏拉牌傳遞公事，其所經過處之任何駝群馬群，若有需要，隨時可以套用，蒙民不得拒絕（有駝馬群之漢人，亦受同樣待遇）。此種牲畜差役，且不分旗別，甲旗之塔哈拉，可以套取乙旗之駝馬；除有功於旗政府或衆人之事官，經過札薩克下令免役者，可不受烏拉牌之支配外，其他即現任之協理、管旗章京等，亦不能避免。

（三）支配情形

王府財政之支配詳情，無從知悉，就其犖犖大者而言，約有林貝子之出遊費、王府購製費及消耗、宗教費、汽車消費，以及差役之消費等種種。自內蒙實行自治以後，巴王雖累以年邁為辭，不肯往來省縣（曾到過百靈廟及德王府），而林貝子則不時率同隨員，往返綏、包及太原、平、津一帶，二月前即曾在包、綏、平、津逗留多時，連購製等，共耗費二萬餘元。此當為王府開支之較大者，且為歷年僅見之舉措。但林貝子遊綏、包，下五台之機會則較多，每次之消費，亦非二三千元不可。王府之購製費與消耗，普通亦不外乎洋貨等類之工藝品，以及衣食住各部分所需之物；前此林貝子在天津，除為其子完婚，購買種種奢侈品外，並費七千餘元，購得新式小轎子汽車一輛，當為購製中之最大者。宗教費用，以下五台磕頭時所耗為大；其次則王府男女年往阿拉善旗之阿桂廟①磕頭一次，消費亦不下數百元；對於王府喇嘛念經及賞賜等，年亦非千元不可；總計王府耗於宗教之費用，平均年約為二千元。王府共有大小汽車七輛，雖停頓時多，開動時少，但每年亦須耗汽油費四五千元；汽車夫之工資與飲食，約二千元（除三〔名〕充當汽車夫之漢人給工資外，蒙人為應差性質，只給賞賜）。至於差役之消費，分飲食及衣料、帽靴等種種，為數雖甚鉅，但因有私墾地與回領地之雜糧收入，及自己生產之羊皮等，每年僅須買粗糙之洋貨與大布足矣，其結果所費，亦不過千元。

---

① 阿桂廟，今作阿貴廟，即今磴口。

總之王府財政之支配情形，頗難確定，就其可資估計者而言，每年約有林貝子之出遊費二三千元，王府之購製與消耗萬元，宗教費二千元，汽車消費六七千元，差役之衣料等費千元，合計約為二萬餘元。其不能估計之特殊消費，當然除外。

旗政府財政之支配情形，則甚顯明：水草銀與駱駝捐共二千五六百元，撥歸衛戍兵之消費；護路費萬元，由護路保商隊之長官與士兵開支；歲租一千三四百元，供旗政府之購製等及宗教費用（按旗政府於春秋二季，在孔督倫廟①念大經二次，屆時有喇嘛近千人，除供其飲食外，並略有賞賜）；所有各蘇木之種種攤派，大致均係量出為入（其詳見前），支配有定；而每年若有剩餘，自可累至下年支配；其不足之款，亦即恃攤派彌補，不愁虧欠，此殆為蒙旗財政上之一特色。

九　交通

蒙旗交通情形，原極落後，所謂交通綱者，在蒙旗尚難構成，舉凡往來所必經，而水泉齊備者，即為道路，二者缺一不可。蒙旗原多草地，表面平坦，駝馬通行無阻，即有沙河處，倘能預為勘察注意，欲走汽車，亦無困難。行者若自備飲食，而又熟（習）〔悉〕各地水井，則因四境平安，匪盜絕跡之故，往來亦稱利便。至道里之距離遠近，以蒙人概係馬程，往來奔馳，轉瞬數十里，故往往以多計少，殊欠詳確；其有商道過境處，始因逐日駝程，由駝夫稍加估計，概數不難得悉。若夫運輸情形，其工具仍不外以駱駝為主，用之代步亦可；但若專取其②府因稅收旺盛，已購不少汽車，無論運物或載人，又較駝馬等便利多矣。

---

① 孔督倫，今作昆都侖。

② 此處闕文一行。

不過此種近代交通工具，僅王府及與王府有關者能享受之，當非旗內一般蒙漢人所可希冀。此外關於通信，則本旗仍恃傳遞為主；去歲各旗實行通郵，獨本旗當局婉示辭卻之意，而北平郵局派來辦理通郵事務之人員，亦以本旗遠在綏蒙西北，對於實地視察，首先表示畏難，而在綏幸遇林貝子時，又未能說以利害，使林貝子恍然明白通郵之效果，以故本旗迄今全境仍無一信櫃；所幸黑沙圖尚有一晉綏軍用無線電隊駐紮，故增各方之便利不少。茲分述其交通情形如下：

（一）交通網及道路狀況

若以今日之環境及地理大勢言之，本旗之交通，應以沿外蒙邊境為一線，自東向西為一線，由旗政府分赴包頭、五原、臨河及外蒙等地為南北各路線。但因井水及需要等種種關係，除沿外蒙邊境，是否有一路線，不為旗政府人士所悉，各蘇木章蓋等或有知者外，其餘之道路狀況如下：

1. 西路商道與汽車道：此即為自東向西之線，亦即綏遠通西路商道之一，在前百靈廟蒙政會與綏省當局之稅務糾紛未掀起以前，所有西路之駱駝隊，多經此線往返，以利放青。該道東自達爾罕、茂明安、東公等旗入境，經過本旗海溜圖河北段，越洪果爾沙河，旁伊瑪圖小山麓而抵黑沙圖；再由黑沙圖向西，經伊力更烏蘇、哈拉噶且、姆爾固欽、王府旁之黑沙圖（按西路商道在本旗所經過之黑沙圖有二，一在旗政府東南三十里，為外間所素稔之黑沙圖，有機關及買賣等；一為距旗政府西南五六十里，位於林貝子等秋冬各季所住之王府旁約里許之黑沙圖，則各為一地名），色多棒車喀、順德里烏蘭伊力更、多棒，而抵善丹廟；再由善丹廟正西，仍經本旗轄地二百餘里，始入阿拉善旗境，因地名不詳，故從略。此線除善丹廟以西不知情形外，其間自海溜圖河北段以至善丹廟，只黑沙圖有機關和買賣，姆爾固欽、色多棒車喀、順德里烏蘭伊力更亦各有買賣二三家，此外所經地名，有水井而無人煙，蓋駝道過境，利於沿途無住戶，庶可便其放青也。

至新綏汽車公司所取之汽車路線，則因須避免沙河而利附近有人煙之故，與商道之路線略有差異；

自海溜圖河北段入境，經洪果爾河、伊瑪圖山，到達黑沙圖；由此行商道南，經烏尼烏蘇、色多棒車喀、惱包泉、小泉、順德里烏蘭伊力更，而至多棒，前此時與商道合，過多棒則復與商道分離，改向西北，（商道則向正西）經白顏溫都爾、那楞，折向正北經洛延烏籠，又向西北經荷雅阿瑪圖，再前即入阿拉善旗境。自黑沙圖以至出本旗地界，除多棒、白顏溫都爾，及洛延烏籠三地外，其他各地，均有買賣四五家或二三家不等，故行走汽車，比較便利。

2. 橫貫本旗西北之通外蒙大道：此道起自阿拉善旗王府，中經距本旗善丹廟西南六十里之阿桂廟（按此廟在阿拉善旗境內，歸阿旗管轄，但與本旗關係甚密切，王府每年有男婦前往磕頭，其去時先由王府乘汽車至善丹廟，再由此乘駝前往，蓋善丹廟與阿桂廟間多沙路，汽車不便行走），再經善丹廟北面二里許之買賣區卻列烏蘭伊力更，朝東北至烏布勒格，有買賣三家；復東北至阿多烏蘇，其北六七里之溪奇勒格，有買賣三家；再東北經烏勒圖噶紹，亦有買賣三四家；又東北經巴噶莫多召，及西伯胡努斯，附近均有蒙戶；前此復東北二三十里，即入外蒙地界。

3. 東南行之道路：東南行之道路，即由本旗前往安北及包頭等縣局者。此道可走汽車，亦走駝隊，不過因放青不便，西來貨商原不經此，只在本旗各地經商者，自包頭販貨，或將在本旗所收皮毛等運往包頭時，其載貨之駱駝，即走此道。但在蒙綏稅收糾紛掀起後，即西路貨駝，亦被迫取道安北至包頭；終因放青不便之故，如運大煙者，駱駝常走至黑沙圖為止，改雇中公旗王府與駐包第七十師師部所合辦之汽車隊載運，因運費較駱駝為昂，商人苦之。

此道自洪果爾河西北及西部，與前述之西路商道及汽車道之路線同；自洪果爾河向東南，經海溜圖（旁海溜圖河，有買賣一家，地因河得名）、色胡同、西水道，而至安北設治局；再由此東南經烏蘭胡同、台梁、南官井、楊家台，即至包頭縣。該道自安北以後，雖亦常涉及西公旗地界，但以三公旗牧地原未劃分，而本旗之蒙民及護路保商隊，且駐至南官井與楊家台一帶，故亦可稱為本旗之道路。沿途均有買賣或村莊。

4. 北行諸道： 由旗政府北行，經巴郭井、溫達潤瓦爾、東大河等地，前入外蒙土謝圖汗部。 此外尚有北行之數道，因不知詳細地名，故從略。

5. 南行道路： 由旗政府越狼山，經烏拉庫倫海、保什皓、義和元穀碾房、通興全地等，可抵五原縣。

(二) 距離里程

距離里程，難期詳確，茲根據商人經驗及各方之估計，照錄如下：

1. 西路商道與汽車道： 自黑沙圖向東直達百靈廟，全線五百餘里；在本旗境內者百餘里，如黑沙圖至洪果爾河七十里，至海溜圖河北段一百四十里，過此則為東公旗。

自黑沙圖以西至善丹廟一段，全長約三百里，其間商道，由黑沙圖至伊力更烏蘇二十里，至哈拉噶且三十五里，至姆爾固欽六十五里，至王府旁之黑沙圖九十五里，至色多棒車喀一百五十五里，至順德里烏蘭伊力更二百一十五里，至多棒二百三十五里。

汽車道自黑沙圖西北出中公旗地界，全長五百餘里，自黑沙圖至烏尼烏蘇一百一十里，至色多棒車喀一百六十里，至腦包泉一百八十里，至小泉二百五十里，至順德里烏蘭伊力更三百里，至多棒三百二十里，至白顏溫都爾三百八十里，至那楞四百四十里，至洛延烏籠五百一十里，至荷雅阿瑪圖五百二十餘里，過此不遠即入阿拉善旗境。

2. 橫貫本旗西北之通外蒙大道： 此道由善丹廟附近之卻列烏蘭伊力更至阿桂廟為六十里；東北至外蒙邊界為百餘里，自卻列烏蘭伊力更至烏布勒格十餘里，至阿多烏蘇五十餘里，至烏勒圖噶紹一百一十餘里，至巴噶莫多召一百三十餘里，至西伯胡努斯一百四十餘里；前此二三十里即入外蒙地界。

3. 東南行之道路： 東南行自旗政府至黑沙圖三十里，實則不下四十里；由黑沙圖至安北設治局三百里，至包頭五百四十里，其間至洪果爾河七十里，至海溜圖一百四十里，至色胡同二百一十里，至西水道二百八十里，至烏蘭胡同三百五十里（西水道至安北二十里），至南官井四百二十里（烏蘭胡同至台梁四十里），至楊家台四百八十里。此皆為駝程，計駱駝自黑沙圖登程，東南赴包頭，八日始達；而汽車亦沿此線。

4. 北行諸道：北行諸道之里程，概約二百里，其稍偏東北與西北者較長，詳情不知。

5. 南行道路：由旗政府越狼山而赴五原，全程約為三百里，往來此道者不多。

（三）運輸情形

運輸工具，仍以駱駝為主，大車等絕少，此外則有汽車。駱駝載重能力，可至四百斤；但以長途勞頓，除自包頭入蒙旗之貨駝，通常或超出三百斤外，其他往來西路者，載重均在三百斤以內。如運大煙土者，各駝最多載四千兩，而載三千兩及三千餘兩者亦有之；貨駝略重，但亦從（未）少過三百斤者。至於運費，短程較昂，如自包頭雇一駝載貨入本旗善丹廟買賣區，價目每日約一元二角，並須管駝夫飲食；若行程只有一二夫，則其價益昂，每駝非一元五六角以上之雇價不可，而仍須管駝夫吃喝。至於西路貨駝，大抵每日雇價一元以下，若遇載客，亦能超出一元，看時期及雇駝時之情形而異，並無劃一價目。

自黑沙圖開始駐紮晉綏軍以後，陸軍第七十師因為送駐軍之給養，乃在包頭開設利民汽車行，附帶經營買賣，至黑沙圖之客票，每張十元，不管飲食；貨價則視物之種類而定，每百斤二元至四元不等。往來行走者，概為無篷之大汽車，載重可至二千斤以上。除利民汽車行外，本旗王府亦有載重汽車四輛、轎子車三輛，前者可供載貨及客用，後者只備為林札薩克往來旗境及包頭自用。王府所有之四輛大車，與利民汽車行合作，往來搬運大煙土及商貨，而平分其利益。至於新綏汽車公司之汽車，則只經過旗境而已，其情形俟另為在綏調查，此處從略。

（四）通信

黑沙圖駐有晉綏軍無線電信局第三十三分隊，隊長郭世友，現回太原受訓，並有通信員李希才、霍俊義二人，勤務兵二人。該台擔任所有黑沙圖機關之收發電報責任，不另取費。本旗當局如欲發電至綏、包時，亦可照發，林貝子與綏遠省政府且可收發密電。此外王府有中央饋送之收音機兩架，每晚可收平、京新聞，有時由充當車夫之漢人為王府人士任翻譯。惟旗政府現既無電台，亦無收音機，故與外界消息隔絕。

去歲交通部在綏蒙各旗擴充郵政，烏伊兩盟所設者有九旗，獨本旗闕如。當時雖因林貝子婉言辭卻，而北平郵局派來設立信櫃者，亦未曾克盡厥職，以致本旗對外之定期通信，尚不可能，此確為一大缺憾！

至於旗政府和盟政府與各旗往返公事，猶靠傳遞，而旗政府與王府間之請示切磋等，亦不外傳遞作用而達目的。旗政府按月有二名愛拉特拉（普通譯為承啟官）值班，專任旗府向林札薩克或巴盟長之傳達事宜，蓋公文閱稿蓋印及其他事情請示辦法等，均為愛拉特拉之專責，雖有時事官或筆帖式亦可前往請示，及派塔哈拉（塔亦作達，視各旗原文讀音之差異而有別）送公文等，但不過因緩急權宜之故耳。

本旗共有塔哈拉八名，常川坐班，長期服務，不輕易離職，每遇派往各旗投送公事等，由旗政府給予公事包及烏拉牌，該塔哈拉即「乘逸」前往，日行數百里，有時若遇緊急事，即黑夜亦須奔馳，故一日夜往往有行五六百里者。所謂「乘逸」與曩之「乘驛」略有差別，曩日各地之台站尚存，沿途均備有驛馬等候，故遜清政府派大臣前往各蒙旗公幹者，大都「乘驛」前往，遇有緊急事項，且須「乘驛」馳往。而塔哈拉之「乘逸」，乃規定由持有烏拉牌之塔哈拉，親自往沿途各住戶馬群，套取逸馬騎坐，多一番套馬手續，而無驛站可資遵行，故稱之謂「乘逸」。此種傳遞辦法，行諸今日未曾開墾之蒙旗，仍非常便利，其效力遠勝郵政，今後若干時期內，仍可行之。

十　教育

蒙旗向受滿清喇嘛政策之薰陶，信仰只為宗教，所謂教育，原只有在旗政府學習書記者，若對漢文漢語，且在禁止之列。此種情形，由來也漸，習慣已久，故自滿清退位，民國成立，而蒙旗之教育事業，依然無所提倡與創造，習慣禁令之影響所致也。

民國元年，本旗曾在今安北設治局附近成立小學，現任札薩克林慶僧格，當時年僅十八歲，即為該小學之學生。其後外蒙偽匪南下，本旗頗受騷擾，新興之教育事業，受一打擊。不久，今安北設治局附近一帶土地均被逼報墾，遊牧人民徙向西北，故該學校遂影響停辦，而本旗之新教育事業，遂致曇花一現，轉瞬中輟矣。

民國十四年，西公旗人郝連陞在包頭成立「三公旗公立兩級小學校」，原欲提倡烏拉特三公旗之教育，而開晚近烏伊兩盟辦理學校之先聲。嗣以主其事者既為西公旗人，而本旗距離包頭又遠，故向少派學生前往；其後學校之景況愈下，末乃釀成為爭權奪利機關，而終於民國二十三年（一九三四）停辦。現雖復課，更已成為名實相符之西公旗小學，而與本旗之關係絕緣焉。

民國二十四年，本旗特聘歸化土默特旗蒙人，希圖成立小學，試辦二載，成績不佳，復有中輟之虞。幸斯時中央政府，對於促進蒙旗教育，不遺餘力，特限令本旗成立小學，並每月由邊疆教育經費項下，補助二百元，故該學校迄今乃得延續。茲分述其情形如下：

（一）學校名稱及地址

民國二十四年（一九三五）成立小學，因設於神河之旁，即名「中公旗神河小學」；校址在旗政府之西南，距旗政府約十里。去冬在旗政府旁建築小房數間及蒙古包一個，自本歲伊始，即將全校師生移來旗政府旁之新校址，並遵教育部命令，改校名為「中公旗小學」。現所有全體學生，均集中於一蒙古包內，只先生佔據兩間新房，其他兩間房子，供事官等來旗時之用。而實則四間新房縱全供學校之用，亦有所不足；且建築之格式，尤不合乎辦教育之用，蓋光線與空氣，均未能顧及也。

（二）沿革

本旗新舊札薩克林王父子頭腦雖舊，但對於創辦小學，向有動機，無奈熟習蒙漢語文之教師，實不易覓，以致遷延時日，未能成立學校。民國二十三年（一九三四）下期，乃派員持公函至歸化土默特旗旗政府，要求該旗府薦一兼通蒙漢語文之教員。緣中公旗當局素聞歸化土默特旗文化早開，而不知其人已皆漢化，故以為必有年富力壯之熟習蒙漢語文人材，遠來後山設帳，縱報酬稍昂，亦在所不惜。當時土默特旗旗政府，於接到本旗之公函後，頗為躊躇，初欲薦該旗翻譯員補音泰先生充任，補先生以年老不勝後山寒氣固辭，而土默特旗青年中，當時實無熟習兩種語文之人材，其後乃改薦該旗蘇木章蓋法福哩來旗。法氏年已六旬，兼有嗜好，雖精神尚佳，怎能當住後山嚴寒？林王父子以人材難得，特為遷就，規定學校於每年舊曆三月始開學，十月即散假，學生念書時間，年只八（個）月。對於法先生之報酬，則除月薪三十元，按十二（個）月開支外，並每月供給大煙膏十二兩，綿羊兩頭，白麵、炒米、磚茶等，隨用隨給。又恐法氏不勝繁劇，另派本旗居住前山、略懂漢文漢語之二青年，輪流輔助。一切預備停妥，乃於民國二十四年三月實行開學，招收學生四十名，所有飲食、文具等，概由旗政府供給，每年所費，總計不下千元。所授課本，除蒙文字頭等外，兼授漢文之三字經、名賢集等。卒以法先生年歲過高，每年在校時間不過六（個）月，而精神亦難貫注，兩年於茲，無甚成績，故去冬准法氏辭職，而本旗之神河小學校，遂因此停辦。

會當時教育部累令各旗成立學校，林王父子因有神河小學損失之打擊，不免心灰，置之不理。故當烏伊兩盟各旗紛紛籌設小學時，獨本旗寂然無聲，於是外間有誤會本旗不願受教育部補助者。

有本旗青年巴圖畢力格，家居前山，向通漢語，曾在家受私塾數年，故漢文亦粗通，夙在旗政府應筆帖式，前此曾輔佐法福哩教授本旗學生功課，去歲復奉派入綏境蒙政會任科員職。其人頭腦尚新，對教育事業頗具熱忱，去歲曾為遵照部令，成立中公旗小學校事，特請假回旗，深勸林貝子接受部令。其實林貝子對辦理本旗小學原甚留意，不過對於教育部所頒佈之辦法，迄不明瞭，故經過巴圖畢力格解釋之後，即委巴氏籌備一切。嗣後乃移去歲七月至十二月之教育經費為建築費，臨時在旗政府旁修蓋土屋，即上所謂四間新房也。

本年舊曆二月，將昔之「中公旗神河小學校」，移來旗政府旁新址，改名為「中公旗小學校」，由本旗札蘭章京洛爾波巴拉任校長。因兼熟蒙漢語文之教員，不易覓得，乃先聘本旗精通蒙文之根敦綽格與阿卑咀二人輪流教授蒙文，一俟聘定熟習蒙漢語文教員，再實行教授漢文漢語。至於教育經費，則以教育部所頒給之二百元為主，不足之數，仍由各蘇木分攤。校長月薪四十元，教員每人月薪三十元，均按十二月發給，故每月共支薪一百元。其餘一百元，則發交各蘇木支配，而由各蘇木分擔校內師生之飲食費用，規定學生每月用羊六隻，教員每月用羊兩隻（校長事實上並不到校，到時亦係應旗政府公事；故飲食由旗政府供給），至於小米、炒米等，則按所用數目，由各蘇木照給。除教員為肉食麵食外，學生每日吃小米飯一次，喝炒米兩次。此外校役三人，亦由蘇木派來輪流值班。目前因僅念蒙文，其課本不外蒙文字頭及博格丟索爾噶拉（康熙帝訓詞之類）①等幾種抄本，故不需書籍費，紙筆墨等由各生自備。總計二百元教育經費，因支配不當，故結果各蘇木每月收入百元，而供全校飲食消費，略有不足，因此稍增蒙人負擔。倘將不負事實責任之校長改為名譽職，或輪流教授之教員，只任職時支薪，則每月二百元經費，必綽綽有餘矣。

（三）學生人數

① 即聖諭廣訓。

學生人數，過去原為四十名。中公旗小學校乃繼續舊日神河小學校而來，故仍為四十名。不過最近在校受課者僅二十一名，其餘未到者，大部居於前山，因多有天花疾病，故非俟治好，暫不准入校。學生每日念書寫字，並不上課，與內地之私塾類似，其一切距教育部所頒佈之標準甚遠。學生年齡，就已在校者而論，最小年齡為十三歲，最大者為十八歲，亦有已入召廟當喇嘛者，仍被招來念書。據聞本旗因喇嘛亦須在旗政府當下差之故，無知識之蒙人，昔可望入召廟以逃差事者，今則若不熟習蒙文，惟有在旗政府任兵役及廚役等差，故對念書之觀念，已漸好轉，招生並不困難，即欲再招四十名，亦無難處云。將來學生熟習漢文漢語後，能在綏境蒙政會等機關服務，兼有收入，則念書之人更多矣。

本旗學生，概為蒙籍，無一漢人子弟。蓋因環境使然，漢人居處地離旗政府太遠，招生者既不招漢人子弟，而漢人亦不願遣子弟來異域念書，而感種種麻煩也。學生中粗懂漢話者甚少，故可稱為純粹之蒙旗教育。至於本旗在外求學之學生，僅北平蒙藏學校有一名，其他包頭、歸綏及南京等處招收蒙旗子弟之學校，本旗並無學生加入，故教育幼稚之情形可知矣。

十一　衛生

衛生與物質環境，互相為用，有可資衛生之物質環境，其衛生之程度自亦高。換言之，凡能講究衛生者，其人之物質環境，必有相當便利，至少亦不致阻礙衛生之進行，此其一。衛生之為用，其效未必立顯，除卻特種戕害身體之舉措以乎時疫病菌之傳染不計外，平日之講衛生與否，端賴人之習慣。蓋注意衛生者，未必即能健康其身體，而不講此道者，亦因習慣成自然，未必即係病夫。由於上述之二種關係，故各種民族或於不同環境居住之同民族等，其衛生之程度，往往相去甚遠。

本旗蒙人大多居止於後山草地，氣候寒冷，風沙甚大，無花草樹木以怡情，無高尚娛樂以悅性，無河流池沼可資洗滌之便利，無森林五金可供器具之製造，衣食住行，不離牲畜之範圍，無衛生之成品可資選擇，種種物質之缺乏，莫不為限制其人之衛生條件，以故衣惟待其破爛而更換，從少加以洗滌者；食則不論生熟之成分，總以裹腹充饑為了事；住所之因陋就簡，與牲畜共寢處等，更在所不計。物質環境之限制如此，如必責其人大不衛生，亦覺稍過。

蒙人衛生習慣之缺乏，自亦為其不衛生之一種原因。彼等以營舊式牧畜經濟之故，日常逐水草，隨牛羊，生活惟求簡單，庶省遷徙之煩。故家居不備臉盆，藉飯碗以作洗臉之器具；拾糞不持糞筐，衣襟聊充盛具，諸如此類，何止數端。與其從井中取水而洗滌器具，莫若變通辦法，敷衍了事。故食肉之刀筷，常就衣襟而擦之；盛湯之碗碟，藉舌以舐餘滴；桌凳污穢，惟利袖揩；衣被糞染，不以為異；做飯者用手持麪肉入鍋，同時亦攫畜糞入爐；擠奶者不時伸手入盛具中撈出畜毛，製奶食者臨時從鍋桶內排除蒼蠅及煙灰。凡此種種不衛生之習慣，皆經歷代相沿，長期養成，至今猶未稍變革，不覺憎惡。故若一旦欲其從此種根深蒂固等不衛生之習慣中，轉而實行衛生之習慣，其可得乎？

物質環境之限制如彼，不衛生習慣之牢固如此，故人民衛生程度之低下，不問可知。今後欲改善其不衛生之事實，自惟有從物質與習慣兩方面進行：補救物質之弊害，非必欲立刻做到蒙人物質享受之滿足也，宜於可能範圍內，充實目前缺乏或不注意收羅採取之物質；糾正其不衛生之習慣，不外提高其文化，廣做衛生宣傳或改變其經濟形態等。促進蒙旗之衛生，不宜圖功太切，而引起蒙人有「大小便不便」之感；亦不應長期坐視，或諱疾忌醫，投鼠忌器，使永無改善糾正之機會。宜不急不徐，作至恰到好處，而能與其他之文化建設等事業並進，則收效雖緩，而成功可期。

至於牲畜方面之衛生情形，亦與人之衛生情形類似，蓋同受物質環境與不衛生之習慣所支配也。蒙旗牲畜之放牧，恃自然水草以滋肥，故冬春冰雪交加，牧草缺乏之際，遂不免成群受餓者；益以牲畜四時沐雨櫛風，蒙霜臥雪，於是凍餓兼迫，每遇冰雪為災之際，其不死者幾希！夏季炎陽肆虐，沙漠近處，牧草行間，暑氣之烈，有若燻蒸，斯時既無牲舍，亦無林木，牲畜依然暴曬如故，致多中暑毒而內臟受病者，

有希望。

亦能成群死亡，良可慨歎！

晚近中央衛生當局，鑒於蒙旗衛生情形之惡劣，人畜生命，太無保障，乃於綏垣先後成立蒙綏防疫處及蒙古衛生院。蒙綏防疫處成立於民國二十四年夏季，內部工作，自始即頗緊張，不過當時因時局關係，主持其事者不敢放手做去，而白靈廟分處之被迫撤銷，亦稍受損失。近年信用漸著，即感應付不暇，內部實有擴大之必要。蒙古衛生院於今春始告成立，工作尚僅限於省垣一隅，一切正準備開展中，前途亦大有希望。

（一）人常患之疾病

本旗人民，除少數居於烏拉山左右者沾染漢習外，其他大多數居於陰山正幹之後，地廣人稀，空氣清潔，關於衛生方面，除受物質環境之限制，及久已養成種種不衛生之習慣外，大都浴於自然，鮮有嗜好，人民身體粗肥，皮膚均帶紅黑之健康色，猶保有矯健魁偉之餘味，瘦弱如病者極少，較之前山各旗蒙人之健康，實高一籌；但其骯髒不潔之程度，又遠甚於前山蒙人。此種類似矛盾之現象，實不難解答。蓋本旗蒙人一切守舊，牧畜經濟較為繁榮，多與自然環境接觸而少與外人往來，安分守命，不必操勞，迫於自然環境，增加其體內之抵抗力，且肉食奶食等較多，亦有裨於身體；前山蒙人，多在墾區，操勞既較繁瑣，人事亦多往來，雖其對文物之享受或不免較高，而究因雜處稠人中之故，精神之消耗甚大，或有沾染惡習者，則更易摧殘身體，故健康乃逐漸退化，久之遂喪失蒙人故有之特質矣。

後山蒙人最普遍之疾病，首推砂眼，無論男婦大小，患此病者甚多。此殆由於本旗居於綏蒙西北，接近戈壁，氣候特殊，四季多風，沙風互相為用，遂常幛蔽天空，蒙人日常放牧，累冒風沙，既無保護雙目之風鏡等物，自惟有聽其侵襲，莫可如何，久之遂成為砂眼。益以不衛生之習慣，一人患之，傳及他人，傳播日見廣泛，醫治永無定期，於是使此急性之眼疾傳染病，日漸廣播而普遍。至今雖無法從事正確統計，但就在旗政府之差役及學生等觀之，已足知其不在少數。差人中之砂眼病，有十分顯著，而幾致失明者；學生亦常內眼皮發紅，兩眼淚流不止，蓋為初期之砂眼疾也。

次於砂眼而有十二分危險性之疾病，便為聞名之梅毒。本旗後山之蒙人，對兩性問題，極其隨便，尤以各召廟之喇嘛，為擾亂正當家庭關係之主要分子，亦即為傳佈梅毒之大集團。故無論男婦，患此病者甚衆，其最顯著之病症，即為腰痛，而於鼻梁間現形者，亦往往見之。此種病毒，最易遺傳子孫，如一般在小學念書之學生中，即有曾受遺傳者，患者之面容慘白，小便常感痛苦。此等病症，若不速阻止其傳染，或更從速醫治，實有滅族危險，乃為蒙人一種最大威脅。

此外痘病亦常發現，麻臉之人，不時見之。至於不易為外人所見之內臟病，詳情實難知之。不過蒙人因內抵抗力極強之故，普通之感冒，極少患者，傷寒虐疾等，亦不易見，此為其特點。

（二）畜常患之疾病

草地之牲畜，因放牧不得其法，毫無管理可言，故每易罹疾病，甚至有因牲畜之疾疫而傳及於人者，往往發生極大危險，甚為可慮。不過草地空氣乾燥，交通閉塞，傳染病菌，較難蕃殖，既經發生以後，亦不易傳至遠方。至於牲畜常患之疾病，不外傳染病、寄生蟲病以及普通病三種，茲分別略述之如下：

牲畜中患傳染病者，以牛羊兩種牲畜較多。牛之流行性感冒及鵝口瘡二種，間或見之。惟本旗養牛，長期露宿，一面固容易患病，一面亦可增加抵抗力。蓋以牧區嚴寒，牛種久經鍛煉，故牛之流行性感冒不易發生，流行性鵝口瘡雖有之，亦比較少數，且鵝口瘡之患者，往往自愈，甚少有生命危險。此外牛之傳染病，尚有牛疫一種，其病徵與流行性鵝口瘡甚難分別；不過此為不易發生之傳染病，往往數年或十餘年始經一次，因阻於交通等之環境，傳播區域不廣。羊之傳染病，較為普遍者，有肺爛症與羊痘兩種。肺爛症亦名傳染性胸膜肺炎，多發生於夏季，其他三季亦有之，患者因肺爛而死，以山羊易受傳染，保護管理之不周，於此病極有關係。羊痘，山、綿羊均有，即普通之痘病。患病之羊，往往因痘發潰爛，輕者三週可愈，重者必死；若遇此病發生，傳染比較厲害。

寄生蟲病，馬牛羊駝均有。馬牛之寄生蟲為馬虻與牛虻，二者為害甚烈，馬牛異常懼之。馬之寄生蟲在胃內，牛之寄生蟲在皮膚，故馬常有因寄生蟲釀成膿瘍致命之危險，牛則其皮膚多被穿孔，尚不致損及性命。馬虻與牛虻成蟲後，常結隊飛行，牛馬聞聲狂奔。羊之寄生蟲有二，一為羊之腸蟲，寄生於羊腸內，綿羊患者為多，每因妨礙其消化而致命；另一種為疥癬，乃無熱之傳染性皮膚病，冬季尤甚，患者每因濯濯不毛，寒凍而死。駱駝之傳染病，亦為疥癬，一經起疥，傳染頗速，係由背鞍荷物，直接感染；而衰弱疲勞等之消耗體力，為其誘因。駱駝起疥以後，亦因絨毛脫落，寒凍斃命，為害至慘。

至於普通之牲畜病，則幾盡為缺乏適宜之保護與管理等方法所致，其最為顯著者，如夏季之腦肺充血病，冬季之凍傷病，以及馬之飛節內腫、骨節瘤、鞍傷、鬐甲傷等皆是。夏季天氣炎熱，溽暑燻蒸，蒙地既無牲舍，亦無林木，牲畜每在炎陽之下，呼呼氣喘，遂漸因此減退食欲，腦充血與肺充血，相繼而起。冬季患凍傷之牲畜，雖為輕微疾病，但在嚴寒時，以飼料缺乏，體力衰弱之故，常致發生四肢端部浮腫為主徵之凍傷，因而斃命者，正復不少。飛節內腫與骨節瘤兩種疾病，與馬種肢部之姿勢有關，本旗之馬，其前後肢均多外弧狀，故若勞動激烈，常易生此種疾病。至於鞍傷及鬐甲傷，則純為馬鞍不良，與裝鞍時忽於避免鞍墊與鬐甲之接觸所致。

（三）醫治與防疫情形

本旗各蒙古營子，距縣局較遠，無論中西醫，俱不易深入旗境。蓋一則語言不通，難叨蒙人信仰；一則路途窵遠，生活諸多不便。在此種情形之下，以致喇嘛醫在本旗草地，仍極盛行。彼等所知之藥不多，實際治病之效率有限，不過聊以蒙人信仰喇嘛之故，當做精神治療耳，故每次請喇嘛治病，仍不能離開念經祈禱之一種手續。但喇嘛能醫之病，乃為普通之內外科，屆時藉精神、醫藥、時間三方面之作用，故有醫治見效者。至對於砂眼、梅毒等疾病，喇嘛醫或不視為病症，或根本束手，故其行醫之範圍，亦至有限。晚年有漢醫來本旗種痘，仍採舊法，不用牛痘，自不免危險。蒙人實行以子弟種痘者，每種一孩，醫生即不能離去，必須待此兒之痘痂全愈，始釋醫生；但其報酬亦至重，每給一小孩種痘，即以一馬作醫藥之資。不過舊式種痘，難免危險，而取值過昂，亦非辦法，雙方均有冒險性之舉措，終將演成糾紛。故獎勵西醫入蒙旗施種牛痘，至為重要。

關於牲畜防疫，本旗蒙人亦有土法，即在各縣局藥房，購買燻藥，將欲燻之牲畜，禁閉室內，燃藥以燻之，據云從此一年內不至染病。其實此種燻法，只對於預防疥癬稍有作用，對其他之傳染病，實不能生效；然而蒙人因無其他防疫方法，故實行防疫者，惟有採取此種笨法耳。另有藉經驗作用，亦能給馬牛等打針者。總之不出一些收效極微之舊法，而對於新式防疫不但不知，且仍不信。

蒙綏防疫處成立已經二年，從未曾入本旗工作。蓋本旗當局對於新式防疫，尚不知其功效，一般居處後山之蒙人，更不知有所謂蒙綏防疫處者，故從未實行新防疫工作。同時近二年來，只去春以前之雪災最為嚴重，其他種種傳染激烈之獸疫，尚未經發生；而蒙綏防疫處近項之工作，自百靈廟之分處撤銷後，幾全致力於各縣局及少數蒙旗之防疫工作，對於綏蒙大多數蒙旗牧畜情形，尚未經過詳細調查，故亦未深人工作。至於蒙古衛生院，今春始告成立，工作猶只及於省垣，一切尚在設製充實中，若欲來本旗行醫，必在巡迴醫隊成立以後，始有機會。不過依照目前情形觀之，上述兩種衛生機關，不久均可有至本旗工作之可能，但因一時尚不易獲本旗蒙人信仰之故，其收效之日，猶不知在何時也。

十二　宗教

蒙人信奉之宗教，不外喇嘛教，因對於喇嘛教之信仰過篤，故其他如天主、耶穌等宗教，不易灌入，即偶有信之者，為數亦極少。本旗境內無教堂，土著居民除信喇嘛教外，未與其他宗教發生關係，故本報告所敘者，亦僅限於喇嘛教。

人類最初因不能戰勝自然而發生迷信，其後因仍感種種苦悶而信奉宗教。所謂迷信與宗教者，頗為類似，而其作用乃為人類精神之所寄托，雖不必有現實之報酬，而信者則希求於異日或來生，所謂見仁見智，各有不同，只須不以個人信仰而妨礙別人，更不因宗教而阻止進步，則各聽自由，本無足怪。

但宗教本身之作用，乃在勸人為善，安慰於現實中不能求得滿足者，而使之不因失敗以損失健康；

信奉宗教者，亦宜認定僅藉此而取得精神之安慰，縱因一己之迷信而不惜犧牲一切，但亦不可因自己之嗜好而妨礙他人，矧有關國家民族之利害者乎？

查「喇嘛」二字，其本旨即無尚之意；而喇嘛教之本意，在於脫俗正果，倡靈魂不死之說，信輪迴因果之報，初意甚善，故與其他宗教之作用不相上下。然一經滿清提倡與獎勵，其影響於蒙藏民族者，即不可勝言。西藏之喇嘛教情形，姑置不論，即以影響於蒙人者而言，至少有下列種種：

1. 蒙人崇信喇嘛教過篤之結果，即獨子亦不惜送入寺廟，以致族類大減。
2. 寺廟為蒙地最繁榮偉大之建築，喇嘛為蒙旗之惟一消費分子，故其對蒙民經濟，發揮最大之剝削力。
3. 王公等信奉喇嘛教結果，與活佛、大喇嘛等發生錯綜複雜之關係，遂使喇嘛教之力量，常影響蒙旗行政。
4. 丁壯大部充當喇嘛，有用之人力廢弛，以致蒙旗之社會組織鬆懈，生產事業無人舉辦。
5. 喇嘛不結婚，遂使蒙地之婦女多於黑人；而喇嘛又利用其地位以引誘民間婦女，以致蒙地雜交之風甚盛，結果影響一民族之生殖衛生。

在滿清為欲鞏固其帝業基礎，為保持蒙地久遠之安寧，遂不惜根本摧殘蒙古民族之人口，而使之佔據廣大之土地，不虞經濟恐慌，在未放墾以前，蒙人據有之土地無減，而人口則逐漸收編；一面又將剝削漢人所得之金錢，用以獎勵政教領袖，以收鉗制之效，其政策成功，蒙疆遂告無警。自古籌蒙政策收效最久者，莫過於滿清之措施；而蒙古民族受禍最烈者，亦莫於受治於前清之時代。屏氣以思，喇嘛教實為蒙古民族之仇敵，而其肆虐之慘，勝於毒蛇猛獸，言念及此，不禁三歎！

蒙人受喇嘛教之慘害，至此已極，倘滿清之統治權再延數百年，則蒙族之前途，誠不堪設想！幸清祚斬決以後，民國相繼成立，念餘載於茲，對於蒙旗之喇嘛教，雖政府猶無積極改革之設施，有時仍不免受獎勵之譏，但准一般蒙漢人自由批評，能使喇嘛教為害蒙人之一切真象，有暴露之機會，於是喇嘛教之勢焰，自因此而漸斬。政府籌邊安圉之苦衷，或有時仍非借助宗教不可者；但無論國勢如何衰微，亦不宜再取此滅人種族之政策。蒙人乃中華五民族之一，有其獨特之長處，豈可聽其消滅，故在今後若干年中，非待蒙人求一盡善之解決辦法不可。

本旗喇嘛教之勢力，雖猶不可侮，人民知識晚開，信仰喇嘛教者，亦仍彌篤，但較之往昔，已大見遜色。數年前林札薩克下令使各廟不懂藏經之喇嘛，輪流派給下差工作，至今旗政府與王府之造飯、擔水、取柴、放牧等粗事，幾皆由喇嘛擔任。在昔喇嘛受免役之待遇，無生產之勞動，故常有人圖借召廟以享其清福，今則反是，喇嘛之人數當漸減少，此其一。滿清獎勵喇嘛，常有賞賜，雖位置最低者，亦有坐食權利。今在中央取得實惠者，只幾個宗教領袖；旗政府除於合紹廟念經時略有佈施外，平時並無補給。一般蒙民，或因經濟苦困，對於佈施事業，有心無力，或因知識漸高，亦知喇嘛教之為害，故信仰冷淡。在此種情形之下，召廟之收入已大減，喇嘛之生活，亦遠不逮往日，此其二。故本旗目前召廟之數目雖多，喇嘛之人數雖衆，而其漸成強弩之末，終將失墜迷人之魔力，或反歸宗教之本然，或竟被人所遺棄，乃有必然性也。茲將其情形，再詳為查錄如下：

（一）沿革

喇嘛教乃佛教之別支，亦傳自印度。相傳有印度王子逃至西藏而創此喇嘛教，但其事近於無稽。元世祖時，西藏有八思巴者，經典甚佳，元世祖迎至蒙古，奉為國師，自是喇嘛教始漸與蒙人發生關係。但八思巴一派乃為紅教，八思巴以後，漸流入怪誕，倡吞刀吐火之術，遂為信奉者所厭倦。明永樂年間，有名宗喀巴者，脫離紅教羈絆，別樹一幟，因黃其衣冠，以別紅教，故亦稱黃教。宗喀巴將紅教加以改善，劈其怪誕之說，使歸還本來面目，並定教規，嚴誡條，不准喇嘛娶妻（紅教徒可娶妻），倡刻苦修煉。自是喇嘛教遂大放異彩，信之者日衆。宗喀巴死後，由達賴、班禪二弟子（史上亦有將外蒙之哲布尊丹巴呼圖克圖列入，而稱為宗喀巴之三弟子者）繼其志，遂使黃教完全取紅教之地位而代之。至今蒙藏各地之喇嘛教，皆為黃教。達賴、班禪等，貫行靈魂轉世，永遠掌握最高之教權；其他呼圖克圖與呼畢勒罕等，亦取轉世辦法。

明嘉靖年間，順義王（奄）〔俺〕答迎奉達賴三世於青海，黃教之勢力，始披於蒙疆。至本旗之信奉黃教，始自何年，最初之寺廟，建於何地等，皆不可考。不過自黃教傳來蒙地後，既有其他蒙人信之，當時之本旗蒙人自必起而效尤。迨滿清普遍獎勵各旗之喇嘛教後，於是本旗四境之廟宇漸增，而信奉之者，遂及於一切貴族、平民矣。

（二）信仰

蒙人對於喇嘛教之信仰，可自兩方面說明：一為被蒙人所信仰者，其吸引力以佛爺喇嘛為最大，如達賴、班禪與昔日外蒙之哲布尊丹巴等皆是；其次為一般之呼圖克圖及呼畢勒罕，人數遠較佛爺喇嘛為多；又其次為有職權之大喇嘛、德木齊、格色圭等；最後為普通經卷較優之喇嘛。蒙人因崇信喇嘛教過篤之故，凡喇嘛必尊之，此殆信奉最虔時之普通現象。其後時日過久，而喇嘛廟之成立亦過多，更以一般人口有減無增之故，各召廟之施主，自不見踴躍，於是各召廟乃競爭位隆之喇嘛領袖掌教，以要求呼畢勒罕為目的。蓋以呼畢勒圖之轉世，乃轉世喇嘛中之最為簡單者，譬如有某經卷較優，年高位隆之大喇嘛或大德木齊等，即被指為有轉世希望，迨其圓寂後，派人尋找當時生產之小孩，遂被指為某大喇嘛或某大德木齊轉世，以後即稱呼畢勒罕，代代轉世，故呼畢勒罕之數目日增。如本旗所有各召廟，幾盡為呼畢勒罕掌教，且有一廟多至三人者（如西公旗之梅勒更召，且多至七人）。喇嘛廟延至以競爭位隆之喇嘛領袖掌教，藉廣招徠時，即已表現其寖衰之弱點，而有非如此不足以維現狀之勢，其結果益趨衰頹也。

除上下喇嘛之本身而外，佛神經卷，亦極為蒙人所崇拜，如蒙人喜佩各種小佛像，即為一例；又如蒙人向任何喇嘛磕頭時，喇嘛即持綢裹之經卷，對準磕頭者之額間一畫了事，為其崇拜經卷例證之一。

至於蒙人之信奉喇嘛教，真能作到所謂五體投地，其虔誠殆無以復加。一般王公，因虔信喇嘛教之故，往往或本身由喇嘛還俗，或使子弟為呼畢勒罕，為大喇嘛，結果王公與呼畢勒罕等發生錯綜複雜關係，不時往問休戚，或舉旗政與之共商討，因此啟宗教干預政治之漸。蒙旗雖政教分治，與西藏之政教合一有別，然喇嘛教對於蒙旗行政之影響，殆無容諱言。平民之信奉喇嘛教者，更有時雖傾家蕩產而不惜，至於甘居其下，甘代生產，或婦女聽其蹂躪，則猶其次者。喇嘛教影響於民間者，如念經祈福，治疾行醫，代卜休戚等，皆其最顯著者，迄今亦仍行之勿衰。

(三)寺廟

本旗之喇嘛廟，大小不下三十餘，建築年代及各廟詳細之沿革，皆不可考，內中以孔督隆召①爲最大。該召建在烏拉山東段之孔督隆溝內，廟宇寬大雄偉，亦極據形勢。曩因綏西治安無保障，旗政府特於該廟駐軍二十名，藉資保衛，相沿至今，已成為該召之武力，此為一大特色。蓋本旗其他各廟，並無軍隊槍支也。按孔督隆召乃本旗之合紹廟，每年春季念大經一次，屆時其他召廟之喇嘛，亦有來參加者，在念經期，由旗政府供給飲食、物品，事後並略有賞賜。次大之喇嘛廟，為旗政府西面之善丹廟，喇嘛人數雖不及孔督隆召，但該廟位於本旗西部人煙稠密之區，握西路、北路交通之樞紐，商務最為發達，故樂為人所稱道。茲將本旗寺廟概況列表如下：

廟名	所在地	住持喇嘛	普通喇嘛人數
孔督隆召	孔督隆溝	綽爾濟堪布呼畢勒罕及堪布呼畢勒罕各一	七百餘
善丹廟	善丹郭勒	呼畢勒罕二	三百餘
積佑寺	察罕郭勒	呼畢勒罕三	百餘
普德召	博爾罕圖郭勒	大德齊一	五十餘

① 孔督隆召，即今昆都侖召，位於包頭市昆都侖區西之九原區。

續表一

廟名	所在地	住持喇嘛	普通喇嘛人數
齊壽寺	嗡棍的郭勒	呼畢勒罕一	三十餘
同壽寺	察漢烏拉	呼畢勒罕一	三十餘
推隆喇嘛廟	阿諾胡同	呼畢勒罕三	三十餘
德爾的欽廟	博顔郭勒	呼畢勒罕一	三十餘
漢泰廟	鄂齊爾圖烏拉	呼畢勒罕一	三十餘
咸康寺	達干的納烏拉	呼畢勒罕一	二十餘
堆泉寺	察罕郭勒	呼畢勒罕一	二十餘
洪福寺	察們哈郭勒	格色圭一	二十餘
長河寺	蔓楞烏拉	呼畢勒罕一	二十餘
永福寺	沙畢格郭勒	呼畢勒罕一	十餘
正善寺	烏蘭托羅蓋	大喇嘛一	十餘
里石寺	博爾金烏拉	格色圭一	十餘
沙彌罕丹廟	鄂博郭勒	呼畢勒罕一	十餘
柳樹召	赫布德格烏拉	呼畢勒罕一	十餘
金帶寺	阿勒坦布希郭勒	呼畢勒罕一	十餘

續表二

廟名	所在地	住持喇嘛	普通喇嘛人數
草堂寺	郭爾班色喊烏拉	呼畢勒罕一	十餘
阿諾伊伯格楞寺	鄂博伊力圖	呼畢勒罕一	十餘
恩格爾寺	和林阿巴格	格色圭一	十餘
堆金寺	博爾罕圖烏拉	呼畢勒罕一	十餘
小木寺	博顏里爾溝	格色圭一	十餘
元白寺	博顏希卑格	呼畢勒罕一	十餘
中泉寺	多曼丹郭勒	呼畢勒罕一	十餘
葦　廟	博爾罕圖鄂博	呼畢勒罕一	十餘
麝香寺	烏拉干額爾圪	呼畢勒罕一	十餘
七人召	烏爾奇格烏拉	呼畢勒罕一	十餘
總計二十九		三十五	一千八百餘

上表共有大小喇嘛〔廟〕二十九處，住持喇嘛三十五人，普通喇嘛一千八百餘，尚有七〔處〕不足十喇嘛之小廟，未經列入。全旗現共有喇嘛廟之總數為三十六，各種喇嘛共約二千人，各大寺廟除最高之住持喇嘛外，同時亦有大喇嘛及德木齊、格色圭等，如孔督隆召與善丹廟，即均有之。觀上表寺廟及喇嘛人數情形，即知本旗之喇嘛教，不特在昔有過興盛時代，即今日亦仍大有可觀。

（四）活佛及大喇嘛

本旗寺廟雖多，喇嘛人數雖衆，但無一呼圖克圖，所謂活佛者，乃為各寺廟之呼畢勒圖，據表中所列者，共有二十八人；其他各小廟，亦有呼畢勒罕五人，總計三十三人。以如此數衆之呼畢勒罕，假使真如其自尊者之靈驗，則其在喇嘛教上之發揮，實不可限量。惜此等呼畢勒罕中，年在二十以下者，佔三分之一，對於經卷，猶在學習時期；其他各呼畢勒罕，亦或因廟中環境困難，不足以壯其聲色，或因經卷無可動人，難為識者所注意，除能吸收一般蒙人之信仰外，對於喇嘛教或其他事業均無甚成績，故無赫赫聲名者。巴王父子崇信宗教雖篤，但其本人均精明強悍，照舊秉一旗之行政，俱綽綽有餘，故無活佛干政之事。

至於大喇嘛，全旗各大寺廟中，亦共有十餘人，均由旗政府派放，故須聽旗政府之指揮，關係雖更密切，而地位都較呼畢勒罕為低，倘有年高位隆者，亦未嘗不可稍稍影響旗政。然在目下亦付缺如，故除接受旗政府之指揮外，不致有何越教行動。

林貝子常下五臺磕頭，其家人婦兒等，復年往阿拉善旗之阿桂廟一次，此亦可證明本旗現有之活佛、大喇嘛等，無信仰昭著者。

十三　社會禮俗

任何民族之社會禮俗，均有其特異之處，民族間交通便利，往返頻仍者，尚有若干同點；否則愈處於特別區域，愈與外族少所往來，其社會禮俗愈特殊。蒙人即為居於邊遠偏僻之區，而又與他族不常往來之人種，其社會禮俗，迄今仍多特殊，竟有無常人所能想象者。

決定蒙人社會禮俗之因素，至少有三：一為自然環境之限制。蓋在蒙地，氣候嚴寒，交通閉塞，天然之出產簡單，一切物質等不夠應用，故使其社會易於保守，難於改革。二曰生產方式之支配。牧畜經濟，簡單而少變動，操持其業者，四時之手續幾全同；尤以蒙人之舊式牧業，只聽自然，不尚人力，風雪之打擊，災疫之流行，均聽天命，故在此種舊式簡單牧業支配下之社會禮俗，自多迷信與單純。三曰舊習慣之保持。滿清統治蒙旗二百餘年，一切均有特殊之設施，且俱大見成效，使蒙人薰陶過久，不思改革而亦不易改革，服飾等諸端，迄今獨具一格，較滿人之保持清室衣冠，尤過之十百倍。

此外蒙人乃一曾經輝煌騰達，雄飛於世之有歷史的民族，自有其特殊之民族禮俗，不能與任何民族苟同，如交換鼻煙壺乃任何民族之所無。又如至今仍保持披甲備弓帶箭，以成迎娶之禮，亦有元時之遺風也。他如祭鄂博①、崇黄教、拋屍野葬等，均各有其特質。茲將中公旗之社會禮俗，分述如下，由此亦略可窺測整個蒙古之禮教風俗也。

（一）婚禮

蒙人結婚之目的，不盡居於性的關係及生殖關係，對於生產關係，亦常成為結婚之主要目的。蓋牧畜經濟之生產，多由婦女任之，故富戶畜多人單者，常於其子未成年以前，即代娶媳，有時多至二三，甚至兒子五六歲，而其媳婦已滿二十者，此無他，生產之需要所致也。

蒙旗婚姻，由父母作主，憑媒妁之言，以牲畜為聘禮，婚約既定，女父乃偕戚造訪男家，由男家宰羊設宴，以定親屬關係，謂之吃「五茶」。結婚之前，先將聘禮送去，普通約馬、牛各二，羊二十頭；富戶聘禮，尚用元寶、駱駝，馬、牛、羊亦常倍之。婚期由喇嘛擇定，屆時男家派人迎迓，女家親友等作拒婚狀，雙方首腦人先圍坐辯難，終至男家辯勝，乃引新婦乘馬馳去，而女家仍派人作追逐狀。新婦既至，先入其洞房休息（乃為新夫婦另備之蒙古包）；其後即由新郎陪伴，順次參拜佛像及翁姑戚友等，戚友並給賞賜；最後擺宴，送親人及戚友等均參加，並有唱蒙古歌曲助興者，熱鬧景象，有時連續數日。

蒙古兩性間結婚由父母作主，但離婚則甚自由，若意見不合，邀請親友協議，當衆交換鼻煙壺（此種

① 鄂博，又作敖包、腦包，多用石塊堆成。

禮節平時惟不行於夫婦間），從此即女嫁男娶，各聽自便，社會對於離婚後之男女，亦均不作歧視。不過蒙旗婦女對於男子絕對服從，任何意均不稍違逆，而兩性之思想意識又甚單純，實際離婚者極少。由於與男性同心，女性絕對服從其夫及兩性思想意識單純之故，蒙人妻妾間之和睦情形，實無足怪異。男子娶妾可至再至三，而妻不致干涉，且能以姊妹之態度待遇夫妾，不過家庭大權，則仍由正妻主宰，妾爭政者極少。

（二）喪禮

本旗之蒙人，因有前山、後山及喇嘛、黑人等之別，葬式乃有三種不同之方法：一曰火葬，大喇嘛與王公等行之，死後焚於火，取骨粉貯藏之於靈塔，或送往五臺。二曰土葬，前山漢化之蒙人行之，但往往掘土藏屍，不必有棺，亦不另作塚，以藏屍後為了結，不過藏屍之處，大致有一定地點。三曰野葬，即棄屍於野，任狼、犬吞食，以被食愈速為佳，過遲認為前生有罪，必請喇嘛特為追懺。本旗後山極多數蒙民之葬式，俱不外此法。三種葬法，事前俱不離喇嘛念經，事後亦仍請喇嘛超度，其念經期無定，視貧富而有別，大抵死時念經一次，五七念人經一次，百日再念，以後即無定。此殆為家主或其他長輩之喪，否則更為馬虎。

家長或長輩死後，男子暫時不戴頭戴，女子取消頭戴，男婦均服孝三十五日，在此時期，見客不換鼻煙壺，過後一切平復。但在百日以內，仍不辦喜事，百日過後，守孝始算結束。

（三）祭禮

蒙人之祀典，以供佛為主要，家戶必設佛座，不時祭祀之；其次年祭鄂博一次，有時亦可特別祭之；祭天與火等，間或舉行。不過供佛、祭天與火等，多以每戶為單位，而或於喜慶年節時祭之；獨祭鄂博乃為團體之祭祀，饒有意義，茲詳述而下：

蒙地最初設鄂博之用意，約有二端：一為當做界牌。因蒙地形勢，大致相同，無天然之江河峻嶺等可資設界，亦不能臨時於界上廣植林木，若建立界牌，雖可保持久遠，但界牌之體積過小，尋找並不方便，此在嚴謹單一之國界，則必須採用，若在各旗不慮任何人偷移界牌，故以鄂博劃界為便利。二為指明道路。草地曠野，一望無際，而又人蹤罕至，並無顯明易識之大道，施行者往往縱橫草徑，可免繞道之煩，但必須熟（習）〔悉〕方位，庶無錯誤，故於較高之處，建立鄂博，足為旅客判別方法之助。

但今日蒙人視鄂博之最大意義，乃為當做神聖，謂祈禱之後，足以使雨水調勻，牧草茂盛，牲畜無疾病云。水草、牲畜，乃蒙人之經濟生命，其結果視祭鄂博為如何之重典可知。陰曆五月十三，為本旗祭鄂博之佳日（他旗亦多此日祭之），大鄂博在黑沙圖西南約七十里之外，名博爾罕圖鄂博，旗政府於前二日即派員攜帳篷、食料、供品等前往，札薩克林慶僧格當日乘汽車趕到，附近蒙民參加者亦多。祭品有羊背子、奶品、磚茶、炒米、哈達等，由札薩克領導向鄂博叩頭，旋舉行摔跤與賽馬。參加摔跤者三十二人，前四名有賞。與賽之馬二十餘匹，頭馬以下，亦有獎賞。熱鬧竣日，次晨始散。

（四）相見禮

蒙人相見，執禮甚恭，大別可分為尊卑相見禮與一般相見禮兩種，所說之客套話略同，而形式稍有差別。尊卑相見，尊者安坐不動，卑者先整衣冠，然後入室，進門即屈右膝，右手指貼左手掌心而行禮。迨至尊者之前二三尺，雙膝跪下，行叩首禮，行畢出鼻煙壺與尊者交換，同時口中向尊者請安，換壺畢，復行叩首禮而退下。若有所稟，待尊者賜坐後，始能上呈，呈畢則仍屈右膝行禮出室。

至於一般之相見禮，多行之道路或家中。若在道路，一方年輕或位卑者先行下馬，他方亦同時下馬，二人即相互交換鼻煙壺後，仍各乘馬而去；亦有僅在馬上問話，各互道好而別者。若行於家中，則頗麻煩。客至，未下馬，先呼家人出看狗，若客位尊，闔家出門迎；客入室以後，視尊卑而定坐位，普通多坐於入門左方之客席，位尊者亦可坐上方主人之席。坐定，即開始交換鼻煙壺，換壺時，互道「身體好」、「水草好」、「牲畜好」、「有新聞否」等客套話，若客位低者，舉壺與主人之眷屬交換，雖小孩亦不可錯過，位尊之客，主人眷屬已先出壺等候。換壺畢，復與主人互換吸煙，主人女眷則備茶。進茶時，並請客進奶食、炒米等，過客氣為不恭，至少首獻之茶應乾之。主客對坐時，談笑不止，從無互相默坐者，其一種誠摯和藹親熱之表情，無論久別與暫別或竟從未會面者，類皆如此，實非漢人相見時所可及。

但蒙人與漢人相見，則於上述有種種不同：若漢人為公務員，而始終能保持嚴謹態度者，蒙人待之則恭敬到底；若漢人能懂蒙話而知其禮俗習慣者，蒙人亦能親密接待；至若漢人對蒙情不熟者，則往往引起蒙人懷疑，其接待常不為禮，且有惡言諷刺謾罵，甚至釀成危險者。

（五）冠服

蒙旗冠服，沿襲滿清舊制，至今綏蒙除土默特等之少數蒙旗外，即已漢化者，甚至旗政府或謁見事官等時，仍必穿禮服。男子服裝分官服、常服、便服三種，官服乃有官之階級服之，長袍馬褂而外，並有頂戴及馬蹄袖、長統靴等，於馬褂下纏腰帶，所有刀箸、煙壺袋等，均分別安置帶上；協理以上之官服，在袍褂外另加補服，其前後均有補子。常服無頂戴與馬蹄袖等，為一般蒙人之服裝，因貧富而有質料之別（實則富人即不識蒙文，亦可取得頂戴資格）。至於便服，則為居家時所穿者，長袍而外，亦有另加坎肩，此外穿靴戴便帽或頭纏布塊，或任髮辮下垂均可，惟腰帶則四時纏之。服色除少許赤紫者外，亦多青藍。

婦女之服，與男裝稍異。除王公之夫人亦有頂戴外，其他婦人，通常執禮時戴珊瑚等物製成之瓔珞，由前面垂向後方和耳側，愈貴者其瓔珞之珠飾愈多；身穿長袍與坎肩，亦有外加繡物者；腰縛束帶，足登長靴。便服則無瓔珞，亦少穿坎肩，只長袍與一種束髮之頭帶耳。女子之服，除無複雜之瓔珞外，大致與婦人同，惟頭上多纏紅布或僅拖髮辮亦可。婦女服色，多尚紅綠鮮豔者。

喇嘛頭不戴帽（念經時戴千佛帽者除外），身披紅黃色之袈裟，足穿皮靴，其服制極為簡單。

（六）娛樂

草地娛樂，為數無幾，可資敘述者，有音樂、摔跤、賽馬、狩獵等種種，亦有懂麻雀牌九等戲者，茲分述如下：

音樂所唱為蒙古歌，平日放牧時婦兒慣唱者，多為愛情一類之俗諺歌詞；正式列入抄本者，為數甚多，仍不外歌頌本旗之光榮及先人之功德，以及鼓勵牧畜等詞。最近林札薩克之次男完婚，特組唱歌團，所唱皆有詞有譜者，其聲韻高亢雄偉，聽之令人精神興奮。唱歌時合奏之樂器，有月琴、三弦、笛子等種種，奏來聲調悠揚，亦頗動聽。

摔跤即蒙人之一種健身運動，亦自為良好娛樂，故每遇三五成群之青年，即彼此相撲為戲，隨時作摔跤之練習。中公旗小學之學生，常於黄昏之後，分組相撲，每聞窗外呼呼氣喘及皮靴角觸之聲，即為學生等摔跤遊戲之舉行時也。至於正式舉行摔跤會，則有一定時期，如本旗每於祭鄂博時舉行之。每屆摔跤，且有一定佈置，分摔跤之勇士於東西兩帳房，由主其事者排定名額次序，點名出帳相撲，以能使對方著地者為勝，逐漸淘汰，最後分甲乙。其人數至少有四對，以三十二人及六十四人者為普通。

賽馬，蒙人視之為兒戲，平時挑選好馬，或彼此競賽為戲時，隨地舉行。正式之馬賽，亦有定期，祭祀鄂博，常加舉行。届時與賽之馬，多至數十匹，先由指揮者領至遠處，距鄂博約為二三十里以上，然後向鄂博處奔回，以先到者輪次列等第，頭名以下，均有獎賞。與賽之馬，概不披鞍，而騎手亦均為十六歲以下之小孩，彼等生長於牧畜為生之蒙旗，自五六歲以後，即開始練習騎馬，故能有驚人之騎術。

狩獵盛行於蒙旗，歷史極為悠久，一般丁壯皆以之為戲，搏狡兔而死走馬，亦不為惜。本旗每年於舊曆四月中旬，全旗舉行大狩獵一次，先分定部位，各有旗政府事官或蘇木章蓋等監視，届時札薩克亦至近處參觀。狩獵之目的，在於剿滅惡狼，因狼常傷害牲畜，故特年定期剿除一次。至於平時之個人或部分行獵，則無定期，不過以冬季為多。蓋斯時大雪之後，野獸無處隱藏，尋覓甚易；加以冬季野獸之皮毛極佳，每獵一頭狼、狐等，價值甚昂，對於經濟，不無小補，同時亦可飽餐也。

麻雀、牌九，亦漸傳入蒙旗，一般有閑者，常藉此以消磨光陰。本旗玩之者，大多為軍隊，蓋以本旗軍隊既無操練，平日偶然幫助王府或旗政府執役外，實無事事，故以麻雀、牌九等賭器玩之，不過只為消遣性質，以錢為賭者較少。

十四　外交

綏蒙各旗，乃國家領土之一部分，依常理論之，綏蒙之對外事件，自應歸中央外交部或其任命之外交特派員辦理之，各旗本不應有外交，以致淆亂整個之外交政策與系統。但以歷年政局變遷，領土主權喪失之結果，迄今綏蒙各旗，已成為事實上之邊疆，東接東蒙、察蒙，北毗外蒙，其領土主權皆在帝國主義者或帝國主義者之鷹犬爪牙掌握中，其人民或名實被奴，或好稱自治，而對於綏蒙各旗，則俱採敵對行動，此乃造成綏蒙各旗於事實上有外交關係之基本原因。自綏蒙淪為邊疆以後，外人挾勢擅威，任意出入各旗，名為遊歷考查，實則乘間利誘。綏遠挺戰之役未發生以前，綏蒙全境，幾無時無地沒某國人逗留；今則綏東、北一帶幸告光復，然猶以我政府優柔為懷之故，某國人一仍不時作東西數千百里之往來，甚且運輸軍械，前往額濟納旗倡亂，飛機亦常往返，只不過繞道各旗政府之北境草地，以掩我之耳目而已。

今日蒙旗之外交，只能認作與外人發生關係之舉措與事件，而非折衝壇坫一類之外交往來。譬如某國人不顧我之獨立國格與領土土權，不遵守國際公法上所規定國與國間之慣例，而任意在我國領土以內搬運槍械，航行飛機，製造亂源，其目的在亡我整個國家，吞我全部領土，奴我全國人民，故動輒武裝往來，蒙人莫可如何。此種重大之外交事件，自為整個國交問題，絕非蒙旗部分的外交；整個國交有辦法，蒙旗對外關連之事件亦有辦法。故蒙旗外交調查，只及於蒙人與外人間發生之舉措，而不能窮究其交涉等事項也。

本旗牧區與墾地相離較遠，土廣人稀，人民居處離散，氣候亦多特異之點，故不適宜於外人入境傳教，至今凡本旗所轄之牧地，或靠近牧地之墾區等，並無外人成立之教堂，而傳教士亦少深入。西人蒞旗者，不外考察與開採稀罕之藥材、礦產等，此在前數年，於本旗善丹廟一帶，曾經發現。

至於某國人之遊歷考察者，去冬以前，更是踵接而至；今則只成隊假道趕駝西去，或飛機不時往來天空，亦在北境行走，數月以來，旗政府尚無外人蹤跡。至對於外蒙，則因昆督斯事件最近較為嚴重，現正在交涉中，結果尚不知情。茲調查其外交事件，並推測將來之趨勢如下：

（一）與外蒙關係

本旗與外蒙乃同文同種，民間向有往來。在昔雙方當局同受治於滿清，保持一種善意的不相侵擾，邊境乂安，人民樂業，實無所謂外交關係。殆後外蒙赤黨在蘇聯卵翼之下，實行脫離祖國，而有建國運動，迄今除蘇聯而外，雖未得世界任何國之承認，在國際法上，原則上之主權，自仍為我中華民國所有，但實則與祖國久經隔絶，與祖國統轄之綏蒙各旗，亦形成敵對狀態。故本旗與外蒙發生外交關係，實自赤黨秉政為始。今日赤黨之安內工作，已臻穩固，對於本旗之態度，乃趨強硬，尤以政制不同之故，雙方政府當局，實如冰炭之不能相容，致其前途日現緊張。而另一種促成此緊張局面之因素，當不外由於敵偽西侵勢力進展甚速所致。

自昆督斯事件發生以後，本旗與外蒙之關係，漸趨頻繁，而本旗始終抱着苟安畏縮態度，昆督斯事件是否順利解決，當視外蒙政府之既定方針為斷，本旗必能讓步到底。但鑒於敵偽之勢西漸日盛，外蒙縱念其同種同文之本旗及處於同樣命運之漢族，或不致南下侵奪內蒙，然彼為對抗敵偽之勢力，為避免受包圍之困難，倘我不能阻止敵偽勢焰，彼必越俎代庖，是時與本旗自難免不發生新外交事件，或實行領土之掠取，亦未可知。

關於本旗與外蒙之關係，詳中公旗與外蒙之關係及昆督斯事件報告中，此處不再詳究。

（二）與敵偽關係

溯自民國二十三年（一九三四）百靈廟成立蒙古地方自治政務委員會以後，本旗境內即驟增某國人之遊蹤。當時廟蒙會秘書長，致力給予某國人士種種便利，常派西蘇尼特旗之事官與差役等作嚮導翻譯，並通知各旗予以招待，於是某國人之入境者，遂有如潮湧，考查遊歷者，不絶於途。斯時門戶固已洞開，即主權亦逐漸喪失，而最足痛心者，在此短短二年時光內，使各旗蒙人被某方利誘威脅者極衆，從此不再相信中央與地方當局之守土力量，於懼外之後，轉而媚外。王公事官等，受過幾次宣傳，因之俯首帖耳，願做順民，而逐漸喪失其故有之人格；一班普通蒙人，見過幾次飛機、汽車，更成慄慄危懼，而為之寢食難安，反接受其驅策。事之至可痛心者，莫過於此矣。

幸有去歲挺戰之勝利，使匪偽明白其路線之錯誤，而受着嚴重之打擊；使敵人知我抵抗之決心，而得到一次教訓；尤以各旗兩年來受某方人士恩威炫耀而不知所措之札薩克、事官，以及心寒膽戰之蒙人等，經此一番興奮，每人均如釋重負，俱有活躍之心靈；而我慣倡「親善」之友邦，近半載以來，亦自動斂跡，暫不再駕駛汽車，於省縣蒙旗之間，横衝直撞矣。不過因為敵人始終不肯與我弱小民族共存亡之故，其對我實行陸地封鎖之政策，雖經去冬一度挫折，而迄今仍甚活躍。六月初旬，有某方①武裝者四十餘人，共趕駱駝百餘，沿距離旗政府東北面三十餘里之草地西去，駝上滿載長短木箱，盡係槍械子彈，附近蒙人問之，詭言為班禪運貨者。六月二十七號，據報有藍翅白尾之飛機一架，亦由東西去，至二十九號尚未見飛返。其前途事態之嚴重，由此可知，安知相當時日以後，某方人在各旗如去冬以前之活躍狀態，不再實現耶？

本旗札薩克林慶僧格自經過去冬挺戰勝利之事實刺戟後。本年（一九三七）春季，又復在包、綏逗留甚久，且參加綏遠挺戰陣亡將士追悼會及閱兵典禮等；旋並往北平遊歷，對於當前國力之驟增，綏蒙防務之鞏固等，確有稍許認識，故回旗後遣散去冬臨時召集之蒙古兵，安心維持旗務，不復有昔日舉措驚慌、寢不安枕等狀態。但當與員②初次會面時，談及對某方之態度，彼竟云「某方來侵略西蒙，我們心裏實不願意，但外面上不得不表示歡迎！」夫「歡迎」二字，誠令人聽後不覺驚奇，以此足知林氏父子時下仍在徘徊彷徨中，如某方人入旗有所要求，彼等惟有順承耳。去冬綏、包盛傳某方決在本旗成立特務機

① 某方，指日本。

② 員，撰者鄒焕宇自稱。

關，已經林氏父子允許云。今細玩林貝子之態度，倘去冬不發生挺戰之役，恐某方設於本旗之特務機關，或已成立矣。且林氏父子與德穆楚克棟魯普之私交，原甚密切，復懾於其淫威及某方之武力，一旦綏東、綏北若再告警，則本旗對於敵僞之關係，殊不容樂觀！

（三）外交之前途

本旗境內因無教堂，故與西籍傳教士等不發生關係，而與其他西人可能發生之關係亦極有限；今後最堪注意之外交事件，仍不外與蘇聯卵翼下之外蒙及敵僞等兩方面。關於對外蒙之交涉，本旗將繼續讓步。而外蒙所設之「內防處」巡邊隊，已有其相當實力，運輸可恃汽車，而飛機亦可隨時出動。本旗則雖有邊防佈置，其效力乃僅能約束自己人民與外蒙人勾結，而無抵抗外蒙武裝之意念，故倘無中央與地方當局出為作主，則遇有交涉，非實行讓步不可。對於敵僞，更談不上交涉，如綏東、綏北之國防空虛，敵僞勢力再度侵入，則本旗惟有坐待支配，俯首聽命，不致有反抗之事實表現。故本旗之外交前途，實極悲觀而暗淡，倘不與任何方面發生外交事件，實為僥倖，否則惟屈服與聽命耳。

當此綏蒙大局猶未鞏固之今日，國軍應以絕對固守綏東、綏北防線為最低限度，自不在話下，但鞏固綏東、綏北防線，不僅在守現有數重要地帶為滿足，應於綏東直至外蒙邊界，節節設防，不再使某方人士偷渡西去。如認為此法太笨與不智，則宜短時內收復察北，將綏東國防線移至察東，根絕敵僞西進之舉措，此其一。外蒙自二次獨立後，實際與我早脫離關係，今宜（逞）〔趁〕中俄國交好轉及內外蒙同受敵僞侵略之際，實行從外交上打通內地與外蒙之關係，最低限度，亦應使雙方政府當局，發生適當之往來，轉將如本旗昆督斯一類事件，致由中俄直接折衝或做到由中央政府命令外蒙當局辦理，此其二。實現上述二點，乃為釜底抽薪之法，根本減少本旗外交事件之發生，而免除怯懦躊跚模棱之本旗當局貽誤大事，以省後顧之憂。

前此中央見報載有某方人士組織考察團，復擬往各蒙旗調查，乃訓令各旗加意防患，此舉至當。但蒙人因循怠惰成性，而又不知輕重，往往將中央重要之訓令壓制，未能切實凜遵。為今之計，宜將外人深入各蒙旗時，各旗札薩克與事官等應採之態度及辦法，詳為列舉，剴切教誡，嚴令各旗執行，並須明定賞罰條例，對其循軌應付者，加以獎賞；如有仍事因循怠惰，視訓令為無物，或一意孤行，違命令者，則宜分別輕重，實行懲戒，決不姑寬。誠能如此，庶本旗之對外事件，始有正當解決之途徑；誠能如此，則綏蒙任何旗之外交事件，亦不慮其越出常軌，而其效乃足以正觀者之視聽，明行政之界限，能使懼外媚外之蒙人，傾誠接受各種法令，俾與漢人親善攜手矣。

十五　其他

蒙旗行政，尤在「人治」佔絕對優勢之時代，王公等之言行，往往可當法律，故任何旗之現實展望如何，若知其王公之種種，實不無小補。其次蒙旗青年，為蒙旗未來之主人翁，為一切新政之推動者，蒙旗之進步因素，幾概寄存於青年，若能審察其學術、思想與信仰、體力等，無異對於未來之蒙旗種種，作一次切實之估價。至於王公、青年之對外動向，於中央政府之信仰如何，於地方當局之聯絡如何，於外國之認識如何等，又均可代表其前進之方位，往往有因信仰、認識等確定之後，即成為彼等長時期行動之指標，非經特殊變化，絕不易轉變，其重要竟有如此者。

其次，晚近蒙漢間之糾紛，多起自於省旗之權利衝突，是則省旗之真實關係究如何，敵乎友乎？敵對至若何成分？聯絡至若何限度？目前之真相如何？今後之趨勢如何？凡此俱有關於邊事實際上之重大問題，實不可不為探討詳查，以供行政者之參考。但今日從一般看來，省旗關係，似甚密切，偶有衝突，亦發生於縣旗，而省政府卻常居於調解監督地位。然縣乃為省之實質，縣旗之糾紛，亦為省旗之裂痕，殆不必諱言。故調查省旗關係，實際必須調查縣旗關係，始能發現真實內幕。

各旗之治安如何，常藉以判斷每旗之現狀，尤以當此內憂外患之今日，往往牽一髮而動全局，名為匪患，一經外人煽惑利用之後，常可變成特殊內亂。故有無匪患之一層，應以有無外人煽惑活動等情事同視，常有不可分之關係。又或出沒剪徑之盜匪，倘有發生，則必須另視為省旗關係——即縣旗關係之一，蓋蒙人為匪者較少，剪徑多為漢人，一經發現匪盜後，受害者乃為蒙漢之雙方，非獨只擾任何一方也；即軍隊進行剿匪時，亦須雙方合力，否則蒙軍來，匪逃入縣境，縣局之保安隊馳至，匪復退入蒙旗，如此各守其境，不作越界之攻擊，洵足為盜匪之便，故非省旗發生密切關係，聯合跟匪蹤追剿不可。

上述種種調查之重要，實無待贅述，但其所涉之事件，乃為一種動的調查，既無檔案表格等可資參考，亦不便逢人即向彼探詢，實有若干項，亦恃長期之熟審觀察，然後始可望得一二真相。夫以蒙漢語文，既難暢達，而蒙人又生性多疑，或不肯道及在上者之行動等，故有資於調查者極少；而調查人員又因種種關係，未便與王公等多所會面，調查工作之最為困難，而調查材料反難得真實信者，決為此動的調查節目。且動的事態，朝夕俱在動盪變化中，過去所有者，固少與現狀相符合；而今日之一切，更不知能保持幾日。王公、青年之行動生活，在目前乃為一過渡時期，長期居留草地者，往往入一次大都市，其頭腦即起反應，此其一。省旗近雖竭力調和其利害，但內在之衝動，尚未至解除與決算時期，此其二。外人西漸之勢力，雖一度阻於挺戰之役，然其根本政策未變，懼外媚外之蒙人，猶未能釋念，此其三。而同種同文之外蒙，近亦虎視眈眈，其行動殊堪注意，此其四。故本號調查報告所列者，以現實為主，以過去為輔，而對於未來之趨勢，自不妨略加估計推測，材料雖力求真實，論斷自未必或確，其價值如何，在所勿計，第圖盡心力而為之耳。茲將所獲所感者，順調查綱要之次序，列舉之如下：

(一)王公之學術、思想、信仰、體力、性格、信譽、交際等

本旗王公，有巴王兄弟父子三人。巴王之弟，稱魏郡落顏，年歲與巴王相若，一切大致同於巴王，因未襲札薩克貝子爵，抱「不在其位，不謀其政」態度，對旗務從不過問，於行政上毫無影響。其人身體已衰，在巴王子孫相繼之下，魏郡落顏將始終保持閒散王公之超然態度，故一切無足稱道。

巴王父子之學術，僅懂蒙文一種，且不過因習於蒙文公事之故，於公文或有造詣，他無足稱道。蓋蒙文之書籍本缺，近年雖有不少翻譯漢文者，但不易傳來後山草地，故蒙人之學術，僅以熟習公文為滿足，不僅巴王父子為然，各旗之公文檔冊，即為包羅甚廣之蒙文典籍，其他亦不過少許有關法律及聖語等抄本耳。以此種書籍作進德修業之工具，其於學術上，當不會有何發明。

巴王生於清季，養於宦家，自幼陶冶成非皇朝不拜，惟我獨尊之封建思想，益以學識淺陋，見聞無多，交通梗阻，外情隔絕之故，後雖於民國改制後，猶執旗政二十餘年，但其頭腦之頑固，遠勝於滿朝遺老。井底之蛙，縱知井外有天，亦不敢出井略窺。自民國初年，曾到綏遠一次，迄今念餘載，足跡不出草地，行蹤不離蒙旗，貴為一方之主，惟求固其尊嚴。現實之衝蕩炫耀，除隔戶竊窺（巴王愛流線型汽車）外，平時緊閉門簾，惟恐不密。其人之思想，早凝固於清末，終身殆不動搖，合乎舊制者，依然關切，間雜新潮流，掉首不顧，如斯而已。至於林貝子，則因晚年執政，對現實無從躲閃，其人之思想，大部同化於乃父，一部支配於潮流，然為其所懷抱與瞭然者，仍不過為草地之簡單社會。如在北平參觀學校後，其所得之結論，謂漢人子弟念書有出路，蒙人子弟念書無用云云。換言之，即在彼之思慕所得，現代教育不適宜於蒙人也；彼以為旗政府之事，由彼令少數事官照舊包辦，不思革新，而彼又不願所屬蒙人參加國事、省事工作，則蒙人縱有豐富之近代學識，果何用乎？囿於一隅之蒙旗領袖，縱先天有相當聰明，其認識亦不免為環境所支配。然而林貝子確為守舊蒙人中之有為壯年，其思想尚可略為轉變，實不能與乃父相提並論。

普通談信仰者，每易偏於主義、政黨等，然此在蒙地，尚談不到。巴王父子之信仰，只可稱之為喇嘛教，而巴王之信奉尤篤，蓋彼原由喇嘛還俗而執政也。至於政治方面，彼等不但致力維持現狀，若能恢復舊制，更所歡迎。不過林貝子偶然亦發同情民主政治之言論，終云「蒙人之知識太低，非行封建不可！」

巴王年近六十，體力漸衰，兩腿時感行動不便；但其他各部份，尚無顯著損失。林貝子身體魁梧，精神滿足，然其人略嫌肥碩，或以高軀居穹廬之故，頸項已成彎曲狀，頭部前傾，於健康或不無影響。

巴王秉性嚴饉，執法惟峻，言笑不苟，望而有威。林貝子態度灑脫，待下寬厚，舉措溫和，令人可親。但嚴上下之分，尚節儉而惡奢華，則喬梓有同點。本旗蒙人對於彼等之信譽極佳，令出必遵，無稍違扭者；其他各旗之蒙人，亦多推崇之。晚近地方當局遇事必重視其意見，蓋以巴王父子之信譽使然也。巴王不長交際，有事命其子代表。林貝子雖亦少與外界往來，但遇事必殷勤對付，狀甚謙虛，結果並無少失。

(二)青年之學術、思想、信仰、體力、性格、信譽、交際等

本旗青年，無一人在外就學者，除居於前山之少數外，亦無懂漢語之人。故現可資敘述者，為已在旗政府任職及在中公旗小學念書者二部分，前者年齡均在二十五以上，後者則在二十以下。此種青年之學術沾染，仍僅為蒙文；思想閉塞，亦不出封建社會之範圍；除信任王公等之言行外，對喇嘛教仍多崇拜；一般之體力健康，但少數身體亦覺軟弱肌瘦；性格柔和、粗暴者均有，仍以後者為多；任職或念書者，尚無甚成績，故無信譽可言；居於前山之少數人，交際行為不惡，漢化較深者尤佳。

不過籠統一般言之，本旗青年，尚無足資稱道者。惟目前稍能影響本旗對外關係者，有巴圖畢力格、色爾固令、韓葆等數人。此數人皆居前山，漢話均佳，或有稍懂漢文者，故常受林貝子差遣，應酬對外事宜。其人俱多台吉，封建自尊之思想甚濃，故對於在上者，仍能絕對服從，接待其下之蒙人，則不假以詞色。故其惟一特點，無不滿王公之態度，除有時因負擔之任務不同外，仍與一般事宜對王公之舉措無異。不過此數青年，日與時代潮流接近，一切猶可轉變，將來對於在蒙旗舉辦種種新事業，定有相當同情，而必出於贊助。

青年學生所可稱道者，大都天資聰慧，喜動惡靜，如遊戲一層，不時有新發現，對腦力體力等，均好應用，肯發疑問，喜作試驗，模仿性甚強，若能灌注良好教育，俱不難造為有用之材。不過若繼續使受草地封建習氣之薰陶，久之迨其靈活之性停滯，一切觀感凝固後，亦將如今日本旗之中年老年蒙人矣。

林貝子有三男，長為喇嘛，次男預為承繼人，現年十六，近頃完婚，面貌清秀，資質聰慧，從汽車夫等學得少許漢語，將較乃祖父為強；惜無良好教育，不免有璞玉未經雕琢之歎！三男年僅九歲，活潑天真，尤勝乃兄，蒙旗少見之孩童也。

（三）各王公青年對中央與地方政府之觀感

巴王父子對於中央政府，能善意信任而不必絕對服從；對於地方政府，曾曲意從命而仍表懷疑。此非矛盾，亦不足怪異。蓋自民國成立以後，王公與中央政府之關係，原遠遜於前清，王公等習靜惡動，孤陋寡聞，環境不促成其注意國事，則甚至中央政府設於何地，究與彼有甚關係，有時亦被遺忘。至於中央為何人主政，中央政府之組織大致如何，王公中更少知者。然若在消極方面，中央政府倘能做到舉國一致，使邊地不受任何外力騷擾，亦足給王公等之認識。但此種消極任務，至今猶待努力，自無怪王公等之模棱也。王公等善意信任中央政府，乃以為盟旗由中央政府管轄，不得不加尊崇，因管轄盟旗者，實際又為蒙藏委員會，故王公遂有時誤會蒙藏委員會即中央政府（此乃一般蒙人之通病，如辦理公文時，先辦蒙藏委員會之來文，其他雖行政院直接交下，公事緊要數倍者，亦多壓置；繕寫公文時，見蒙藏委員會之字樣即抬頭，他則雖國民政府，亦不知顧），認為有尊敬之天職。至於不必絕對服從者，乃為一事實問題，中央政府在事實方面與蒙旗發生之關係，至為有限，而亦無使其絕對服從之力量，轉使王公等以為絕對服從中央政府後，反易誘致外力之壓迫！至對於地方政府，曾曲意從命者，舉其近事言，如開放黑沙圖聽晉綏軍隊駐紮。巴王父子接受綏境蒙政會之委員等任務及其他綏北護路副司令等委任，初非巴王父子所希望，而在不自然之狀態下曲意從命者。去夏前廟蒙會脅誘巴王父子要求地方當局撤銷黑沙圖駐軍，林貝子果向省政府提出此項請求，大為傅主席所震怒，曾表示將增加該地駐軍若干云，於是巴王父子復恐懼異常。其後由省政府派蒙務組長陳玉甲蒞中公旗交涉，巴王親出遠道歡迎陳氏，即可見其曲意從命之苦衷矣。然仍表示懷疑者，實與曲意從命有連帶關係，亦仍為事實問題。蓋地方當局晚年之恩待綏蒙各王公，可謂仁盡義極矣，而其保衛蒙疆，抵禦外侮之力量，則仍不足致信，此即懷疑態度之所滋生。總之，王公對於中央與地方政府之觀感大致良好，獨對於絕對服從一層深感不足，王公等似願與中央及地方政府維持一種親密之友誼關係，而保持其部分的中立態度，認為非如此必增加其長久對外之困難云。不過此種觀感，將因中央與地方政府之努力而改變，故其前途如何，王公等實不能自知，將取決於中央與地方當局努力之成績耳。

青年對於中央與地方政府之觀感，大都幼稚而膚淺，不足稱述。一部分青年如巴圖畢力格等，則除與王公之觀感大致相同外，此等青年，另有一種受物質文明引誘而思在信賴中央與地方政府之後，中央與地方當局即應發鉅款補助蒙旗，而漸滿足彼等對物質之要求。故其所想象者，中央與地方政府，應如何發給旗政府經費，使無俸給之筆帖式等支薪；應如何補助軍餉，使應差之士兵受惠。此種祈求，並不過分，只是忽略財政之來源，忽略負擔邊疆維持費用者之苦痛與呻吟，更忽略蒙人對於國家之力役及資稅等義務，亦覺有未妥者。

（四）各王公及青年對於外國之觀感

本旗王公、青年之對外觀感，約集中於對日及對蘇兩方面，因青年中現尚無抱新進思想者，其對於日、蘇之觀感，幾全與王公等相同，故合併敘述之。

日人對蒙旗之關係，發軔於其大陸侵略，深入蒙地調查考察，亦無非欲實現其大陸政策。自攫取我東三省後，暴力已同時加諸蒙人：熱河之失陷，東四盟被奪其三；察北匪偽崛起，其他碩果者亦失，而察哈爾部且相繼捲入污泥矣。在此得寸進尺，侵略惟緊之態度下，本旗之王公、青年，已漸感其飛機大炮之可畏，而發生懼外思想，此種思想繼續作祟之結果，對於蒞旗遊歷考察之日人，遂曲意接待服從，而放棄其原有立場矣。若甘願出賣國家民族利益，為虎作倀者，實為本旗所無；不過因懼外後所演成之模棱態度，不期而成為離心力，則未免有之。

對蘇之觀感，起自蘇聯扶助外蒙獨立以後，赤黨之秉政，不但以打倒王公制度，剷除喇嘛勢力為宣傳資料，實際說到做到，故極使本旗王公、青年等戒懼。王公圖保持現有地位，自非反蘇與反外蒙赤黨不可；青年亦因頭腦守舊，毫無革命思想，而以安於現實為得計，故附和王公之主張。

王公與青年對於日、蘇之觀感，均極脆弱，此種觀感之改變，將為中、日、蘇國力之試驗，而其觀感之最後集中點，即為任何國力之最後勝利。但觀感非信仰可比，始終富有變動性，尤以青年觀感之變動性最大，有時非國力所能左右，此不可不注意者。

（五）有無匪患

盜匪出沒，常在墾區，若乎草地，往往十里無人，百里無煙，千里無城郭，盜匪藏身不易；加以蒙人之財產，多寓於牲畜，即偶然取得，亦不易運走，尤為盜匪絶跡之根本原因。在昔綏西混亂時，本旗鄰近包、五、臨、安各縣局，亦常有大小股土匪，晝夜行劫，蒙漢人均苦之。當時各縣局之保衛團等腐敗，地方駐軍不時調動，故匪勢日益猖獗，本旗遊擊隊常深入縣局剿匪，所獲槍械甚多。晚近數年來，地方政府長期注意清匪工作，自王英①逸去，楊猴小擊斃後，綏西已告安寧；近頃各縣局之民衆武力，均具成績，治安益覺無虞，縣局治安有保障，本旗不再受影響，故現毗連各縣局地帶，已較清平。

但自外蒙赤黨政變態度後，本旗與外蒙交界處，即常有竊盜事發生。此皆為曩日寄居境内之外蒙人，近復相率返回外蒙，乃乘間強趕本旗蒙人之牲畜北去，雖非真正之盜匪，而其事則形同匪患。欲謀解決之法，當非清剿手段之有效，必須藉外交為輔，此在外交報告中已詳述之，茲不復贅。

（六）省旗關係

現有之綏遠省政府，相當於昔之綏遠將軍與都統，故按照舊例，省政府對於蒙旗有管轄監督權，倘此種舊例嚴格保持至今，則目前省旗關係，決非現狀可比，自可斷言。但因晚近内蒙自治運動演變之結果，省政府對於蒙旗，非常優待，公文往返用照會，幾事非有關於省政府者，決不過問，聽其獨自辦理。倘雙方果能劃分清楚，作到友誼式之聯絡，亦無不可。然蒙旗在省縣以内，地理關係不能劃分，蒙漢人往返者頻繁，人事上不易清楚，其他種種，亦復相同；加以語文習俗不同之結果，遂易發生齟齬。且省旗之關係，有時即為縣旗之關係，縣旗緊接，關涉之事既繁，而彼此遇事又非常認真，辦理縣政者，雖秉承省政府

---

① 王英，河套大地主王同春三子，當過土匪獨立隊頭目，後任日偽「大漢義軍」司令。

之命，主張微有異同，胸襟更有寬窄，在昔狡詐者流，常有利用蒙人愚闇而行欺騙之術者，亦常影響蒙漢間之結合。晚近漢官欺詐蒙人之事，不易發現，而蒙兵壓迫漢人者，則反增加。茲將最近之省（縣）〔旗〕關係，舉其大者申述如下：

土地權之衝突　國土國民之觀念，在任何省縣區域內，皆可絕對成立，土地與人民對於國家，均有力役、租稅等之義務。然在蒙地，則須別作認識：蒙旗之土地與人民，雖亦名之為國土國民，但另須加一種為王公等所有之觀念，且此種居於「蒙地蒙有」之觀念，不但對於戶口地始終認為蒙有，即對於私墾地、回領地等，亦固執其陳見。在省縣方面，則以為回領地乃經報墾之地，已被確認為國土，蒙人不得私之。如本旗小佘太之回領地，雙方即作如是之衝突。對於私墾地，省縣不承認其為私有，而認為與蒙人之戶口地有別，亦常引起衝突。今綏遠地政局已告成立，地政局之使命，迨實行至蒙旗時，其效果及結局如何，頗堪注意，恐仍不外演成省（縣）〔旗〕在土地權上之一種衝突也。

租稅權之爭奪　隨土地而發生者，尚有一種租稅權。蓋蒙人既確認某些土地為蒙有，則除蒙旗有攤款徵稅權外，自不承認省縣在該地之租稅。在省縣方面認為除對蒙人之戶口地，實行一種優待外，其他之回領地與私墾地等，均得視為應負擔國稅之土地，不能與戶口地同受免租之待遇。此種租稅權之爭奪，在本旗經過很長時期之相持，卒因省政府於民國二十四年（一九三五）冬季頒發蠲免本旗蒙人之回領地與私墾地捐稅命令而告終。今後是否因私墾地之擴大而死灰復燃，尚不可知。

租稅權之另一種爭奪，卻為經過蒙旗之過境稅，以大煙稅及商貨稅為主要。自王公等之消費力量近代化以後，僅恃蒙人攤派牲畜之供給，殊難滿足，故對於種種新稅收，乃先後覬覦。今日本旗徵收之大煙過境稅、駱駝捐及護路保商費等，在最初實行時，不但為納稅人所反對，且與省方當局，俱曾經過爭執，乃有今日之折中辦法產生。

司法權之鑿枘　今日純關蒙人之刑民案件，縣局自不能過問，即省政府亦非俟移案件前來後，決不置喙；但純蒙人間之事件，蒙旗常自動了結，已打破上訴省政府及中央主管機〔關〕之習慣，故所謂司法權之鑿枘，乃指蒙漢間或純漢人之爭訟也。晚近風氣所趨，凡種私墾地或在蒙旗經商等之漢人，類皆受蒙旗統轄，而滑（除）〔出〕省縣之管理，因此其司法上之案件，亦常為旗政府所取去，省縣反不能過問。奸詐之漢人，常藉在旗政府服務為名（或任王公之書記，或當保安隊長及衛隊長等），妄思與省縣為難，而省縣有時果經其播弄而受困，卻不能追捕懲戒。此外而蒙兵及蒙人發生壓迫漢人情事，縱經漢人告到省縣，省縣之行使司法權，亦難期順利。

凡上所述，皆為省旗關係之欠美滿者，然除安北設治局去秋與本旗一度發生競徵大煙罰款之衝突後，在表面視之，省旗關係尚無裂痕；尤以挺戰勝利以後，本旗當局對於省政府之認識已有進步，今後省（縣）〔旗〕之合作，可望更趨圓滿。

（七）有無外國人在該旗活動及煽惑

綏遠挺戰之役前，日人常在旗境往來，累欲強巴王父子赴百靈廟參政；其後且傳欲在本旗成立特務機關，終以挺戰之役發生而未果。今除有日人經北面草地西去外，尚無在旗活動及煽惑者。至於本旗與外人之關涉事件，概詳本旗之外交報告中，茲不復誌。

巴寶多爾濟盟長於自家蒙古包前

林札薩克與調查員

林札薩克與其叔吉立蒙多爾濟合影

旗政府

王府

札薩召

曩日之班禪行轅

小學師生

各蘇木參加旗務大會時之盛況

林慶僧格次子婚典寫真（一至八）

一、衆人擁迎親之新郎回府

二、新婦初到時情形，馬上蒙頭者爲新婦

三、觀衆之一部

四、成禮之帳篷及蒙古包

五、洞房（蒙古包）

六、蒙古歌團

七、佳偶合影，中立者爲新郎之姊

八、爲喜慶而成立之合紹公中

草地漢工

行動買賣

大沙灘上休息之馬群

綿羊群

牲畜飲水情形

天險之哈達門溝

西公旗協理色令布謁盟長謝委時留影